ライブラリ
経済学コア・テキスト
& 最先端

12

コア・テキスト
国際金融論

第3版

藤井 英次 著

新 世 社

編者のことば

　少子高齢化社会を目前としながら，日本経済は，未曾有のデフレ不況から抜け出せずに苦しんでいる。その一因として，日本では政策決定の過程で，経済学が十分に活用されていないことが挙げられる。個々の政策が何をもたらすかを論理的に考察するためには，経済学ほど役に立つ学問はない。経済学の目的の一つとは，インセンティブ（やる気）を導くルールの研究であり，そして，それが効率的資源配分をもたらすことを重要視している。やる気を導くとは，市場なら競争を促す，わかり易いルールであり，人材なら透明な評価が行われることである。効率的資源配分とは，無駄のない資源の活用であり，人材で言えば，適材適所である。日本はこれまで，中央集権的な制度の下で，市場には規制，人材には不透明な評価を導入して，やる気を削ってきた。行政は，2年毎に担当を変えて，不適な人材でも要職につけるという，無駄だらけのシステムであった。

　ボーダレス・エコノミーの時代に，他の国々が経済理論に基づいて政策運営をしているときに，日本だけが経済学を無視した政策をとるわけにはいかない。今こそ，広く正確な経済学の素養が求められているといって言い過ぎではない。

　経済は，金融，財の需給，雇用，教育，福祉などを含み，それが相互に関連しながら，複雑に変化する系である。その経済の動きを理解するには，経済学入門に始まり，ミクロ経済学で，一人一人の国民あるいは個々の企業の立場から積み上げてゆき，マクロ経済学で，国の経済を全体として捉える，日本経済学と国際経済学と国際金融論で世界の中での日本経済をみる，そして環境経済学で，経済が環境に与える影響も考慮するなど，様々な切り口で理解する必要がある。今後，経済学を身につけた人達の専門性が，嫌でも認められてゆく時代になるであろう。

　経済を統一的な観点から見つつ，全体が編集され，そして上記のように，個々の問題について執筆されている教科書を刊行することは必須といえる。しかも，時代と共に変化する経済を捉えるためにも，常に新しい経済のテキストが求められているのだ。

　この度，新世社から出版されるライブラリ経済学コア・テキスト＆最先端は，気鋭の経済学者によって書かれた初学者向けのテキスト・シリーズである。各分野での最適な若手執筆者を擁し，誰もが理解でき，興味をもてるように書かれている。教科書として，自習書として広く活用して頂くことを切に望む次第である。

西村　和雄

第3版へのまえがき

　本書第2版の公刊から10年が経過し，世界経済を取り巻く環境も大きく変遷してきました。新型コロナウイルス感染症（2019年発生〜2023年5月世界保健機関による緊急事態の終了）で麻痺した各国の経済活動は本来のダイナミズムを取り戻し，国内では34年ぶりの日経平均株価更新，1991年以来となる高水準の賃上げ，マイナス金利政策の終了等，日本経済は長いデフレの昏睡からようやく覚醒しつつあるようです。

　その一方で，2021年1月には前年の大統領選挙結果を不服とするドナルド・トランプ氏支持者らによるアメリカ国会襲撃事件，2022年2月のロシアによるウクライナ侵攻，2023年10月にはイスラム組織ハマスによるイスラエル奇襲，その後のイスラエル軍によるガザ地区侵攻と，世界には分断と対立の不穏な空気が漂い視界は晴れません。

　資本，財，人が行き交う経済のグローバル化は恩恵ばかりでなく歪みももたらします。社会に堆積する歪みは情報技術の進歩と相俟って，時には集団間の対立を扇動し分断を推進する力となります。相互依存による共存共栄の道を模索するのか，それとも特定の集団が他を抑圧することで繁栄する道に突き進むのか。グローバル化の難所に差し掛かった国々は，移ろう潮目を前に舵を切るべき方向を決めあぐねているのかもしれません。不穏な空気が立ち込め，視界が晴れないようなときこそ，人知を結集することが大切です。

　第3版の公刊にあたっては，データの更新，解説の見直しと補強，新たな章の追加，コラムの刷新等，可能な限り情報の更新と内容の充実に務めました。読者の知的探求に役立つものとなれば幸いです。

謝　辞

　言うまでもなく，初版と第2版があってこその第3版です。これまでに本書の初版・第2版を手に取ってくださった読者の皆様，これからの時代を担って立つ学生諸君との議論にご活用いただいた多くの先生方，そして初版の執筆を筆者に託してくださった西村和雄先生（京都大学名誉教授）に，この場をお借りしてお

礼を申し上げます。

　社会科学研究の道へ最初の一歩を踏み出そうともがいていた昔日から今日に至るまで，多くの方々に御力をお貸しいただきました。木庭宏（神戸大学名誉教授），佐藤全弘（大阪市立大学名誉教授），澁谷浩（小樽商科大学名誉教授），Steven Baker（Middlebury Institute of International Studies at Monterey），Yin-Wong Cheung（City University of Hong Kong and University of California, Santa Cruz），Menzie Chinn（University of Wisconsin, Madison），Michael Dooley（University of California, Santa Cruz），William Gates（Naval Postgraduate School），Michael Plummer（Johns Hopkins School of Advanced International Studies Europe）の諸先生方，その寛容と忍耐に深く感謝し，心よりお礼を申し上げます。

　　2024 年 5 月

藤井　英次

はじめに

　皆さんは毎日のようにニュースや新聞紙面で外国為替市場における為替レートの動向が伝えられていることはご存知でしょうか。日々ニュースや新聞で報道されているわけですから，国際金融について学んだことがなくても，為替レートの動きが経済にとって何か重要なものであるということは想像に難くないはずです。しかし具体的に，なぜ為替レートの動きは日々報道しなければならないほどに頻繁に変化し，その変化は経済にどのような影響を及ぼすのかと考えてみると，確固たる結論を導き出すのは容易ではないかもしれません。

　円高や円安になったからといって，日本経済の何がどう変わるのでしょうか。日本で暮らしている私たちにとっては，外国の通貨である 1 ドルの価値が 100 円に等しくても，200 円に等しくても特に重要な違いはないのではないのでしょうか。外国為替市場とはどのような市場で，一体誰が何のために為替取引をしているのでしょうか。そもそもなぜ為替レートは一定ではなく，円高になったり円安になったりするのでしょうか。いままでにこのような疑問を一つでも抱いたことはないでしょうか。これらの疑問はいずれも国際金融論を学ぶための動機として相応しいものです。

● 本書の特徴と使い方

　本書は初めて国際金融論に触れる方を想定した入門書です。執筆にあたっては国際金融論の根底にある経済学的視点や基本的概念を，できる限り噛み砕いて解説するよう心がけました。読者に求める予備知識は最小限に抑え，技術的詳細よりも経済理論が示唆するものの直感的理解を促す議論・解説を優先しました。また，適宜現実の経済データや事例も取り入れて，理論と現実の両方を結びつけながら学べることを目指しています。

　全体の構成を見れば分かりますが，本書は第 1～2 章を基本的視点の設定に，第 3 章を貨幣についての議論にそれぞれ充てており，国際金融論の核となる為替レートについての本格的な議論が始まるのは第 4 章からです。このため一見したところでは，同分野の他の教科書に比べて準備的議論にページを割きすぎている

ような印象を受けるかもしれません。しかし，第4章以降の議論・考察の意味する
ものを本当に理解するには，最初に取り上げる基本的視点をしっかりと身に付
けていることが欠かせません。そのような意味において第1～3章も国際金融論
の本題であり，先ずはそこで基本的な視点をしっかりと据えてから具体的なテー
マに入っていくことにしました。

このように基本的な視点に強くこだわると同時に，入門書でありながら敢えて
発展的トピック（第10～12章）についても積極的に取り入れました。これは初
学者であるからこそ，少しでも国際金融論・経済学の面白さ，そして現実社会の
複雑さや不思議さを感じ取ってもらいたいという配慮によるものです。

本書の使い方についてですが，初学者は勿論，ある程度経済学の素養を備えた
方にも序章から順に各章を飛ばすことなく読み進めることをお薦めします。ミク
ロ・マクロ経済学の理解が十分な学生だけを対象とした「国際金融論」や「国際
マクロ経済学」等の授業の教科書として使用される場合は，第4～12章に主眼を
置いた講義を計画いただくのが効果的でしょう。しかし，その場合も第1～3章
の要点について講義で触れていただき，これらの章を含めて通読するよう受講者
に促してください。また，第IV部発展的トピック（第10～12章）をゼミ・演習
等における議論の題材としてご活用いただくのも一案です。

世界経済は日々刻々と複雑に変化し，国際金融をめぐる問題は尽きることがあ
りません。本書をきっかけに，一人でも多くの読者が国際金融・経済に興味を抱
くようになっていただければ，筆者としては大変光栄です。

目　次

第Ⅱ部　貨幣と為替レート *65*

3　貨幣とマクロ経済 *67*

8　為替レートと開放マクロ経済政策　　　　*187*

◯ マクロ経済と金融

　開放・閉鎖の別を問わず，経済が健全に機能するためには，個々の経済主体が柔軟に活動を展開できる環境が必要です。中でも特に重要なのは経済活動の元手となる資本（カネ）を，需要と供給のバランスに従って経済主体間で効率的に移動させる仕組みです。経済主体間の資本取引は一般に金融と呼ばれていますが，この金融という経済行為の持つ意味について考えてみましょう。金融とは文字通り，「資金」を「融通」すること，つまり資本の貸借を意味します。まず資本を貸し付ける側ですが，例えば家計はしばしば預貯金を行ったり，国債や社債などの債券を購入したりしますが，これらの行為はいずれも自らの所有する余裕資金を一時的に他者に貸し付けることを意味します。貸し付けた元金に利息を上乗せして後日回収することで，自らの富の増加や将来における消費の充実を図ろうとするわけです。

　次に資本を借り入れる側ですが，例えば企業は借入金を元手に新たな事業を展開したり，生産能力の向上を図ったりすることで収益を増大させようとします。借入金の返済時までに返済元本と利息を上回る収益が見込まれるのであれば，一時的な借り入れを行ってでも事業を展開する価値があるからです。

　このように貸し手（供給側）と借り手（需要側）はそれぞれ金融取引を行う経済的動機を持つわけですが，両者の間を資本が効率よく移動するように仲介者的役割を果たすのが銀行などの金融機関です。金融取引が行われてこそ，家計などが持つ一時的余裕資金を収益性の高い事業に有効利用することが可能になります。つまり金融という営みは，限りある資本を需要と供給のバランスに従って一時的に配分し直すことによって，その効率的・生産的な活用を可能にするという大変重要な役割を担っているのです。

　1990年代にバブル崩壊後の日本経済が体験したように，たとえ高度な生産技術を持つ国であっても，その金融システムが揺らいでしまえば健全で安定的な経済運営は困難になります。そのような事態が家計や企業に深刻な経済的影響を及ぼすことは改めて言うまでもありません。

◯ 開放経済と国際金融

　次に国際的な視点を取り入れながら，金融という営みについて更に考えてみましょう。世界に複数の国が存在し，各国の経済ができる限り効率的に有限な資本

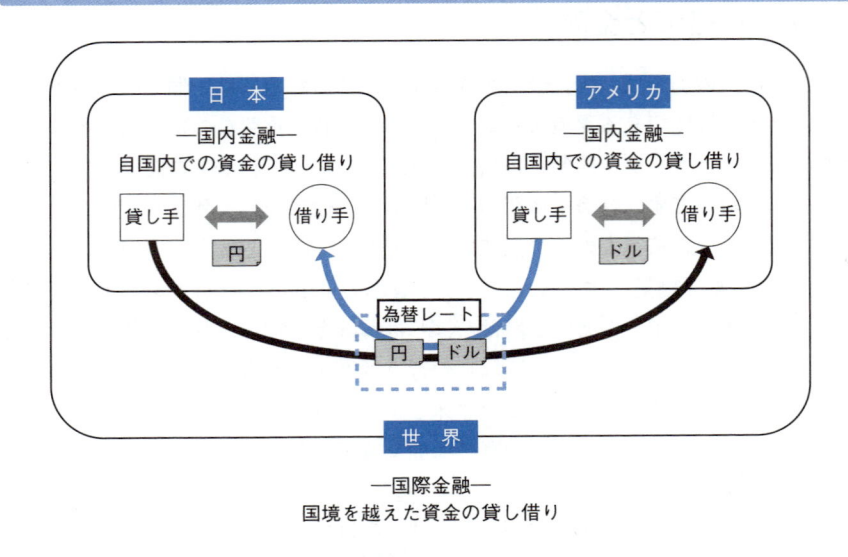

—国際金融—
国境を越えた資金の貸し借り

図0.1　国内金融と国際金融

を活用しようとするなら，資本を貸す側と借りる側が必ず同一国内に所在しなければならない理由はありません。貸す側にとって大切なのは，自らの余裕資金をより効率良く増やすことのできる投資先です。一方，借りる側にとって重要なのは，できる限り安価に十分な資本を調達することです。金融取引の相手を自国の居住者だけに限れば，互いの選択肢は自ずと狭められてしまいます。十分な資本が存在するが魅力的な投資先が不足している国と，国内に存在する投資機会に対して十分な資本を持たない国が存在すれば，両国の経済主体が国境を越えて金融取引を行うことは極めて合理的なことです。

　例えば国内金融においても，都道府県の境によって金融取引の相手を制限すれば，金融取引の持つ経済的潜在力は大きく制限されてしまいます。各都道府県内で起される事業に必要な資本は全額その都道府県内で調達しなければならず，投資家は自分の居住地以外の都道府県での事業に対して投資してはならないというような制約を設けると想像してみてください。このような制約が資本の効率的利用にとって大きな足かせとなることは想像に難くないはずです。都道府県を国と置き換えれば，国際金融についても同様の議論が成り立ちます。

但し，国際金融と国内金融には決定的に重要な違いが存在します。それは一般に国によって通貨が異なるために，国際的な金融取引には複数の通貨が関係し，それらの相対的な価値の尺度である為替レート（exchange rate）が重要な意味を持つという点です[4]。例えば，円資本を持つ日本の投資家と，ドル資本を求めているアメリカの事業家の間で金融取引を行おうとする場合，二国の通貨の相対的な価値を示す円ドル間の為替レートが極めて重要な意味を持つことになります。これに対して国内金融の場合は流通している通貨は同一ですから，為替レートについては考慮する必要がありません。

◯　国際金融論とは

　世界各国が互いに関わりを深めるにつれ，各国経済にとっての対外的資本取引の重要性も増していきます。このため経済学者は国境を越えて資金を融通すること，つまり国際金融という営みに焦点を合わせながら，開放経済の成り立ちやそれを取り巻く諸問題について分析と考察を積み重ねてきました。このような経済学の体系は国際金融論（international finance）と呼ばれています。

　貨幣や利子率などの金融に関わる変数は閉鎖経済にとっても非常に重要なものですが，開放経済の場合はこれらに加えて，自国の通貨と外国の通貨が交換される比率を示す為替レートが極めて重要なものとして加わります（通貨とは円やドルなど，その国に流通している貨幣のことです）。自国と外国が同一通貨を採用していない限り，国境を越えた取引は異なる通貨圏間の取引を意味し，為替レートの介在を意味します。このため国際金融を考えるにあたっては，為替レートの果たす役割を理解することが鍵となります。本書においても為替レートを中心に据えながら議論を展開して行くことにします。

　国際金融取引は，限りのある資本を国毎に個別に活用するのではなく，国境を越えて世界規模で活用することによって，より効率的な経済活動を可能とするという重要な役割を担っています。但し，国境を越えた資本取引の恩恵を各国の経済が十分且つ安定的に受けるためには，そのような取引を支えるしっかりとした国際金融システムの構築が不可欠です。国内の金融システムの混乱が安定的で健全なマクロ経済運営を妨げるのと同様に，国際金融システムの混乱は，資本の流れを通じて相互に依存する多くの開放経済に対して深刻な影響を与えかねません。

---

　4)　例えばヨーロッパの複数国が共通通貨ユーロを採用しているように，自国と外国がともに同じ通貨同盟に加盟しているようなケースはこの限りではありません。

この点については，いわゆるリーマンショックに象徴される米国発の世界金融危
機，そしてギリシャの債務問題に端を発した欧州の債務危機などが如実に物語っ
ています（詳しくは第 10 章を参照してください）。そのような意味においても，
国際金融という営みに焦点を合わせながら，開放経済の成り立ちやそれを取り巻
く諸問題について理解を深めることは非常に重要です。

第 I 部

基 本 的 視 点

第 1 章

基本的視点の設定

　経済学の応用分野は多岐にわたりますが，それぞれの根底には共通の視点，いわば社会の諸問題に対する経済学的アプローチと呼ぶべきものが存在します。国際金融論についてもこの例外ではありません。このため国際金融について学ぶにあたっても，予め経済学における基本的な考え方を理解しておくことが大切です。経済学的な思考や視点を欠いては，国際金融に関する表層的な知識にのみにとらわれて，その根幹にあるより大きな問題を見落としてしまいがちになるからです。

　本章では，経済学における基本的な考え方といくつかの重要な概念を紹介し，経済学的に思考するとはどういうことなのか，金融取引という行為は経済学的には何を意味するのか，そしてなぜ国際的視点を持って金融取引について考えることが重要なのかという議論を行います。これらの基本的視点は，次章以降で国際金融についてより具体的に学ぶための礎石となるべきものです。

◦ *KEY WORDS* ◦
予算制約，最適化，
金融取引，異時点間の最適化，
同時点の最適化，消費の平準化，
恒常所得，利子率，主観的割引率

1.1 経済学の基本的な考え方

○ 予算制約と最適化

　たとえどのような領域に応用されていても，究極的には経済学とは「限りある資源をどのように配分すれば，達成可能な最良の結果を生み出せるか」を考える学問です。まずはこの経済学の基本的使命について，身近な例を用いながら考えてみましょう。

　私たちは日々の暮らしの中で，無意識のうちに「自分が得た収入をどのような用途にどれだけ費やせば，最も満足のいく生活を送れるか」という問題と向き合っています。当然ながら収入には限りがありますので，何もかも好きなものを好きなだけ購入し，消費することはできません。また，今日の支出を増やせば，明日以降の生活への貯えは減少します。このため，今日手にする収入のうちどれだけを直ちに消費に充てて，どれだけを将来の消費のために蓄えておけば，最も満足度の高い生活を実現できるかという問題を考えなくてはなりません。現在の消費は直ちに満足をもたらしてくれますが，それを増やせば増やすほどその残額で将来手に入れることのできる満足は減ってしまいます。このようなトレード・オフ（代償）を考慮しつつ，全体として最も満足度が高くなるように，現在の消費と将来の消費のための貯蓄とのバランスを決めることが必要です。

　また，現在と将来の間での予算配分だけでなく，各時点において与えられた予算を異なる用途（例えば食事，衣服，住居，娯楽，教育等）にどのように配分すれば，より多くの満足を得られるかという問題も考えなくてはなりません。例えば，現在の消費に配分された予算のうち，食事への支出を増やそうとすると，衣服や娯楽への支出は減らさざるを得ません。ここにもやはりトレード・オフが存在します。

　更に，現在の収入の一部を将来に向けて貯えるにあたっては，どのような資産（例えば現金，定期預金，国債，株式，外債，貴金属など）として，いくら持っておけば最も満足のいく結果になるのかという問題も存在します。やはりこの場合も予算には限りがあるため，異なる資産の間でのトレード・オフを考慮しなくてはなりません。貯蓄に充てる収入が限られている以上，例えば定期預金を増やそうとすると，現金やその他の資産形態は減らさざるを得なくなるからです。

ここまでいくつかのトレード・オフが登場しましたが，これらは全て「予算に限りがある」ことから生じるものです。このように限られた予算を持つ家計が，最も満足度の高くなるような予算配分法を追求することは，経済学の基本的視点の一つであり，効用の最大化（utility maximization）と呼ばれます。効用という言葉は，財やサービスなどが人の欲望を満たし得る能力の度合いを意味し，ここまで「満足」或いは「満足度」というより一般的な言葉で表してきたものです。

　同様の考え方は家計だけでなく，企業にも当てはめることができます。企業が事業を営むにあたっても，使用可能な予算にはやはり限りがあります。企業はその限られた予算を設備投資，雇用，原材料購入，宣伝広告等の異なる用途にどのように振り分ければ，最も高い収益を上げることができるかという問題に絶えず直面しています。予算が限られている以上，家計と同様に企業も異なる用途間でのトレード・オフを考えなくてはなりません。このように限られた予算を最も効果的に配分し，収益の最大化を図ろうとする問題は利潤の最大化（profit maximization）と呼ばれます。

　家計にとっても企業にとっても，現実に利用できる予算には限りがありますが，それをどの用途にどれだけ配分するかについての選択肢は無数に存在します。重要なのは同じだけの予算が与えられていても，配分方法次第で達成される結果に大きな差が生じ得るという点です。非効率な予算配分によって達成されるものは小さく，逆に効率的な配分はより多くをもたらします。

　経済学では予算や資源に限りがあるために生じる制約のことを予算制約（budget constraint），或いは資源制約（resource constraint）と呼びます。そして達成可能な最大限の結果を生むような配分方法を追求することを最適化（optimization）と呼びます。どのような問題や領域に応用されていても，経済学は常に予算・資源の制約下での最適化（constrained optimization）の視点をその根底に据えています。「限られた予算・資源をどのように配分すれば，実現可能な最適の結果を達成することができるか。」国際金融について考えるにあたっても，この視点が大前提となります。

○ 市 場 と 均 衡

　経済学の最大の特徴は，資源の制約から生じる様々な問題を考えるにあたって，市場（market）が有する効率的な資源配分機能に注目し，それを最大限活用しようとする点にあります。市場とはその名のとおり，売り手と買い手が取引を行

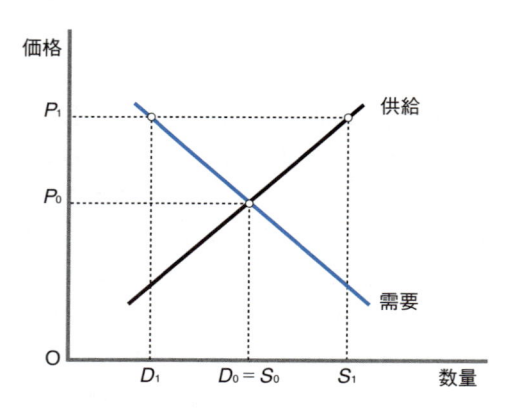

図1.1　市場——需要・供給と均衡

う場です。需要（demand）する側（買い手）も，供給（supply）する側（売り手）も，それぞれ自分の利益を追求して行動する中で，需要と供給をバランスさせるという極めて重要な役割を果たすのが価格（price）です。

　図1.1 はある商品について市場における需要と供給を表したものです。この商品を価格 P_1 で売りたいという量は S_1，その価格で買いたいという量は D_1 で，$S_1 > D_1$ によって供給が需要を上回るため，この価格では売れ残りが生じます。需要量と供給量が一致して売れ残りがなくなるためには価格は P_0 まで下がる必要があります。逆に需要が供給を上回れば，価格は上昇します。このような価格調整を通じて需要と供給が一致し，（他の要因が一定であれば）それ以上の調整が不必要な状況を均衡（equilibrium），そのときの価格を均衡価格（equilibrium price）と呼びます。市場において需要と供給を過不足なくバランスさせ，均衡を達成するには，価格の自由な調整が必要であることに注意してください。

　経済学ではこのような市場の概念を様々な問題に応用します。市場が効率的な資源配分を達成する限りにおいては，市場メカニズムを活用し，それを歪めるような人為的コントロールを排除することが重要となります。国際金融を考えるにあたっても，基本的には国境を越えて資本を取引できる金融市場を確立し，その機能を保全することが世界規模で効率的な資源配分を達成するための重要な課題となります。

しかし，ここで少なくとも2つの重要な留保事項を指摘しておかなければなりません。まず1つ目は，あらゆる状況において市場が常に最良の結果をもたらすとは限らないという点です。市場のメカニズムは様々な状況において，より効率的な資源配分を生み出す潜在力を持ちますが，その一方で市場の失敗（market failure），つまり事を完全に市場に委ねても良い結果が生み出されないようなケースが少なからず存在することも事実です。限りある資源をより効率的に配分するという目的を達成するためには，市場の潜在力を評価するだけでなく，その限界についても理解することが重要です。その意味において政府や政策の役割を考えることは非常に重要です。

2つ目に指摘すべきは，市場が効率的資源配分能力を有するにしても，全ての国において一様に急速な国際金融取引の自由化を押し進めることが最良の選択肢とは限らないという点です。最終的には国際金融の自由化を目指すにしても，そこにたどり着くまでの過程には様々な課題があり，各国は自らが置かれている個々具体の状況に鑑みて自由化への道のりを柔軟に判断することが必要です。国内金融システムやマクロ経済運営における環境整備を伴わない拙速な国際金融取引の自由化は，逆に経済を混乱に陥れる危険性を伴います。

以上の2つの留保事項は，特に発展途上国や新興経済国における国際金融の自由化や政策の在り方を考える上で重要な問題として浮上します。その詳細については第10章で取り上げます。

○ 金融市場と資本の価格

需要，供給，そして均衡という概念は財（モノ）を売買する生産物市場だけでなく，資本（カネ）を取引する金融市場を考える際にも有効です[1]。金融市場においても需要と供給が存在し，取引の成立は価格の調整により均衡が達成されたことを意味します。モノの価格とは違って，カネの価格というと少し分かり難いと感じるかもしれませんが，実は意外と身近なものです。

例えばマイカーを購入するのに十分な資金を持ち合わせていないため，金融機関で100万円を借り入れると考えてください。この場合に借入資金の100万円には，どのような価格がつくでしょうか。どの金融機関を利用しても，100万円の

---

1) 本書においては，「資本（capital）」という言葉は「金融資本（financial capital）」を指し，資金，つまりお金を意味するものとして用います。このため，資本と資金という言葉は基本的に同義で用います。生産活動に必要な機械や工場などは「生産資本（production capital）」として言及します。

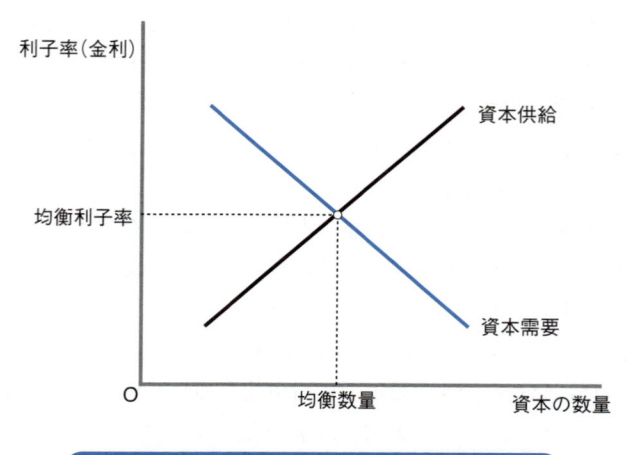

利子率（金利）

資本供給

均衡利子率

資本需要

O　　　　　　　均衡数量　　　　資本の数量

図1.2　金融市場——資本の需要・供給と均衡

借入に対する返済総額は100万円を上回るはずです。これは現在の100万円が将来の返済時における100万円よりも高い価値を持つことを意味しています。100万円の元金に対して、例えば10％に相当する10万円を上乗せして、1年後に110万円を返済すると仮定しましょう。この場合、上乗せ分の10万円は利子或いは利息、10％は金利或いは利子率と呼ばれます。そして、この金利こそがカネの価格を表す重要な変数です。

　図1.2は金融市場における需要と供給の例を描いたものです。縦軸には資本の価格を表す金利を測っています。ちょうど図1.1において財の価格が上昇すると、需要の減少と供給の増加がもたらされたように、金融市場においては（他の条件を一定として）金利が上昇すると資本需要は減少し、逆に資本供給は増加します。そして需給のバランスが取れたところで金融市場の均衡が達成され、そのときの資本の価格を表す金利は均衡利子率と呼ばれます。

　話をより身近なものにするために、上の例では個人が消費のために資金を調達すると想定しましたが、マクロ経済を考える上で特に重要視される資本需要は企業による設備投資のためのものです。企業は将来の経済に対する見通しを立てながら、生産能力の拡張や新規事業展開のために設備投資を行いますが、必要な資金の多くは社債の発行や金融機関からの借入などの負債によって調達されます[次頁2]。このような資金調達方法はデット・ファイナンス（debt finance）と呼

ばれ，企業による一時的な借金を意味します[3]。

　企業に対して融資，つまり貸付を行うのは，金融機関やその他の投資家です。借りる側にとっては金利が低いほど返済の負担が軽くなるため，より多くの資金需要が生まれます。一方，貸す側にとっては，金利の低下は融資の魅力を削ぐものであり，従って資金供給の減少を招きます。金利の上昇はその逆で，資金の供給を増やし需要を減らします。このように資本，つまりカネの取引においても，その価格である金利（利子率）が需給のバランスをとる重要な役割を果たします。

1.2　金融取引の意味と効果

○ 時間と最適化

　予算制約下の最適化を考えるにあたって，時間の概念は非常に重要です。例えば家計は今一瞬の満足だけを求めているのではなく，明日以降将来に亘ってもできるだけ満足のいく暮らしが続くことを望みます。つまり，最大化の対象となるのは現在の効用ではなく，生涯の効用（一生を通じての満足度）です。このため生涯を通じての予算制約を考慮しつつ，時間の経過とともにどのように消費と貯蓄を推移させればよいかという問題を考えなくてはなりません。具体的には，個人の一生をいくつかの時期（例えば1年ごと，10年ごと，或いは青年期，壮年期，老年期という風に）に区切った上で，消費と貯蓄をどのように推移させれば一生涯の効用が最大になるかという問題です。このように時間を軸として連なる各期間に対して，通期で最大の結果が達成されるように予算配分することを異時点間の最適化（inter-temporal optimization）と呼びます（図1.3の下部）。

　また，生涯の効用を最大化するには，異なる期間に対してどのように予算を配分するかという問題だけでなく，それぞれの期間において何をどれだけ消費するかという期間内の最適配分についても考慮しなくてはなりません。このように，ある一時点において与えられている予算制約の下で，その時点における効用を最大化することは同時点（同期間内）の最適化（intra-temporal optimization）と呼

　2）　社債とは企業が発行する債券，つまり借用証書のことです。

　3）　もう一つの重要な資金調達方法にエクイティ・ファイナンス（equity finance）と呼ばれる株式の発行があります。エクイティ・ファイナンスの場合，企業は株式と交換に投資家から資金を調達し，投資家は株式を保有することで将来的に企業から配当支払いを受ける権利を手に入れます。

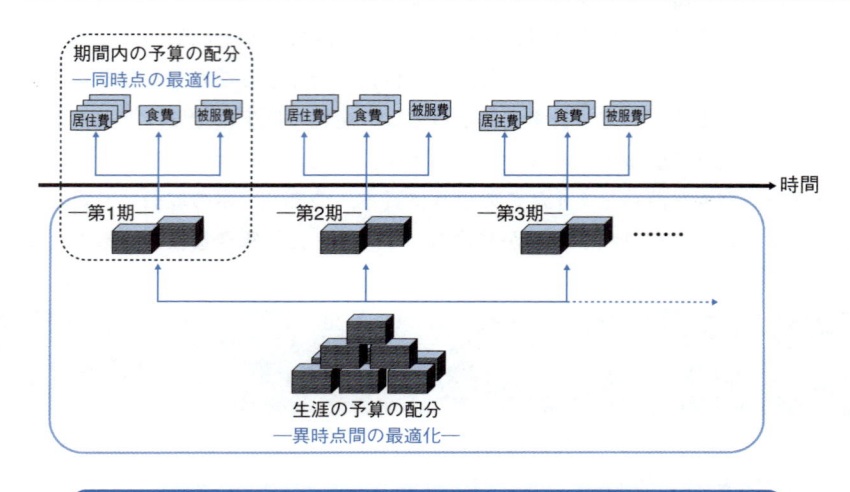

図 1.3　異時点間における最適化と同時点（同期間内）における最適化

ばれます（図 1.3 の上部）。

　生涯効用の最大化を考えるには，異時点間の最適化と同時点における最適化の両方の視点が必要ですが，国際金融を含めた金融の役割や効果が発揮されるのは異時点間の最適化に関してです。このため以下本書では，異時点間の予算配分と最適化に主眼を置いて議論を展開します。これはあくまで議論を簡素化することで国際金融の意味や役割を明確にすることが狙いであって，同一時点の最適化の必要性や重要性を見過ごすものではないと理解して読み進んでください。

◯ 消費の平準化と恒常所得

　もし家計が現在の効用だけを追求し，将来の効用については一切気にかけないのであれば，収入が発生すると直ちにその全額を消費に充てるはずです。しかし一般的に家計はそのような行動を取っていません。例えば給料が唯一の収入源であるとして，給料日当日に直ちにその全額を使い切るでしょうか，それとも翌日以降次の給料日までの生活のためにその一部を残しておくでしょうか。次の給料日まで他に収入がないと分かっていれば，翌日以降の生活のために給料の一部を残しておくのが一般的な家計の行動ですが，それは 2 つの重要な事柄を示唆して

います。

　第一に，家計には消費の水準が激しく変動することを避けようとする傾向があるということです。言い換えれば，給料日当日に給料全額を消費し，次の日から飲まず食わずの生活を送るよりも，給料日も給料日でない日も極端に違わない水準で消費を維持できる生活を好むということです。このように消費が激しく変動することを回避し，その水準を安定的に保つことを消費の平準化（consumption smoothing）と呼びます。消費の平準化は家計が高い消費水準を望むだけでなく，消費の激しい変動を嫌う傾向があるということを示唆します。

　第二に示唆されるのは，家計は現在の所得に基づいて現在の消費を決定するのではなく，現在の所得と将来の所得の両方に基づいて現在の消費を決定しているという点です。つまり給料日当日にどれだけの消費をするかは，当日の所得だけでなく翌日からの所得も勘案した予算制約の下に決定されるということです。家計は給料日の収入が翌日以降も恒常的に続くわけではない（つまり毎日が給料日ではない）ことを認識し，受け取った給料で次の給料日までの全ての消費を賄わなければならないという制約の下で給料日当日の消費を決定するはずです。その際，給料日に発生する所得を次の給料日までの期間全体に均すことで，期間を通じて1日あたりいくらの一定所得があることに相当するかを考えることが可能です。例えば初日に手取り額で24万円の給料を受け取ってそれ以後の30日間を暮らすのであれば，1日あたり8千円の収入が30日間恒常的にあるのと同等と考えることができます。このようにして算出される所得は恒常所得（permanent income）と呼ばれ，家計が恒常所得に基づいて消費を決定するという考えは消費の恒常所得理論（permanent income theory of consumption）と呼ばれます[4]。これに対して，各期日に発生する実際の所得と恒常所得の差は一時所得（transitory income）と呼ばれます。図 1.4 は例に基づいて実際の所得と，恒常所得及び一時所得の関係を表したものです。

　家計が消費の平準化を望むのであれば，初日に受け取った給料の全額を即日消費してしまうのではなく，恒常所得に等しいだけの消費を30日間毎日続けることで総効用を最大化させようとするでしょう。この点については，本節の補論にモデルを用いた詳しい解説をしていますので，そちらのケース1を参照してください。

---

4)　消費の恒常所得理論は 1976 年にノーベル経済学賞を受賞したミルトン・フリードマン（Milton Friedman）によって構築されました。詳しくは Friedman（1957）を参照してください。

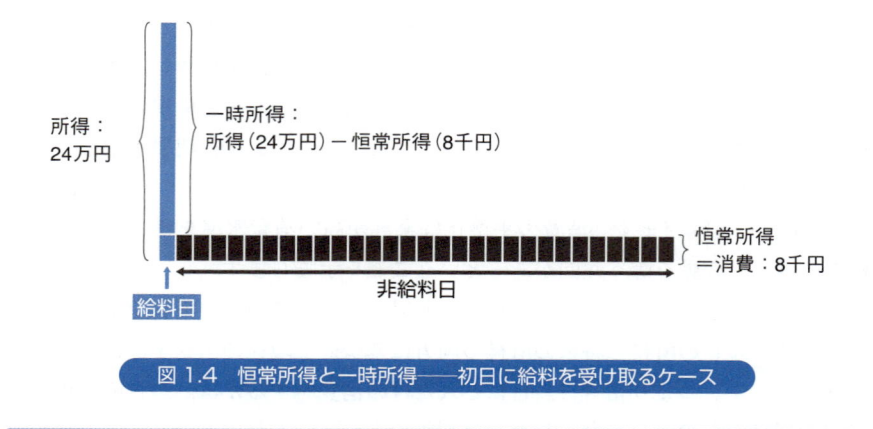

所得：
24万円

一時所得：
所得（24万円）－恒常所得（8千円）

恒常所得
＝消費：8千円

給料日

非給料日

図 1.4　恒常所得と一時所得──初日に給料を受け取るケース

○ 貸借：異時点間の取引

　上の例は考察対象期間の初日が給料日にあたり，まず給料を受け取ってから次の給料日までの消費を考えるというものでした。ここで話の設定を少し変えてみましょう。読者は今日から働き始め，1ヵ月後に給料日を迎えるとします（引き続き給料が唯一の収入源であるとします）。

　この場合，1ヵ月後には確実に収入が発生するにもかかわらず，現在は無所得であるため現在の消費を賄うことができません。消費の平準化を望む者にとって，これから1ヵ月間飲まず食わず働いて，1ヵ月後に給料全額を消費するという生活は極めて低い効用しかもたらしてくれません。しかし，もし給料日に返済することを条件に，給料と同額だけの資金を初日に借り入れることが可能であれば，給料を受け取るタイミングに関係なく先ほどと同じ問題を考えることになります（簡素化のため無利子での借入が可能であると仮定します）。その場合は，まず初日に 24 万円を借り入れて，毎日恒常所得分の 8 千円ずつ消費し，最終日に 24 万円の給料を受け取ると同時に全額返済することで効用の最大化を達成できます（この消費パターンをパターン A と呼ぶことにします。図 1.5（A）を参照してください）。

　しかし，もしこのような借入が不可能であれば，初日から給料日前日までは消費がゼロ，給料日当日には給料全額を一日で消費するという，効用最大化の観点からは劣悪な選択肢しかありません（この消費パターンをパターン B と呼ぶこ

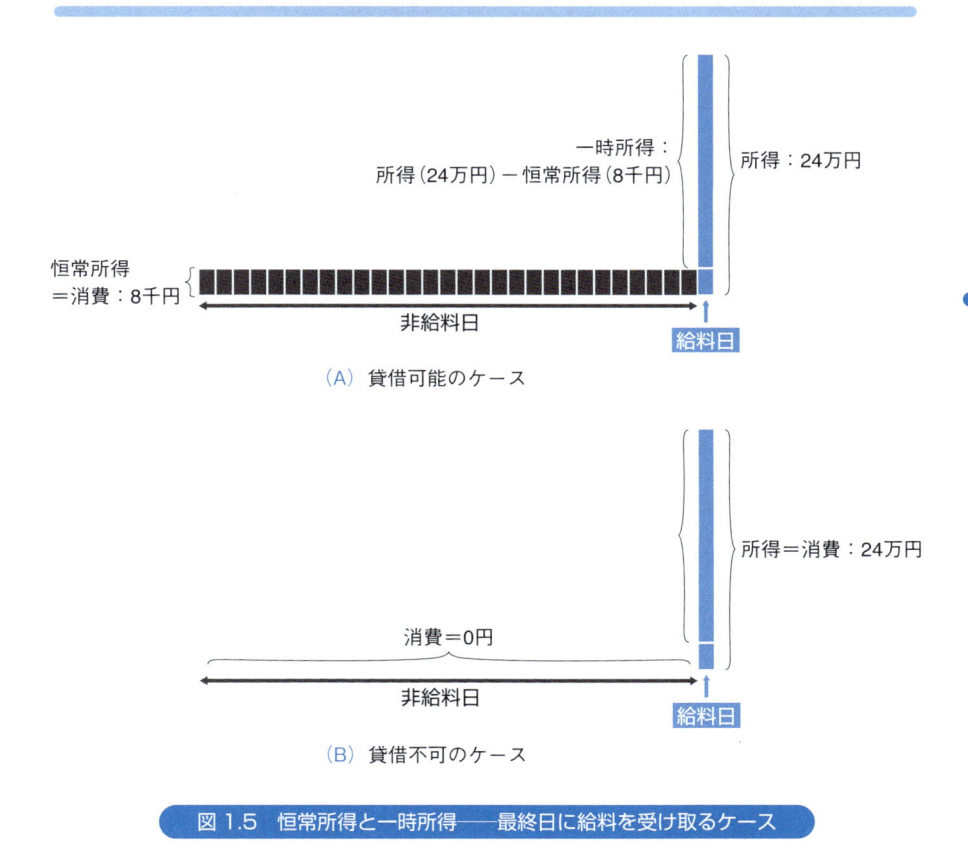

図1.5 恒常所得と一時所得——最終日に給料を受け取るケース

とにします。図 1.5（B）を参照してください）。

　消費を少し増やすことで追加的に得られる効用のことを消費の限界効用（marginal utility of consumption）と呼びますが，上述のパターン A とパターン B のそれぞれについて，各期日における消費の限界効用がどのようになっているのかを考えてみましょう。パターン A では各期日の消費が等しいため，その限界効用も一致します。つまりある期日の消費をほんの少し減らして別の期日に移したとしても，減少分と増加分が等しいため効用の総計が増加することはありません。

　これに対してパターン B の場合は，初日から給料日前日までは消費を渇望しているため，その限界効用が極めて大きくなっています。逆に給料日にあたる最終日は消費が過度に集中しているために，その限界効用は非常に小さくなってい

ます。このため，もし給料日の消費の一部を他の期日に配分し直すことができれ
ば，給料日以外の期日の効用の増加分は給料日の効用の減少分を遥かに上回り，
結果的に総効用は増大します。そのような異なる期日間での消費の再配分を可能
にするのが，消費を賄う予算の貸借，つまり金融です。貸借が自由にできれば，
消費パターンＢからパターンＡに転じることで，給料には何の変化もないにも
かかわらず，総効用は増加します。言い換えれば，通期での総予算が同じであっ
ても，期日間でのより柔軟な配分を可能にすることで総効用は増すということで
す。パターンＡとＢの違いについては，補論のケース１とケース２を比較して
ください。

◯ 利子率と主観的割引率

　上で述べたような資金の貸借が成立するには，当然ながら借りる側だけでなく，
貸す側も存在しなくてはなりません。資金を一時的に他者に貸し付けるという行
為は，利子率に基づいて貸付元金に付される利息の受け取りという経済的動機に
支えられたものです（金利は資本の価格を示すことを思い出してください）。こ
こまでは簡略化のために金利がゼロ，つまり無利子での借入が可能と仮定してき
ましたが，ここからはより現実的に金利がゼロを上回ると考えて議論を進めます。
　金利がゼロを上回れば，現在の所得の一部を貸し付けることで，将来その貸付
額を超える返済を受けることができます。このため現在の所得の一部を他者へ貸
し付けることで将来の消費をより拡充させることが可能になります。現在の所得
と現在の消費の差は貯蓄（saving）と呼ばれ，これが他者への貸付となります。
逆に一時的な借入によって現在の所得を上回る消費も可能ですが，その場合は借
入元金と利息の合計を将来返済しなければなりません。
　金利と同様にこれまで簡略化のために考慮しなかったもう一つの要素に，経済
主体の主観的割引率（subjective discount rate）と呼ばれるものがあります[5]。こ
れは家計が現在と将来の効用から通期での総効用を算出する際に，現在の効用に
対して将来の効用を割り引く率です。主観的割引率が高い家計ほど，即座に効用
をもたらしてくれる現在の消費に比べて，将来の消費の価値をより大きく割り引
きます。これまでは主観的割引率をゼロとみなして，各期日の効用を単純に足し
合わせることで通期の総効用を考えてきました。それは経済主体が将来発生する

5）　主観的割引率が高い人ほど長い時間待たされることを嫌うことから，主観的割引率は時間選好率
（rate of time preference）とも呼ばれています。

効用と，今直ちに発生する効用を全く同等に評価しているという仮定を意味します。しかし現実には利子率同様に主観的割引率もゼロを上回ると考えられます。この点は次のような簡単な例を用いて直感的に確認することができます。仮に空腹を感じてレストランに入ったとします。食事（消費）をすれば空腹が満たされて，満足（効用）を手に入れることができます。しかしその際，注文後直ちに配膳される食事から得られる満足と，1時間も待たされてからやっと出てくる（同じ内容の）食事から得られる満足とを等しく評価するでしょうか。料理の中身が同じでも1時間も待たされる食事には，すぐに出される食事と同じだけの料金を支払いたくないと感じる人は，現在の効用に対して将来の効用を割り引いて評価しているのです。

　金利と主観的割引率は，異時点間の最適化にどのような影響を及ぼすと考えられるでしょうか。現在の消費を減らして貯蓄を増やせば，元金分だけでなく利息分まで含めて将来の消費を増やすことができます。将来的に受け取る利息は金利が高くなるほど増加します。このため，他の条件を一定として金利の上昇は，貯蓄を通じた現在から将来への消費のシフトが通期の総効用を増大させる効果をもたらします。しかし，それと同時に将来の消費は現在の消費に比べて総効用への貢献度が主観的割引率で割り引かれてしまいます。このため，他の条件を一定として主観的割引率が高くなるほど，現在から将来への消費のシフトが通期の総効用を低下させる効果を持ちます。

　このように金利と主観的割引率が相反する効果を持つ中で，家計は現在と将来の間でどう消費を配分すべきかという異時点間の最適化問題を考えなくてはなりません。金利と主観的割引率を取り入れた場合の詳細については，補論のケース3の解説を参照してください。

○　金融取引の意味：異時点間最適化の観点から

　これまでの議論をまとめてみましょう。家計は予算制約の許す範囲で，自らの効用が最大になるように消費や貯蓄を決定します。現在の効用だけでなく将来の効用も含め，想定された期間全体（例えば生涯）を通じた総効用の最大化を追求します。その際，一般的に家計は時間とともに消費が激しく変動することを嫌い，安定的に推移させること（平準化）を好む傾向を持つと考えられます。

　しかしながら，家計にとって消費を賄うための所得が安定的に推移するとは限りません。例えば1日単位で時間を考えると，給料日にはまとまった所得があり

ますが，翌日から次の給料日までは毎日無所得です。もっと長い時間の単位を用いれば，一般的に所得は幼少期には皆無で，青年期から壮年期にかけて増大しますが，老年期には再び減少します[6]。また壮年期においても，例えば勤務先の業績の変化などによって大幅な収入の増減に見舞われる時期があるかもしれません。

このような所得の変動が生じても消費を安定的に推移させるには，期間毎に所得と消費を一致させるのではなく，比較的所得の多い期間から少ない期間に予算を配分することが必要になります。これによって所得が消費を上回って貯蓄（＝貸付）が発生する期間と，逆に消費が所得を上回って負債（＝借入）が発生する期間が生じますが，それは異なる時点間で予算の遣り繰りを行うことで家計が消費の平準化を図っていることを意味します[7]。

このような異時点間の貸借取引が一般に金融と呼ばれている取引行為の本質です。それは当該期日の予算に余裕のある側から不足している側へと，一時的に所得の一部（＝資金）を融通するという行為です。「苦しいときには借り入れて，後日元利を返済する」，或いは「余裕のある時期には貯蓄して，将来その元利を受け取る」という行為は，本質的には現在と将来という異時点間で所得の一部を貸借し，結果的に自らの生涯効用がより高くなるように各期の消費を調整しようとするものです。それは期間ごとに課せられた予算制約を，期間を跨いだ予算制約へと置き換えることで，より柔軟な経済活動を可能にします。また，金融取引とは異なる経済主体間での貸借取引であると同時に，個々の経済主体にとっては金利と主観的割引率を天秤に掛けながら，自らの現在の消費と将来の消費を取引するという行為でもあります。有効に活用されれば，金融取引は異時点間の最適化を追求する上で極めて効果的なツールとなるものです。

○ 金融と予算制約，効用の最大化：グラフを用いた解説

金融によって異時点間の貸借取引が可能になるとどのような恩恵がもたらされ

---

6) このように経済主体が自らの一生における所得の変化を勘案し，一生の所得総額に基づいて各期の消費を決定するという考えはライフ・サイクル理論（life-cycle theory）と呼ばれます。ライフ・サイクル理論も恒常所得理論と同様に，家計が時間の経過とともに自らの所得がどのように推移するかを考慮した上で各期の消費を決定することを示唆します。ライフ・サイクル理論を打ち立てたのは 1985 年にノーベル経済学賞を受賞したフランコ・モディリアニ（Franco Modigliani）です。詳細については Modigliani and Brumberg（1954）等を参照してください。

7) このような異時点間の貸借は，個人・家計に限らず経済主体全般に見られます。個人が金融機関から一時的な借入を行うように，企業は社債を発行して投資家から資金を借り入れることがありますし，財政逼迫に苦しむ政府はしばしば国債を発行して国民から借金をしています。これらはいずれも将来の所得（企業収益，税収）で返済されるべきものです。

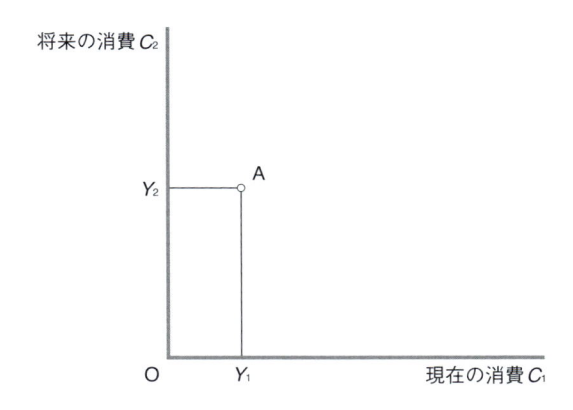

図 1.6　金融が存在しない場合の家計の予算制約

るのか，グラフを使って考えましょう。家計（個人）の生涯は現在と将来の二期間から成るものとします。例えば，現在は学生時代を含む青年期，将来は有職の壮年期と想定し，現在の消費を横軸に，将来の消費は縦軸に沿って測るグラフを描きます。

　現在（青年期）の所得を Y_1，将来（壮年期）の所得を Y_2 で表すと，通常は $Y_1 < Y_2$ です。ここで下付き文字の1と2は期間を表します。もし金融が存在しなければ，各期の所得を予算の上限として，その期の消費を賄わざるを得ません。このため，現在の消費を C_1，将来の消費を C_2 で表すと，金融が不在の場合の予算制約は次のように表すことができます[8]。

$$C_1 \leq Y_1 \quad 且つ \quad C_2 \leq Y_2 \tag{1.1}$$

　図 1.6 は現在の消費を横軸，将来の消費を縦軸に，金融が存在しない場合の家計の予算制約を描いたものです。図の長方形 Y_2OY_1A は予算制約下で選択可能な C_1 と C_2 の組み合わせの範囲を表しています。長方形 Y_2OY_1A の範囲内（各辺を含む）に位置する点であればどの点も（1.1）式の制約条件を満たし，その中から家計が最も好む点を選ぶことになります。

　次に金融を導入することで生じる変化について考えます。金融が導入されれば，家計は現在と将来の間で貸借取引をできるようになります。所得の少ない青年期

---

8)　壮年期まで生き延びるためには，青年期の僅かな所得の全部や一部を消費に充てずに壮年期まで置いておくことはできないものと仮定します。

には借入をして所得以上に消費し，借入元本とその利息を所得が増える壮年期に返済することが可能になります[9]。この場合の予算制約は2つの期間を跨ぐ通期，つまり生涯の制約条件として考える必要があります。その際，現在を基準にして将来の金額を考えるには，金利を用いて割り引く必要がある点に注意が必要です。具体的には金利を r で表すと，金融取引が可能な場合の予算制約は以下のように表されます。

$$C_1 + \frac{C_2}{1+r} \leq Y_1 + \frac{Y_2}{1+r} \tag{1.2}$$

（1.2）式に関して次の2点に注意してください。先ず，予算制約は（1.1）式のように期間ごとの2つの条件からなるのではなく，生涯を通じた1つの条件になっている点です。不等号式の両辺に，期間を示す下付き文字が1（現在）の変数と2（将来）の変数の両方が含まれていることを確認してください。次に，消費も所得も将来の値は金利 r を用いて，$(1+r)$ で除した上で現在の値と合算されている点です。現在を基準とする場合，将来の値はこのように割り引いて考える必要があります。

　グラフ描写を容易にするため，（1.2）式を次のように変形します。

$$C_2 \leq (1+r) Y_1 + Y_2 - (1+r) C_1 \tag{1.2$'$}$$

（1.2）′ 式の形にすると，金融取引が可能な場合の予算制約は縦軸（将来の消費）の切片が $(1+r) Y_1 + Y_2$，傾きが $-(1+r)$ の直線及びその下側を指すことが分かります。これに該当するのが図 1.7 の三角形 BOD です。家計は辺 BD 上及びその下側のどの点も選択可能です。ここで金融が不在の場合の選択可能領域を示す長方形 Y_2OY_1A が，金融が存在する場合の三角形 BOD に内包されていることに注目してください。金融取引が可能になると，新たに三角形 BY_2A と三角形 AY_1D が選択可能な現在と将来の消費の組み合わせの範囲に追加されています。つまり，金融取引が可能になると所得には何の変化もないにもかかわらず，消費の選択可能領域が広がることが分かります。

　金融による予算制約の変化はどのような経済厚生上の効果を持つでしょうか。図 1.7 の三角形 BOD の範囲から実際にどの点を選ぶかは，家計の嗜好（prefer-ence）に依存します[10]。嗜好を表現するツールとして，ミクロ経済学に登場する無差別曲線（indifference curve）を使って考えてみましょう。

9）　$Y_2 < Y_1$ の家計は，反対に青年期に貸付をして壮年気に元利の返済を受けることが可能です。

10）　現在と将来という時間を隔てた消費の配分に関する嗜好なので，主観的割引率（時間選好率）がその重要な決定要因となります。章末の復習問題 1.4 に具体例を挙げていますので，そちらも参照してください。

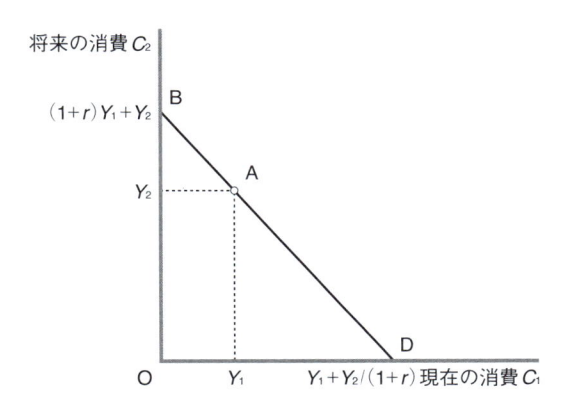

図の説明:
- 縦軸: 将来の消費 C_2
- 横軸: 現在の消費 C_1
- 点 B: $(1+r)Y_1+Y_2$
- 点 A: Y_2
- 横軸の点: Y_1, $Y_1+Y_2/(1+r)$
- 原点: O

図 1.7　金融取引が可能な場合の予算制約

　次の図 1.7′ において，例えば家計が無差別曲線 I_1 を持つとします。I_1 上の点はそれぞれ C_1 と C_2 の様々な組み合わせを持ちますが，家計はそれらのどの点についても無差別，つまりそれらを好む度合いは全く同じです。言い換えると，I_1 上のどの C_1 と C_2 の組み合わせも家計の生涯効用は全く同じで，そのうちのどれかを他より好むことはありません。但し，金融が不在の場合，(1.1) 式の予算制約を満たした上で I_1 の効用水準を達成できるのは点 A だけです。このため金融が不在なら，この家計は点 A を選び，$C_1=Y_1$，$C_2=Y_2$ の消費をします。

　しかし金融取引が導入されると，点 A に限らず線 BD 上（或いはその下側）のどの点も選択可能となり，その結果，無差別曲線 I_2 と BD の接点である点 E を選べるようになります。点 E は I_1 よりも右上に位置する無差別曲線 I_2 上にあるため，家計は点 A よりも点 E を好みます。点 E では $Y_1 < C_1$，$C_2 < Y_2$ となり，家計は所得の少ない現在（青年期）に借り入れて所得を上回る消費を行い，借入元本と利息を所得が増える将来（壮年期）に返済することで生涯効用を最大化します。そうして得られる生涯効用の水準は（I_1 と I_2 の位置関係が示すように），金融が存在しない場合の水準を上回ります。つまり，金融取引を利用すれば，各期における家計の所得には何の変化もないにもかかわらず，その生涯効用を増大させることができるという恩恵が生まれます。

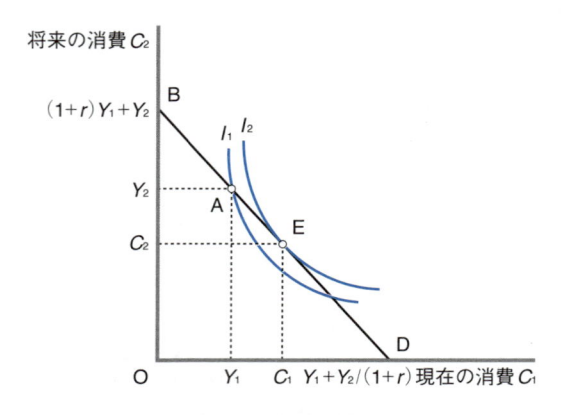

図1.7′　金融取引と生涯効用

◯　金融市場と金融機関の果たす役割

　金融の果たす役割の重要性を理解するには，金融が存在しない経済がどのようなものかを想像してみるのが効果的です。借りる側から見た金融の不在とは，例えば家計が住宅を購入しようにも住宅ローンが存在せず，購入に要する全額を蓄えてしまってからではないとマイホームの夢は実現できないことを意味します。また，企業にとっては設備投資等に必要な資金を外部から調達するという道が閉ざされ，柔軟な事業展開が困難になることを意味します。

　反対に貸す側から見た金融の不在とは，他者への貸付という選択肢がなくなることを意味します。このため余裕資金はそのまま箪笥の中に眠らせておくか，或いはその資金を使って自らが事業を起こして収益を上げるしかありません。つまり貸借のどちらの立場から見ても，金融の不在は予算配分における柔軟性の低下を意味し，経済に本来備わっている潜在力を十分に活かしきれないような状況を生み出すものです。

　金融の持つ潜在力を十分に活用するためには，多数の経済主体による資金需要と資金供給を集約し，取引を促す金融市場の存在が必要です。また，個々の経済主体の需給を束ね，仲介的に金融市場に参加する金融機関の存在も重要になります。多数の家計がそれぞれ個別にどの企業のどの事業にいくら貸し付けるべきかを判断するのは容易ではありませんし，企業の側も多数の家計から個別に少額

ずつ融資を取り付けていたのでは多大なコストがかかってしまいます。多くの経済主体から当座の余裕資金を集約し，それらを使って当座の資金に窮している経済主体に融資する専門機関の存在は，効率的な資金の再配分を促します。このように資金を需要する側と供給する側の仲介者として，金融取引の効率化と活性化を促す役割を果たしているのが銀行などの金融機関です。

貸借の当事者が直接取引する金融は直接金融，金融機関を介して取引される場合は間接金融と呼ばれますが，金融機関が健全に機能している社会では間接金融を十分に活用することで効率的な資金の運用が促進されます。反対に金融機関の弱体化や金融機関に対する不安は，バブル崩壊後 1990 年代の日本や 2007〜9 年の世界金融危機における米欧の苦い経験が物語るように，経済全体に混乱や不安を招き，資源の効率的配分の大きな妨げとなります。

○ 補論：異時点間最適化と消費の平準化──モデルによる解説

本節に登場した異時点間最適化の問題を簡単なモデルにすることで，消費の平準化と恒常所得についてより詳しく考えてみましょう。以下の解説には少し微分の記号が出てきますが，微分の知識がなくても理解できるよう言葉による説明を心がけています。微分の知識のない方も敬遠せずに直感的な理解に努めてみてください。

家計の時間は給料日 $(t=1)$ とその翌日以降，次の給料日の前日まで $(t=2, \cdots, T)$ から成り，各期日の効用 u はその日の消費 C_t に依存するとします。t は期日を表します。家計が最大にしたいのは各期日の効用を合計して得られる通期 $(t=1, \cdots, T)$ の総効用ですが，主観的割引率を考慮しない場合には以下のように書き表すことができます。

$$U = \sum_{t=1}^{T} u(C_t) \tag{1.3}$$

但し，C_t が増えるにつれて u は増加しますが，その増加率は減少していくと仮定します。微分の表記を用いれば $u' > 0$, $u'' < 0$ です。これらの条件をグラフで表すと図 1.8 のようになります。

$u' > 0$ という条件は C_t の増加に伴い u が増加すること，つまり u のグラフが右上がりであることを意味します。$u'' < 0$ という条件は，u のグラフが右上がりの直線ではなく，C_t の増加に伴ってその傾き $u' = \dfrac{\Delta u}{\Delta C}$ が小さくなっていることを意味します。つまりある期日の消費を増やせば増やすほど，それによって得ら

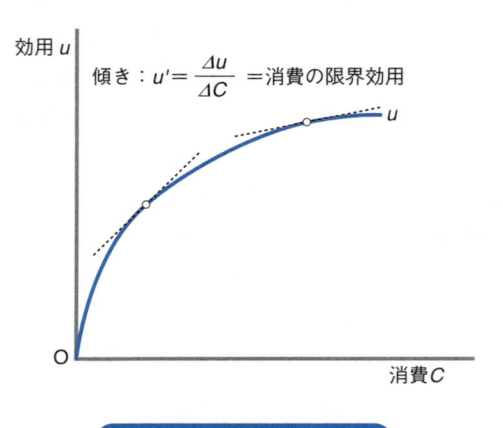

効用 u

傾き：$u' = \dfrac{\Delta u}{\Delta C}$ ＝消費の限界効用

u

O

消費 C

れる追加的な満足（消費の限界効用と呼ばれ，グラフの傾き $u' = \dfrac{\Delta u}{\Delta C}$ に等しい）は小さくなっていきます。このため総効用 U を最大化するには，限られた日に過度に集中した消費は得策でないということが分かります。

　次に予算制約を考えますが，異時点間の貸借（つまり金融取引）を許すかどうか，またゼロを超える利子率を考慮するかで，以下に 3 つの異なるケースを考えます。

ケース 1：無利子での貸借取引が可能なケース

　通期での総消費が総所得を超えない限り，異なる期日間で所得を無利子で貸し借りしてもよいという場合，予算制約は以下のように書き表すことができます。

$$\sum_{t=1}^{T} C_t \leqq \sum_{t=1}^{T} Y_t \tag{1.4}$$

ここで $Y_t(t=1,\cdots,T)$ は各期の所得です。（1.4）式は通期での予算制約であり，現在の所得で将来の消費を賄ったり，将来の所得で現在の消費を賄うことを許すものであることに注意してください。本文の例のように最初に給料を受け取り，その後は収入がない場合，$Y_2 = Y_3 = \cdots = Y_T = 0$ ですが，第 1 期の所得の一部を第 2 期以降の消費に充てることが可能です。また，逆に第 $T-1$ 期までは無所得という場合でも，総計が Y_T を超えないことを条件として第 1 期からの消費が可能です。

　（1.4）式の予算制約を満たしながら，（1.3）式の総効用 U を最大化するには，

各期日の消費 C_t $(t = 1, \cdots, T)$ をどのように決定すればよいでしょうか。(1.3) 式によると総効用は各期日の効用をそのまま合計することで求められますので、総効用にとってどの期日の効用も等しい重みを持ちます。従って特定の期日の消費を重視する理由はありません。また上述のように、ある特定の期日に消費が増えすぎると、その期日の限界効用は低下します。その期日の消費を少し減らして別の期日の消費を増やせば、限界効用の小さな期日から大きな期日へと消費を動かすことで総効用は増大するはずです。この考えに基づくと、全ての期日の限界効用が等しくなるように消費することが総効用の最大化をもたらすことが分かります。つまり、

$$u'(C_1) = u'(C_2) = \cdots = u'(C_T) \tag{1.5}$$

が成立するように $C_1 = C_2 = \cdots = C_T$ とすれば総効用は最大化されるはずです。

ミクロ経済学でラグランジュ未定乗数法を学ばれた方は

$$L = \sum_{t=1}^{T} u(C_t) + \lambda \left(\sum_{t=1}^{T} Y_t - \sum_{t=1}^{T} C_t \right) \tag{1.6}$$

という最大化問題を解けばよいことになります。L を C_t で微分して得られる1階条件は、

$$u'(C_t) = \lambda \tag{1.7}$$

であり、この条件が全ての期日 t に関して成立することになります。u は C_t の関数ですので、定数 λ に対して (1.7) 式を満たすような C_t の値は特定されます。全ての期日に関して同じ値が特定されることになるため、$C_1 = C_2 = \cdots = C_T$ が成立します。

従って初日に給料を受け取る場合の最大化問題の解は、

$$\begin{aligned} C_t &= \frac{1}{T} \left(\sum_{t=1}^{T} Y_t \right) \\ &= \frac{1}{T} \left\{ Y_1 + \left(\sum_{t=2}^{T} Y_t \right) \right\} \tag{1.8} \\ &= \frac{Y_1}{T} \end{aligned}$$

となります。つまり初日に受け取る給料を合計期日数で割った値に等しいだけの消費を毎日続けることが、通期での総効用を最大化することになります。このとき $\frac{Y_1}{T}$ を恒常所得と呼びます。これに対して、各期日の所得と恒常所得の差は一時所得と呼ばれます。給料日である初日 $(t = 1)$ には Y_1 だけの所得が発生しますが、そのうち $\frac{Y_1}{T}$ だけが恒常所得で、残りの $\frac{(T-1)Y_1}{T}$ は一時所得です。各期日

の消費を恒常所得 $\frac{Y_1}{T}$ に等しくすることで，消費が完全に平準化されていることにも注目してください。効用の最大化を図る家計が給料日に取る行動は，給料全額を直ちに消費するのではなく，恒常所得分だけを当日消費し，一時所得分は翌日以降のために貯蓄するというものです。このように考えると，家計の各期の消費を決定するのは当期の所得ではなく，恒常所得であることが分かります。

第 1 期ではなく第 T 期に給料を受け取ると問題の設定を変更した場合も，貸借が許される限り（1.4）式の予算制約に変わりはなく，最適化の解は（1.6）式の $C_t = \frac{Y_1}{T}$ から $C_t = \frac{Y_T}{T}$ に変わるだけです。

ケース 2：貸借取引が不可能なケース

貸借取引が可能なケースと不可能なケースはどのように異なるのでしょうか。貸借が許されない場合は，最大化の対象は（1.3）式で変わりありませんが，予算制約が異なります。具体的には（1.4）式ではなく，

$$C_t \leqq Y_t \quad (t=1,\cdots,T) \tag{1.9}$$

となります。つまり全ての期日において，当日の消費が当日の所得以下でなければなりません。これに対して（1.4）式は通期での消費総額が所得総額以内に収まるという条件です。（1.9）式が満たされるとき（1.4）式は必ず満たされますが，（1.4）式の成立は必ずしも（1.9）式の成立を意味しないことに注意してください。つまり，（1.9）式は（1.4）式よりも厳しい（予算）制約条件です。この場合，最適化の解は $C_t = Y_t\,(t=1,\cdots,T)$ であり，所得のない期日は消費もゼロとせざるを得ません。

ケース 3：有利子で貸借取引が可能なケース

次にゼロを超える利子率での貸借取引が可能なケースを考えましょう。また，利子率だけでなく，主観的割引率もゼロを超えるものとして導入しましょう。まず総効用ですが，第 1 日目を現在とすると，第 2 日目以降に発生する効用は主観的割引率によって割り引かなければなりません。時間的に先になればなるほど，大きく割り引くことになりますので，この場合の総効用は以下の（1.10）式で表すことができます。

$$U = \sum_{t=1}^{T} \frac{1}{(1+\rho)^{t-1}} u\,(C_t) \tag{1.10}$$

但し，ρ は主観的割引率です。

次に予算制約ですが，利子率がゼロではありませんので，異なる期日に発生する消費や所得をそのまま合計するのではなく，全ての値を現在に割り引いた共通の尺度で考える必要があります。このため予算制約は以下のように表されます。

$$\sum_{t=1}^{T} \frac{1}{(1+r)^{t-1}} C_t \leqq \sum_{t=1}^{T} \frac{1}{(1+r)^{t-1}} Y_t \qquad (1.11)$$

従って（1.11）式を予算制約として（1.10）式を最大化する消費パターンを考えればよいことになります。この場合も各期日における消費の限界効用を考えることで，最適化をもたらす消費のパターンを決定することができます。但し，これまでのように単純に各期日における消費の限界効用を等しくするのではなく，利子率と主観的割引率を考慮して第 t 期と第 $t+1$ 期の限界効用に以下のような関係が成り立つように消費を決定する必要があります。

$$\frac{1}{(1+\rho)^{t-1}} u'(C_t) \leqq (1+r) \frac{1}{(1+\rho)^t} u'(C_{t+1}) \qquad (1.12)$$

これをより分かりやすく書き直すと

$$\frac{u'(C_{t+1})}{u'(C_t)} = \frac{1+\rho}{1+r} \qquad (1.13)$$

となります。利子率 r と主観的割引率 ρ が等しければ，（1.13）式は $u'(C_t)=u'(C_{t+1})$ となって，結果的にケース1と同じく消費を一定に保つことが効用の最大化をもたらすことになります。しかし，もし利子率 r が主観的割引率 ρ を上回れば，$C_t < C_{t+1}$ となって消費を現在から将来に向かって増やしていくことが総効用を最大化させます。逆に主観的割引率 ρ が利子率 r を上回ると，$C_t > C_{t+1}$ となって現在から将来に向かって消費を減らしていくことが総効用の最大化に繋がります。このように，消費の平準化とは必ずしも各期の消費を全く等しくするということを意味するのではなく，利子率と主観的割引率の関係に基づいて生涯の効用が最大化されるように各期の消費を推移させることを意味します。

1.3　国際的視点：国境を越えた経済取引を考える

◯　国際金融：金融と国境

　前節の議論から明らかになったのは，異時点間の貸借を可能にすることで，より好ましい予算配分を達成するという重要な役割を金融が担っているということです。この金融というツールを最大限活かすには，多くの経済主体が参加できる金融市場の存在が必要ですが，個々の経済主体はそれぞれに様々なタイミングで

様々な貸借の要望を持ちますので，潜在的な取引相手が多く存在することが望まれます。そのような観点からすれば，金融取引の相手を同じ国内の居住者だけに限定する必要はありません。例えば国内の経済主体だけでは資金の需給が不釣合いでも，海外の経済主体が市場に参加することでそれを解消できるかもしれないからです。このように国境を越えて資本を貸借する行為は，金融の中でも国際金融と呼ばれます。

金融を国内取引だけに限定せず，国際取引も可能にすることで，貸方・借方の両者にとって取引相手の選択肢は国外にも広がります。つまり，金融の国際化は国内規模ではなく国際規模で，限りある予算や資源をより効率的に運用する機会を生み出します。但し，既に序章でも触れたように，国による通貨の違いから為替レートが介在するという点で国際金融は国内金融と大きく異なります。為替レートの変化は海外の経済主体に対する貸付や負債の自国通貨単位で測った価値を変化させるため，家計や企業の行動と国境を越えた資本の流れに大きな影響を及ぼします。

◯ 外国通貨建て資産

日本ではいわゆるバブル経済が崩壊した 1990 年代半ばから経済の低迷が深刻化し，1999 年 2 月からは日本銀行が金利をゼロ水準で維持する「ゼロ金利政策」を実施しました。このため預金金利も事実上ゼロに等しくなり，銀行に預金しても利息が殆ど付与されない状況が続きました。諸外国の金利が日本国内の金利を遥かに上回る状況が続く中，いわゆる外貨預金という金融商品が人気を博すようになりました[11]。これは日本国内の経済主体が円資金で外国通貨（以下外貨）を購入し，金融機関を通じて外国の経済主体に外貨として貸し付けるという国際金融商品です。円資金で外貨を購入する際，両通貨間の為替レートが，円単位の元金が外貨単位ではいくらになるのかを決定します。また，外貨預金では元金だけでなく利息も外貨単位で発生しますので，満期後に元利を日本円として使用するためには外貨を円に交換し直さなくてなりません。ここでも外貨預金の元本と利息が，日本円単位でいくらになるのかを決定するのはやはり為替レートです。

例えば米ドル預金の場合，預金者はまず手持ちの円資金でドルを購入し，そのドル資金が銀行を通じてアメリカの経済主体に貸し付けられます。このように異

---

11) その後 2000 年代に入ると他の先進国の金利も低下し，特に 2008 年の世界金融危機以後は例えばアメリカの金利が日本の金利を更に下回る状況が一時的に生じました。

なる国の経済主体間で資本が一時的に移転することを資本の国際移動と呼びます。このような取引を行うことで，日本の預金者は円預金（＝国内経済主体への貸付）よりも高い（ドル建て）金利で資金を貸し付けることができます（但し，外貨預金の金利の方が高くても，満期時に必ず円預金よりも日本円単位で多くの元利を受け取れるとは限りません。これは預金の開始時と満期時で円とドルの間の為替レートが変動するかもしれないことによります。詳しくは第5章を参照してください）。また，アメリカの経済主体も借入先をアメリカ国内に限定せず海外の経済主体にも広げることで，より潤沢に，そしてより安価に資金を調達することが可能になります。

このように金融取引の相手が国内に限定されず，国外にも広がることは基本的に貸借の両側にとって好ましいことです。国際資本移動が制約されなければ，個々の経済主体はその所在や国籍に縛られることなく，より柔軟に異時点間の最適化を追求することが可能になります[12]。

○ 国際貿易と最適化

生涯の総効用を最大化するには，金融によって異時点間の配分を行うだけでなく，配分の対象である所得自体をできる限り増大させることも重要です。所得は基本的には自らの生産能力に依存するため，生産能力次第で予算制約も変化します。そこで浮上するのが「何をどれだけ生産すべきか」という問題です。

一般に家計は同時に多数の職業を持つのではなく，ある特定の職業に就いてその仕事に自らの労働を集中的に配分することで生計を立てています。例えばサッカーに秀でた人はサッカーに専念し，プロ・サッカー選手としてスポーツ・エンターテインメント・サービスを提供することで生計を立て，医療の知識・技術を身に付けた人は医師として医療サービスの提供に専念して生計を立てます。医師は自らの限りある時間を治療行為に集中的に投入し，農産物の生産や電化製品の製造などは他者に任せます。自らが比較的得意とする分野に限られた資源（＝時間，労働力）を集中的に投入すれば，効率的にその財やサービスの生産を行うことが可能となるからです。反対に自分の消費する農産物，衣料品，電化製品，医療サービス，金融サービス等の全てを自らの手で生産しなくてはならない自給自足のシステムは非常に非効率なものです。

---

12) 但し，国際金融の自由化は場合によってはある種の弊害ももたらすとされ，経済学者の間でも自由化のあり方について活発な議論が続いています。これらの点については第10章を参照してください。

同様の問題をマクロ経済或いは国家レベルで考えてみましょう。ちょうど家計に比較的得意とする仕事とそうでないものがあるように，国家レベルにおいてもその経済が生産を比較的得意とする財・サービスと比較的不得意とするものが存在します。例えば日本は自動車の生産を得意としますが，原油の生産は得意ではありません[13]。閉鎖経済の場合には，生産が不得意なものも含めて，消費する全ての財・サービスを自ら生産する以外に選択肢はありません。しかし，開放経済には他国と生産物の売買取引を行う国際貿易（international trade）という選択肢が存在します。全ての国が全ての種類の財を生産するのではなく，各国が自らの比較的得意とする部門に資源（＝労働や生産資本など）を重点的に配分し，その財を自ら消費する以上に生産して互いに売買すれば，より効率的に各財を手に入れることが可能になります。貿易が行われると，財はそれが効率的に生産される安価な国から，生産が非効率で高価な国へと流れます。自らが比較的得意とする財の生産に集中的に資源を配分することは特化（specialization）と呼ばれますが，国際貿易は特化による生産の効率的分業によって，自給自足の場合に比べて財・サービス単位で測った実質的な所得の増大をもたらします[14]。

このように金融だけでなく，貿易についても国際的な取引を開放することは資源配分と最適化の観点から重要な意義と効果を有します。但し，金融においてもそうであったように，貿易においても国際取引は国家間の通貨の違いの問題を避けて通ることができません。通貨の異なる国の間で財やサービスを取引するには，それらの価格を共通の尺度に置き換える為替レートが非常に重要な意味を持ちます。例えば日本の企業がアメリカの農業生産者から小麦を輸入しようとすれば，その支払いは日本円ではなくアメリカの通貨であるドル単位で行うことになります。日本企業が支払いに必要な米ドルを日本円で購入するにあたって，1ドルあたり何円支払う必要があるのかを示すのが為替レートです。為替レートが変化しても米ドル建ての支払額は不変ですが，日本円換算の支払額は変化してしまいます。このため為替レートの変動は国際貿易にも重要な影響を及ぼすと考えられます（第4章第2節の実質為替レートの議論，及び第7章を参照してください）。

---

[13]　比較的生産を得意とする，つまり比較的効率よく安価に生産できるということを国際貿易論では「比較優位（comparative advantage）を持つ」と表現します。例えば労働力を豊富に持つが生産資本に乏しい国は，労働を集約的に用いる財の生産に比較優位を持つと考えられます。

[14]　より詳しくは『コア・テキスト国際経済学　第2版』など，国際貿易論の解説に詳しい教科書を参照してください。

復習問題

1.1　最適化とは何か。また，異時点間の最適化と同時点における最適化はどのように異なるか説明しなさい。

1.2　最適化において金融取引が果たす役割とその重要性について説明しなさい。

1.3　ある家計は今日７万円のアルバイト料を受け取り，それを唯一の収入としてこれからの一週間生計を立てるものとして以下の問いに答えなさい。

(1)　今日発生したこの家計の所得のうち恒常所得と一時所得はそれぞれいくらか。

(2)　消費の恒常所得理論に基づくと，この家計は今日の消費をどのように決定すると考えられるか。

1.4　家計の生涯は第１期（現在）と第２期（将来）からなるとする。この家計の総効用は以下のとおりである。

$$U = u(C_1) + \frac{1}{1+\rho} u(C_2)$$

但し ρ は主観的割引率を示し，$u(C_t) = \log C_t$ である（各期の効用は消費の自然対数に等しい）。また，この家計は利子率 r で貸借取引を行えるものとする。この家計の各期の（所与の）所得が Y_1，Y_2 であるとして，生涯の効用を最大化するように各期の消費を決定しなさい（ヒント：第１期の所得 Y_1 と消費 C_1 の差を S_1 と定義すれば，第２期の消費 C_2 は S_1 に利子が付加されたものと第２期の所得 Y_2 の合計に等しくなる）。

第 2 章

マクロ的視点の導入： 国民経済計算と国際収支会計

　前章では主として家計や企業という個々の経済主体の立場に立って，ミクロ的視点から予算制約と最適化について考え，国境を越えて金融や貿易などの取引を行うことの意味と効果について解説しました。そこでの議論が示唆したのは，「国境を越えた資本や財・サービスの取引は効率的な予算配分を可能にし，最適化に寄与する」ということでした。本章では考察の対象を個々の経済主体の行動から，それらの集積によって成り立つ一国の経済，つまりマクロ経済に移して議論を続けます。国家・マクロ経済レベルで集計された消費，貯蓄や生産などの経済活動について考えるにあたっても，それらはあくまで個々の経済主体の活動の積み上げであることに留意してください。

　一国の経済を考えるということは，究極的にはその経済に課せられた予算制約の下で，どのように資源を配分すれば，より高い水準の経済厚生（平易に言えばよりよい暮らし）を実現することができるかという問題を考えることを意味します。その意味において，前章で解説した制約条件下の最適化の視点はマクロ分析においても有効です。しかし，マクロレベルで所得，消費，そしてそれらの差である貯蓄（或いは負債）について考えるためには，まずは個々の経済主体による活動状況を集計し，それらの情報を体系的に整理することが必要です。そのような会計的情報整理の体系として本章で取り上げるのが国民経済計算と国際収支会計です。マクロ経済にとっての国民経済計算や国際収支会計は，いわば個々の経済主体にとっての家計簿や帳簿に相当するものであり，そこに集約された情報を通してマクロ経済の規模や活動状況を知ることができます。

2.1　国民経済計算：国内経済活動の集計

◯ 国内総生産（GDP）と三面等価の原則

　まず本節では，一定期間（例えば1年間，或いは1四半期間等）における一国の経済活動を集約し，その生産・所得・支出の総計と内訳をとりまとめた国民経済計算（national income accounting）について解説します。マクロ経済とは家計，企業，政府などによる経済活動の集合体を指しますが，その規模を示す最も重要な変数が生産量（output）です。生産量とは一国の経済において生産される財やサービスの総計を指しますが，その具体的な指標として広く使われているのが国内総生産（gross domestic product: GDP）です。国内総生産は当該国内において所定の期間，例えば1年間或いは1四半期間に生み出された付加価値の総計を意味し，生産された最終財・サービスの価格を合計することによって算出されます。

　中間財を含めず最終財だけを考慮するのは，重複勘定を避けるためです。例えば，20万円のカー・ナビが組み込まれた200万円の自動車が生産された場合，もし中間財であるカー・ナビと最終財である自動車の両方を勘定に含めてしまうと，前者の価格に相当する20万円が重複して計上されてしまいます。このような不正確な測定を避けるために最終的な財・サービスの価格だけを計上し，付加価値の総計として GDP が算出されます。上の例ではカー・ナビの製造における付加価値の20万円と，自動車の製造における付加価値の180万円を合わせて200万円が付加価値の合計額となります。

　新聞やニュースに頻繁に登場する「経済成長率」という言葉は，通常この GDP の増加率を指します。マクロ経済の生産水準が高くなる，つまり経済が成長するということは同時に消費される財やサービスが増加する事を意味します。

国民1人あたりのGDPが増加するということは，1人あたりが消費する財やサービスが増えるということです。このような観点からも，GDPによって測られる生産量はマクロ経済を考える上での最重要変数と考えられます。

一国において所定の期間に生産された財・サービスの価値の総計は，それらが購入されることによって生み出される同期間の所得の総計に等しいはずです。また，その所得は家計に分配された上で，最終的には何らかの用途に支出されます。このためGDPは総生産としてのみならず，総所得や総支出としても捉えることもできます。

実際にGDPの勘定方法には(1)何がどれだけ生産されたか，(2)どれだけの所得がどのように分配されたか，(3)どのような用途にどれだけの支出がなされたか，という3つの方法が存在します。(1)については，財・サービスの生産額から原材料など生産過程で投入された中間投入を差し引くことで付加価値を集計し，GDPが算出されます。(2)は利潤や賃金等の分配された所得を集計することによって，また(3)は消費や投資など，期間内に生じた最終財・サービスへの支出額を集計することでそれぞれ算出されます。このように，生産，所得（分配），支出の3つの角度から捉えたGDP総額が一致することは，三面等価の原則と呼ばれています。図 2.1 は日本の2021年のGDPを例に用いて三面等価を示したものです。

○ 国内総生産（GDP）と国民総所得（GNI）

GDPと並ぶ重要なマクロ経済指標に国民総所得（gross national income: GNI）があります。GNIは日本企業の海外での収益や，日本国民が海外投資から得た利子・配当払いなどをGDPに加え，逆に外国の企業や国民が日本での生産活動や投資から得る収益を差し引くことによって算出されます。つまり，GDPは生産活動の所在，GNIは経済主体の国籍を判断の基準とし，前者は日本国内における生産活動を，後者は日本国民による生産活動を総所得として捉えたものです。GDPとGNIの関係は以下のように定義されます。

GNI ＝ GDP ＋（海外からの純所得）
　　＝ GDP ＋（日本人の対外投資収益）－（外国人の対日投資収益）　　　(2.1)

（2.1）式の「日本人の対外投資収益」には，日本の企業や家計が海外に所有する資産に対して支払われる利子や配当など，及び海外からの特許使用料の受け取りなどが含まれます。これらは国外で発生するため，GDPには計上されません

生　産　面

（単位：10億円）

農林水産業	5224.1
鉱業	367.5
製造業	112508.3
電気・ガス・水道・廃棄物処理業	15166.1
建設業	30156.4
卸売・小売業	74917.5
運輸・郵便業	22626.1
宿泊・飲食サービス業	7676.9
情報通信業	28043.9
金融・保険業	23432.5
不動産業	65567.9
専門・科学技術，業務支援サービス業	48125.3
公務	28259.3
教育	19155.4
保健衛生・社会事業	45647.7
その他のサービス	20532.1
輸入品に課される税・関税	11349.5
（控除）総資本形成に係る消費税	7906.6
統計上の不突合	−1470.4
合計①	549379.3

所得（分配）面

雇用者報酬	288639.8
営業余剰・混合所得	76579.8
固定資本減耗	138700
生産・輸入品に課される税	50527.8
（控除）補助金	3597.7
統計上の不突合	−1470.4
合計②	549379.3

支　出　面

民間最終消費支出	293986.4
政府最終消費支出	117710.6
総固定資本形成	140608.1
在庫変動	26.4
財貨・サービスの輸出	99995.7
（控除）財貨・サービスの輸入	102947.9
合計③	549379.3

（出所）　内閣府ホームページ「国民経済計算（GDP統計）」
（https://www.esri.cao.go.jp/jp/sna/menu.html）

図 2.1　GDP の三面等価（2021 年）

　が，日本人の投資収益であることから GNI には計上されます。逆に外国人が日本に所有する資産から受け取る利子・配当などは，「外国人の対日投資収益」として GNI から差し引かれます。

　元来 GNI は国民総生産（gross national product: GNP）の呼称で，総生産量の標準的指標として用いられていました。しかし，上述のように海外からの純所得を含める点を考えれば，総生産量というよりも総所得の指標として捉えるのが自然です。そのような事情から 1993 年に国連が 93SNA と呼ばれる国民経済計算体系で GNP から GNI への変更を勧告したことを受けて，現在では GNI という呼称が一般的になっています。

　一方で，経済統合が進む欧州連合（European Union: EU）などで国境を越えた労働や生産資本の移動が盛んになるにつれ，国籍よりも所在に基づく経済活動の

測定の必要性から GNI よりも GDP を用いる動きが広まりました。経済規模の測定には世界的にも GDP の使用が標準的であり，本書においても GDP を生産量の基本的指標とします。

但し，国際金融について考える上では，GNI と GDP の差である海外からの純所得を軽視すべきではありません。日本人の対外投資収益や外国人の対日投資収益の動きは金融の国際化を具現するものであるからです。例えば，社会に広く国際金融取引が浸透し，家計が積極的に外国に証券投資を行うようになると，海外からの利子や配当支払いが増加します。これらの受け取りは国外で発生した日本人の所得として GNI に計上されますが，GDP には含まれません。また，製造業などでは日本の企業が海外の生産拠点として，現地に子会社などを設立する直接投資も行われます。これに伴い日本の親会社が現地子会社から受け取る株式配当や利払いも，GNI には計上されますが GDP には計上されません。また反対に外国の企業や家計が積極的に日本へ投資するようになれば，外国人の対日投資収益も増大します。このように海外からの純所得は国境を越えて資本が投じられた結果発生するものであり，国際金融が活発になるにつれてその重要性は高まります。

○ 名目 GDP と実質 GDP

GDP は最終財・サービスの価格の総計として算出されるため，その値の変化は大きく分けて2つの理由によって生じます。まず，（価格を一定として）生産される財・サービスの数量が変化するために GDP が変化する可能性が考えられます。例えば，昨年に比べて今年は同じ財をより多く生産するといったようなケースです。この場合，GDP の変化は生産される財・サービスの数量的変化を示しており，生産活動の実体的な推移を示すものとして捉えることができます。

GDP の変化を生み出すもう一つの要因は，財・サービスの単価の上昇や下落です。生産される数量が同じであっても，個々の財やサービスの価格が変化すれば GDP も変化します。この場合は財・サービスなどの実物で計った生産規模が変化しているのではなく，それらに付された通貨単位の価格が増減しているに過ぎません。現実の GDP の変動はこのような価格変化と，上述の数量変化との両方が混在したものです。

簡単な例を使って価格変化と数量変化の違いを明確にしましょう。ある仮想国の昨年の GDP は 100 万円の自動車を 5 台生産したことによる 500 万円であったとします（この国の通貨は円で，自動車産業が唯一の産業であると仮定してくだ

さい）。この国の今年の GDP について次の 2 つのケースを考えてください。

　ケース 1：昨年から価格に変化がなく，今年も全く同じ自動車が 6 台生産された。今年の GDP は 100 万円×6 台＝600 万円

　ケース 2：昨年同様に同じ自動車が 5 台生産されたが，1 台あたりの価格が 120 万円に上昇していた。今年の GDP は 120 万円×5 台＝600 万円

　いずれの場合も円という通貨単位で測った今年の GDP は 600 万円で，昨年から $\frac{600\,万円 - 500\,万円}{500\,万円} = 20\%$ の経済成長があったということになります。しかし，ケース 1 の場合は（同一の）自動車という実物単位で計っても 5 台から 6 台へと生産量が 20% 増加しているのに対して，ケース 2 の場合では昨年と今年では実物単位での生産量には全く変化がないことに注意してください。つまり後者の場合は経済が実体として成長しているのではなく，ただ単に財の価格が上昇したに過ぎません。

　経済厚生，つまり「経済的に豊かになる」という観点から重要なのは，生産され消費される財・サービスの質量が向上・増加することであって，その価格が上昇することではありません。このため，時間の経過とともに経済が実質的にどのように推移しているかを知るには，物価の変化の影響を除去した上で GDP の動きを観察する必要があります。

　ケース 2 の場合，昨年から今年にかけて物価（自動車の価格）が 20% 上昇しています。物価の上昇をインフレーション（inflation）と呼びますが，インフレーションに影響されることなく昨年と今年の生産量を比較するには，物価を基準年度の水準に固定して GDP を算出する必要があります。昨年を基準年度とすれば，今年の GDP も 100 万円（基準年度の価格）×5 台（当該年度の生産量）＝500 万円となり，昨年と全く同じになります。このようにして算出された GDP は実質 GDP（real GDP）と呼ばれます。これに対して，当該年度の物価をそのまま用いて算出された GDP は名目 GDP（nominal GDP）と呼ばれます。ケース 2 の場合，今年度の名目 GDP は 600 万円ですが，昨年度を基準年度とする実質 GDP は 500 万円です。

　名目 GDP と実質 GDP の相違は物価の変化から生じるため，両者の比率の推移を見れば生産された財・サービスの価格の変化を知ることができます。この名目 GDP と実質 GDP の比率は GDP デフレーターと呼ばれ，国内生産物の価格の推移を対基準年度で測る重要な指標です。

$$\text{GDP デフレーター} \equiv \frac{\text{名目 GDP}}{\text{実質 GDP}} \tag{2.2}$$

表2.1　名目 GDP，実質 GDP，GDP デフレーターの算出（ケース2の場合）

	昨　年	今　年	変　化　率
名 目 G D P	100×5＝500	120×5＝600	名目成長率 (600－500)/500＝20%
GDPデフレーター	500/500＝1	600/500＝1.2	物価上昇率（インフレ率） (1.2－1)/1＝20%
実 質 G D P	500/1＝500	600/1.2＝500	実質成長率＝ 　名目成長率－物価上昇率 20%－20%＝0%

（注）　名目・実質 GDP は1万円単位。

ケース2では，GDP デフレーターは $\dfrac{600万円}{500万円}＝1.2$ です。これから国内生産物の価格は，基準年度（昨年）に比較して 1.2 倍となっていることが分かります。

経済が実質的にどれだけ成長しているかを測定するには，実質 GDP の成長率を見る必要があります。(2.2) 式を書き直すことで

$$実質\,GDP \equiv \frac{名目\,GDP}{GDP\,デフレーター} \qquad (2.2)'$$

が得られ，更に (2.2)′式の各変数を変化率に直すことで以下の (2.3) 式が導かれます。

$$実質\,GDP\,の成長率 \equiv$$
$$（名目GDPの成長率）-（GDPデフレーターの増加率） \qquad (2.3)$$

(2.3) 式の左辺は経済の実質成長率，右辺は名目成長率と物価上昇率（インフレ率）の差です。

表2.1 は上述のケース2において，名目 GDP，GDP デフレーター（物価指数），及び実質 GDP がそれぞれどのように推移しているかを計算したものです。表にあるように，昨年から今年にかけての名目 GDP の成長率と物価上昇率が共に 20% であるため，実質 GDP の成長率は 0% です。

○ 消費者物価指数と GDP デフレーター

　前項の例からも明らかなように，名目 GDP と実質 GDP の違いは物価が変化することで生じるものです。個々の市場において価格が果たす役割の重要性は第1章でも触れたところですが，マクロ経済を考える場合は広範な財やサービスの価格を加重平均して算出される物価水準（price level）が重要な変数となります。また，GDP デフレーターのように特定年度の物価を基準として他の年度の物価水準を示す値は物価指数（price index），物価の上昇率はインフレ率（inflation rate）と呼ばれ，いずれも物価の変化を捉える重要な指標とされます。

　GDP デフレーターと並んで頻繁に用いられる物価指数に消費者物価指数（consumer price index: CPI）があります。消費者物価とは，一般的な家計が多く消費する財・サービスを選び出し，それらの価格を消費の度合いに応じて加重平均して算出されるもので，消費バスケット（consumption basket）と呼ばれる典型的な消費財・サービスの集合体の価格を指します。この消費バスケットの基準年度における価格を 1（或いは 100％）として，他の年度における同じ消費バスケットの価格を示す数値が消費者物価指数です。

　消費者物価指数と GDP デフレーターはともにマクロ経済の物価の動きを示す重要な指標ですが，両者の間にはいくつかの重要な違いが見られます。まず，GDP デフレーターは国内で生産された全ての財・サービスの価格を反映しますが，消費者物価指数は典型的な消費バスケットに含まれる財・サービスの価格のみを反映します。また，GDP デフレーターが国内で生産された財・サービスだけを対象とするのに対して，消費者物価指数は消費バスケットに含まれた輸入品の価格も反映します。更に，消費者物価指数においては各財・サービスに付するウエイトが基準年度の値で固定されているのに対して，GDP デフレーターでは国内で生産される財・サービスの内容が変わるにつれてその比重も変化している点も大きな違いです[1]。

○ 物価と経済厚生

　物価はマクロ経済において重要な変数であることは間違いありませんが，消費

　1）　消費者物価指数のように内容が固定された財バスケットの価格を示す指数はラスパイレス指数（Laspeyres index）と呼ばれます。これに対して，GDP デフレーターのように，内容が変化する財バスケットの価格を測る指数はパーシェ指数（Paasche index）と呼ばれます。

者の効用や経済全体の厚生を決定するのは，消費される財・サービスに付された通貨単位の価格ではなく，その質量によって決定されるという点に注意してください。一般には物価が上昇すると家計への負担が増し，結果的に暮らし向きが悪くなる（つまり効用や経済厚生の低下が起こる）と言われます。これは正確には賃金・所得の伸び率を超えて物価が上昇すると購入できる（同質の）財・サービスの数量が減少し，その結果として生活水準の低下を招くという意味です。言い換えれば物価上昇率が賃金上昇率を上回ることによって，（通貨単位では所得が上昇しても）実質的には所得が減少するという状況を指しています。これに対して賃金を含めた全ての価格が同時に同じ割合で上昇する場合は，物価上昇率が賃金増加率で相殺されるため，消費できる財・サービスの数量に変化はなく，従って消費に基づいた効用・経済厚生上の影響はありません[2]。このような視点に立つと，名目値ではなく実質値で GDP の推移を見ることの重要性が明らかになります。

○ ＧＤＰ恒等式

　一国の経済が生産する財やサービスの種類は多岐にわたりますが，それらの用途はいくつかの大きな要素に分類することができます。まず，家計が当面の必要を満たすために購入する財やサービスは消費（consumption）に分類されます。次に，企業が将来の生産のために設備の拡充に用いるものは投資（investment）に区分されます。また，家計や企業ではなく政府によって購入されるものは民間部門の消費・投資支出から区別され，政府支出（government spending）と呼ばれます。そして，国内で生産され海外の市場に供給されるものは輸出（exports），逆に外国で生産され国内の消費者や企業などに購入されるものは輸入（imports）と呼ばれます。

　消費を C，投資を I，政府支出を G，輸出を X，輸入を M でそれぞれ表すと，国内総生産 Y は次のように書き表すことができます。

$$Y \equiv C + I + G + X - M \qquad (2.4)$$

(2.4) 式は GDP 恒等式と呼ばれ，一国の GDP を最終財の用途によって定義したものです（恒等式とは条件によらず，左辺と右辺が定義上一致することを意味する式です）。国内で生産された最終財・サービスであれば国内の経済主体には

---

2) 例えば読者の給与が 2 倍になると同時に，全ての物・サービスの値段も 2 倍になるような事態を想像してみてください。

購入されず（つまり C, I, G に含まれず）外国の市場に供給されるものも GDP に含める必要があります。反対に国内で消費される最終財・サービスのうち外国で生産されたものについては GDP からは差し引く必要があります。このため (2.4) 式には輸出と輸入がそれぞれ正と負の符号を付されて含まれています。

◯ GDP 恒等式で見る開放経済と閉鎖経済の違い

第1章第3節で触れた開放経済と閉鎖経済の違いについて，GDP 恒等式を用いながら考えましょう。海外と一切の経済的取引を行わない閉鎖経済の場合，輸出と輸入はともに存在しませんので GDP 恒等式は

$$Y \equiv C + I + G \qquad (2.5)$$

となり，開放経済の (2.4) 式との違いは $(X-M)$ です。この輸出と輸入の差 $(X-M)$ は純輸出 (net exports) と呼ばれ，開放経済を特徴付ける極めて重要なものです。

純輸出に凝縮される開放経済と閉鎖経済の違いについて，家計が行う貯蓄の観点から考えてみましょう。家計は必ずしも所得の全てを自由に使えるわけではなく，通常その一部は税として政府に徴収されます。税を差し引いた残りは可処分所得 (disposable income) と呼ばれ，この可処分所得から消費を差し引いた残りが民間貯蓄 (private saving) となります。これを S^p と表せば以下の (2.6) 式が得られます。

$$S^p = (Y-T) - C \qquad (2.6)$$

ここで T は税，$(Y-T)$ は可処分所得を表します。開放経済については (2.6) 式に (2.4) 式を代入することで以下の (2.7) 式が導かれます。

$$S^p = I + (G-T) + (X-M) \qquad (2.7)$$

(2.7) 式の $(G-T)$ は政府支出と税収の差，つまり政府の負債を意味し，$(X-M)$ は既に解説したとおり純輸出，つまり輸出が輸入をどれだけ超えているかを示すことに注意してください[3]。

(2.7) 式は開放経済における家計の貯蓄は，その貸付先として3つの選択肢を持つことを示しています。具体的には貯蓄は民間企業の設備投資 I，政府負債 $(G-T)$，外国への貸付 $(X-M)$ の3つの用途に用いることが可能です。

一方，閉鎖経済の場合は (2.6) 式に (2.5) 式を代入して

---

3) 輸出が輸入を上回るとき，その差は国内居住者の持つ対外資産の増加を意味します。つまり，一時的な海外への貸付を意味します。

$$S^p = I + (G - T) \tag{2.8}$$

という条件が得られ，家計の貯蓄は国内の企業に投資するか，それとも政府に貸し付けるかしか選択肢はありません。このような開放経済と閉鎖経済の違いは，家計の貯蓄 S^p の観点からだけでなく，企業の投資 I の観点から理解することもできます。この点については章末の復習問題 2.1 を参照してください。

第 1 章第 3 節で既に解説したように，資本を需要する側，供給する側の双方にとって，貸借の機会が国内に限定されるということは，より厳しい制約条件を課せられていることに他なりません。これに対して開放経済では国内の（民間・政府）貯蓄で賄いきれない額の投資を実行したり，国内の貯蓄を外国の投資に役立てるなど，より柔軟な経済活動が可能です。

○ 純輸出と対外純投資

開放経済の（2.7）式で右辺の最初の 2 つの項を左辺に移動させると，

$$S^p + (T - G) - I = (X - M) \tag{2.9}$$

となります。$(T - G)$ は政府の収入である税収と政府支出の差ですから，政府貯蓄（government saving）にあたります。この政府貯蓄を $S^g (\equiv T - G)$ で表し，民間貯蓄と政府貯蓄の合計からなる国内総貯蓄（national saving）を $S (\equiv S^p + S^g)$ と表すと，（2.9）式は

$$S - I = X - M \tag{2.9'}$$

と書き直すことができます。国内総貯蓄 S と投資 I との差 $(S - I)$ は，対外純投資（net foreign investment）と呼ばれ，自国の居住者による海外への貸付と外国の居住者による自国への貸付の差に等しくなります。国内総貯蓄 S が投資 I を上回っていれば，その差は海外への投資（貸付）に充てられているはずですし，逆に国内で総貯蓄以上の投資が行われているのであれば，その差は海外からの借入（海外居住者による自国への投資）で賄われているはずです。対外純投資は国内貯蓄投資バランスとも呼ばれます。

一方，（2.9）′式の右辺は純輸出，つまり輸出と輸入の差です。従って，（2.9）′式は，自国と海外との間の資金（カネ）の流れと財（モノ）の流れは，同じコインの表裏のような関係にあることを物語っています。自国内で貯蓄を上回るだけの投資を行うには，不足分について海外から借り入れることになりますが，この借入によって自国は外国に対して輸出する以上に財やサービスを輸入することが可能となります。つまり，対外純投資が負であるということは，自国の純輸出が負

（或いは貿易収支が赤字）であることを意味します。逆の言い方をすれば，もし自国が輸出する以上に輸入しているならば，それは海外から借入をしていることに他ならないということです。このような資金の流れと財の流れの表裏一体の関係は，第3節で経常収支と資本移転等収支の和から金融収支を差し引くと（正確には誤差脱漏も踏まえると）ゼロになるという形で再確認されます。

2.2 GDPの構成要素

（2.4）式によると開放経済のGDPの構成要素は，大きくは国内部門（$C+I+G$）と対外部門（$X-M$）に分類できることが分かります。国内部門は消費，投資，政府支出から構成され，国内の需要に起因するものであることから内需或いはアブソープション（absorption）と呼ばれます。表2.2は日本のGDPを要素別のシェアで示したものです。2012〜21年の平均実績では国内部門は消費が約56%，投資が25%強，政府支出が20%程度で推移しています。対外部門は純輸出としてみれば微少ですが，個別に見れば上記期間平均で輸出は約17%，輸入は約18%程度に達しています。

○ 消　費

国内で生産された財・サービスの用途として最も多いのは民間消費（或いは単に消費）です。我々が日常的に行っている食料品，衣料品，電化製品などの商品の購入や，銀行の金融サービスや理容店の理髪サービス等のサービス購入は，全て消費に該当します。このような民間部門による消費支出の合計は，日本のGDP全体の半分以上を占めており，2021年の統計では約54%となっています。そのシェアの大きさが物語るように，消費が堅調に推移するかどうかはGDP全体の動向を左右する主要因となっています。

○ 設 備 投 資

企業が事業を拡張するには生産設備の増強が必要となります。具体的には新たに工場や事業所を建設したり，機械などの設備を購入したり更新したりすること

| | 表2.2　GDPの構成要素別シェア | | | | | |

（単位：％）

	民間最終消費支出	設備投資（総資本形成）	政府最終消費支出	純輸出		
					輸出	輸入
2012	57.7	23.8	20.0	−1.6	14.4	16.1
2013	58.1	24.6	19.9	−2.4	15.8	18.2
2014	57.6	25.1	19.9	−2.6	17.4	20.0
2015	55.8	25.0	19.6	−0.6	17.4	18.0
2016	54.7	24.8	19.7	0.8	16.1	15.3
2017	54.6	25.0	19.4	0.8	17.6	16.8
2018	54.8	25.3	19.6	0.0	18.3	18.3
2019	54.6	25.5	19.9	−0.3	17.5	17.8
2020	54.0	25.5	21.0	−0.3	15.5	15.8
2021	53.5	25.6	21.4	−0.5	18.2	18.7

（注）　総資本形成に公的な資本形成を含む。
（データ出所）　内閣府ホームページ「国民経済計算（GDP統計）」
　　　　　　　　（https://www.esri.cao.go.jp/jp/sna/menu.html）

です。このような行為は設備投資（或いはただ単に投資）と呼ばれますが，それは将来の生産能力を高めるという極めて重要な意味を持ちます。また，企業は経済の先行きを睨みながら設備投資の判断を下すため，投資の増減は企業の景況感を反映するものとして，景気動向を判断する上でも重要な指標と考えられます。

○　政府支出と租税

　家計や企業という民間経済主体以外で重要な役割を果たすのが政府です。政府は家計から租税を徴収し，それらを医療や教育などの公的なサービスや，道路や公園などのいわゆる公共財を提供すべく支出します。第1章では市場のメカニズムは原則的に効率的な資源配分を有するものの，それで全ての問題を解決できるわけではないと述べました。例えば多くの人々が利用する公園，道路，水道の建設・維持や教育や福祉サービスなどについては，その公益性を考えれば十分な供給が望まれます。しかし事を完全に市場に委ねた場合，十分な採算性が見込めない限りは，企業はそれらの財やサービスを供給しようとはしません。また，供給したとしてもその量が非常に少なく，価格の高騰によって富裕層にしか消費できないという可能性もあります。このため，政府は国民から税金を徴収して（或い

は国債を発行して国民から借入），公共性の高い財・サービスの提供に充てるという役割を担います。

◯ 純 輸 出

国内総生産の中には輸出と輸入の差である純輸出も含まれますが，これは諸外国との取引によって生じるものであるため対外部門と呼ばれます。外国との取引を持つことによってマクロ経済のしくみがどのように変化するかを理解するためには，この対外部門についての理解が不可欠です。

（2.4）式と（2.5）式からも明らかなように，開放経済の GDP と閉鎖経済のそれとの違いは純輸出にあります。閉鎖経済の場合は輸出・輸入ともに存在しないので純輸出は絶えずゼロですが，開放経済では輸出・輸入が存在し，またそれらが常に同額である（つまり純輸出が常にゼロになる）必要もありません。

GDP 恒等式で比べると，閉鎖経済（2.5）式は開放経済（2.4）式に $X=M=0$ という制約を課したものであることが分かります。この制約の下ではそもそも外国と財やサービスの取引をすることが許されませんので純輸出も自動的にゼロに保たれます。図 2.2 にあるように，これは経済にとって非常に厳しい制約を課していることに他なりません。

次にもう少し制約を緩めて $X=M$ としてみましょう[4]。この場合も純輸出 $(X-M)$ はゼロに保たなくてはなりませんが，輸出と輸入がそれぞれゼロである必要はなくなり，外国との貿易が可能になります。従って比較優位を持つ財の生産に特化して輸出し，比較優位を持たない財を同額分だけ輸入すれば，より効率的な資源配分が可能になります。

更に制約を緩めて $X=M$ という条件も解除してみましょう。この場合は，$X>0$，$M>0$，$X \neq M$ の全てが許されます。単に輸出や輸入を行うだけでなく，純輸出がゼロでなくなることも可能になるわけです。つまりこれは貿易収支が赤字や黒字になることを意味しますが，この「一時的に黒字や赤字になる時期があっても良い」という条件は，第1章第2節で解説した異時点間の最適化とそれに果たす金融の役割に沿ったものであることに注意してください。既に（2.9）′式において確認されたように，純輸出が正（負）であれば，対外純投資も正（負）であり，対外的に一時的な貸付（借入）を行っていることを示します。これはま

4）$X=M=0$ という制約は $X=M$ という制約よりも遥かに厳しいことに注意してください。

厳しい

制約条件の厳しさ

緩やか

閉鎖経済：輸出入不可，一時的な貸借不可
$X = M = 0, \ S = I$

貿易収支均衡を条件に輸出入が可能な場合，一時的な貸借は不可
$X = M, \ S = I$

開放経済：輸出入だけでなく貿易収支の不均衡，一時的な貸借も可能
$X \neq M, \ S \neq I$

図2.2 経済の閉鎖・開放と制約条件

さしく異時点間の最適化において議論した一時的な貸借取引，つまり金融取引を意味しますが，貸借の相手が外国の居住者であるため，それは国際金融取引を意味することに他なりません。

次節で詳しく解説しますが，実際に貿易・サービス収支の不均衡（赤字や黒字）は外国に対しての債務や貸付を意味します。ちょうど家計が一時的な貸借によって自らの消費水準を安定的に推移させ，生涯の効用を高めるように，外国との貸借は一国のマクロ経済にとっては消費や投資の推移を柔軟に調整するための有効なツールと成り得るのです。

コラム　**GDP の構成に見るマクロ経済の国際相違**

　本文中（2.4）式が示すように開放マクロ経済の GDP は消費，投資，政府支出，純輸出（輸出と輸入の差）から構成されていますが，それぞれのコンポーネントが全体に占める割合は国によって大きく異なります。日本の GDP については既に本文中で触れましたが，図1 は日本，アメリカ，中国，フィンランド，シンガポールを対比させることで，国によって GDP の構成がいかに異なるかを例示したものです。

　世界最大のアメリカ経済の特徴は，7 割近くを占める消費の大きさと負の純輸出，つまり輸出を優に上回る輸入の規模です。これらは消費の相当部分が海外からの輸入品に向けられ，海外からの借入によって国内の貯蓄を超える企業の設備投資が行われているというアメリカ経済の実態を物語っています。

　GDP 規模でアメリカに次ぐ中国の特徴は家計の消費をも上回る投資の大きさで

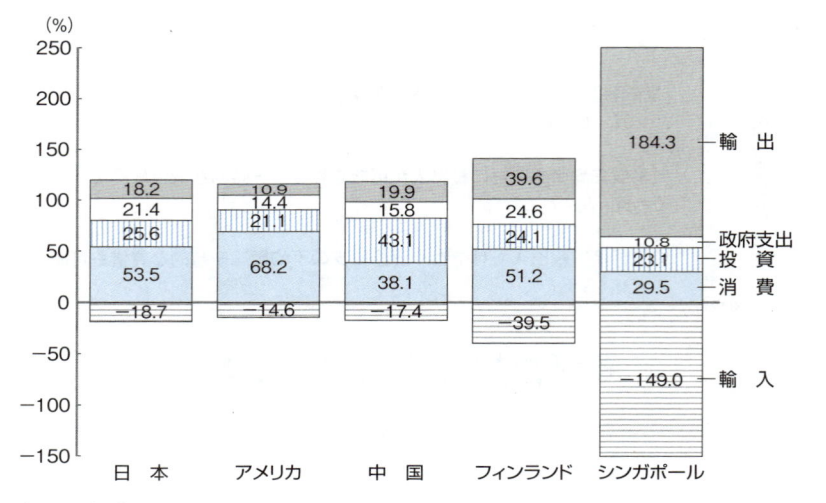

（データ出所）　World Bank, World Development Indicators
（https://datatopics.worldbank.org/world-development-indicators/）

図1　GDP 構成の国際相違（2021 年）

す。一般的な資本主義国とは異なり，社会資本主義を推進する中国では国営企業などの公的な企業体が多く，急速な経済成長を目指す政府・共産党の意向を反映して巨額の設備投資が行われていることが読み取れます。

　教育・福祉の充実で知られる北欧のフィンランドは，その手厚い公的サービスを賄うべく政府支出の割合が他国よりも大きくなっています。また，日米中に比べて遥かに経済規模が小さいことから，輸出と輸入の割合がいずれも 3 ヵ国の倍以上に上っています。これは規模の制約下にある同国が，比較優位のある財（例えば森林資源を生かした製紙・パルプ等）に特化して輸出を伸ばし，比較劣位の財は輸入することで効率的に経済運営をしていることを示すものです。

　更に極端な例として，都市サイズの国家であるシンガポールの GDP 構成を見てみましょう。東京 23 区に比べて面積は少し広く，人口では半分程度のシンガポールは，輸出が GDP 総額の 1.8 倍を超え，輸入も 1.5 倍に上ります。資源制約が非常に厳しい同国は海外との貿易・金融取引の自由化等の極めて開放的な経済政策によって繁栄し，1 人あたりの国民総所得が世界のトップレベルにあることで知られます。自由市場による資源配分を重視する同国の姿勢は，政府支出のシェアの小ささにも表れています。

2.3 国際収支会計：対外取引の集計

○ 国 際 収 支

開放経済の全体像を正確に理解するには，マクロ経済の規模だけでなく，諸外国との経済的取引がどのような状況にあるのかについても把握する必要があります。外国との貿易取引や資本の貸借状況を集計し，体系的に記録する会計は国際収支会計（balance of payments accounting: BOP accounting）と呼ばれ，その統計は国際金融・貿易の観点からマクロ経済の状況を総括する重要な情報として利用されています。

諸外国との取引には大きく分けて，主に財・サービスの取引（＝貿易）と資本の取引（＝金融）があるため，国際収支会計も財・サービスの流れを集計する経常勘定（current account），対外的な金融資産の増減を記録する金融勘定（financial account）及び資本の移転を集計する資本勘定（capital account）を大きな柱とします。これらの取引は一定期間（1 年或いは 1 四半期など）ごとに体系的に集約され，国際収支表に記録されます。

各国の国際収支の状況が同じ基準やルールの下で正確に記録されるよう，国際通貨基金（International Monetary Fund: IMF）が国際収支マニュアル（Balance of Payments and International Investment Position Manual: BPM）を作成し，これに準拠した収支報告を推進しています。2009 年にマニュアルの第 6 版（BPM6）が公表されたことを受けて，財務省・日本銀行も国際収支統計の見直しを進め，2014 年からは BPM6 に準拠した国際収支統計が公表されています。以下では国際収支を構成する 4 つの大項目，経常収支，金融収支，資本移転等収支，誤差脱漏について解説します。

○ 経 常 収 支

経常収支は以下のとおり，貿易・サービス収支，第一次所得収支，そして第二次所得収支の合計として定義されます。

経常収支＝貿易・サービス収支＋第一次所得収支＋第二次所得収支

$$(2.10)$$

表2.3　日本の国際収支の推移

暦年	経常収支	貿易・サービス収支	貿易収支	輸出	輸入	サービス収支	第一次所得収支	第二次所得収支
2014 年	39,215	−134,988	−104,653	740,747	845,400	−30,335	194,148	−19,945
2015 年	165,194	−28,169	−8,862	752,742	761,604	−19,307	213,032	−19,669
2016 年	213,910	43,888	55,176	690,927	635,751	−11,288	191,478	−21,456
2017 年	227,779	42,206	49,113	772,535	723,422	−6,907	206,843	−21,271
2018 年	195,047	1,052	11,265	812,263	800,998	−10,213	214,026	−20,031
2019 年	192,513	−9,318	1,503	757,753	756,250	−10,821	215,531	−13,700
2020 年	159,917	−8,773	27,779	672,629	644,851	−36,552	194,387	−25,697
2021 年	214,851	−24,834	17,623	823,526	805,903	−42,457	263,277	−23,591
2022 年	107,144	−212,723	−157,436	987,688	1,145,124	−55,288	344,621	−24,753

（注）　金融収支のプラス（＋）は純資産の増加，マイナス（−）は純資産の減少を示す。
（データ出所）　財務省ホームページ（https://www.mof.go.jp/policy/international_policy/reference/

貿易・サービス収支は財（＝商品，モノ）の輸出入を計上する貿易収支と，サービス取引の受け払いを計上するサービス収支から構成されます。国際収支会計における語用法では，貿易は財，つまり外国とのモノの取引だけを指し，サービスの取引は含みません[5]。一方で，国民経済計算における GDP は財・サービスの価格の合計として算出されるため，そのコンポーネントである純輸出（＝輸出−輸入）は財だけでなくサービスも含むと考えるのが妥当です。従って GDP 会計における輸出と輸入の差である純輸出は，国際収支会計上は貿易・サービス収支に該当するものと考えてください。

　第一次所得収支には国内居住者による対外金融債務・債券の利子や配当金の受け払いが計上されます。言い換えれば，国外で発生した日本人の所得と日本において発生した外国人の所得の差であり，既に GDP と GNI の違いとして論じた海外からの純所得のことです。債権者と債務者が異なる国の居住者であれば，利子や配当金の受け払いは国際収支の一部となり，所得収支に計上されます。

　第二次所得収支は外国への贈与・寄付，或いは国際機関への分担金などを計上

---

5)　一般には財とサービスの別を問わずに貿易という言葉が使われることも多く，サービス貿易（trade in services; services trade）という表現も広く用いられています。例えば，外務省の世界貿易機構（WTO）に関する下記 URL では，「サービス貿易とは何か」と題して詳しい解説を提供しています。

　https://www.mofa.go.jp/mofaj/gaiko/wto/service/service.html

（単位：億円）

資本移転等収支	金融収支						誤差脱漏
		直接投資	証券投資	金融派生商品	その他投資	外貨準備	
−2,089	62,782	125,877	−48,330	37,644	−61,306	8,898	25,656
−2,714	218,764	161,319	160,294	21,439	−130,539	6,251	56,283
−7,433	286,059	148,587	296,496	−16,582	−136,662	−5,780	79,583
−2,800	188,113	174,118	−56,513	34,523	9,467	26,518	−36,866
−2,105	201,361	149,093	100,528	1,239	−76,127	26,628	8,419
−4,131	248,624	238,591	93,666	3,700	−115,372	28,039	60,242
−2,072	141,251	93,898	43,916	7,999	−16,541	11,980	−16,594
−4,232	167,864	191,916	−219,175	21,685	104,539	68,899	−42,755
−1,144	57,686	162,346	−192,565	51,362	107,114	−70,571	−48,314

balance_of_payments/bpnet.htm）

するものです。これらは売買や貸付という取引とは異なり，一方的に資金を移転させる贈与や寄付を計上するものです。例えば大規模災害の被災者に対する義援金などがこれに該当します。

　表2.3は日本の国際収支の推移です。経常収支に着目すると，貿易・サービス収支の赤字と，それを上回る第一次所得収支の黒字によって，全体としては経常黒字を維持していることが分かります。今や日本は海外へモノを売るよりも，海外に投資した収益で多く稼ぐ国になっています。貿易・サービス収支の内訳を見ても，貿易は赤字か若干の黒字に留まり，かつての輸出大国の面影は見られません[6]。サービス収支は一貫して赤字で，しかも近年は赤字幅の拡大傾向が顕著です。ネット広告配信，クラウド・コンピューティング，ソフトウエア等のデジタル関連サービスにおいて，アメリカの大手IT企業等からの情報技術サービスの購入額が膨張していることがその主な要因と見られます。

6）　2019，2020年は新型コロナウイルス感染症の影響で世界的に貿易が滞ったため，輸出入共に前年割れとなっています。2022年に輸入が急拡大しているのは，ロシアのウクライナ侵攻によるエネルギー価格高騰の影響です。

◯ 金 融 収 支

金融収支は以下の（2.11）式が示すように，民間経済主体による対外的な金融債権・債務の変化を計上する項目（直接投資，証券投資，金融派生商品，その他投資），及び通貨当局である政府・日銀が管理する対外資産の増減を計上する外貨準備から構成されます。

> 金融収支 =（直接投資 + 証券投資 + 金融派生商品 + その他投資）+
> 外貨準備　　　　　　　　　　　　　　　　　　　　　　　（2.11）

直接投資は日本の居住者による海外の生産設備への投資や不動産の売買と，逆に海外居住者による日本国内への同様の投資が計上されます。例えば日本の企業が海外に工場を建てるような場合が直接投資に該当します。証券投資には日本の居住者による海外の証券・債券への投資，及び海外居住者による日本の証券や債券への投資が計上されます。直接投資のように直接的に生産設備などに投資をするのではなく，証券や債券などの購入を通じて行う投資が証券投資です。投資の対象が金融派生商品である場合は証券投資とは区別して計上されます[7]。その他投資には国内金融機関による海外企業等への貸付や国内居住者による海外金融機関への預金，及びその逆方向の取引等が含まれます。

第9章第2節で詳しく解説しますが，通貨当局は時として外国為替市場の動向に影響を与えるために，市場に参加して外貨建て資産を売買することがあります。このような行為は為替介入と呼ばれますが，自国通貨を外国通貨で買い取るためにはそれに必要なだけの外国通貨を備蓄しておかなければなりません。逆に外国通貨を自国通貨で買い取る場合には，通貨当局は外国通貨の備蓄を積み増すことになります。このようにして通貨当局が備蓄する外貨建て資産は外貨準備と呼ばれ，その増減は金融勘定に記録されます。外貨建て資産という金融資産（対外債権）の取引ですが，それを行うのが民間経済主体ではなく通貨当局である事から証券投資とは区別され，外貨準備という別項目が設けられています。

金融収支では対外資産・負債の増加は正の符号（＋），減少は負の符号（−）を付して計上し，全体として（資産−負債），つまり純資産として収支が記録されます。表2.3の金融収支を見ると，全体としては黒字（対外純資産 > 0），つまり日本から海外への資本流出が続いていることが分かります。直接投資は一貫して黒字で，海外への投資が海外から日本への投資を上回る状態が続いています。

---

7) 金融派生商品とは，複数の証券や債券を組み合わせる，売買権に様々な条件を付すなどした複雑でリスクの高い金融商品を指します。

証券投資は海外の投資家が日本企業の株式を大幅に買い越した年に，外貨準備は大規模なドル売り（対外資産の減少）円買い介入を実施した年に，それぞれ資本流入（赤字）を記録しています。

○ 資本移転等収支

　資本移転等収支には，対価の受領を伴わない固定資産の所有権の移転や債権者による債務免除，或いは固定資産の取得や処分に付随した資金の移動が計上されます。また，特許権，著作権，商標権，販売権等の取得・処分，大使館や国際機関による土地の取得・処分など，いわゆる非生産非金融資産の取得や処分も計上されます。

○ 複式計上方式

　対外取引における財や資本の流れは，取引の方向に応じて「貸方（Credit）」か「借方（Debit）」として記録されます。例えば，輸出や所得或いは移転の受け取りは「貸方」として，逆に輸入や所得や移転の支払いは「借方」として記録されます。また金融資産の場合，資産の減少や負債の増加は貸方，資産の増加や負債の減少は借方で記録されます。全ての取引は自国と外国の間の等価交換，つまり同じ価値を持つ財と資産の交換か，或いは同価値の資産同士の交換であるため，全ての取引は必ず2度の記載を伴う複式計上方式によって記録されます。表2.4は国際収支への記録のルールを簡単にまとめたものです。

　ここで「貸方」や「借方」という表現は，単純に自国と外国との間で財・サービスや資本が流れる方向を示すものであって，通常の「貸す」,「借りる」という言葉の意味とは区別して考えてください。つまり一方向を「貸方」，逆方向を「借方」と表現しているだけのことです。

　複式計上の簡単な例を見ましょう。仮に国内の企業が1億円分の電化製品をアメリカの企業へ輸出したとします。この場合は電化製品という財を輸出したわけですから，まず日本の経常勘定にある貿易・サービス収支の「貸方」項目に1億円が計上されます。しかし，これだけでは国際収支勘定への記録はまだ半分しか終わっていません。なぜなら，日本の企業は電化製品を輸出すると同時に，その代金として1億円相当の資産を外国の企業から受け取っており，それを記録しなくては等価交換にならないからです。アメリカの企業は電化製品の代金として1

表 2.4　国際収支の貸方・借方記載ルール

貸方・借方の別	該当する取引
貸方（Credit）	財・サービスの輸出 所得の受け取り 金融資産（対外債権）の減少 負債（対外債務）の増加
借方（Debit）	財・サービスの輸入 所得の支払い 金融資産（対外債権）の増加 負債（対外債務）の減少

（注）　国際収支マニュアル第 6 版（BNP6）に準拠。詳しくは，日本銀行「国際収支関連統計（IMF 国際収支マニュアル第 6 版ベース）」の解説（https://www.boj.or.jp/statistics/outline/exp/exbpsm6.htm）を参照。

表 2.5　国際収支記録の例

	貸方	借方
経常勘定		
貿易・サービス収支	1 億円	
第一次所得収支		
第二次所得収支		
資本勘定		
資本移転等収支		
金融勘定		
直接投資		
証券投資		
その他投資		1 億円
外貨準備		
誤差脱漏		

（注）　他の取引や誤差脱漏がないと仮定して，次のとおり（2.12）式を確認できる。
　　　国際収支＝経常収支＋資本移転等収支−金融収支＋誤差脱漏
　　　　　　　＝1 億円＋0 円−1 億円＋0 円＝0 円

億円に相当する米ドル（仮に 100 万ドルとする）を，日本企業の銀行口座へ送金します[次頁8)]。このとき日本企業が保有するドル資産（対外債権）が 1 億円相当分

だけ増加するため，表 2.5 にあるように金融勘定のその他投資の「貸方」の項目に 1 億円と記録されます。

　この例では電化製品と金融資産の等価交換が行われたため，経常勘定と金融勘定にそれぞれ同じ金額が記載されました。

○ 誤 差 脱 漏

　原則的には全ての対外取引が複式計上方式に従って国際収支表に記録されるべきところですが，現実の記録作業は非常に煩雑であり，膨大な数の多種多様な取引の全てを何らの漏れや誤りなしに記録することは極めて困難です。このため実際に取引が記録される過程では様々な誤差や漏れが生じるわけですが，これらの誤差脱漏を含めれば上述の複式計上方式のルールに従って記録された収支表では必ず以下の関係が成立します。

$$\text{経常収支} + \text{資本移転等収支} - \text{金融収支} + \text{誤差脱漏} = 0 \qquad (2.12)$$

　国際収支を BP，経常収支を CA，資本移転等収支を KA，金融収支を FA で表し，簡略化のため誤差脱漏をゼロと仮定すれば，

$$BP = CA + (KA - FA) = 0 \qquad (2.13)$$

が成立します。(2.13) 式は，国民経済計算において (2.9)′ 式が示した資本の流れと財の流れの表裏一体的関係を，国際収支会計として再確認するものと捉えることができます。自国と海外の間の財・サービスの流れは経常収支 CA に含まれます。一方，金融収支 FA と資本移転等収支 KA は，自国と海外の間の資本の流れを示しています。(2.13) 式によると，$CA = FA - KA$ という関係が成立しますが，財（モノ）の流れと資本（カネ）の流れが同じコインの表裏の関係にあることは，既に (2.9)′ 式式の純輸出と対外純投資との関係として議論したとおりです。

○ 収支不均衡の解釈

　国際収支の各項目について，全ての取引を踏まえた収支（ネット・バランス）を算出すると，それぞれ最終的にプラスになっているのかマイナスになっているのかが判明します。その際，経常収支についてはプラスを経常黒字，マイナスを経常赤字と呼びます。金融収支については，対外資産の純増から対外債務の純増

---

8)　現在，国際貿易における決済通貨としては最も普及しているのは米ドルです。この例においても米ドルによる支払いを想定しています。

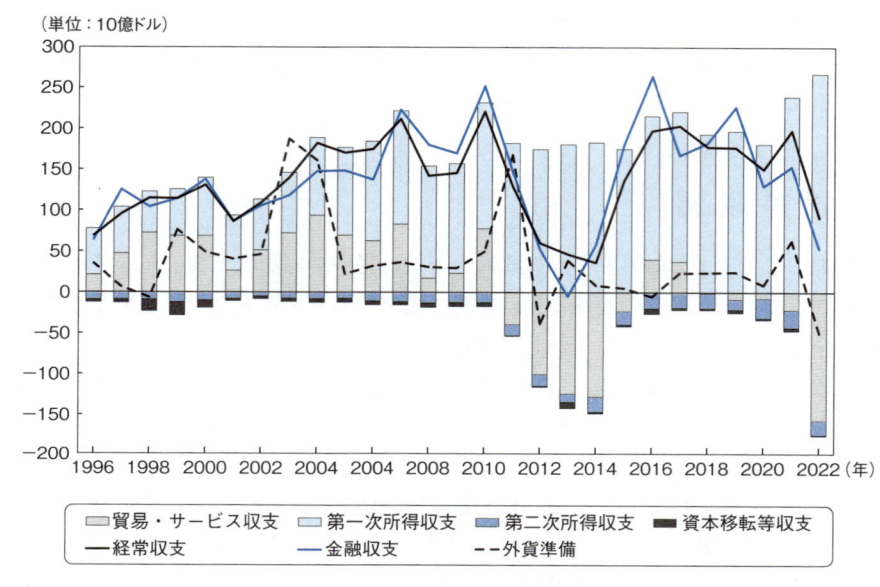

(単位：10億ドル)

凡例：
□ 貿易・サービス収支 　□ 第一次所得収支 　■ 第二次所得収支 　■ 資本移転等収支
── 経常収支 　── 金融収支 　--- 外貨準備

（データ出所）　International Monetary Fund, *Balance of Payments and International Investment Positions Statistics*（https://data.imf.org/）

図 2.3　日本の国際収支の推移

を差し引いた額がプラスであれば資金流出，マイナスであれば逆に資金流入と表現します。

　従来の日本は貿易黒字を支柱とする経常黒字国でした。第二次世界大戦からの復興と高度経済成長期を経て，1980 年代からはアメリカとの貿易摩擦や円高の進行に苦しみつつも，モノづくり技術に優れた輸出大国として知られました。しかし，1990 年代初頭にバブル経済が崩壊，それに続く経済停滞とデフレーションが長引くと，日本経済は構造変革を迫られます。市場経済へと大きく舵を切った中国が低賃金を武器に世界の工場として台頭すると，価格競争力を失くした日本の製造業はコスト削減のために生産拠点の海外移転を進めました。

　図 2.3 が示すように，1990 年代半ば以降日本の貿易・サービス収支は悪化（減少）傾向にあります。特に東日本大震災のあった 2011 年からは赤字が目立つようになり，ロシアによるウクライナ侵攻で原油価格が高騰した 2022 年は大幅

な赤字となりました。その一方で第一次所得収支は拡大を続けており，これによって経常収支は黒字を保っています。つまり，製品輸出よりも海外への投資から得られる配当や利子所得が経常収支の黒字を支えるようになっています。

　一方の金融収支ですが，こちらはほぼ一貫して資本流出（金融収支の黒字），つまり日本の居住者による海外への直接投資や証券投資が，外国の居住者から日本への投資を上回る状態が続いています。また，金融収支の一部である外貨準備は 2002 年から 2004 年にかけてと 2011 年に大きく増えていますが，これは日本銀行が外国為替市場に介入して大量の円売りドル買い（一部はユーロ買い）を行い，外貨準備を大幅に積み増したことによるものです[9]。2002 年から 2004 年にかけては，日本の景気回復に期待を寄せた外国の投資家が割安感の強かった日本株を大量に取得しました。この時期の金融収支は外貨準備を下回っていることから，海外から日本へ民間資本の流入が生じたことが分かります。日本株の買い付けに必要な円が買われたため，急激な円高進行を警戒した財務省・日銀が外国為替市場に介入して断続的に大規模な円売りドル買いを実施しました。また，2011 年には東日本大震災直後に生じた急激な円高を受けて国際協調介入に踏み切るなど，再び大規模な円売り介入が実施されたことで日銀の外貨準備が急増しています。

　図 2.4 はアメリカの国際収支の推移です。こちらは貿易・サービス収支の巨額赤字によって経常収支全体も赤字が続き，それに呼応して金融収支は資本流入が続いています。つまり，輸出を大幅に上回る輸入消費と貯蓄を優に超える投資を，海外から大量の資金を吸い寄せることで賄っている状態です。意外かもしれませんが，世界最大の経済大国アメリカは世界最大の貿易赤字国でもあります。そしてその巨額の貿易赤字を賄うだけの資本が海外から流入する，つまり海外から見てそれだけ魅力的な投資・貸付先にもなっているということです。

　図 2.3 と図 2.4 を見比べると，経常黒字と資本流出の日本に対して経常赤字と資本流入のアメリカと，両国の国際収支は正反対の状況にあることが分かります。では，貿易の黒字と赤字，資本の流出と流入は，どちらか一方が他方よりも好ましいのでしょうか。特に経常・貿易収支をめぐっては，赤字が常態化するアメリカが黒字国（1980 年代の日本や近年の中国）に対して，輸出を拡大するばかりで自国の市場を外国製品に開放していないという趣旨の非難を繰り返してき

---

9)　財務省「外国為替平衡操作の実施状況」（https://www.mof.go.jp/policy/international_policy/reference/feio/index.html）によると，特に 2003 年は合計 20 兆円を超える大規模な市場介入を行っています。詳細は第 9 章のコラム「為替介入も様々——香港，スイス，日本の経験から」でも確認できます。

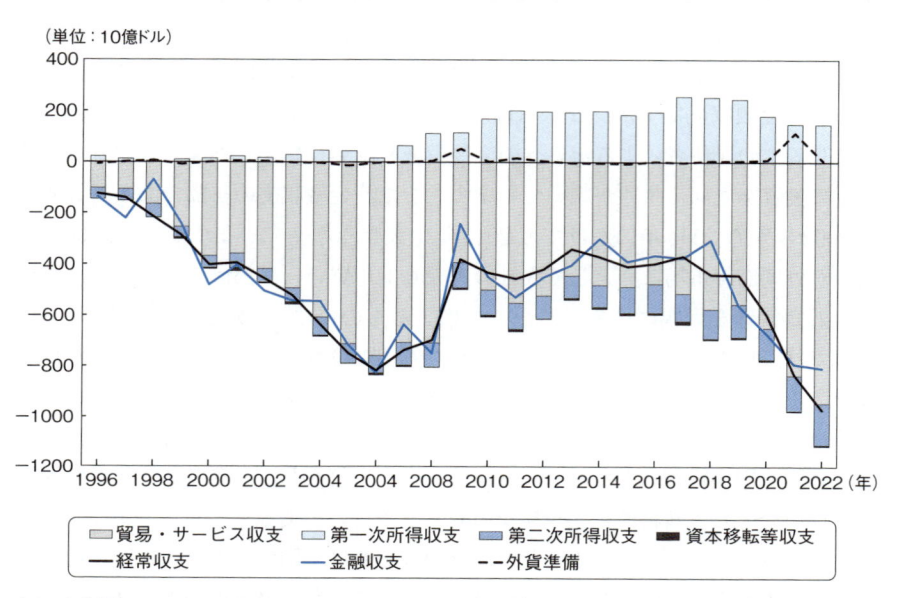

（単位：10億ドル）

凡例	
□ 貿易・サービス収支	□ 第一次所得収支
■ 第二次所得収支	■ 資本移転等収支
— 経常収支	— 金融収支
-- 外貨準備	

（データ出所）　International Monetary Fund, *Balance of Payments and International Investment Positions Statistics*（https://data.imf.org/）

図2.4　アメリカの国際収支の推移

ました。このような主張も含めて，一般的に収支と名の付くものは黒字が好ましく，赤字は好ましくないとする風潮があるようです。

　しかし，これまでの議論を総合すると，自国と諸外国との経済取引を集約した経常収支や貿易収支について，企業の収支決算のように黒字を「儲かっている」，赤字を「損をしている」と解釈するのは間違いであることが分かるはずです。第2節でも解説したように財・サービスの流れと資本の流れは表裏一体の関係にあります。輸入する以上に輸出する（貿易黒字）ということは，対外的に貸付（資本流出）を行うことを意味します。そのような貸付は自国が現在の消費を一時的に諦めることで可能になります。その代わり，将来その返済を受けることで消費を充実させることができるわけです。逆にアメリカのような貿易赤字国は，海外からの借入（資本流入）で現在の消費を拡充させていますが，将来的には返済しなければなりません。つまり，将来の消費の一部を諦めて，現在の消費を増大さ

せているわけですが，それは外国からの貸付があってこそ可能なわけです。

第1章第2節で解説したとおり，このような異時点間の取引は予算配分と最適化の観点からすれば合理的な行為と考えられます。また，本章第2節の純輸出の議論で確認したように，一時的な貿易収支の不均衡は，開放経済だけが享受できる利点ですので，それを必要に応じて活用することはむしろ好ましいことです。このため，経常・貿易収支の一時的な黒字と赤字，金融収支における一時的な資本流出と流入だけを比べて，どちらが良いかというのは短絡的で不毛な議論です。

但し，以上のような考え方はあくまで債務の確実な履行を前提とします。収支の不均衡があまりに大規模で恒常的なものになると，そもそも将来的に債務を返済する能力がその国に備わっているのかという疑問が生じます。債務の不履行は家計の破産や企業の倒産など，必ずしもミクロのレベルだけで生じる問題ではありません。第10章第1節で詳しく解説しますが，国家レベルでの債務不履行はこれまでにも繰り返し現実に起こってきました。そのような事態に至ると，債務履行を大前提とした国際収支不均衡の肯定的な捉え方も崩れることになります。また，あまりに大きな不均衡は，ともすれば国際的な政治摩擦を引き起こし，貿易障壁などの保護主義的な政策に発展しかねません。国際収支の不均衡については，最適化の観点から肯定的に捉えるだけでなく，これらの潜在的問題点も認識しておくことが必要です。

復 習 問 題

2.1　開放経済と閉鎖経済について，それぞれの GDP 恒等式を用いて投資の観点から両者の違いを示し，開放経済の利点について議論しなさい。

2.2　ある国の経済が 10% という高い名目成長率を記録していながら，実質的には縮小しているというようなことは起こり得るか。名目 GDP と実質 GDP の関係に触れながら答えなさい。

2.3　GDP 恒等式から純輸出と対外純投資（国内貯蓄投資バランス）の関係を導き出し，両者の関係について説明しなさい。

2.4　以下の取引は国際収支表にはどのように記録されるか。

(1)　日本の貿易会社がアメリカ企業から穀物を 5 千万円分輸入し，相当額の米ドルを支払う。

(2)　日本の金融機関が保有していたアメリカ政府発行の財務省証券を売却し，1 億円相当の米ドルを預金口座に受け取る。

(3)　オーストラリア企業の社債を所有する日本の家計が 10 万円相当分の利息を銀行の豪ドル口座に受け取る。

第 II 部

貨幣と為替レート

第3章

貨幣とマクロ経済

　第Ⅰ部（第1章〜第2章）では基本的な視点として，予算制約下の最適化における金融取引の役割について議論しました。その中で国際的な金融取引については為替レートが極めて重要な変数になると述べました。本章から始まる第Ⅱ部（第3章〜第6章）では，この為替レートに焦点を合わせて，より詳しく解説していきます。為替レートとは異なる国の貨幣同士が交換される比率ですから，為替レートについて理解するためには，まず貨幣について理解しておくことが必要です。本章ではそもそも通貨，つまり各国の経済に流通している貨幣とはどういうもので，どのような役割を担っているのかを考えるところから始めます。その上で，家計や企業による貨幣に対する需要と，通貨当局による貨幣供給の調整について考えます。

○ *KEY WORDS* ○

貨幣，中央銀行，資産収益率，
流動性，リスク，債券，総貨幣需要，
マネー・サプライ，金融政策，
硬直的価格，伸縮的価格，貨幣数量説

3.1　貨幣とその役割

◯ 貨幣と中央銀行

　国内での経済取引は，通常その国の中央銀行が発行する貨幣（money）を媒介します。日本においては円が公式な通貨（currency）と定められ，日本銀行の発行する貨幣が取引決済に使われます[1]。例えば商店で買い物をする際，私たちは貨幣と交換に商品を手に入れるわけです。貨幣は既に我々の日常生活と切り離せない存在になってしまっているため，改めてその存在理由や役割について考える機会はあまりないかもしれません。しかし考えてみると，貨幣とは実に不思議なものです。貨幣は食料や衣類のような消費財ではありませんので，物としてのそれ自体に大きな価値があるとは考えられません。例えば1万円札は物として見ればただの紙切れであって，それで直接飢えを満たしたり，喉の渇きを潤したり，或いは寒さから身を守ったりできるわけではありません。食べ物や飲み物，或いは衣服などの消費財と交換できてこそ，貨幣はただの紙切れ以上の価値を発揮するわけです。

　貨幣がこのような特別の価値を有する理由は，それが発行元である中央銀行の保証を伴うものであり，その保証を家計や企業など広く社会が信認していることにあります。日本銀行発行の1万円札は，全く均質同形の紙に個人が勝手に「1万円」と記載したものにはない価値を有します[2]。これは日本銀行の発行する貨幣が日本国の通貨として広く信認され，財・サービスなどの価値を測る単位として受け入れられていることによるものです。このように，物としてそれ自体は殆ど無価値に近いにもかかわらず，政府・通貨当局が公的な通貨であると宣言することで価値を有する貨幣はフィアット・マネー（fiat money），或いは法定不換貨幣と呼ばれます。

　これに対して発行元の中央銀行が公式通貨として宣言するだけでなく，金や銀

---

　1)　本書で学ぶ経済学上の貨幣の概念とは異なり，法令用語の貨幣は専ら硬貨（coin）を指し，紙幣は銀行券（bank note）と呼ばれます。日本銀行の公式な文書や統計は法令用語を用いていますので注意してください。

　2)　例えば偽造紙幣，つまり偽札の価値について考えてください。精巧に作られた偽札は日本銀行が発行した貨幣と物質的には概ね違いがないかもしれません。しかし，それは日本銀行の保証を持たない紙切れであり，当然社会の信認を受けません。

などの貴金属との交換（兌換）を約束することによって貨幣価値を保証するような制度は兌換貨幣制度と呼ばれます。歴史的には日本においても兌換貨幣制度が採用されていました[3]。兌換貨幣制度下では金や銀などの保持量によって貨幣発行量が制約されるため，中央銀行による無秩序な貨幣の増発は防止されます。しかしその反面，貨幣の供給量は基本的に金や銀などの採掘量に依存し，経済状況に応じた柔軟な対応が困難になります。

金や銀などの裏づけなしに貨幣が発行される不兌換貨幣制度においては，貨幣への信認はその発行・流通を統括する通貨当局の信頼に大きく依存します。通貨当局がその役割を十分に果たしていないような国においては，当然ながら国民の貨幣への信用度も低下します。例えば通貨当局の無規律な貨幣供給によって強いインフレーションが引き起こされることがありますが，物価の急激な上昇は購買力の低下をもたらし，その国の貨幣の価値を大きく低下させてしまいます。このため安定的な経済運営がなされている他国の通貨に比較した相対的な価値，つまり為替レートも急速に下落します。このような状況にあっては，国民が自国通貨を信認せず，米ドルなどの信頼性の高い外国通貨，いわゆるハードカレンシー（hard currency）を求めることがあっても不思議ではありません。

○ 貨 幣 の 役 割

貨幣は経済活動を支える上で，いくつかの非常に重要な役割を果たしています。この点は貨幣が存在しない社会を想像すれば明らかになります。もし貨幣が存在しなければ，経済取引は物々交換に頼らざるを得ません。しかし，個々の生産者がそれぞれの財（例えばパソコン）をもって，自分が必要としている別の財（例えば牛乳）の持ち主を探し，両者の要求が一致して初めて交換が成立するというようなシステムは極めて非効率です。これに対して，様々な財やサービスの生産者が一致して同一の貨幣を交換手段として受け入れれば，その貨幣を通じて全ての売買を行うことが可能になります。パソコンで牛乳を買いたい人は，牛乳でパソコンを買いたい人を探す必要はありません。パソコン（牛乳）を売って貨幣を手に入れ，その貨幣で牛乳（パソコン）を買えばよいからです。

また，貨幣が存在しなければ，様々な財・サービスの価格を比較するのも容易

---

3) 1885 年に日本銀行が始めて発行した紙幣は，銀貨との交換によってその価値が保証されていました。その後，世界的に銀が金に対して相対的に価値を失ったことから，1897 年には 1 円と金 0.75 グラムの交換を保証する金本位制度が布かれました。金本位制度は第一次世界大戦の影響で中断され，1930年に一時的に復活したものの最終的には 1931 年に廃止されています。

ではありません。パソコン1台は牛乳何リットルに相当し，ジーンズ1本は理髪サービス何回分に値する，というように価格を測っていたのでは統一された計算単位が存在しないため，多様な財・サービスの価格を体系的に把握するのが困難です。しかし貨幣が流通することによって，牛乳1リットル200円，パソコン一台10万円，理髪一回3,000円というように，全ての価格を共通の計算単位で表すことが可能です。

　更にもう一つ，貨幣には価値を保存するという重要な機能もあります。物々交換の世界では財の持つ価値を保存したければ，財をそのまま保存するしか仕方ありません。しかし，例えば生花や生鮮食品などのように，財には保存が困難なものもあります。また，サービス（例えば理髪サービスや清掃サービス）の場合には，予めそれらを生産して保存しておくことは不可能です。しかし，これらも貨幣に交換することができれば，その価値を保存しておくことが可能になります[4]。

　以上の議論を整理すると，貨幣は経済の中で，(1)交換手段，(2)計算単位，そして，(3)価値保存手段として極めて重要な機能を果たしていることが分かります。

3.2　資産としての貨幣とその特徴

◯　貨幣と流動性

　上述の価値保存手段としての役割は，貨幣が資産の一形態であることを示しています。富を保存する資産の形態には貨幣（ここでは現金と考えてください）以外にも定期預金，国債や社債などの債券，株式，不動産，貴金属や高価な美術品など，様々な選択肢が存在します。家計や企業がこれらの異なる資産形態を比較しながら，自らの富をどのような資産としていくら持っておくべきかを判断することをポートフォリオの選択と呼びます。

　資産ポートフォリオを考えるにあたって特に重要とされる事項には，流動性(liquidity)，予想収益率（利回り），リスク（危険性）の3つがあります。ポートフォリオの選択を行う家計や企業などの経済主体をまとめて投資家と呼ぶと，他の条件が一定として投資家は，

---

　4)　但し，貨幣に交換できるということはその価値が変化しないことを意味するのではないことに注意してください。財・サービスの価格が変化すれば貨幣の購買力も変化します。

(1) 流動性が高い（必要に応じてすぐに現金化できる）

(2) 予想収益率が高い（資産価値の高い上昇率が見込まれる）

(3) リスクが低い（資産価値が減少する確率が低い）

資産を好む傾向があると考えられます。

このうち(1)の流動性とは換金性を意味しますので，その観点からは貨幣は最も魅力的な資産といえるでしょう[5]。手持ちの資産を何かの支払いに充てようとするとき，現金ならば即座に使用できますが，不動産や債券などは同様ではありません。前節で確認した交換手段としての役割は，貨幣が最も流動性の高い資産であることを示しています。

◯ 資産収益率と貨幣保持の機会費用

流動性が最も高いという利便性を持つ一方で，貨幣には資産としての魅力に欠ける面もあります。それは貨幣（現金）には利息がつかないため，上記(2)の収益率（利回り）という観点からすれば他の資産に劣るという点です。資産の収益率とは，ある時点から別の時点までの間に生じる資産価値の増加率を指します。定期預金のように予め確定した利子率が定められている場合は，その利子率が収益率を意味します。しかし資産には外貨預金，株式，不動産など，前もって収益率が確定されていないものも多くあり，これらの場合は収益率の予想値である予想収益率が投資の判断に重要な影響を与えます。

同額の資産，例えば10万円を貨幣として手元に置いておくか，それとも定期預金にするかの選択を考えてみましょう。貨幣を手持ちにすれば，いつでも好きなときにそれを使うことが可能です。つまり極めて高い流動性が確保されます。しかし10万円の貨幣を何年間握り締めていても，1円たりとも利息は発生しませんので，（円単位での）資産価値が増えることはありません。

一方，10万円を定期預金にすれば，満期を迎えるまでは原則的に換金できません。従って流動性においては，定期預金は貨幣に劣ります。しかし，満期を迎えると10万円に利子が付されて10万円を上回る金額が回収されます。仮に利子率を10％とすると，満期時には元金の10万円に利息が上乗せされて11万円になります。この利息にあたる1万円は，定期預金の代わりに現金を選択すると諦めなくてはならないものです。このため利息は，無利子資産である貨幣を保持す

---

[5] 本節では貨幣は概ね現金を意味すると考えてください。貨幣の詳細な定義は第4節で行います。

るために支払わなければならない機会費用（opportunity cost）であると言われます。他の条件が一定であれば，投資家はより高い収益率が見込まれる資産を好みます。従って機会費用である利子率が上昇するほど，貨幣の魅力は薄れてしまいます。

○ 貨幣とリスク

　株式や不動産などの資産は，その価格が将来的に大きく変動する可能性を持ちます。大幅に値上がりする可能性を持つと同時に，大きく値下がりする可能性をも孕んでいます。つまり，これらは相対的にリスクの大きな資産と言えます。これに対して貨幣は，それ自身の単位で測られる限り，値上がりも値下がりもしません。例えば現金で 1 万円保管しておけば 1 年後も 5 年後もそれは 1 万円のままであり，8 千円や 5 千円に変わることはありません。但し前の議論でも触れたように，物価が上昇すれば貨幣の購買力は低下します[6]。その場合，以前と同じ金額で同じ品物が買えなくなるため，実物で計った貨幣の価値は下がってしまいます。その意味においては貨幣も全くリスクの無い資産とは言えませんが，インフレーションによる購買力の低下は他の資産にも全く同様に当てはまります。このため，貨幣は相対的にはリスクの低い資産と言えます。

　但し，同じ貨幣であっても外貨，例えば米ドルやユーロなどは，日本人にとっては自国通貨の円を単位として測った価格が大きく変化し得る資産です。また，外国政府が発行する国債や外国企業が発行する社債など，いわゆる外債についても全く同様のことが言えます。つまり円と外国通貨との間の交換比率である為替レートが変動すれば，外貨や外貨建て資産の円単位で測った価値も変化するということです。このため外貨や，外債などの外貨建て資産は，為替変動によるリスクを伴った資産であるという点に注意が必要です。為替リスクについては第 5 章で詳しく解説します。

○ 貨 幣 と 債 券

　上述のとおり資産形態には様々なものが存在しますが，ここからは議論の焦点を絞るために貨幣（money）と債券（bond）という二種類に資産を大別して考

---

6)　逆に物価の下落（デフレーション）が生じれば貨幣の購買力は増加します。

察を続けます。貨幣とは基本的には現金を指し，流動性が高いものの，利息を生まない資産です。一方，債券とは貨幣とは反対に，利息を生むものの，流動性の低い資産を指します。以下本書においては，投資家はこれらの2つのタイプの資産の間でポートフォリオの選択を行うものとします。

　一般的に債券と呼ばれるものには，企業が発行する社債や政府が発行する国債などがあります。しかし，本書では債券の概念をもう少し広義に，定期預金も含めた有利子の借用証書と定義します。定期預金を開設すると，預金者は金融機関から預金額，満期日，金利などを記載した預金通帳を受け取ります。これは金融機関が預金者からどのような条件でいつまででいくらのお金を借りているかを示すものであり，債券に類するものとみなすことが可能です[7]。

　また，単なる国内金融ではなく，国際金融を論じることの意味は，これらの貨幣と債券という資産それぞれに，自国で発行される自国通貨単位のものと，外国で発行される外国通貨単位のものが存在するというところにあります。外国の貨幣は外貨，外国通貨単位の債券は外貨建て債券，略して外債と呼びます（債券という言葉に馴染みがなければ，債券を定期預金，外債を外貨預金と考えてください）。

　表3.1 は自国の居住者にとっての自国の貨幣，外貨，自国通貨建て債券，外貨建て債券の関係を要約したものです。まず，自国の家計が消費財やサービスを購入し，支払いを行うには自国の貨幣を用います。このため，自国の家計は自国の貨幣で適度の流動性を確保しなければなりません。一般に自国の家計にとって外貨は消費のための直接的な決済手段ではないため，日々の消費のための流動性を確保するのに必要ではありません。

　しかし貸付（＝債券）によって資産を運用するにあたっては，自国通貨建て債券だけでなく，外国の居住者への貸付を意味する外債という選択肢もあります。但し，外債を購入するには，自国通貨の元資金を外貨に交換し，外貨単位でその代金を支払わなければなりません。また，外債が満期を迎えると，外貨単位の元本と利息を自国通貨に交換し直さなければ，自国で商品などの購入に使用することができません[8]。従って外貨を直接的に財・サービス購入の決済に用いることがなくても，自国通貨と外貨の価値の比率（第4章第1節で解説する名目為替

　7）　社債や国債など狭義の債券は直接金融の手段であり，それ自体が市場で売買されます。これに対して間接金融の手段である定期預金は，通常は市場で売買されません。このため一般には債券と定期預金は区別されます。本書では有利子か否かという点のみに焦点を合わせ，利払いの生じる貸借契約をまとめて債券と呼ぶことにします。

　8）　詳しくは第5章第1節を参照してください。

表3.1　貨幣と債券

資産の特徴		
	無利子・高流動性	有利子・低流動性
自国通貨	自国貨幣 ・自国内の取引決済に使用 　[日本円紙幣・硬貨]	自国通貨建て債券 ・元本，利息共に自国通貨 ・資産収益率は為替変動の影響を受けない 　[日本の国債など]
外国通貨	外国貨幣（外貨） ・自国内の取引決済には使用不可 [米ドル紙幣・硬貨など]	外国通貨建て債券（外債） ・元本，利息共に外国通貨 ・購入時と満期時に為替取引の必要あり ・資産収益率は為替変動によって変化 　[米ドル建て債券など]

（左欄：通貨の種別）

レート）は，資産運用を考える自国の居住者にとって重要となります。

3.3　貨幣需要

○　利子率と貨幣需要

　ここからは市場の概念を導入し，貨幣需要と貨幣供給，そして貨幣市場の均衡について考えます。まずは家計や企業など，個々の経済主体が持つ貨幣に対する需要について考えましょう。第1章第2節で解説した異時点間の最適化の問題は，家計が予算制約を満たしながら消費と貯蓄をどのように推移させればよいかというものでした。消費財やサービスの購入には貨幣が必要であり，貯蓄には自国通貨建て債券と外債という選択肢があると考えれば，家計の最適化の問題は貨幣や債券をどのような比率で保持すべきかという資産ポートフォリオの問題を内包していることが分かります。このため貨幣に対する需要を考えるにあたっては，債券の存在も同時に考慮することが必要です。

例えば自らの余裕資金を貨幣（いつでもすぐに使えるが利息を生まない現金）と債券（満期まで解約できないが一定の利息が保証された定期預金）の間に，どのように振り分けるかという問題を考えてみてください。他の条件を一定とすれば，利子率の上昇は貨幣に対して債券をより魅力的にします。十分な利息が保証されるのであれば，家計は流動性をある程度犠牲にしても利息による資産価値の増加を望むでしょう。従って他の条件が一定の下では，利子率の上昇は貨幣需要を減少させる効果を持ちます。逆に利子率が低下すると債券の魅力は減少し，流動性が確保される貨幣への需要は増加します。

○ 総 貨 幣 需 要

個々の家計や企業による貨幣需要を総計すれば，経済全体に存在する貨幣の需要総量を求めることができます。マクロ経済全体に存在する貨幣需要の総計は総貨幣需要（aggregate money demand）と呼ばれますが，総貨幣需要は主として利子率，生産量，及び物価の3つの要因に依存すると考えられます。

先ず，利子率が個々の家計の貨幣需要に影響を与えることは既に議論したとおりです。総貨幣需要は個々の貨幣需要の総計ですから，個々の経済主体の貨幣需要を左右する利子率は，当然ながら総貨幣需要の決定要因にもなります。より具体的には，他の条件を一定として，利子率の上昇（下落）は総貨幣需要の減少（増加）をもたらします。

次に生産量が総貨幣需要に及ぼす影響ですが，これについては交換手段としての貨幣の役割を思い出してください。財やサービスの売買はその多くが貨幣を仲介して行われます。従って他の条件を一定として取引される財やサービスの量，つまりマクロ経済の生産量が増えると，その取引のために需要される貨幣量も増加します。このため，他の条件が一定の下では，生産量の増加は総貨幣需要の増加をもたらします。

経済全体で生産される財・サービスの量が一定であっても，それらの価格水準が上昇すれば，結果としてその取引に必要とされる貨幣量も増加します。従って，物価水準の上昇は総貨幣需要の増大に繋がると考えられます。更に付け加えると，物価水準と総貨幣需要の関係は正比例の関係にあると考えられます。例えば，他の条件が一定の下で財やサービスの価格が全て2倍になったとします。以前と同じだけの購買力を維持するためには個々の家計の貨幣需要は倍増し，結果的に総貨幣需要も2倍になるはずです[次頁9]。以上の議論をまとめると総貨幣需要は以下

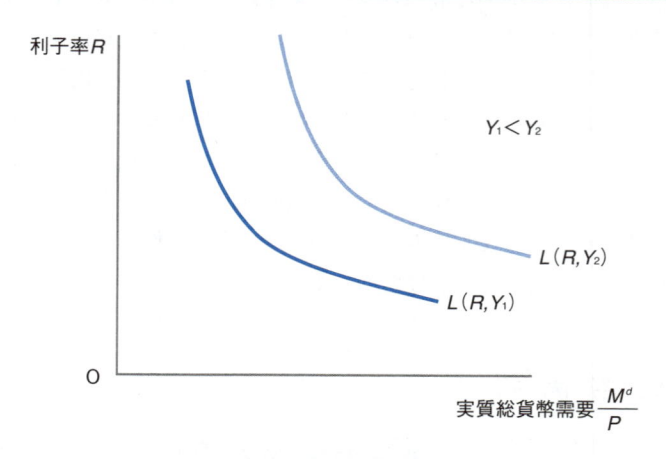

図3.1　実質総貨幣需要

の（3.1）式で表現されます。

$$M^d = P \cdot L(R,Y) \tag{3.1}$$

但し，M^d は（名目）総貨幣需要，P は物価水準，R は利子率，Y は実質生産量をそれぞれ指します。L は R には負に，Y には正に依存する関数で，実質総貨幣需要関数と呼ばれます。なぜ「実質」なのかは（3.1）式を次のように変換すれば明らかになります。

$$\frac{M^d}{P} = L(R,Y) \tag{3.1$'$}$$

ここで名目総貨幣需要 M^d と物価水準 P はともに通貨単位（例えば円単位）で測られるものです。前者は家計・企業の貨幣需要の円単位の積算額であり，後者は様々な財やサービスの円価格に基づいて算出される広く一般的な物価水準です。しかし $\frac{M^d}{P}(=L)$ は円を単位とする2つの変数の比率ですので，単位を持たない数字となります。このように算出される実質総貨幣需要 $\frac{M^d}{P}$ は，企業や家計が実物単位でどの程度の購買力（purchasing power）を需要しているのかを示しています。これに対して名目総貨幣需要 M^d は家計・企業が需要している貨幣の量を

---

9)　例えば絶えず財布に1,000円程度の現金を持っていれば事足りると感じているとしましょう。もし物価が2倍になると，それまでと同様の買い物には2倍の現金が必要になります。このため，絶えず財布には2,000円程度の現金を入れておかなくては足りないと感じるようになるということです。

示します。例えば同じ M^d = 1,000 円という設定であっても，P = 10 円の場合と P = 100 円の場合では家計や企業が需要している購買力は大きく異なります。前者の場合，実質総貨幣需要は L = 100，つまり一般的な財バスケット 100 個分に値し，後者は L = 10 で財バスケット 10 個分に値する購買力を需要していることになります。

図 3.1 は実質総貨幣需要と利子率及び生産量の関係を表したものです。縦軸は利子率，横軸は実質総貨幣需要を測っていますので，利子率と実質総貨幣需要の関係は右下がりの曲線 $L(R,Y)$ で，生産量と実質総貨幣需要の関係は曲線 $L(R,Y)$ のシフトで表されています。

3.4 貨幣供給

◯ マネー・サプライ（総貨幣供給）の定義

貨幣需要を持つ家計や企業などに対して供給される貨幣の総量はマネー・サプライ（money supply）或いはマネー・ストック（money stock）と呼ばれます。以下本書ではマネー・サプライという表現に統一して，マクロ経済に供給される貨幣の総量に言及することにします。第 1 節で解説した貨幣の果たす役割を考えれば，家計や企業などの経済主体に対して適切な量の貨幣を供給することが，経済が健全に機能する上で欠かせないのは明らかです。マクロ経済の現状を観察し，今後の動向を見据えながら，適切な量の貨幣が経済に供給されるように舵取りしていくことは，中央銀行に課せられた最も重要な使命です。これまでのところは簡略化のために，概ね貨幣とは現金を指すという理解で話を進めてきましたが，正確には貨幣とはもう少し幅の広い概念であり，その定義も必ずしも一様ではありません。まずは貨幣とは具体的には何を指すのかを確認し，その上で中央銀行がマネー・サプライを調整するメカニズムについて考えましょう。

図 3.2 は M1，M2，M3 及び広義流動性という 4 つの異なる貨幣の定義によってマネー・サプライを表したものです[10]。経済全体に流通するお金の総量を

---

10) 日本銀行は従来マネー・サプライ統計という名称で総貨幣供給量の統計を公表していましたが，2008 年に M1，M2，M3 等の定義の詳細を見直し，同年 5 月分（6 月公表分）からはマネー・ストック統計として公表するようになりました。本書ではマクロ経済に供給される貨幣の総量を指すものとして，引き続きマネー・サプライという表現を用います。

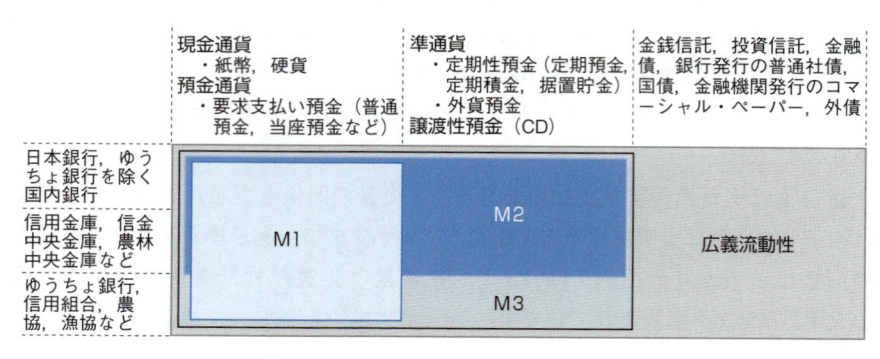

（注）　但し，通貨保有主体には居住者のうち，非金融法人，家計，地方公共団体が含まれる。非金融法人とは預金取り扱い機関，保険会社，銀行及び保険会社の持株会社，政府系金融機関，証券会社，短資会社を除く法人を指す。

図3.2　マネー・サプライの定義

考えるにあたっては，紙幣や硬貨など経済主体が直接所持する現金だけでなく，金融機関への預金なども考慮する必要があります。預金には普通預金，当座預金，定期預金など様々な種類が存在し，それらのどこまでを含めるかによって貨幣の定義は異なります。また，預金等を取り扱う金融機関の種別によって区別される場合もあります。

　決済手段としての利便性の観点から現金に最も近いものに，普通預金や当座預金などの要求払い預金があります。普通預金は預金者の意思でいつでも自由に現金として引き出せますし，当座・普通預金の口座からの引き落としは現金決済の代替手段として広く社会に普及しています。このような観点から要求払い預金を預金通貨として現金通貨（紙幣・硬貨）に加えたのが，狭義の貨幣である M1 です。

　M2 及び M3 は M1 に準通貨と呼ばれる要求払い以外の一般預金（定期性預金，据置貯金，定期積金，外貨預金）と CD（certificate of deposit）と呼ばれる譲渡性預金を加えたものを指します。定期預金などの一般預金は財・サービス購入の支払いに充てるには解約が必要なため，現金通貨や預金通貨に比べると流動性に劣ると言えます。従ってそれらを含む M2 は M1 よりも広く貨幣を定義するものです。M3 は預け入れ先機関に一般の銀行や信用金庫だけでなく，ゆうちょ銀行や信用組合，農協，漁協まで含めるという点において，M2 を更に拡張した定

義と言えます。また，更に金銭・投資信託や国債・政府短期証券，外債，金融機関発行のコマーシャルペーパーなどを加えたものは広義流動性と呼ばれ，最も広く貨幣を定義したものです。

　以上からも分かるように，マネー・サプライという概念は必ずしも画一的に定義されるものではなく，国によっても制度の違いなどから定義の詳細に多少の差が見られます。基本的にはマネー・サプライとは現金通貨と預金通貨の和であり，預金通貨に準通貨などを追加することでどこまで広く解釈するかによって M1，M2，M3 などのいくつかの具体的指標が存在すると理解すればよいでしょう。どれがマネー・サプライの概念として最も適当かについては，専門家の間でも議論のあるところですが，日本の場合は実体経済や物価との関係が相対的に安定的であることなどから M2 や M3 が代表的指標と考えられます。

○ 信用乗数と中央銀行によるマネー・サプライの調整

　次に中央銀行がマネー・サプライを調整する仕組みについて考えましょう。表3.2 は日本の中央銀行である日本銀行のバランスシート（貸借対照表）を簡略化したものです。バランスシートとは，どのような資産と負債を保有するかを示すものです。中央銀行の資産には主に国債などの政府向け信用，外債などの対外資産（外国為替），民間銀行に対する貸出などがあります。これらはそれぞれ自国政府，外国政府，自国民間銀行への貸付と考えれば理解しやすいでしょう。

　一方，負債としては自らが発行する現金通貨に加えて，準備預金と呼ばれる民間銀行からの預入金があります。民間銀行は家計や企業からの預金の一定割合を中央銀行に預け入れることを法律上義務付けられており，これを（法定）準備預

表 3.2　中央銀行のバランスシート（貸借対照表）

資　産	負　債
国　債	現金通貨（発行銀行券）
外 国 為 替	準 備 預 金
貸 出 金	政府預金など
手 形 な ど	

金と呼びます[11]。準備預金は無利息ですが，必要に応じて即座に現金として引き出すことが可能です[12]。このため現金通貨と準備預金の合計が中央銀行によって直接的に供給される貨幣とみなされ，それはマネタリー・ベース（monetary base）或いはハイパワード・マネー（high-powered money）と呼ばれます。中央銀行はこのマネタリー・ベースをコントロールすることで，結果的に経済全体に行渡る貨幣の総量であるマネー・サプライを調整しますが，マネタリー・ベースとマネー・サプライの関係は以下のように考えることができます。

民間銀行は自らが保有する預金のうち，$\alpha\,(0<\alpha<1)$ だけの割合を中央銀行に法定準備預金として預けなければならないとします。マネー・サプライを M^s，マネタリー・ベースを MB，現金通貨の総額を C，預金通貨の総額を D でそれぞれ表すと，マネー・サプライとマネタリー・ベースは以下のように定義されます[13]。

$$M^s = C + D \tag{3.2}$$

$$MB = C + \alpha D \tag{3.3}$$

更に現金通貨と預金通貨の比率を β，つまり $\dfrac{C}{D}=\beta$ で表せば，

$$M^s = (1+\beta)D \tag{3.2$'$}$$

$$MB = (\alpha+\beta)D \tag{3.3$'$}$$

となります。更にこれらの条件から，マネー・サプライとマネタリー・ベースの比率である貨幣乗数（money multiplier）が以下のように得られます。

$$\frac{M^s}{MB} = \left[\frac{1+\beta}{\alpha+\beta}\right] > 1 \tag{3.4}$$

ため，マネタリー・ベースが変化すれば，必ずそれよりも大きなマネー・サプライの変化が生じます。つまり中央銀行はマネタリー・ベースを変化させることによって，マネー・サプライに拡大された変化を及ぼすことが可能です。

中央銀行がマネタリー・ベースを調整する具体的な方法は複数ありますが，最も一般的な手法は国債や手形などの資産の売却・買入を利用した公開市場操作（open market operations）と呼ばれるものです。例えば日本銀行が民間銀行を通じて家計や企業の持つ国債を 1 円分買い取るとします。家計・企業は買い取り額

---

11)　日本銀行の場合は銀行以外の金融機関からの準備預金も含めた，いわゆる「日銀当座預金」と現金通貨が負債を構成しています。

12)　法定準備預金は無利息であるのに対して企業や家計への貸出は有利息であるため，民間銀行は通常義務付けられた最低限度の準備預金を行い，それ以外については貸出等で運用します。

13)　ここでは M1 をマネー・サプライとします。

の1円のうち $\frac{\beta}{1+\beta}$ 円だけを現金として保持し，$\frac{1}{1+\beta}$ 円は預金します（上述の現金預金比率の定義を参照のこと）。預金を受けた民間銀行は，そのうち $\frac{\alpha}{1+\beta}$ 円を中央銀行に準備として預け，残りの $\frac{1-\alpha}{1+\beta}$ 円は家計・企業向けの貸出に用います。このようにして新たに創造された $\frac{1-\alpha}{1+\beta}$ 円の貸出のうち，再び $\frac{\beta}{1+\beta}$ の割合だけが現金に，$\frac{1}{1+\beta}$ の割合は預金となります。このような過程を続けていくと，日本銀行がマネタリー・ベースを1円分増やしたことによって，最終的には現金通貨は

$$\frac{\beta}{1+\beta} \cdot \left[1 + \frac{1-\alpha}{1+\beta} + \frac{(1-\alpha)^2}{(1+\beta)^2} + \cdots \right] = \frac{\beta}{1+\beta} \cdot \left[\frac{1}{1 - \frac{(1-\alpha)}{(1+\beta)}} \right] = \frac{\beta}{\alpha+\beta}$$

円だけ増加します。一方で預金通貨は

$$\frac{1}{1+\beta} \cdot \left[1 + \frac{1-\alpha}{1+\beta} + \frac{(1-\alpha)^2}{(1+\beta)^2} + \cdots \right] = \frac{1}{1+\beta} \cdot \left[\frac{1}{1 - \frac{(1-\alpha)}{(1+\beta)}} \right] = \frac{1}{\alpha+\beta}$$

円だけ増加しますので，現金通貨と預金通貨を足し合わせたマネー・サプライ全体としては $\frac{1+\beta}{\alpha+\beta} (>1)$ 円だけ増えることになりますが，これは上述の貨幣乗数に他なりません。

　この例では中央銀行は「買いオペ（国債買い入れオペレーション）」と呼ばれる公開市場操作によってバランスシートの資産項目の国債を増やすことで，負債項目の準備預金を増やしています。準備預金の増加分だけマネタリー・ベースは増加し，これによって結果的に家計や企業に対するマネー・サプライがマネタリー・ベースの増加分を超えて増大しています。このような公開市場操作以外には，公定歩合と呼ばれる民間銀行に対する貸出金利や預金準備率を操作することでマネー・サプライを調節するという手法があります。

　現実のマクロ経済は非常に複雑ですので，経済に流通する貨幣の総量を中央銀行が常時意のままに完璧にコントロールできるものではありません。例えば，家計の預金を受けた金融機関が企業への貸出を渋るなどすると，実際に経済に流通する貨幣の総量は上記の計算どおりではなくなります。そのような課題も認識しつつ，以下では中央銀行がマネー・サプライを効果的にコントロールできるという仮定の下で議論を進めます。

3.5 貨幣市場の均衡

◯ 総貨幣需要と総貨幣供給の均衡

貨幣市場は総貨幣需要がマネー・サプライに一致するときに均衡します。従って $M^d = M^s$ を (3.1)′ に代入することで，貨幣市場の均衡条件は以下のように表せます。

$$\frac{M^s}{P} = L(R,Y) \tag{3.5}$$

利子率以外の変数を自然対数に置き換えて，線形フォームを用いた場合は，

$$m^s - p = \phi y - \delta R \tag{3.5}′$$

と表すことができます。但し，$\phi > 0$ 及び $\delta > 0$ は定数，$m^s \equiv \ln M^s$，$p \equiv \ln P$，$y \equiv \ln Y$ です（以下，小文字表記の変数は自然対数値を示すこととします）。

図 3.3 は貨幣市場の均衡を描いたものです。縦軸には利子率，横軸には実質総貨幣量が測られています。右下がりの $L(R,Y)$ 曲線は実質総貨幣需要を示しています。生産量 Y が一定のとき利子率 R の上昇は実質総貨幣需要を減少させる

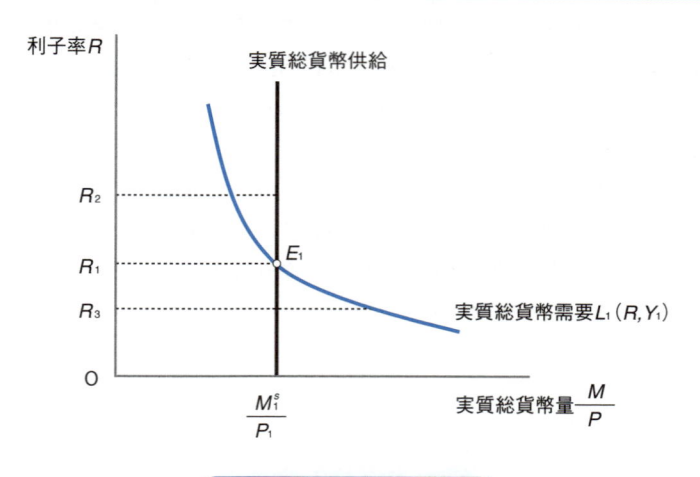

図3.3　貨幣市場の均衡

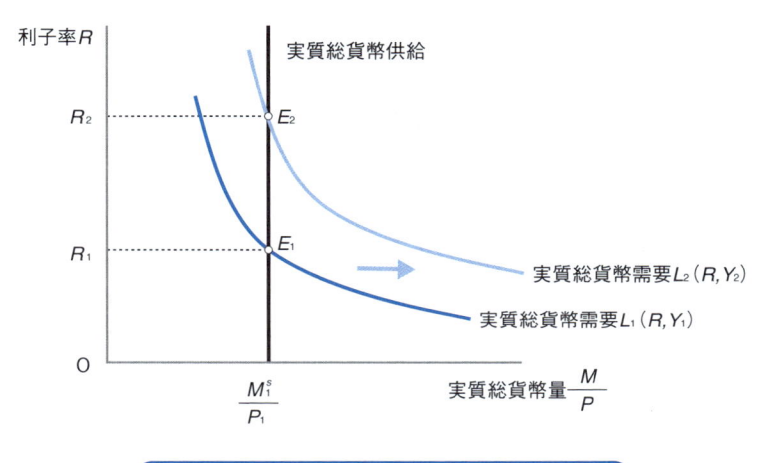

図 3.4　貨幣市場の均衡――生産量増大の影響

ため $L(R,Y)$ は右下がりとなります。一方，垂直のラインは実質総貨幣供給を示しています。物価水準がある一定の値 P_1 のときに中央銀行がマネー・サプライを M_1^s に設定すれば実質総貨幣供給量は利子率に関係なく $\dfrac{M_1^s}{P_1}$ となります。このため実質総貨幣供給は垂直線となります。

　実質総貨幣需要と実質総貨幣供給は図の点 E_1 で一致し，貨幣市場は均衡を達成しますが，そのときの貨幣の価格を示す均衡利子率は R_1 です。例えば図中の R_2 のように利子率が R_1 よりも高い水準では，総貨幣需要が総貨幣供給を下回るため貨幣の超過供給が生じ，均衡は達成されません。逆に R_3 のように利子率が R_1 よりも低い水準では貨幣への超過需要が生じます。

　図 3.3 の実質総貨幣需要曲線 L_1 は，他の変数を一定に保った上で縦軸に利子率を，横軸に実質総貨幣需要量を測ることで，これら 2 つの変数の関係を示したものです。従って L_1 上では生産量は $Y = Y_1$ という水準で一定に保たれていることに注意してください。もし生産量がより高い水準 $Y = Y_2 > Y_1$ に拡大すれば，実質総貨幣需要曲線は図 3.4 に描かれたように L_1 から L_2 へとシフトします。L_1 と L_2 を比較した場合，全ての利子率において実質総貨幣需要量には $L_1 < L_2$ という関係が成立します。つまり利子率が一定の下で生産水準が上昇すれば実質総貨幣需要は増大することを示しています。マネー・サプライに変化がなければ，生産の拡大による実質総貨幣需要の増大は貨幣市場の均衡を E_1 から E_2 へ移行させ，

均衡利子率は R_1 から R_2 へと上昇します。

◯ 金融政策と均衡利子率

次に通貨当局による金融政策の効果について考えます。通貨当局は前節で解説した仕組みを用いることで、必要に応じてマネー・サプライを変化させてマクロ経済の安定化を図ろうとします。マネー・サプライを増加させるような政策は拡張的金融政策、逆にマネー・サプライを減少させる政策は緊縮的金融政策と呼ばれます。

図3.5は拡張的金融政策が貨幣市場の均衡をどのように変えるかを示しています。拡張的金融政策によるマネー・サプライの M_1^s から M_2^s への増加は、物価水準が一定の下では実質総貨幣供給を $\frac{M_1^s}{P_1}$ から $\frac{M_2^s}{P_1}$ へとシフトさせます。この結果、均衡利子率は R_1 から R_2 へと下落しています。拡張的金融政策とは以前よりも多くの貨幣が市場に供給されることを意味しますので、需要に変化がなければ貨幣の均衡価格を示す均衡利子率が低下するのは当然の結果と言えるでしょう。緊縮的金融政策のケースは逆に総貨幣供給が $\frac{M_2^s}{P_1}$ から $\frac{M_1^s}{P_1}$ へシフトとする考えれば、均衡利子率の上昇が確認できます[14]。

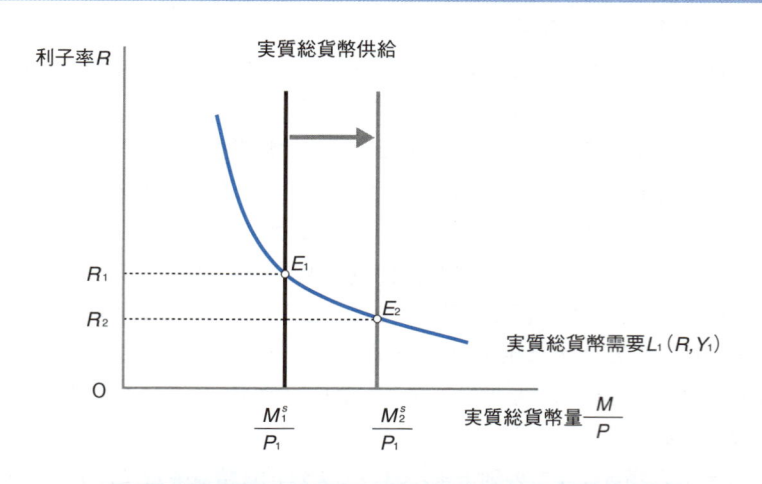

図3.5 貨幣市場の均衡——拡張的金融政策の短期的影響

---

14) 均衡利子率の変化が経済全体に及ぼす影響については第8章で解説します。

コラム 仮想通貨と中銀デジタル通貨：貨幣を創出するのは市場か，それとも政府か？

　取引上の利便性だけを理由に貨幣（money，お金）が必要とされるのであれば，政府・中央銀行によって発行される必然性はありません。コミュニティ内の相互扶助などに使われる地域通貨が良い例です。そもそも貨幣とは一体誰が何のために発行・管理するものでしょうか。法定通貨の場合は一般的に中央銀行が通貨当局としてその任にあたるわけですが，興味深いのは政府（財務省）の関与です。例えば，外国為替市場への介入（第9章参照）は，財務大臣の要請を受けて中央銀行である日本銀行が実施するもので，一般的に「政府・日銀による市場介入」と表現されます。ここで厳格には貨幣とは硬貨を指し，紙幣は日銀券（銀行券）を指すことに留意してください。発行元で言えば，円硬貨の鋳造は財務省造幣局，円紙幣（日銀券）は日本銀行（印刷は独立行政法人国立印刷局）です。租税や政府支出等，国の財政を所轄する財務省が貨幣の鋳造を含む通貨政策に関与する理由はどこにあるのでしょう。

　その答えを探るには，市場取引の観点だけでなく政府による課税の観点からも，貨幣の利便性について考えるのが有益かもしれません。そもそも日本銀行が創設されたのは1882年のことであり，それ以前から政府も貨幣（硬貨）も存在していたわけですから，政府と貨幣の関係は歴史的なものです。貨幣は市場取引における当事者の利便性だけでなく，政府が市場取引や民間資産の状況を把握し，課税する上でも大きな効力を発揮します。徴税も物納よりも貨幣を介した方が効率的です。つまり，市場とは別に租税・財政を司る政府にも社会に貨幣を導入する動機が存在します。歴史的に市場と政府のどちらから何を目的に貨幣が生みだされたのか，専門家の間にも様々な見解があります*。

　近年は情報技術の革新によって，市場と政府の間に貨幣をめぐる新たな競合関係が生まれています。仮想通貨（暗号資産）のビットコインは，ブロックチェーンと呼ばれる分散型台帳技術を利用することで，中央銀行や政府などの単一の管理者を置かないデジタル通貨として Satoshi Nakamoto と名乗る人物によって開発されました。金融機関を介さずに直接やりとりでき，利用者の匿名性が担保されるビットコインは，政府・中央銀行の管理や監視を嫌う者にとっては非常に魅力的です。仮想通貨が広く普及して経済に浸透すれば，中央銀行の役割は宙に浮き，政府による課税も困難になる可能性があります。

　ブロックチェーン技術の活用には，国内の民間企業も大きな関心を寄せているようです。大手銀行や NTT グループ等数十社からなる企業連合は，DCJPY と名付けた円建てデジタル通貨によって，低コストで常時利用可能な即時送金システムを構築し，企業決済に活用する実証実験を行っています。但し，これは円とは

別の新通貨を発行するのではなく，円建て決済・送金をブロックチェーン技術によって効率化する試みと見られます。電子マネー（〇〇ペイ，交通系電子カード等）やクレジットカードもキャッシュレス決済のサービスを提供しますが，マネーという名前が付いてはいても通貨ではありません。店頭での現金受け払いは不要でも，円建て銀行口座への紐づけや事前チャージが必要であり，最終的には法定通貨の円で決済していることに他なりません。

革新技術の活用で市場が先行する中，各国の政府・中央銀行にも新たな試みが広がっています。その象徴としてデジタル化された法定通貨建て貨幣で，中央銀行の債務として発行される中銀デジタル通貨（Central Bank Digital Currency: CBDC）があります。既にバハマ，カンボジア（ともに 2020 年），ナイジェリア（2021 年），ジャマイカ（2022 年）などが CBDC を発行済みで，ラオス，ベトナム，フィリピンなどの ASEAN 諸国も越境決済の利便性向上のため開発を進めている模様です。日米欧も準備を進めており，日銀，ニューヨーク連銀，イングランド銀行等の 7 つの中央銀行が参加する国際決済の実証実験にも乗り出していますが，今のところ（2024 年 5 月）CBDC の正式発行には至っていません。

高性能のシステムを構築すれば決済処理速度が飛躍的に向上する上，クレジットカードとは異なり利用手数料が発生せず，法定通貨ゆえに加盟店に限定されずに利用可能等，CBDC には様々な恩恵が期待されます。その一方で，インフラ整備と維持管理，サイバー・セキュリティーを含む安全性の担保に莫大な費用がかかる上，政府・中央銀行による民間資産の監視やプライバシーの侵害を懸念する声も少なくありません。日米欧に先行して中国がデジタル人民元の開発を進めている背景には，人民元の国際化推進だけでなく，監視社会で知られる同国の政府が国民の経済活動や金融資産の把握・モニターを強化する狙いもあるのかもしれません。

仮想通貨と中銀デジタル通貨は競合するように見えますが，世界には政府自ら仮想通貨を法定通貨に指定した国もあります。中米のエルサルバドルは独自の通貨を持たず，米ドルを公式通貨に採用（第 9 章のドル化を参照）していましたが，2021 年 9 月に新たにビットコインを法定通貨に加えました。アメリカへ出稼ぎに出る労働者とその送金に依存する家計の多い同国にとって，送金手数料の安いビットコインの利用を促すことで送金受取額を増やす狙いや，ビットコインのドル価格の上昇を期待する投機的な動機もその背景にあるものと見られます。

＊　ハイエク（2020），ファーガソン（2009），Ferguson（2008），Goetzmann（2016），Goodhart（1998）を参照してください。

3.6 貨幣と物価：経済分析における短期と長期

○ 硬直的価格と伸縮的価格

これまでのところ，物価水準 P は一定で変化しないという想定の下に考察を行ってきました。その理由は他の経済変数と物価の調整速度の違いにあります。物価やマネー・サプライ，生産量，利子率，名目為替レートなど，マクロ経済の重要変数には様々なものがありますが，それらの全てが必ずしも同じような速さで環境の変化に反応し，調整しているわけではありません。例えば同じ価格と言っても，外貨の価格である為替レートと，財の価格である物価では，変化の速度に大きな差があります。外国為替を取り扱っている金融機関へ行くと，その日の取引用の為替レートが表示されていますが，このレートは毎日更新されます（それどころか，第4章第4節で解説する外国為替市場では，一日の取引時間内にも為替レートが頻繁に変動しています）。これに対して，商店で目にする品物の価格の大半は日々書き換えられているわけではなく，その価格変化の頻度はずっと低いと言えます。つまり，為替レート（＝外貨の価格）に代表される金融資産の価格調整が即座に完了するのに対して，財やサービスの価格調整は時間の経過と共に徐々に行われるということです。名目為替レートのように即座に調整する価格は伸縮的な価格（flexible price），物価のように調整に時間を要する価格は硬直的な価格（rigid price）或いは粘着的な価格（sticky price）と呼ばれます。

○ 短期と長期の違い

経済分析においては長期と短期という時間的区別が重要視されます。これは金融資産などの伸縮的な価格だけが完全に調整するような期間（＝短期）を想定するのか，それとも伸縮的な価格は勿論，物価や賃金などの硬直的な価格も十分に調整し得る期間（＝長期）を想定するのかによって，分析や考察から導き出される結論に重要な違いが生じるためです。例えば何らかの経済的攪乱（ショック）が市場の均衡を揺るがしたとします。その影響を分析する場合，伸縮的な価格だけが反応できる短期を想定するのか，それとも硬直的な価格も含めて全ての変数がショックに対する調整を完了する長期を想定するかの区別は非常に重要です。

物価はマクロ経済の根幹に関わる重要変数ですので，それが固定されていると みなすのか，それとも自由に調整できると考えるかによって，分析や考察から導 き出される結論は大きく変わってきます。以下，本書においても，物価 P が調 整するのか，それとも固定されているのかという区別は常に重要です。短期とは 物価が硬直的で調整しないことを，長期とは物価も伸縮的に調整することを意味 すると理解して読み進んでください。

◯ 貨幣数量説：長期における貨幣と物価の関係

第1節で解説したように，貨幣は交換手段として経済に広く流通しています。 仮に経済全体での生産量を Y（＝財バスケット Y 個）とし，物価水準を P 円と すると，合計で $P \cdot Y$ 円分の価値が生産されることになります。この $P \cdot Y$ 円分 の生産物を取引するために M 円だけの貨幣量が流通しているとすると，$V = \dfrac{P \cdot Y}{M}$ は生産物全てを取引するのに必要な貨幣の使用頻度を意味します。正確に は V は貨幣の流通速度（velocity）と呼ばれ，以下の関係が導かれます。

$$M \cdot V = P \cdot Y \tag{3.6}$$

（3.6）式は貨幣数量説（quantitative theory of money）と呼ばれる考え方を表 したもので，貨幣の数量と物価水準や実質生産量との関係を考える上で有効なも のです。例えば貨幣の流通速度 V が一定であると仮定して M を倍増した場合， どのような変化が生じるでしょうか。（3.6）式において左辺が2倍になったわけ ですから，右辺も2倍になるはずです。しかし，問題はそのような変化が P の 上昇によって生じるのか，それとも Y の増大から生じるのかという点です。

この問題を考えるにあたっては次の点に留意してください。M の倍増とは本 質的には，流通させる貨幣量を2倍にすることに過ぎません。端的には千円札を 2千円札に，1万円札を2万円札に刷新するということです。このような変化は 価格計算における単位の変化に過ぎず，例えば生産技術の向上や労働力や生産資 本などの生産要素の増加のように実質的な生産量を高めるものとは考えられませ ん。従って P が自由に調整できる長期においては，M の倍増は P の倍増を引き 起こすに過ぎません。ここで M と P はともに名目的な変数であることにも注意 してください。もし M の増加が長期的に（つまり価格 P が伸縮的に調整できる 場合に）P の上昇ではなく，実質生産量 Y の増加を生むようなことがあれば，中 央銀行が延々とマネー・サプライを増加し続けることで，各国の経済は際限なく 実質成長を続けるはずです。言うまでもなく現実にはそのようなことはありませ

ん。

○ 物価の調整と実質総貨幣供給量の変化

　以上の議論を通じて明らかになったのは，貨幣供給量の増加は長期的には比例的な物価の上昇を引き起こすだけであって，実質的な経済成長をもたらすものではないということです。このようなマネー・サプライと物価の長期的関係を踏まえて，前節で解説した貨幣市場の均衡について，物価が伸縮的である長期を想定して再考してみましょう。

　図 3.6 が示すように，マネー・サプライの M_1^s から M_2^s への増加は，物価が固定されている短期においては実質総貨幣供給量を同様に $\dfrac{M_1^s}{P_1}$ から $\dfrac{M_2^s}{P_1}$ へと増加させます。従ってグラフにおいては実質総貨幣供給曲線が右方へシフトします。ここまでは図 3.5 と同様です。

　しかし物価が伸縮的な長期においては，名目総貨幣供給量の増加は同じ比率の物価上昇を引き起こします。つまり物価も P_1 から P_2 への上昇し，$\dfrac{P_2}{P_1} = \dfrac{M_2^s}{M_1^s}$ の関係が成立するはずです。このため実質総貨幣供給量は $\dfrac{M_1^s}{P_1} = \dfrac{M_2^s}{P_2}$ となって当初の水準に戻ってしまいます。この結果，均衡利子率も当初の水準である R_1 に回

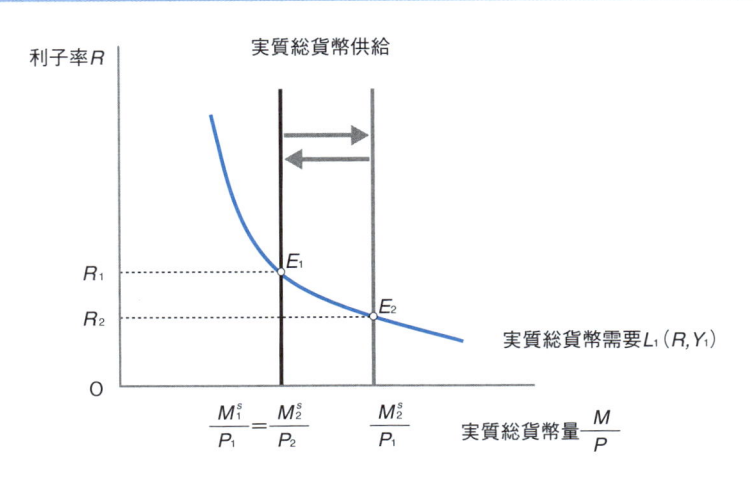

図3.6　貨幣市場の均衡——拡張的金融政策の長期的影響

帰します。このことから，金融政策がマネー・サプライの変化を通じて貨幣市場の均衡に及ぼす影響は短期的なものに過ぎないことが分かります。

コラム　流動性の罠と非伝統的金融政策

　本章で解説したとおり，中央銀行は通常は貨幣供給の調整を通じて金利を適正な水準に導くという方法で金融政策を実行します。このような伝統的金融政策を有効に活用するためには，金利が上下する余地が十分に残されていなくてはなりません。しかしバブル崩壊以来長引く経済停滞とデフレーションに苦しんだ日本では，金融緩和を繰り返した結果，金利がほぼゼロにまで低下してしまいました。図 1 が示すように，金利がゼロ近辺にまで低下してしまうと，それ以上貨幣供給を増やしても金利の低下を通じて経済を刺激することは困難です。そのような状況は，一旦陥ると抜け出すことが容易でないことから，流動性の罠（liquidity trap）と呼ばれています。

　金利がゼロになると流動性で現金に劣る債券や預金の魅力は失われ，家計は資産保持に現金を優先させるようになります。また，金利がほぼゼロでは金融機関も企業への貸付動機を喪失します。このような状況で中央銀行がいくらマネタリー・ベースを増やしても，本章第 4 節で解説した貨幣乗数効果を生み出すことは困難です。貨幣は退蔵されがちになって経済の中を行き交うペース，つまり貨幣の流通速度が低下します。本節で取り上げた貨幣数量説の $M \cdot V = P \cdot Y$ という関係で考えると，貨幣供給量 M を増やしても流通速度 V が低下することで両者の積は増えず，長期的にも物価 P の上昇，つまりインフレーションが生じない可

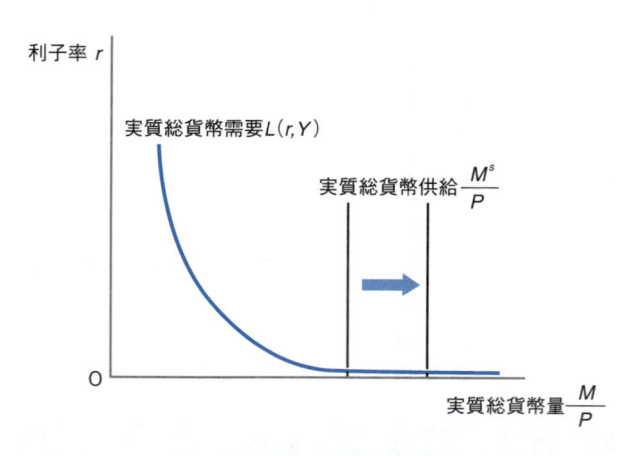

図 1　流動性の罠

能性があります。

　流動性の罠に陥ると金利操作による伝統的な金融政策以外の非伝統的な政策手段を模索することになります。以下は日本銀行が採用した非伝統的金融政策の概要です。

ゼロ金利政策（1999 年 2 月～2000 年 8 月）
・無担保コール翌日物（オーバーナイト）と呼ばれる（金融機関同士の貸借に適用される）金利をゼロ近傍に誘導
・上記の政策目標金利の将来的予想経路を示し，デフレ懸念の払拭が展望できるまでゼロ金利政策を続けると表明（市場の将来予想に働きかけるフォワード・ガイダンス）

景気回復の兆候から 2000 年 8 月にゼロ金利解除。しかし，直後にアメリカの IT バブル崩壊，余波を受けて国内景気再び減速。

量的緩和政策（2001 年 3 月～2006 年 3 月）
・政策目標を金利から日銀当座預金残高（準備）へ変更
・国債等の買い入れ拡充により流動性の供給を強化
・不良債権問題拡大に伴う金融システム不安の払拭のため当座預金残高を大幅に積み増し
・インフレ率が安定的にゼロ％を上回るまで政策の継続を表明（フォワード・ガイダンス）

包括緩和政策（2010 年 10 月～2013 年 4 月）
・2008 年のリーマンショック，その後の世界金融危機の影響下の政策対応
・国債に加えて CP（コマーシャル・ペーパー，短期資金調達のための約束手形）や社債などの信用商品，更には ETF（上場投資信託）などの金融商品まで買い入れ対象を拡大
・中長期的な物価の安定の目途（消費者物価の前年比上昇率 1％）を導入

質的・量的金融緩和（2013 年 4 月～2023 年 4 月）
・2 年程度の期間を念頭に早期に 2％の物価安定目標の実現を公約（インフレーション・ターゲティング）
・公約実現に向けてマネタリー・ベースを 2 年間で 2 倍に拡大すべく巨額の国債買い入れ
・買い入れる長期国債の平均残存期間を 3 年弱から 7 年程度に引き上げ，ETF の

保有残高は 2 年で 2 倍のペースで増加
・当座預金残高を①基礎残高，②マクロ加算残高，③政策金利残高の三層に分割し，各階層に①プラス金利，②ゼロ金利，③マイナス金利を適用（マイナス金利付き量的・質的金融緩和，2016 年 1 月導入）
・長期的な物価上昇期待醸成のため，貨幣供給の長期的増大，マイナス金利，国債購入を組み合わせた長短金利操作（イールドカーブ・コントロール，YCC）
・マイナス金利に加え，10 年物国債の金利をゼロ％程度で推移させる国債購入を，2%のインフレ目標の安定的達成に必要な限り継続する旨公約（オーバーシュート型コミットメント）

　2023 年 4 月に就任した植田日銀総裁は質的・量的金融緩和を継承しつつも金融正常化への出口政策を模索，消費者物価の上昇を背景に 2024 年 4 月の賃上げ率が 5%超と 33 年ぶりの高水準となったことなどを受け，2%の物価目標を持続・安定的に達成できる環境が整ったとして同年 3 月の金融政策決定会議においてマイナス金利の解除等を決定しました。これによりに日銀は 2007 年 2 月以来 17 年ぶりに政策金利を引き上げ，ようやく金融の正常化へと踏み出すことになりました。

　根強いデフレ環境の下，非伝統的金融政策が四半世紀も続くと，恰もそれが普通であるかのような感覚に陥るかもしれません。しかし，「金融正常化」という言葉が示唆するように，金利がゼロやマイナスに定着するのはやはり異常な事態です。金利のある世界において，貨幣供給を介した金利調節によってマクロ経済環境に効果を及ぼすのが本来の金融政策の姿です。次々と繰り出された非伝統的政策を他所に，金利ゼロの状況が長きに亘って続いた日本の経験は，一度流動性の罠に嵌ると抜け出すのは容易でないことを物語っています。

復 習 問 題

3.1　貨幣についての以下の問いに答えなさい。

(1)　貨幣は経済においてどのような役割を果たしているか。

(2)　貨幣はどのような特徴を持つ資産と言えるか。

3.2　総貨幣需要の重要な決定要因を 3 つ挙げ，それぞれの総貨幣需要に及ぼす影響を説明しなさい。

3.3　以下のような変化は貨幣市場における均衡にどのような影響を及ぼすか，グラフを用いて説明しなさい。

(1)　生産量の縮小

(2)　中央銀行によるマネー・サプライの縮小

　3.4　貨幣数量説に基づいて長期におけるマネー・サプライ（総貨幣供給量）と物価の関係について説明しなさい。その関係に基づくと，拡張的金融政策を行った場合，長期的にはどのようなことが生じると考えられるか。

第 4 章

為替レートと
外国為替市場

　前章では経済において貨幣が果たす役割や，金融資産としての貨幣の特質について解説しました。また，貨幣需要と貨幣供給について考える中で，貨幣市場の均衡を司るのは貨幣の価格（或いは機会費用）を示す利子率であることが分かりました。更には，中央銀行がどのようにして一国のマネー・サプライを調整するのか，そして金融政策が貨幣市場の均衡にどのような影響をもたらすのかについて議論しました。

　ここから議論を更に飛躍させて国際金融について考えるためには，考察の対象を一国の経済から複数の開放経済へと広げなければなりません。本章では自国の貨幣に加えて外国の貨幣の存在も考慮し，両者の間の交換比率を示す名目為替レートや，両国の物価を相対的に比較する実質為替レート，そして通貨間の売買取引が行われる外国為替市場について解説します。

○*KEY WORDS*○
名目為替レート，実質為替レート，
実効為替レート，インター・バンク市場，
直物（スポット）レート，
先渡（フォーワード）レート，通貨派生取引

4.1 貨幣と名目為替レート

○ 名目為替レート

　世界には多数の国が存在しますが，そこで使われている通貨も様々です。日本では円が流通していますが，アメリカでは米ドル，イギリスではポンド，中国では人民元というように，多くの国は独自の通貨を採用しています[1]。それぞれの国において通貨当局が定めた単位（例えば円単位）で貨幣を発行し，国内の総貨幣需要と総貨幣供給の一致によって貨幣市場の均衡が達成されるわけです。しかしそれと同時に，世界の多くの国は他国と国境を越えた資本や財の取引も行っており，両者が同じ通貨を採用していない限り，国際取引には複数の通貨が関与せざるを得ません。異なる通貨単位で測られた価格を同一通貨単位に換算するためには，通貨間の相対的な価値関係を知る必要がありますが，それを測るのが名目為替レート（nominal exchange rate）です。言い換えれば，名目為替レートとはある通貨単位で測った別の通貨の価格（或いは二通貨間の交換比率）です。

　例えば1ドル＝100円というレートは，アメリカ合衆国の通貨である米ドルの日本円単位で測った価格を示しています。つまり，1ドルの価値を日本円単位で測れば100円に相当するということを表しています。通常ニュースや新聞で「為替レート」と呼ばれているのはこの名目為替レートのことです。第2節で登場する実質為替レート（real exchange rate）と明確に区別するために，以下本書では正確に名目為替レートと呼ぶことにします。尚，単に「為替レート」という表現を使った場合には，名目・実質の両方に関係するものであると理解してください。

○ 増 価 と 減 価

　仮に日本円と米ドルの間に1ドル＝100円という関係が成立しているとします。この場合，円ドル間の名目為替レートを S で表記すると，

$$S = 100 \left(\frac{¥}{\$} \right) \tag{4.1}$$

---

1)　欧州におけるユーロのように複数の国が共同で1つの通貨を採用しているケースもあります。

となります[2]。ここで名目為替レート S は円単位で測った1ドルの価格を示しています。2つの通貨間の交換レートは，例えば1ドル＝S円と表記しても，1円＝$\frac{1}{S}$ドルと表記しても，そこ含まれる情報は全く同じです[3]。しかし2つの表記方式が混在すると混乱を招きますので，本書では自国通貨を分子，外国通貨を分母にした $S\left(\frac{¥}{\$}\right)$ の表記方式に統一し，常に1外貨単位（例えば1ドル）＝S円で考えることにします。

このように定義された名目為替レートの上昇は，自国通貨単位で測った外国通貨の価格の上昇を意味します。例えば S の値が $100\left(\frac{¥}{\$}\right)$ から $120\left(\frac{¥}{\$}\right)$ へ上昇するとき，以前は100円の価値しか持たなかった1ドルが120円の価値を持つようになったことを意味します[4]。つまり外国通貨であるドルが，自国通貨である円に対して相対的に高くなったことを意味します[5]。このように1つの通貨が別の通貨に対して相対的に価値を増やすことを増価（appreciation）と呼び，逆に相対的に価値を減らすことを減価（depreciation）と呼びます。名目為替レート S の値の上昇は自国通貨の減価，外国通貨の増価を意味します。上述の $100\left(\frac{¥}{\$}\right)$ から $120\left(\frac{¥}{\$}\right)$ への上昇という例においては，円がドルに対して減価，ドルが円に対して増価しています。2つの通貨間の交換比率として名目為替レートが定義されていますので，一方の通貨の増価（減価）は必ず他方の通貨の減価（増価）を意味する事に注意してください。

減価や増価が経済にもたらす影響の一例として，アメリカから商品を買い付ける日本の輸入業者について考えてみましょう。日本の企業がアメリカの企業から財を輸入する場合，その支払いは米ドルで行うことになります。日本企業は円で米ドルを購入して支払いに充てなければなりませんが，仮に支払い額が1万ドルで名目為替レートが1ドル＝100円であれば，支払い額は日本円換算で100万円に相当します[6]。しかし，もし円がドルに対して1ドル＝120円まで減価すると，同じ1万ドルの支払いに120万円を要することになります。反対に円が1ドル＝

---

2) S は後述の直物レート（spot rate）の頭文字であることから，本章からは名目為替レートを意味する文字として用います。GDP 会計における貯蓄の S とは区別してください。

3) 日本円を自国通貨，ドルを外国通貨とすると，1ドル＝S円という表記方式は直接方式（またはアメリカ方式），1円＝$\frac{1}{S}$ドルは間接方式（またはヨーロッパ方式）と呼ばれます。現在は直接方式による名目為替レートの表記が一般的です。

4) 全く同じ事を言い換えると S の上昇は外国通貨単位で測った自国通貨の価格の下落を意味します。以前は1ドルを購入するのに100円支払えばよかったのに，名目為替レートの変化によって同じ1ドルを購入するのに120円支払わなければならなくなったわけです。

5) このような変化はしばしば「円安ドル高」と表現されます。逆に円がドルに対して相対的に高くなると「円高ドル安」と形容されます。

6) ここでは外貨購入に伴う手数料などは存在しないと仮定します。

90円まで増価すれば，支払いは米ドル単位では同じ1万ドルでありながら，90万円に軽減されます。この例からも，名目為替レートの変化が国際的な経済取引に大きな影響を及ぼし得ることは想像できるでしょう。

図4.1は横軸に時間を，縦軸に名目為替レートを測って，1970年からの日本円の対米ドル名目為替レートの動きを描いたものです。時間の軸に沿って名目為替レートが変化しているのは，日本経済の状況や世界情勢の変化などに応じて円の米ドルに対する増価や減価が生じたことを示しています。1970年代初頭まで1ドル＝360円であった円の名目為替レートは，いわゆるブレトン・ウッズ体制の崩壊により1973年に変動相場制度に移行してからは，激しい変動を繰り返しながら長期的には大幅に増価してきました[7]。着実に増価を続けた円は2011年10月には一時1ドル＝75円台の最高値を付けました。この最高値に基づいて計算すると，この40年の間に円で測ったドルの価値は$\frac{1}{5}$近くまで低下し，逆にドルで測った円の価値は5倍近くまで跳ね上がったことになります。

◯ 名目為替レートと国際金融

第3章第1節で既に解説したように，貨幣はマクロ経済の根幹に関わる最も基本的な金融資産です。このため国際金融，つまり国境を越えて行われる金融取引にとって，当事国の貨幣の価値を相対的に比較する名目為替レートが重要な変数となることは想像に難くありません。例えば，あるアメリカ企業が新たな事業を起こすための資金を必要としており，その事業に対して日本の投資家が融資の決断を下すと仮定します。この場合，アメリカ企業が求めているのは米ドル建ての資金であり，日本の投資家は所有する円資金を米ドルに交換し，ドル資金として投資しなければなりません。その際，元本の円資金で購入できる米ドルの額（米ドル建ての投資額）は，円ドル間の交換比率である名目為替レートによって決定されます。投資額が予めドル建てで決定されている場合には，名目為替レートは投資に必要な円建て資金の額を決定します。

円資金が一旦米ドルに交換されて投資されると，円ドル間の名目為替レートの変化は日本の投資家が所有するドル建て資産（債券）の円単位での価値の変化を意味します。ドルが円に対して減価すれば円換算でのドル建て資産の価値は減少し，反対にドルが円に対して増価すれば円換算でのドル建て資産の価値は増大し

7）ブレトン・ウッズ体制については第9章のコラム「ブレトン・ウッズ体制と円」を参照してください。

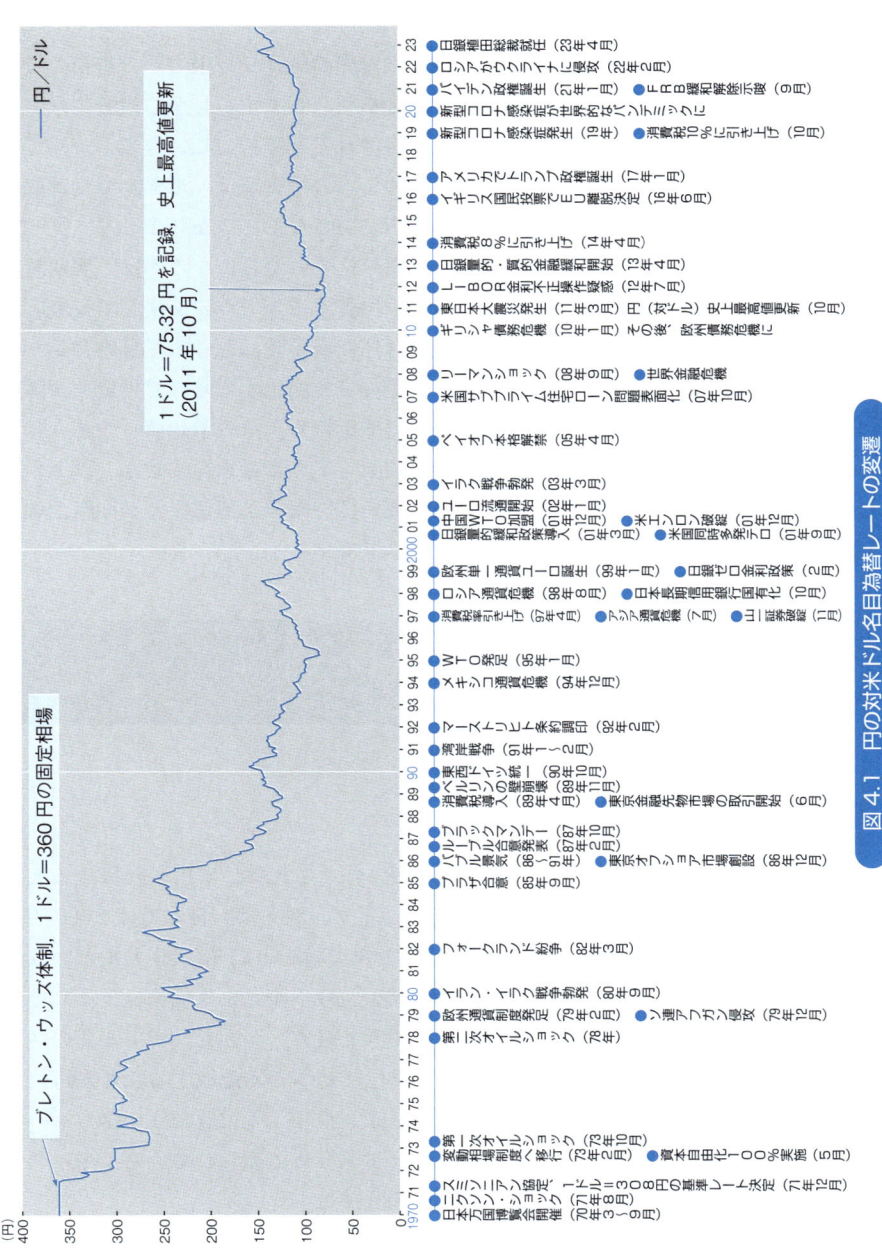

図 4.1　円の対米ドル名目為替レートの変遷

ます。つまり，名目為替レートの変動は自国通貨単位で測った外貨建て資産の価値の変動を意味します。

　貸付期間が満了すると，日本の投資家は融資先のアメリカ企業から当初の貸付元金に貸付金利に応じた利息を合わせて資金を回収します。しかし投資は米ドルで行われているため，その元金の返済も，付される利息の支払いも米ドル建てであるという点に注意してください。このため日本の投資家は，米ドルで受け取った元利を再度名目為替レートによって日本円に戻さなくてはなりません。従って投資家が最終的に手にする投資収益が日本円単位でいくらになるかは，満期時の名目為替レートに大きく依存します。但し，円資本を米ドルに交換して投資した当初の時点（＝貸付開始時）では，この貸付期間満了時における名目為替レートは未知であることに留意してください。国際投資を開始する時点で投資家が満期時の名目為替レートを確実に知ることは不可能なため，その予想値（つまり将来の予想名目為替レート）に基づいて投資の判断を下さざるを得ません。以上のことから名目為替レートの水準やその変動，或いは将来の予想値などが国際金融取引に大きな影響を及ぼすことが理解できるはずです。

4.2　相対価格と実質為替レート

◯　財の国際相対価格

　海外旅行に出かけて買い物をするときなどに，「これは日本円に換算するといくらになるだろう」と考える人は多いと思います。例えば，日本では 2,000 円で販売されているシャツを旅行先のアメリカで見つけたところ，20 ドルという価格が付いていたとします。2,000 円という価格と 20 ドルという価格は，それぞれ異なる単位を持つため，そのままでは比較できません。しかし，円ドル間の名目為替レートを使えば，2 つの価格を共通の単位に基づいて比較することが可能となります。例えば 1 ドル＝120 円であれば，20 ドルは $20(\$) \times 120\left(\frac{¥}{\$}\right) = 2400(¥)$ で 2,400 円に相当します。従って，アメリカで売られているシャツの価格と日本で売られている同じシャツの価格の比率は，

$$\frac{20\,(\$)\times 120\left(\frac{¥}{\$}\right)}{2000\,(¥)}=\frac{2400\,(¥)}{2000\,(¥)}=1.2 \tag{4.2}$$

となります。これはアメリカにおけるシャツの価格が日本の価格の1.2倍に相当することを示しており，前者の後者で測った相対価格（relative price）と呼ばれます。

ここで相対価格は通貨単位で測られた価格ではないことに注意してください。この点は（4.2）式で算出された相対価格に，円やドルの通貨単位が付いていないことでも確認できます。事例の1.2という相対価格は，アメリカのシャツ1枚が日本のシャツ1.2枚分に相当するということを意味しています。

○ 実質為替レート

前述の例ではシャツという1つの財について二国間の相対価格を考えました。もしシャツの代わりに様々な財・サービスの集合体（例えば第2章第1節で登場した財のバスケット）を用いれば，各国の物価を相対的に比較することができるはずです。日本の物価水準を$P\,(¥)$，アメリカの物価水準を$P^*\,(\$)$，円ドル間の名目為替レートを$S\left(\frac{¥}{\$}\right)$で表すと，以下のとおり二国間の相対物価が求められます。

$$Z=\frac{S\left(\frac{¥}{\$}\right)\cdot P^*\,(\$)}{P\,(¥)} \tag{4.3}$$

（4.3）式で定義される相対物価Zは，円単位に換算したアメリカの物価水準と円単位の日本の物価水準の比率を示しており，日米間または円ドル間の実質為替レート（real exchange rate）と呼ばれます。

名目為替レートが異なる通貨が交換される比率（貨幣の相対価格）であるのに対して，実質為替レートは自国の財バスケットと外国の財バスケット，つまり実物同士が交換される比率（財バスケットの相対価格）を意味します。（4.3）式の例の場合，実質為替レートZが示すのは，アメリカの財バスケット1つが日本の財バスケットいくつ分に相当するかです。実質為替レートは名目為替レートとは異なり，円やドルという通貨の単位を持たないことに注意してください。

図4.2は日米間の実質為替レートの動きを円ドル間の名目為替レートの動きとともにグラフにしたものです。但し，物価水準のデータが入手困難なため，両

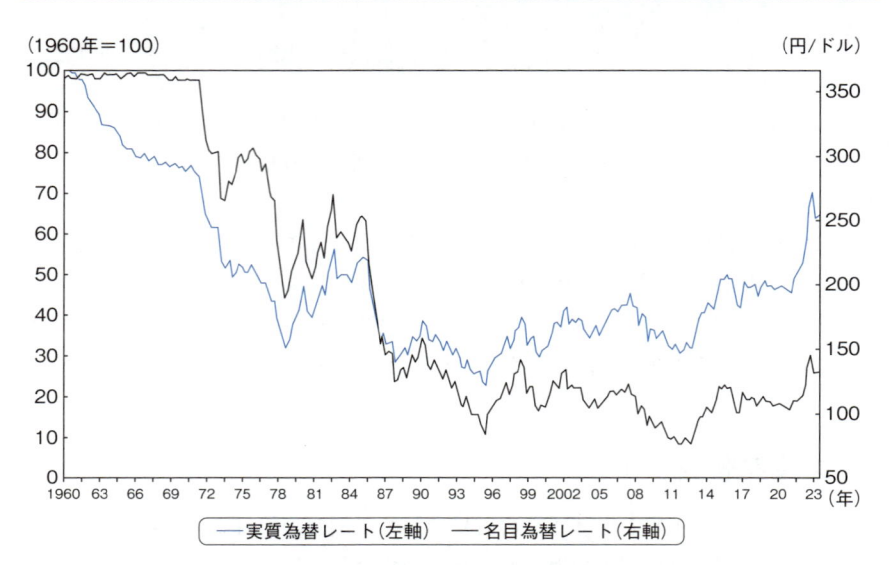

（データ出所）　International Monetary Fund, *International Financial Statistics*

図 4.2　円の対米ドル実質・名目為替レートの推移

国とも消費者物価指数のデータを用いた上，1960 年における実質為替レートを 100 として指数化してあります。グラフの右下がり傾向が特に名目為替レートに顕著に見られますが，これは長期的に円がドルに対して名目増価したことを示しています。実質為替レートの動きも名目為替レートの動きに似通っており，特に 1990 年代半ばまでは実質増価の傾向が強く見られ，1995 年には実質為替レート指数値が一時 23 辺りまで低下ました。これはアメリカの消費バスケットと日本の消費バスケットの間の相対価格が 1960 年当時の約四分の一まで低下，つまりアメリカの消費バスケットが 35 年の間に約 75％も相対的に安くなったことを示しています。

　その後，1990 年代半ば以降に限って見ると，円の実質増価傾向は消滅し，逆に実質減価の傾向が見られます。この間，日本はデフレ環境にあり，長らく物価が上昇しなかったことがその背景にあります。2019 年末に発生した新型コロナウイルス感染症の感染状況が深刻化したアメリカでは，労働供給の減少に加えて物流停滞による輸入材の不足など，強いインフレ圧力が生じました。その後，経

済活動が本格的に再開されると人手不足による賃金高騰でインフレが更に加速し，アメリカの消費者物価は上昇を続けました。図 4.2 の 2022 年あたりで名目為替レートに比べて実質為替レートのグラフが大きく跳ね上がっているのはこのためです。インフレ抑制のためにアメリカでは金利が引き上げられたのに対し，日本はゼロ金利が続いたことから，名目為替レートでも円の減価が顕著に見られました。日本でもエネルギー価格，輸入品や食料品等の価格が上昇しましたが，アメリカに比べて物価上昇の勢いは弱く，結果的に名目減価を上回る大幅な実質減価が生じました。

4.3　実効為替レート

　第 1 節では名目為替レートとは，一つの通貨を別の通貨で測った価格，つまり二通貨間の交換レート（bilateral exchange rate）であると定義しました。この定義によると円の名目為替レートは，円とある一つの外貨（例えば米ドル）との間の交換レートを意味します。しかし金融や貿易などの取引相手は一国だけに限定されているわけではありませんので，特定の外貨だけでなく主要取引相手国の通貨全般に対する自国通貨の総合的な価値を把握することも重要です。そのような情報としてしばしば用いられるのが，自国通貨と主要取引相手国の各通貨との二通貨間為替レートを指数化し，それらの加重平均として算出される実効為替レート（effective exchange rate）です。

　n 種類の外国通貨 $i\,(i=1,\cdots,n)$ に対する自国通貨の第 t 期の名目為替レートを $S_{i,t}$，外国通貨 i に与えられた第 t 期の比重を $\gamma_{i,t}$ とすると，第 1 期を基準とした幾何加重平均による自国通貨の名目実効為替レート（nominal effective exchange rate）$\overline{S}_t$ は以下のように算出されます。

$$\overline{S}_t \equiv \prod_{i=1}^n \left(\frac{S_{i,t}}{S_{i,1}}\right)^{\gamma_{i,t}} = \left(\frac{S_{1,t}}{S_{1,1}}\right)^{\gamma_{1,t}} \cdot \left(\frac{S_{2,t}}{S_{2,1}}\right)^{\gamma_{2,t}} \cdot \left(\frac{S_{3,t}}{S_{3,1}}\right)^{\gamma_{3,t}} \cdots \left(\frac{S_{n,t}}{S_{n,1}}\right)^{\gamma_{n,t}} \tag{4.4}$$

$$\text{但し} \sum_{i=1}^n \gamma_{i,t} = 1$$

自然対数値を用いて表すと以下のようになります。

$$\overline{s}_t \equiv \sum_{i=1}^n \gamma_{i,t}\, \Delta s_{i,t} \quad \text{但し} \overline{s}_{i,t} \equiv \ln \overline{S}_{i,t}, \quad \Delta s_{i,t} \equiv \ln S_{i,t} - \ln S_{i,1} \tag{4.4'}$$

　例えば円の名目実効為替レートは，日本の主な貿易相手国の通貨に対する円の名目為替レートを指数化し，その加重平均として算出されます。その際に用いら

れる各通貨の比重は貿易額に基づいて決定されますが，$\gamma_{i,t}$ の t が示すようにこの比重も貿易パターンが変化すれば，それに呼応して変化します。実効為替レートは多数の二通貨間レートを元にして決定されるため，例えば個別的には特定の通貨に対して円が減価（増価）していても，全体としては円の実効増価（減価）が生じる可能性もあります。

　全く同様の考えを実質為替レートに用いることによって算出されるのが実質実効為替レート（real effective exchange rate）です。具体的には実質実効為替レート $\overline{Z}_t$ は以下のとおりです。

$$\overline{Z}_t \equiv \prod_{i=1}^{n}\left(\frac{Z_{i,t}}{Z_{i,1}}\right)^{\gamma_{i,t}} = \left(\frac{Z_{1,t}}{Z_{1,1}}\right)^{\gamma_{1,t}} \cdot \left(\frac{Z_{2,t}}{Z_{2,1}}\right)^{\gamma_{2,t}} \cdot \left(\frac{Z_{3,t}}{Z_{3,1}}\right)^{\gamma_{3,t}} \cdots \left(\frac{Z_{n,t}}{Z_{n,1}}\right)^{\gamma_{n,t}} \tag{4.5}$$
$$\text{但し} \sum_{i=1}^{n}\gamma_{i,t} = 1$$

自然対数形では

$$\overline{z}_t \equiv \sum_{i=1}^{n}\gamma_{i,t}\,\Delta z_{i,t} \quad \text{但し}\,\overline{z}_{i,t} \equiv \ln\overline{Z}_{i,t},\ \ \Delta z_{i,t} \equiv \ln Z_{i,t} - \ln Z_{i,1} \tag{4.5}'$$

となります。

　名目・実質実効為替レートは，自国の通貨・財の価格が対主要取引相手国全般でどのように推移しているのかを示す指数として利用されますが，以下本書においては二通貨間・二国間の為替レートに焦点を絞って考察を進めることにします。

4.4　外国為替市場

◯　インター・バンク市場

　外国通貨の売買が行われる市場は外国為替市場（foreign exchange market）と呼ばれます。外国為替市場といっても，例えば株式市場における東京証券取引所のような物理的な取引所を指すのではなく，参加者同士が電話やコンピューター端末を介して取引するもので，インター・バンク市場（inter-bank market）と呼ばれています（図4.3を参照してください）。主な市場参加者は民間銀行，為替ブローカー，国際貿易に従事する民間企業，そして通貨・金融政策を管理する通貨当局（中央銀行）です。インター・バンク市場における取引は，百万通貨単位（例えば100万ドル）を最低取引単位とする大規模なものであり，日々ニュース等で報道されている名目為替レートはその日のインター・バンク市場における取

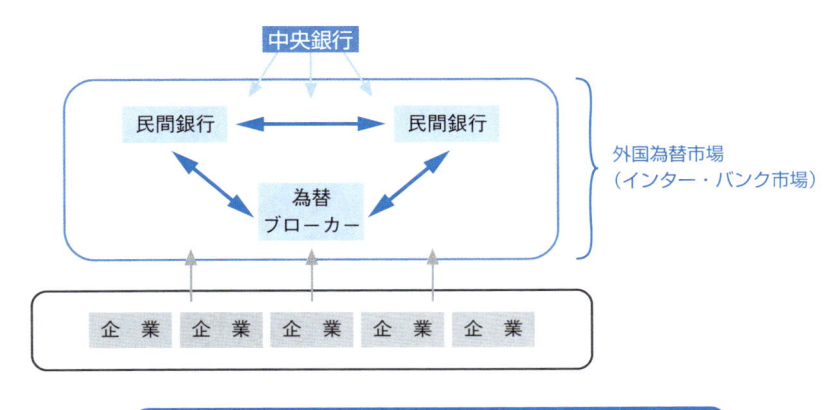

図 4.3　外国為替市場（インター・バンク市場）の概念図

引レートのことです。

　私たちが最も身近に外国為替に接する機会の一つに，例えば海外旅行用に外貨を購入することが考えられます。しかしこの場合は，個人がインター・バンク市場に参加しているのではなく，インター・バンク市場でのレートを基準に民間銀行などが価格を設定して行う外貨の小売サービスを利用しているに過ぎません[8]。一般にはこのような対個人取引ではなく，インター・バンク市場を外国為替市場と呼んでいます。

　世界の主な外国為替市場にはロンドン，ニューヨーク，シンガポール，香港，東京がありますが，その他にもチューリッヒ，パリ，フランクフルト，シドニーなど，地域間の時差を考慮すれば，24 時間途切れることなく世界のどこかで外国為替市場が開かれていると言えるでしょう。図 4.4 は国際決済銀行（Bank for International Settlements: BIS）が提供するデータに基づき，各外国為替市場の規模，為替取引の種別，そして取引通貨について，それぞれ全体に占める割合を図示したものです。また，表 4.1 はユーロ創設間もない 2001 年にまで遡り，それ以降の推移をまとめたものです。

　2022 年 4 月の統計によると，世界全体の外国為替取引総額は一営業日当たりで平均 15 兆ドルにも上ります（表 4.1）。同年における世界全体の貿易額が，輸

---

　8)　従って，銀行の店頭で目にする為替レートは小売手数料相当分などを含んでおり，ニュースで報道されるインター・バンク・レートとは一致しません。

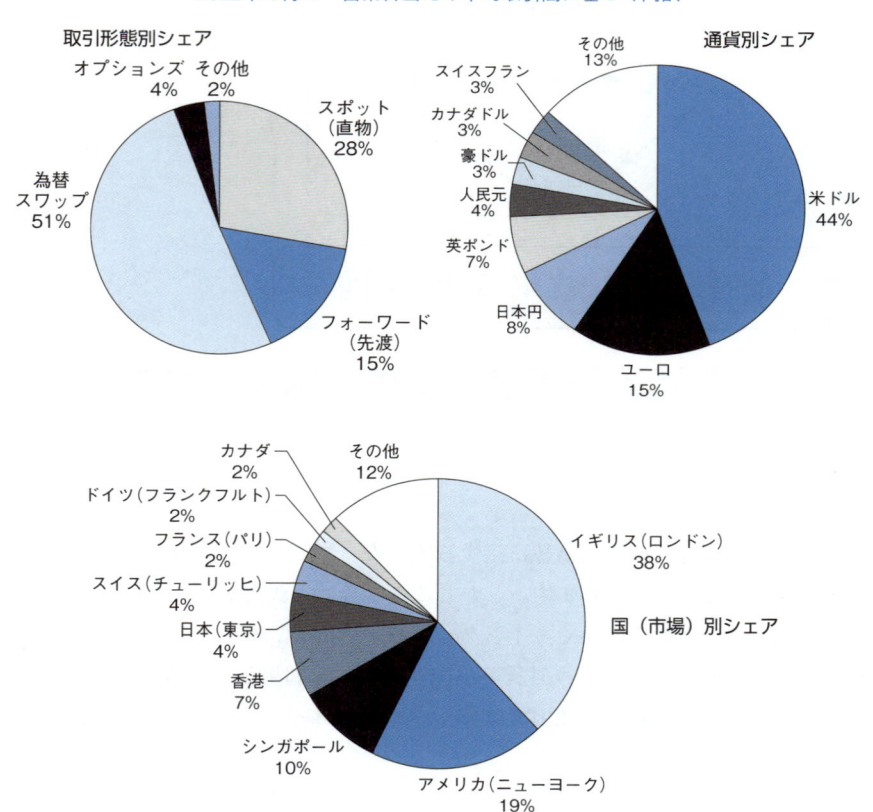

2022年4月の一営業日当たり平均取引高に基づく内訳

取引形態別シェア

通貨別シェア

国（市場）別シェア

（データ出所）　Bank for International Settlements, The Triennial Central Bank Survey（https://data.
bis.org/topics/DER/data）

図 4.4　世界の主な外国為替取引　市場・通貨・取引種別の内訳

出・輸入それぞれ年額で30兆ドル余りに過ぎないことを考慮すれば，外国為替
取引の規模がいかに大きいかが分かります。意外かもしれませんが，貿易におけ
る輸入代金の支払いや輸出代金の受け取りのために発生する通貨の売買は，外国
為替取引全体からすればほんの僅かに過ぎないのです。

　通貨別に見ると，米ドル取引が安定して全体の4割超を占め，依然として世界

表 4.1　世界の外国為替取引　2001〜2022 年

一営業日当たりの平均取引額

(単位：10 億ドル)

	2001	2010	2019	2022
取引総額	2,476	7,945	13,162	15,012
スポット（直物）	772	2,978	3,958	4,208
フォーワード（先渡）	261	949	1,996	2,327
為替スワップ	1,312	3,518	6,396	7,620
オプション	119	414	596	609
その他	12	86	217	248

通貨別シェア

(単位：%)

通　貨	2001	2010	2019	2022
米ドル	44.9	42.4	44.1	44.2
ユーロ	19.0	19.5	16.2	15.3
円	11.8	9.5	8.4	8.3
ポンド	6.5	6.4	6.4	6.4
人民元	0.0	0.4	2.2	3.5
豪ドル	2.2	3.8	3.4	3.2
カナダ・ドル	2.2	2.6	2.5	3.1
スイス・フラン	3.0	3.2	2.5	2.6
その他	10.4	12.1	14.3	13.3

国（市場）別シェア

(単位：%)

国（市場）名	2001	2010	2019	2022
イギリス（ロンドン）	31.8	36.7	43.2	38.1
アメリカ（ニューヨーク）	16.0	17.9	16.5	19.4
シンガポール	6.1	5.3	7.7	9.4
香港	4.0	4.7	7.6	7.1
日本（東京）	9.0	6.2	4.5	4.4
スイス（チューリッヒ）	4.5	4.9	3.2	3.6
フランス（パリ）	2.9	3.0	2.0	2.2
ドイツ（フランクフルト）	5.4	2.2	1.5	1.9
カナダ	2.6	1.2	1.3	1.7
その他	17.8	17.8	12.3	12.2

（注）　各年 4 月の一営業日当たり平均取引額に基づく。

（データ出所）　Bank for International Settlements, *The Triennial Central Bank Survey*
　　　　　　　（https://data.bis.org/topics/DER/data）

の基軸通貨としての役割を果たしていることが分かります。一方でユーロや円にはシェアの低下傾向が見られ，反対に上昇傾向が見られるのが中国の人民元です。東京外国為替市場は2010年にはロンドン，ニューヨークに次ぐ世界第3位の取引高を誇る外国為替市場でしたが，その後シンガポールと香港の後塵を拝し，2022年現在は世界第5位の市場となっています。東京外国為替市場における1日当たりの取引額はおよそ6,600億ドルです。同年の日本の貿易額は年額で輸出が約7,500億ドル，輸入が約9,000億ドルですから，やはり東京外国為替市場における取引も，その大半は海外との貿易のための受け払いによる必要から生じたものではないことが分かります。

○ 外国為替市場における均衡価格

　財市場において需要と供給のバランスが商品の均衡価格を決定するように，外国為替市場においても需給のバランスが外国通貨の価格を決定します。自国通貨で外国通貨を買ったり，外国通貨を売って自国通貨に換えたりするわけですから，外国通貨の価格とは，自国通貨単位で測った外国通貨の価格，つまり名目為替レートを指します。

　図4.5は外国為替市場を示したものです。外貨に対する需要が高まれば，需要曲線は右へシフトするため，名目為替レートが上昇し，外貨の増価（＝自国通

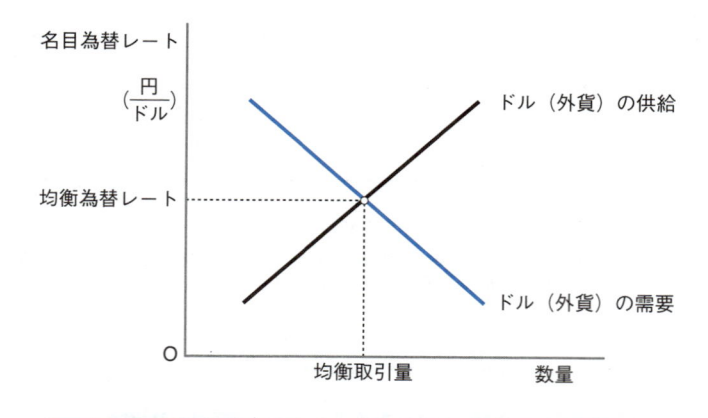

図4.5　外国為替市場──外貨の需要・供給と均衡為替レート

貨の減価）が生じます。逆に外貨に対する需要が減ると需要曲線は左方へシフトし，結果として外貨の減価（＝自国通貨の増価）が生じます。外貨の供給の変化についても同様の分析を行うことができます。外貨の供給の増大は，供給曲線を右方へシフトするため，名目為替レートが下落し，外貨の減価（＝自国通貨の増価）が生じます。外貨供給の減少は供給曲線の左方シフトを引き起こし，結果的に外貨は増価（自国通貨は減価）します。

本章から第 8 章までは，名目為替レートの決定は完全に市場における需給のバランスに委ねられており，政府・通貨当局が人為的にレートを固定或いはコントロールしないものと想定して議論を進めます。このように市場メカニズムによって為替レートを決定する制度は変動相場制度（フロート制度）と呼ばれます[9]。これに対して第 9 章では，政府・通貨当局が名目為替レートの水準を固定し，その固定されたレートにおいてのみ通貨の売買が行われる固定相場制度（ペッグ制度）ついて解説します。

4.5　直物(スポット)レートと先渡(フォワード)レート

○　直物取引と先渡取引

これまでのところ名目為替レートを考えるにあたって，2 つの通貨がその場で直ちに交換されることを暗に想定してきました。つまり 1 ドル＝100 円というとき，それは今直ちにドルと円の交換取引をするならば，その交換レートは 1 ドルあたり 100 円であるという意味です。このような交換レートは，名目為替レートの中でも特に直物レートまたはスポット・レート（spot rate）と呼ばれます。直物取引は最も一般的な為替取引であり，単に名目為替レート（或いは為替レート）といえば通常この直物レートを指します。

為替取引には直物取引以外にも先渡取引と呼ばれる，将来の指定された期日に受け渡しされるように予め外貨の購入・売却の契約を結んでおくという取引もあります[次頁10]。先渡取引では今直ちに交換レートを決定して通貨売買の契約を交

直物（スポット）レートと先渡（フォワード）レート

4.5

---

9)　第 9 章で詳しく解説しますが，基本的には変動相場制度を採用していても，為替が過度に変動する局面においては，時として政府・通貨当局が市場に介入し，自ら取引に参加して為替レートの動向に影響を与えようとすることもあります。

わしますが，実際に通貨が調達されるのは例えば1ヵ月後や3ヵ月後などの将来の指定された期日です[11]。このような取引は，将来の期日に外貨が調達されるよう予約しておくという意味から為替予約とも呼ばれます。

先渡取引において使用される名目為替レートは先渡レート或いはフォワード・レート（forward rate）と呼ばれ，同じ名目為替レートでも直物レートとは区別されます。先渡取引においては将来発生する通貨の受け払いに適用される交換レートが，契約時点で予め決定されるという点に注意してください。一旦先渡契約が成立すると，当事者はその契約に基づいて，決められた額の通貨を，決められたレートで，決められた期日に売買する義務を負います。この点において先渡取引は，次節で解説する通貨オプションと大きく異なります。

企業などが外国為替の先渡取引（或いは為替予約）を行う主な動機は，将来の直物レートが不明なことで生じる為替リスクの回避にあります。例えば，ある日本企業が取引先のアメリカ企業に対して，商品の輸入代金として1ヵ月後に1万ドル支払わなくてはならないとします。この日本企業にとっては，1ヵ月後の支払日に円ドル間の直物レートがいくらになっているのかを前もって確実に知る術はありません。ドル建ての支払い額は1万ドルで固定されていますが，もしこれから1ヵ月の間にドルが円に対して大きく増価（円がドルに対して大きく減価）すれば，円建ての支払額は大きく膨らんでしまいます。このようなリスク（危険性）を回避する有効な手段として，予め確定したレートで1ヵ月後に1万ドルが調達されるように契約を結んでおくのが先渡取引です。「1ヵ月後に1ドルあたりF円で1万ドル購入する」という契約を締結すれば，この企業は支払い額を円建てでF万円に確定させることが可能です。この場合の1ドル＝F円という名目為替レートは，本日付の円ドル1ヵ月物先渡レートと呼ばれます。この例では，日本企業は先渡市場において円を売って，ドルを購入しているわけです。

直物と先渡を組み合わせて同時に契約する為替スワップと呼ばれる取引も非常に多く見られます。これは例えば外貨を直物市場で売ると同時に，同額の外貨を先渡市場で買い戻す，或いは逆に直物で買ったのと同額の外貨を先渡で売るというような取引です。このような取引は，例えば金融機関が様々な外貨の保有高を一時的に調整する手段として，ある通貨を一旦直物市場で売って（買って）一時

10）　フォワード取引（forward exchange）を指す日本語として「先渡」取引以外にも「先物」取引という言葉が用いられることがあります。しかし，本書においては通貨先物（フューチャーズ）と明確に区別するため，フォワードについては「先渡」の呼称で統一します。

11）　正確には，通貨の受払いが2営業日より後の時点で行われる取引を指します。これに対して直物取引では契約後2営業日以内に受け払いが行われます。

的に保有高を減らし（増やし）ておき，先渡市場で買い戻す（売却する）という形で日常的に用いられます。また，貿易会社などが先渡取引の期限を迎えた外貨を，一旦直物で売買すると同時に再び先渡契約を結ぶことで事実上の期限延長をする手段としても利用されています。

図4.4には世界の主要外国為替市場における一営業日あたりの取引高が取引の種類毎に表示されていますが，2022年度の統計によると全世界の取引の大半を直物，先渡，あるいはその両方を同時に行う為替スワップが占めています。

○ 直物レートと先渡レートの関係

ここで直物レートと先渡レートの関係，及びその相違について整理しておきましょう（図4.6を参照してください）。直物レート S_t は，第 t 期の当日に自国通貨と外国通貨を直ちに交換する場合に用いられる交換レート（＝自国通貨単位で測った外国通貨の価格）です。S_t は第 t 期当日になって初めて外国為替市場で決定されるため，その値を第 $t-1$ 期，或いはそれ以前に知ることはできません。同様に S_{t+k} は第 $t+k$ 期（ただし $k\geqq1$）当日に決定される直物レートを指します。S_{t+k} の値は第 $t+k$ 期当日の外国為替市場で決まるため，第 t 期においては不明です。

次に第 t 期に契約し，k 期後の第 $t+k$ 期に実際に通貨の交換を行う先渡取引のためのレートを $F_{t,t+k}$ で表すことにします。$F_{t,t+k}$ は一般に第 t 期における「k 期

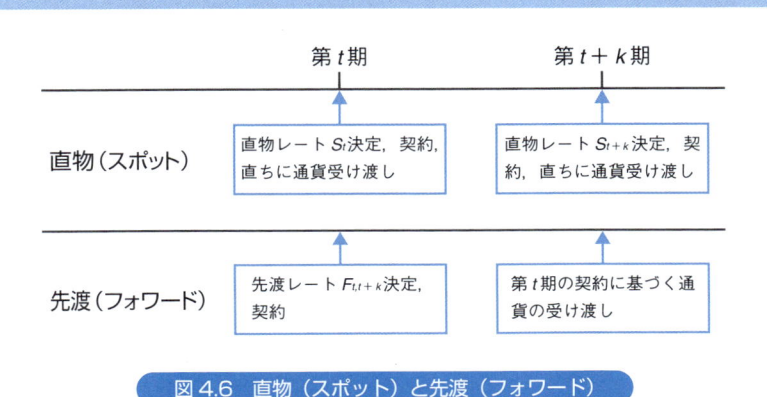

図4.6　直物（スポット）と先渡（フォワード）

物先渡レート」と呼ばれます。このとき直物レートと先渡レートについて，以下の関係に注意してください。

(1) 第 t 期の外国為替市場においては S_t と $F_{t,t+k}$ の値は判明しているが，S_{t+k} の値は不明である。

(2) 第 t 期における k 期物先渡レート $F_{t,t+k}$ の値と，第 $t+k$ 期における直物レート S_{t+k} の値は，事後的に偶然一致することはあっても一般的には等しくない。

(3) 第 t 期における直物レート S_t と，k 期物先渡レート $F_{t,t+k}$ の値は（一致することもあり得るが）一般的には等しくない。両者の差（$S_t - F_{t,t+k}$）は直先スプレッドと呼ばれ，その値が正であれば自国通貨はフォワード・プレミアム（forward premium）を，負であればフォワード・ディスカウント（forward discount）を持つと表現される。

上記(3)の直先スプレッドですが，$(S_t - F_{t,t+k}) > 0$ であれば，自国通貨単位で測った外国通貨の価格を直物と先渡で比較すると，前者の方がより高くなっています。従って，外国通貨は先渡取引で値引き，つまりフォワード・ディスカウントにあると形容されます。同じことを外国通貨単位で測った自国通貨の価格として考えると，直物よりも先渡で自国通貨は高くなっています。このため，先渡取引で割り増し，つまりフォワード・プレミアムにあると表現されます。

以下本書においては，特に先渡レートと断らない限り，名目為替レートは直物レートを指すこととします。

4.6 通貨派生取引（デリバティブ）

直物取引や先渡取引などは，通貨自体を取引の対象とするという意味において本来の外国為替取引と言えます。これに対して，通貨そのものではなく，通貨を売買する権利や売買契約を対象とした取引も存在します。このような取引は，本来の通貨取引から派生した商品であることから，通貨派生取引（デリバティブ）と呼ばれます[12]。通貨派生取引の主なものには通貨オプションや通貨先物（フューチャーズ）などがありますが，いずれも先渡取引同様に為替リスクを回

---

12) 広義の通貨派生（デリバティブ）には先渡取引も含まれます。しかし，一般的にデリバティブという言葉は，狭義に通貨オプションやフューチャーズを指すものとして用いられています。

避するための手段として開発されたものです。代表的な派生取引の概要を以下に紹介しておきます。

○ 通貨オプション

通貨オプションとは一定期限内の自由な期日に，一定のレートで決められた額の外貨を売買する権利を指し，そのような権利を売買することを通貨オプション取引と呼びます。外貨を売却する権利の場合はプット・オプション，外貨を購入する権利の場合はコール・オプションと呼ばれます。オプション（option）という名称からも分かるように，通貨オプションを購入した者に付与されるのは，外貨を売買する権利であって義務ではありません。通貨売買の権利を実際に行使するかどうかは契約購入者に委ねられており，その点で先渡取引とは異なります。但し，オプションに「ノックアウト」と呼ばれる契約失効条件が付帯している場合には，期間内にその条件が成立するとその時点で契約は無効となってしまいます。例えば期間内に大幅な減価や増価が生じ，名目為替レートが予め決められた上限や下限を超えてしまうと失効するというような契約です。

一方，通貨オプションを販売した側（通常は民間銀行）は，契約有効期間内においては必ず購入者の権利行使に応じる義務を負います。通貨オプションは派生取引の中でも最も多用されているもので，世界の通貨派生取引の大部分を占めています。

○ 通貨先物（フューチャーズ）

通貨先物は先渡取引と同様に，基本的には将来の指定された期日に特定額の外貨を受け渡しするという契約ですが，その契約自体を転売したり買い戻したりして売買差益を清算することができるという商品です。先渡取引の場合は指定期日に契約を履行することが義務付けられますが，先物取引では指定期日の外貨受け渡しを待たずに契約が売買されるのが普通です。また，東京金融取引所など物理的に設定された特定の取引所において行われる点や，売買される契約の金額や期限が予め規格化されていて参加者が自由に設定できないという点においても先物取引は先渡取引と異なります。

既に述べたとおり，デリバティブは本来為替リスクを回避するための手段として開発されたものです。しかし，様々な取引が開発され，それらを組み合わせた

複雑な商品が出回るようになると，通貨派生取引自体のリスクが大きな問題となります。様々な条件が付された複雑な取引は，必ずしもそれに付随するリスクの把握が容易でなく，場合によっては予期せぬ大きな損失をもたらすこともあり得るからです。第 10 章で取り上げる世界金融危機（2007～2009 年）はその最たる例と言えるでしょう。

復 習 問 題

4.1　円ドル為替レートを例として，名目為替レートと実質為替レートの違いについて説明しなさい。

4.2　為替の直物取引と先渡取引の違いについて説明しなさい。また，先渡取引はどのような目的で利用されているか説明しなさい。

4.3　以下の記述について，その正誤を答えなさい。

(1)　第 t 期の直物レートは同じ期の k 期物先渡レートに等しい。

(2)　第 t 期の k 期物先渡レートが第 $t+k$ 期の直物レートに等しくなることは無い。

(3)　第 t 期の直物レートが同じ期の k 期物先渡レートを下回る（つまり $S_t < F_{t,t+k}$）とき，外国通貨はフォワード・プレミアムを持つ。

(4)　第 t 期に結ぶ k 期物先渡取引契約においては，適用される為替レートは第 $t+k$ 期まで確定しない。

4.4　通貨派生取引とは何か。具体的にはどのような取引があるか。

第 5 章

金利と為替レート：資産市場における裁定と均衡為替レートの考察

　前章では名目為替レートや実質為替レートを始めとする為替レートの基本的な概念や，為替取引が行われる外国為替市場について解説しました。ここからは為替レートと他の重要なマクロ経済変数がどのように関係しているのかについて考察することにします。まず本章では資産収益率の均等化の概念を用いて，金利と名目為替レートの関係について考えます。利子率や名目為替レートは伸縮的に調整する金融資産の価格であり，その意味において本章の議論は短期に主眼を置いたものです。短期的に見れば物価は固定されていると考えられるため，名目為替レートの動きを決定する重要な変数ではありません。一方，貨幣市場における変化に即座に反応する利子率は，外国通貨建て資産の予想収益率を変化させることで名目為替レートに重要な影響を及ぼすと考えられます。

○ *KEY WORDS* ○
外貨建て資産，金利裁定，カバー付利子平価，
カバーなし利子平価，リスク中立性，
リスク・プレミアム，オーバー・シューティング

5.1 金利裁定とカバー付利子平価

○ 外貨建て資産

　家計や企業が保有する資産は必ずしも自国通貨建てのものとは限りません。現在の日本においても，国内に居住する者は必ず全資産を日本円で保有しなければならないというような制約はありません。特に第3章のコラムでも触れた日本銀行のゼロ金利政策が始まって以来，金利がほぼゼロの円建て預金に対して高金利を謳った外貨建て預金・債券が人気を集めるなど，外貨建て資産は一般の家計にとっても身近なものになりました。表5.1 は異なる通貨建て定期預金の金利比較の一例です。

　表によると米ドル建て1年満期の定期預金の金利は，同じ1年物の日本円による定期預金の金利の30倍となっています。他の外貨定期預金の金利も軒並み円預金の金利よりも高く設定されています。表の金利に基づいて自身の資産運用を考えるなら，どのようなポートフォリオを選択すべきでしょうか。全資産を米ドル建て預金とするのが最良でしょうか。そもそも金利にこれほど大きな開きがある状況で，日本円（或いは米ドル以外の外貨）の定期預金を利用する家計が存在することを，読者は不思議に感じませんでしょうか。なぜ全ての家計は全預金を，30倍の金利が支払われるドル建て定期預金にしてしまわないのでしょう。より高い金利が支払われる外貨預金という選択肢があるにもかかわらず，僅か0.2%の金利しか得ることのできない円建て預金を家計が利用するなら，それは第1章第1節で解説した最適化行動への反証であると言えるでしょうか。

　これらの疑問に答えるには，まず外貨預金は元本，利息ともに外貨単位で支払われることを思い出す必要があります。米ドル預金を開設するにあたって，預金者は最初に日本円の資金でドルを購入して預金元本とする必要があります。預金が満期を迎えると，ドル建て元本の6%にあたる（ドル単位の）利息が上乗せされて支払われます[1]。従って元本，利息ともにドル単位で計算する限り，この定期預金の金利は6%です。

　しかし，このままドル建て預金の金利6%と円建て預金の金利0.2%を直接比

---

1)　簡略化のため，利息への課税はないものと仮定しています。

表5.1 定期預金金利の例

	単位(%)
円	0.2
米ドル	6.0
ユーロ	2.9
ポンド	3.8
豪ドル	4.1
カナダドル	4.0
人民元	1.0

（注）　1年定期預金金利
（出所）　SBI新生銀行（2023年12月3日）https://www.sbishinseibank.co.jp

較することには意味がありません。なぜなら日本国内居住者にとって重要なのは，それぞれの預金がもたらす日本円単位での元本と利息の合計であるからです。満期時にドル預金の元利を日本円として使用するためには，預金開始時とは反対にドル元利を売って日本円に換えなくてはなりません。つまり，預金開始時には円売り外貨買い，満期時には外貨売り円買いと，二度の為替取引を行って初めて外貨預金の日本円単位での元利計算が可能となるわけです。

○ 利子率と資産収益率

円定期預金の元本と利息はともに預金者の自国通貨単位であり，また預金開始時に利子率が確定していることから以下の関係が成り立ちます（第3章第2節で定義したとおり，本書では預金を含めた有利子資産の総称として債券という言葉を用います）。

自国通貨建て債券の資産収益率＝利子率　　　　　　　　(5.1)

円預金は円で預けて入れた元本も，それに付される利息も円で受け取ります。予め金利が定められていることから，収益率も予め確定しており，名目為替レートの動きによって元利が変動するようなリスクはありません。

これに対して外貨預金の場合は，収益計算に名目為替レートを用いた元利の換算が必要なため，外貨単位で計算された利子率は必ずしも円換算での最終的な収

益率とは一致しません。具体的には次のような関係が成立します。

$$外貨建て債券の資産収益率＝利子率＋外国通貨の増価率$$
$$＝利子率＋自国通貨の減価率 \qquad (5.2)$$

外貨預金の場合，預金開始時に円の元金を外貨に交換する名目為替レートと，満期時に元利を外貨から円に戻す際の名目為替レートは必ずしも一致しません。預金開始時と満期時で名目為替レートが等しければ，資産収益率は結果的に利子率に等しくなりますが，減価や増価が生じれば資産収益率と利子率は乖離します。このため外貨預金の収益率には利子率だけでなく，名目為替レートの変動率も考慮する必要があります。

◯ 先渡取引とカバー付利子平価

　自国通貨建て預金と外貨建て預金が，自国居住者にとってそれぞれどれだけの収益をもたらすかを具体的に比較してみましょう。自国通貨は円，外国通貨はドルとし，いずれの預金も第 t 期に開始し，第 $t+k$ 期に満期を迎える k 期物定期預金を考えます。分かりやすい例として以下では $k=1$ とし，1 期物（例えば 1 年物）の定期預金を考えます。また，各預金の金利は日本，アメリカそれぞれの貨幣市場における均衡利子率によって決定されるとします。日本の第 t 期から第 $t+1$ 期までの 1 期間利子率を $R_{t,t+1}$ で表すと，自国通貨 1 単位，つまり 1 円で円建て定期預金を始めた場合，満期時の元利は

$$1 \cdot (1+R_{t,t+1}) = 1+R_{t,t+1} \qquad (5.3)$$

円となります。

　一方，外貨建て預金については，アメリカの利子率 $R^*_{t,t+1}$，及び第 t 期における円ドル間の名目為替レート $S_t\left(\dfrac{¥}{\$}\right)$ は預金開始時に判明しています。しかし，資産収益率を計算するには，これらに加えて，預金が満期を迎える第 $t+1$ 期の名目為替レートも必要です。当然ながら第 t 期の時点では，第 $t+1$ 期の直物レート $S_{t,t+1}$ を知る術はありません。しかし，第 4 章第 5 節で解説した先渡取引を利用すれば，第 $t+1$ 期に満期を迎えた米ドルの元利を円に交換するためのレートを，第 t 期の時点で確定しておくことが可能です。この方法を使って，自国通貨預金の場合と同様に 1 円を元金として第 t 期に米ドル預金を始めるとしましょう。

　第 t 期に 1 円（自国通貨 1 単位）で外貨預金を始めるには，まずその時点での直物レート $S_t\left(\dfrac{¥}{\$}\right)$ によって円をドルに交換しなければなりません。1 ドルが S_t 円に相当するわけですから，1 円では $\dfrac{1}{S_t}$ ドルを購入できるはずです。また，預

金を開始すると同時に，外貨預金が満期を迎える第 $t+1$ 期にドルで円を購入する先渡契約を結び，その先渡レートが $F_{t,t+1}\left(\dfrac{¥}{\$}\right)$ であるとします[2]。$\dfrac{1}{S_t}$ ドルの預金元金は1期後に満期を迎えると，元利合計で $\dfrac{1}{S_t}(1+R^*_{t,t+1})$ ドルになります。この元利が第 t 期に予め結んでおいた先渡契約によって $F_{t,t+1}\left(\dfrac{¥}{\$}\right)$ のレートで円に交換され，最終的には

$$\left(\frac{1}{S_t}\right)(1+R^*_{t,t+1})\,F_{t,t+1} \tag{5.4}$$

円となります。

（5.3）式と（5.4）式を比較してみてください。ここで，もし両者が一致しなければどのようなことが起こるでしょうか。仮に，

$$(1+R_{t,t+1})<\left(\frac{1}{S_t}\right)(1+R^*_{t,t+1})\,F_{t,t+1} \tag{5.5}$$

であるとしましょう。このとき，第 t 期に自国通貨を1単位，つまり1円借りると，第 $t+1$ 期には $(1+R_{t,t+1})$ 円だけ返済しなければなりません[3]。借りた1円を直物市場でドルに換えると同時に先渡契約を結んでドル建て定期預金をすると，第 $t+1$ 期には $\dfrac{1}{S_t}(1+R^*_{t,t+1})\,F_{t,t+1}$ 円を手に入れることができます。しかし，(5.5)式によるとこの額は借入金の元利である $(1+R_{t,t+1})$ 円よりも多いため，借入金の返済をしても剰余益が出ます。また，先渡取引を用いて第 $t+1$ 期の為替レートを予め第 t 期に確定させているため，このような運用をするにあたって為替リスクは一切存在しません（このことを為替リスクをカバーしていると表現します）。従って，（5.5）式の不等号が成立する限りは，円を借りて直物市場でドルに換え，ドル建て運用後に先渡市場で円に変換し直すという資金運用を行えば，何のリスクも負うことなく利益を上げることが可能になります。このような取引は，為替リスクをカバーしながら金利の低いところで資金を借りて，金利の高いところで資金を貸し付けるということから，カバー付金利裁定（covered interest arbitrage）と呼ばれます。裁定（arbitrage）とは，一時的に発生した資本や財の価格差を利用し，低い価格で購入するのと同時に高い価格で売却することで利益を上げる行為を指しますが，この場合は資金を安く借りて高く貸し付けることで利益を上げるため金利裁定（interest arbitrage）と呼ばれます。

しかし（5.5）式のような条件が成立すれば，誰もが同じようにカバー付き金

---

2) つまり，第 t 期において，(1)円でドルを買う直物注文と，(2)1期後にドルで円を買い戻す先渡注文の2つを同時に出すスワップ取引（第4章第5節参照）を行います。

3) 預入にも借入にも同じ金利が適用されると仮定します。

表5.2　カバー付利子平価

		第 t 期	第 $t+1$ 期	満期時の受取額
1円投資	自国通貨建て債券	・自国通貨のまま投資 ・利子率 $R_{t,t+1}$ で確定	・満期により元本と利息の合計 $(1+R_{t,t+1})$ 円を受取	$(1+R_{t,t+1})$ 円
	外国通貨建て債券	・直物市場で $\frac{1}{S_t}$ ドルに交換 ・$\frac{1}{S_t}$ ドル分のドル建て債券購入 ・ドル建て利子率は $R_{t,t+1}^*$ で確定 ・先渡市場において1期後に $\left(\frac{1}{S_t}\right)(1+R_{t,t+1}^*)$ ドルで円を買う契約を購入 ・先渡レート $F_{t,t+1}$ も確定	・満期により $\left(\frac{1}{S_t}\right)(1+R_{t,t+1}^*)$ ドル受取 ・第 t 期に結んだ先渡契約に基づき受け取ったドルを円に交換して $\left(\frac{1}{S_t}\right)(1+R_{t,t+1}^*)F_{t,t+1}$ 円を受取	$\left(\frac{1}{S_t}\right)(1+R_{t,t+1}^*)F_{t,t+1}$ 円

利裁定取引を行おうとするため，外国為替の直物市場では円を売ってドルを買おうという注文が殺到します。これにより，円の減価とドルの増価が生じ，直物レート S_t は上昇します。また，先渡取引でドルを売って円を買おうとする注文も殺到するはずですので，先渡市場では円の増価とドルの減価方向に調整が生じて先渡レート $F_{t,t+1}$ は下落します。

各国の利子率が一定であるとして，このような為替の調整は (5.5) 式の右辺を小さくし，不等号を解消するよう働きます。このような調整メカニズムが働いて，最終的には

$$1+R_{t,t+1} = (1+R_{t,t+1}^*)\frac{F_{t,t+1}}{S_t} \qquad (5.6)$$

という関係が成り立つはずです。(5.6) 式はカバー付利子平価（covered interest parity: CIP）条件或いは CIP 条件と呼ばれます。「カバー付」とは，先渡レートを用いて預金満期時の為替レートを確定することによって，不利な為替変動によって生じるリスク（危険性）からカバー（保護）されているという意味です。表5.2 はカバー付利子平価の要点をとりまとめて表示したものです。

(5.6) 式において両辺を自然対数に置き換えると，

$$\ln\left(1+R_{t,t+1}\right) = \ln\left(1+R_{t,t+1}^*\right) + \ln F_{t,t+1} - \ln S_t \qquad (5.7)$$

となりますが，$R_{t,t+1}$ と $R_{t,t+1}^*$ の値，及び $F_{t,t+1}$ と S_t の差がそれぞれ僅少であれば，$\ln\left(1+R_{t,t+1}\right) \approx R_{t+1}$，$\ln\left(1+R_{t,t+1}^*\right) \approx R_{t,t+1}^*$，$\ln F_{t,t+1} - \ln S_t \approx \dfrac{F_{t,t+1}-S_t}{S_t}$ という概算が可能なため，カバー付利子平価はしばしば以下の形でも用いられます。

$$R_{t,t+1} = R_{t,t+1}^* + \frac{F_{t,t+1}-S_t}{S_t} \qquad (5.8)$$

（5.8）式の左辺は自国通貨建て預金の利子率，右辺は外国通貨建て預金の利子率と直物と先渡のスワップ取引によって算出される自国通貨の減価率（外国通貨の増価率）です。つまり，（5.8）式は（5.1）式で定義された自国通貨建て債券の収益率と，（5.2）式で定義された外貨建て債券の資産収益率が等しいという条件です。

カバー付利子平価に関しては，そこに含まれる全ての変数 $R_{t,t+1}$，$R_{t,t+1}^*$，$F_{t,t+1}$，S_t の値が第 t 期の時点で既に確定していることに留意してください。カバー付利子平価は，異なる通貨建て債券の確定した収益率の均等化を意味し，為替リスクとは無関係です。

○ カバー付利子平価と資本の可動性

カバー付利子平価が成立していれば，仮に異なる通貨建ての債券に金利差が存在しても，直物取引と先渡取引を併用して利益を上げることは不可能です。何らかの攪乱によって一時的にカバー付金利裁定の機会が生じたとしても，上述のような名目為替レートの調整が生じ，その機会は速やかに消滅するはずです。

但し，政府によって外貨建て資産の取引が制限されているような場合はこの限りではありません。国内居住者による外貨建て債券への投資は，国内の資本が一次的に海外に流出することを意味するため，国によってはそれを嫌う政府が外貨建て資産の取引を制限することがあります。このような制限はキャピタル・コントロール（capital control）と呼ばれ，投資家にとっては自由なポートフォリオ選択の妨げとなるものです[4]。キャピタル・コントロールが存在する場合には，金利裁定の機会が生じても取引を自由に行えないために，カバー付利子平価条件からの乖離が永続するかもしれません。

このような観点から，カバー付利子平価の成立はしばしば資本の完全可動性

---

4) キャピタル・コントロールで制限の対象とされるのは必ずしも資本の流出だけではありません。逆に外国からの資本流入，特に投機的な資本の流入を制限する場合もあります。

（perfect capital mobility）として解釈されます。資本が完全可動的であるとは，キャピタル・コントロール等の障壁が不在なため，資本がより高い収益率を求めて自国と外国の間を自由に移動するという意味です。先渡取引が発達した先進国の通貨に関しては，実際にカバー付利子平価条件が常時成立しており，資本はほぼ完全可動的であるということが多くの研究結果からも知られています[5]。

5.2 カバーなし利子平価と均衡為替レート

○ カバーなし利子平価

　それでは次に先渡取引を使わずに，自国通貨建て債券と外貨建て債券の資産収益率を比較して見ましょう。自国通貨建て債券についてはこれまでと同様に（5.1）式に従い，利子率がそのまま資産収益率となります。しかし外貨建て債券については先渡取引を行わないため，満期時までの名目為替レートの変動を預金開始時に確定させることは不可能です。代替策として考えられるのは，預金開始時に満期時の直物レートの予想を立てることで，予想為替変化率を算出することです。これによって（5.2）式の代わりに以下の（5.9）式を用いることになります。

$$外貨建て債券の予想資産収益率＝利子率＋外国通貨の予想増価率 \\ ＝利子率＋自国通貨の予想減価率 \tag{5.9}$$

先渡取引を使わない場合，投資家は資産収益率（＝利子率＋為替変化率）ではなく，予想資産収益率（＝利子率＋予想為替変化率）に基づいて外債投資の判断を下さなければならないことに留意してください。

　この方法に基づくと，1円を米ドル預金にすることで満期時に得られると予想される元利の合計は日本円に換算して

$$\left(\frac{1}{S_t}\right)(1+R_{t,t+1}^*)\,S_{t,t+1}^e \tag{5.10}$$

円となります。但し，$S_{t,t+1}^e$ は第 t 期に予想した第 $t+1$ 期の直物レートの値です（上付きの e は "expected"，つまり予想値であることを示します）。（5.10）式は

5）　全ての通貨が先渡市場で取引されているわけではありません。先渡市場の発達はむしろ，主として先進国の通貨に限られたものと言えます。

表5.3　カバーなし利子平価

	第 t 期	第 t 期における満期時の予想受取額	満期時（第 $t+1$ 期）の実際の受取額
自国通貨建て債券	・自国通貨のまま投資 ・利子率 $R_{t,t+1}$ で確定	・満期により元本と利息の合計 $(1+R_{t,t+1})$ 円を受取	$(1+R_{t,t+1})$ 円
外国通貨建て債券	・直物市場で $\frac{1}{S_t}$ ドルに交換 ・$\frac{1}{S_t}$ ドル分のドル建て債券購入 ・ドル建て利子率は $R^*_{t,t+1}$ で確定 ・1期後の直物レートを $S^e_{t,t+1}$ と予想	・満期により $\left(\frac{1}{S_t}\right)(1+R^*_{t,t+1})$ ドル受取は確定 ・円単位では $\left(\frac{1}{S_t}\right)(1+R^*_{t,t+1})S^e_{t,t+1}$ 円受取と予想	$\left(\frac{1}{S_t}\right)(1+R^*_{t,t+1})S_{t,t+1}$ 円 （第 $t+1$ 期の直物レート $S_{t,t+1}$ が $S^e_{t,t+1}$ と一致しなければ実際の受取額は予想受取額と異なる）

左側：1円投資、==、?

(5.4) 式において先渡レート $F_{t,t+1}$ を予想直物レート $S^e_{t,t+1}$ で置き換えたものです。自国通貨債と外債の間の選択は，先渡取引を用いた場合には (5.3) 式と (5.4) 式の比較に基づいたのに対して，先渡取引を用いない場合は (5.3) 式と (5.10) 式の比較に基づくことになります。

　もし投資家が自国通貨建て債券の資産収益率と外貨建て債券の予想資産収益率をそのまま比較し，両者の間に差があれば金利裁定を行うとすれば，(5.3) 式と (5.10) 式を均等化させる以下の条件が成立するはずです。

$$1+R_{t,t+1} = (1+R^*_{t,t+1})\frac{S^e_{t,t+1}}{S_t} \qquad (5.11)$$

このような裁定はカバーなしの金利裁定と呼ばれ，(5.11) 式はカバーなし利子平価（uncovered interest parity: UIP）条件或いは UIP 条件と呼ばれます。「カバーなし」とは，預金開始時に立てた満期日の直物レートの予想 $S^e_{t,t+1}$ が，満期日当日になって判明する実際の直物レート $S_{t,t+1}$ に一致する保証がないため，予想に反した為替の動きによって不利益を被るというリスクからカバー（保護）されていないという意味です（先渡取引を用いた場合との違いに注意してください）。表5.3 はカバーなし利子平価の要点をとりまとめて表示したものです。表

5.2 と比較してカバー付利子平価との違いを確認してください。

（5.11）式において両辺を自然対数に変換すると，以下の（5.12）式が得られます。

$$\ln(1+R_{t,t+1}) = \ln(1+R^*_{t,t+1}) + \ln S^e_{t,t+1} - \ln S_t \qquad (5.12)$$

$R_{t,t+1}$ と $R^*_{t,t+1}$ の値，及び $S^e_{t,t+1}$ と S_t の差がそれぞれ僅少であることを条件に $\ln(1+R_{t,t+1}) \approx R_{t+1}$，$\ln(1+R^*_{t,t+1}) \approx R^*_{t+1}$，$\ln S^e_{t,t+1} - \ln S_t \approx \dfrac{S^e_{t,t+1} - S_t}{S_t}$ と概算できるため，カバーなしの利子平価は以下の形でも用いられます。

$$R_{t,t+1} = R^*_{t,t+1} + \frac{S^e_{t,t+1} - S_t}{S_t} \qquad (5.13)$$

○ カバーなし利子平価と資本の代替性

　カバーなし利子平価で用いられるのは直物レートです。現在の直物レートと満期時の直物レートの予想によって名目為替レートの予想変化率が定義され，これが外貨建て債券の予想収益率の一部をなしています。しかし，満期時に判明する実際の直物レートは当初の予想から大きく乖離する可能性があるため，このような予想に基づいた裁定には為替リスクが存在します。にもかかわらず，カバーなし利子平価条件が成立しているとすれば，それは投資家が為替リスクを気にかけないことを示唆します。

　異なる通貨建ての債券を比較するにあたって，予想される収益率（収益率の期待値）が等しければ両者に対して無差別（indifferent）である，つまり一方を他方よりも好むことがない投資家はリスク中立的（risk neutral）であると形容されます。また，投資家が異なる通貨建ての債券に対して無差別であるとき，これらの債券は投資家にとって完全代替物（perfect substitutes）であると言います。

　カバーなし利子平価の成立は，異なる通貨間での資産取引が全く自由，つまり資本が完全に可動的であり，且つ投資家にとって自国通貨建て債券と外貨建て債券が完全代替的であることを意味します。

○ カバーなし利子平価に基づく均衡為替レート

　カバーなし利子平価の考え方によると，自国通貨建て債券と外貨建て債券の予想収益率が等しくなければ金利裁定取引が発生します。一方の通貨には売り圧力，他方には買い圧力が生じて，両通貨間の名目為替レートはカバーなし利子平価条

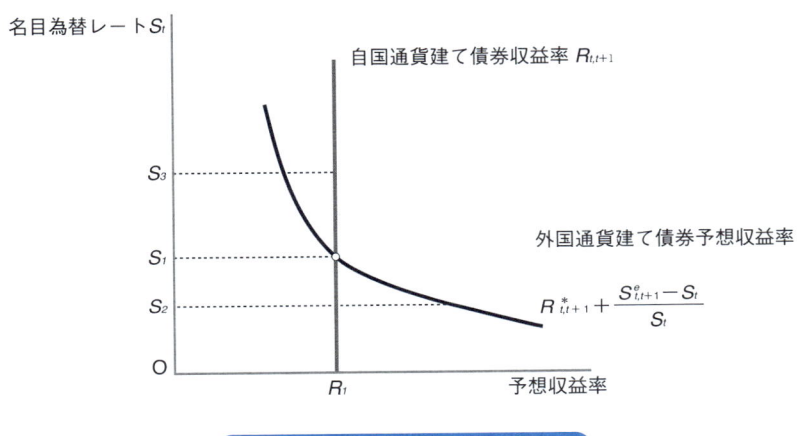

図5.1 カバーなし利子平価条件

件が達成されるまで調整します。しかし一旦平価条件が達成されると，（他の条件に変化がなければ）一方の通貨を売って他方の通貨を買おうという動機は消滅するため，名目為替レートはその水準で落ち着くはずです。つまりカバーなし利子平価条件の成立を，外国為替市場における需給の均衡と解釈することが可能です。このような見地から均衡名目為替レートの決定や変動の要因について考えてみましょう。表記を簡略化するため，以下ではカバーなし利子平価条件は概算形の（5.13）式を用いる事にします。

　均衡における名目為替レートを知るために，まずはその他の変数 $R_{t,t+1}$，$R_{t,t+1}^*$，$S_{t,t+1}^e$ が所与の値に固定されていると仮定して，S_t の値がどのように決定されるかを考えます。図5.1 は縦軸に名目為替レート，横軸に予想収益率を測ったものです。垂直のラインは（5.13）式の左辺である自国の利子率，つまり自国通貨建て債券の収益率を表しています。このような垂直のグラフになる理由は，自国通貨建て債券の収益率に名目為替レートが関与していないためです。

　一方，外債の予想収益率は為替レート S_t の値によって異なります。（5.13）式は，

$$R_{t,t+1}^* + \frac{S_{t,t+1}^e - S_t}{S_t} = R_{t,t+1}^* + \frac{S_{t,t+1}^e}{S_t} - 1 \tag{5.13}'$$

と書き直すことができますので，S_t 以外の変数が一定のとき S_t の値が大きくな

るにつれて予想収益率は低下します。このため外債の予想収益率は右下がりの曲線になります。

　図によると名目為替レートの水準が $S_t = S_1$ においてのみ，2つの債券の予想収益率は一致（つまりカバーなし利子平価が成立）します。これ以外の水準では，必ず一方の予想収益率が他方のそれよりも高くなります。$S_t = S_2$ の場合，外債の予想収益率は自国通貨債の収益率を上回ります。その場合，投資家は金利裁定を企てて，手持ちの自国通貨を売って外貨を購入するはずです。これによって自国通貨には減価圧力，外国通貨には増価圧力が生じ為替レート S_t は上昇します。$S_t = S_3$ の場合は，逆に外債の予想収益率は自国通貨債の収益率を下回っており，自国通貨の増価（外国通貨の減価）により S_t の下落が生じます。このような為替レートの調整は予想収益率が異なる限り続きますが，$S_t = S_1$ において予想収益率が均等化されると（その他の条件が一定であれば）それ以上の調整は不要となり，均衡が達成されると考えられます。

コラム　予想為替レートと想定為替レート

　カバーなし利子平価に登場する将来の予想直物レート $S_{t,t+k}^e$ は少々扱い難い変数です。その理由は，直物レートや先渡レートとは違って，実際にその値を観察することが容易ではないという点にあります。直物レートや先渡レートの値はメディア等でも日々報道されており，容易に観察できます。しかし，市場において将来の名目為替レートがどのように予想されているかを指す予想直物レートについては同じではありません。このように実際に観察するのが困難なものですが，為替変動の影響を受ける企業や投資家は，必ず将来的な為替相場に対しての何らかの予想を立てながらビジネスや投資の判断を下すはずです。このため，将来の予想為替レートが重要な変数であることに違いはありません。

　観察可能でこの予想為替レートに近いもの，或いは予想為替レートの一種と解釈できるものに，企業の想定為替レートがあります。想定為替レートとは企業が業績の見通しや事業計画を立てる際に想定する為替相場の水準であり，外貨建ての収入を円換算する際に用いるレートです。想定為替レートの値は各企業が業績の見通しとともに公表する他，日本銀行も四半期ごとに実施する全国企業短期経済観測調査（全国短観）で産業別や企業規模別のデータを公表しています。

　表 1 は日本経済新聞（2023 年 5 月 27 日朝刊）に掲載された，2024 年 3 月期の想定為替レートの例です。当該年度の業績を見通すにあたって，円ドル名目為替レートはこれくらいの水準にあると想定しているという，一種の予想値です。2024 年 3 月期という年度単位の想定レートですので，正確には $S_{t,t+k}^e$ で表現される

将来の特定の期日，例えば2024年3月31日における予想名目為替レートではなく，2023年度中の平均的な予想レートと捉えるべきでしょう。

　表によると，1ドル＝125〜135円と企業によって想定レートにばらつきがあります。想定レートの右側の数値は，実際のレートが想定レートよりも1円円安に振れることで営業利益にどれほどの影響があるかを示す数値で，為替感応度とも呼ばれます。企業の利益の為替感応度は，その企業が輸出と輸入のどちらに依存しているかによって大きく異なります。例えば，実際のレートが想定レートよりも1円円安に振れるだけで，代表的な輸出企業であるトヨタの営業利益は年間450億円も増えます。反対に海外で組み立てた商品を輸入販売するニトリの利益は，同じ1円の円安で20億円も減少します。これらの数値を見れば，なぜ輸出入に関わる企業が為替レートの動向に神経をとがらせるのか理解できるのではないでしょうか。

　より直接的に $S_{t,t+k}^e$ を測定する方法としては，市場関係者に対して将来の特定期日における名目為替レートをどのように予想しているかアンケート調査を行うという方法も考えられます。例えばジェフリー・フランケル（Jeffrey A. Frankel）とケネス・フルート（Kenneth A. Froot）の研究は，そのようなアンケート調査によるデータを用いて $S_{t,t+k}^e$ の特質を分析した研究として知られています。詳しくは Frankel and Froot（1987）を参照してください。

表1　予想為替レートと想定為替レート

社　名	2024年3月期の想定為替レート（¥/$）	1円の円安よる営業利益への影響（単位：億円）
トヨタ	125	450
ホンダ	125	100
SUBARU	128	100
村田製作所	127	50
コマツ	125	41
日立建機	130	24
ダイキン	126	22
三菱電機	125	15
日　立	130	15
ニトリ	130	−20
JFE	130	−18
JAL	135	−4
マルハチニチロ	131	−3

（出所）　日本経済新聞「円安で利益上振れ余地」（2023年5月27日朝刊）
　　　　　（日本経済新聞社の許諾を得て転載。無断複写・複製禁止。）

5.3 貨幣市場と外国為替市場：利子率と名目為替レート

貨幣市場と外国為替市場のリンク

　カバーなしの利子平価には自国の利子率 $R_{t,t+1}$ と外国の利子率 $R_{t,t+1}^*$ が登場しますが，これらの変数は第3章第5節で解説したとおり，それぞれの国の貨幣市場において決定されるものです。本節では貨幣市場と外国為替市場をリンクさせることによって，一国の資産市場全体の均衡を考えます。その際に特に重要なのは，国内貨幣市場において決定される貨幣の価格を示す利子率と，外国為替市場において決定される外国の貨幣の価格を示す名目為替レートの関係です。

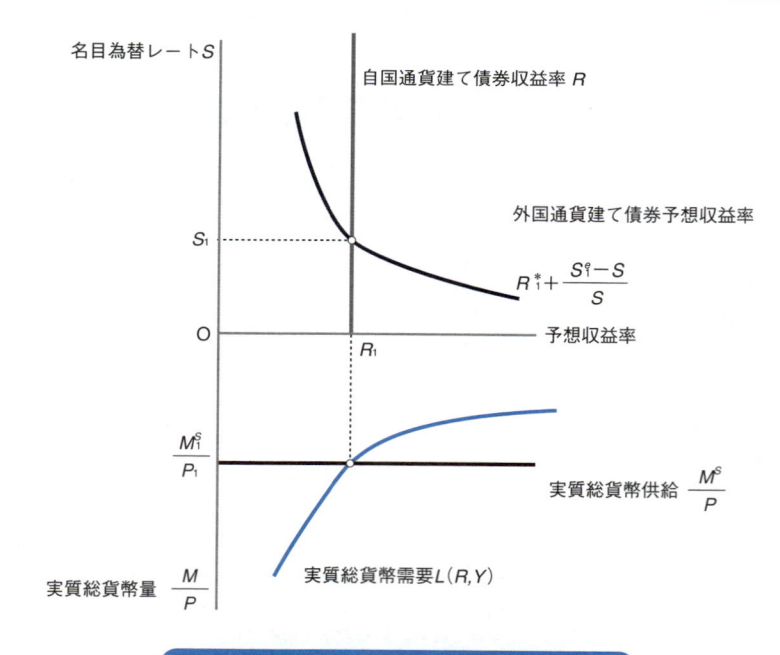

図 5.2　貨幣市場と外国為替市場の同時均衡

図 5.2 は第 3 章の図 3.3 と本章の図 5.1 を繋げたものです。図の見方は以下のとおりです。まずグラフの下半分に示された自国の貨幣市場において，総貨幣需要とマネー・サプライの一致をもたらす均衡利子率が R_1 に決定されます。この利子率は同時に自国通貨建て債券の収益率も決定します。外国にも同様に貨幣市場があり，そこで外国の均衡利子率が R_1^* に決定されたとします。また，予想為替レートについても所与であるとし，その値は S_1^e であると仮定します。このとき図 5.2 のグラフの上半分では，内外の債券の予想収益率の一致によって名目為替レートが $S = S_1$ の水準で均衡が生じます。

◯ マネー・サプライと名目為替レート

自国の通貨当局（政府・日銀）がマネー・サプライを変化させると，名目為替レートにはどのような影響が及ぶと考えられるでしょうか。図 5.3 はマネー・

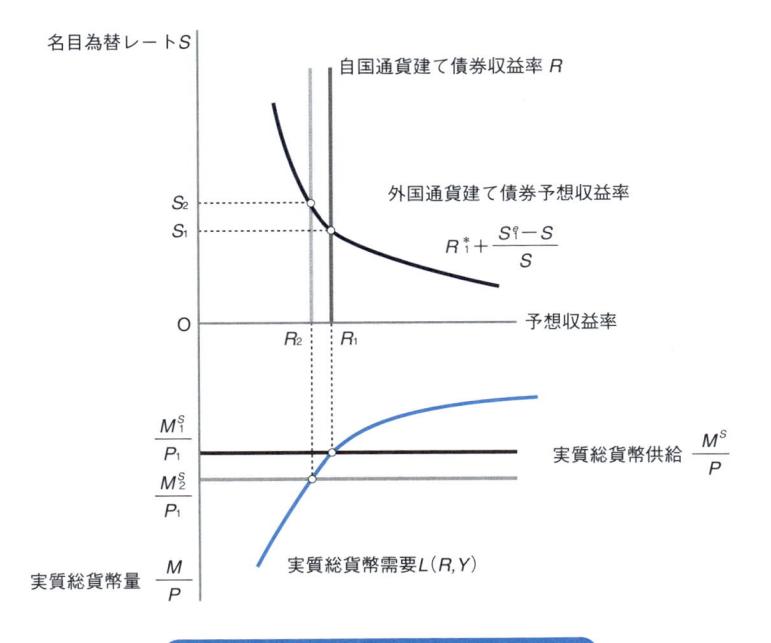

図 5.3　自国のマネー・サプライの増加

サプライが増加した場合を図示したものです。物価 P が固定されている短期にあっては，マネー・サプライ M^s の増加はそのまま実質総貨幣供給量 $\frac{M^s}{P}$ の増加を意味します。グラフの下側では $\frac{M^s}{P}$ のラインが下方にシフトし，その結果，自国の均衡利子率は R_1 から R_2 へ下落しています。この利子率の下落によりグラフの上半分では自国通貨預金の収益率を示す利子率の垂直ラインが左方シフトし，結果的に均衡為替レートは S_1 から S_2 へ上昇しています。つまり他の条件を一定として，自国のマネー・サプライの増加は自国通貨の外国通貨に対する減価をもたらすと考えられます。

　次に外国におけるマネー・サプライの変化が及ぼす影響を考えましょう。自国の場合と同様に，外国の貨幣市場における外国通貨当局（米連邦準備制度委員会など）によるマネー・サプライの増加（減少）は外国利子率 R^* の低下（上昇）を招きます（外国においても短期的には物価は固定されているものとします）。図 5.4 に見られるように，この変化はグラフの上半分において外債の予想収益

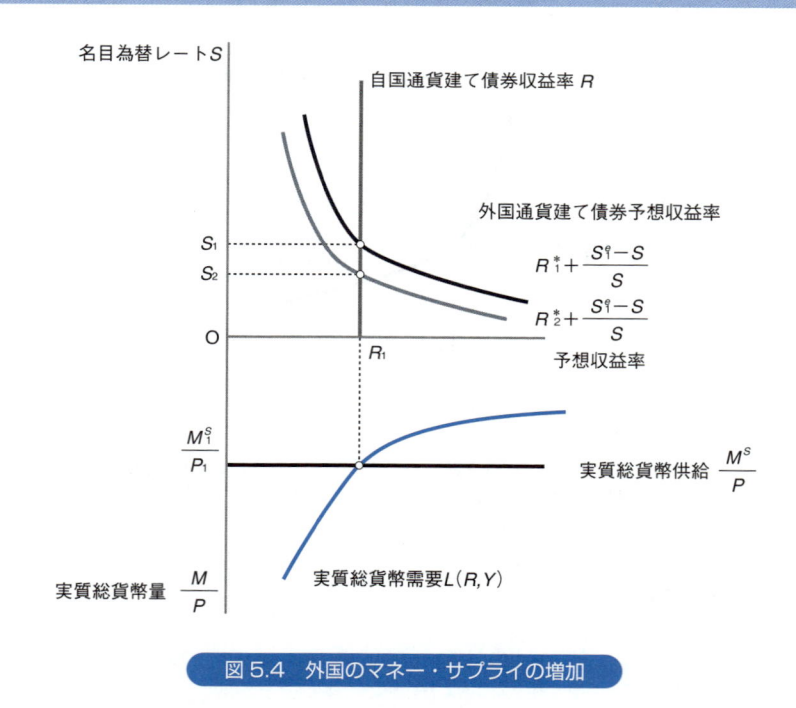

図5.4　外国のマネー・サプライの増加

率を示す右下がりの曲線 $R_* + \dfrac{S^e - S}{S}$ の下方（上方）シフトをもたらします。こ
れにより均衡為替レートは S_1 から S_2 へ下落し自国通貨の増価，外国通貨の減価
が生じます。

○ 生産量と名目為替レート

次に生産量と名目為替レートの関係について考えましょう。生産量の変化は実
質総貨幣需要を増減させるため，（マネー・サプライが一定の下では），貨幣市場
において均衡利子率の変化を引き起こします。図 5.5 は自国の実質総生産量が
増大した影響を表したものです。生産量が Y_1 から Y_2 へと増大することによって
実質総貨幣需要も増大しますが，マネー・サプライには変化が無いため，貨幣市
場における均衡利子率は上昇します。これによって自国通貨建て債券の収益率が
上昇するため，金利裁定の圧力によって外国為替市場では自国通貨の増価，外国

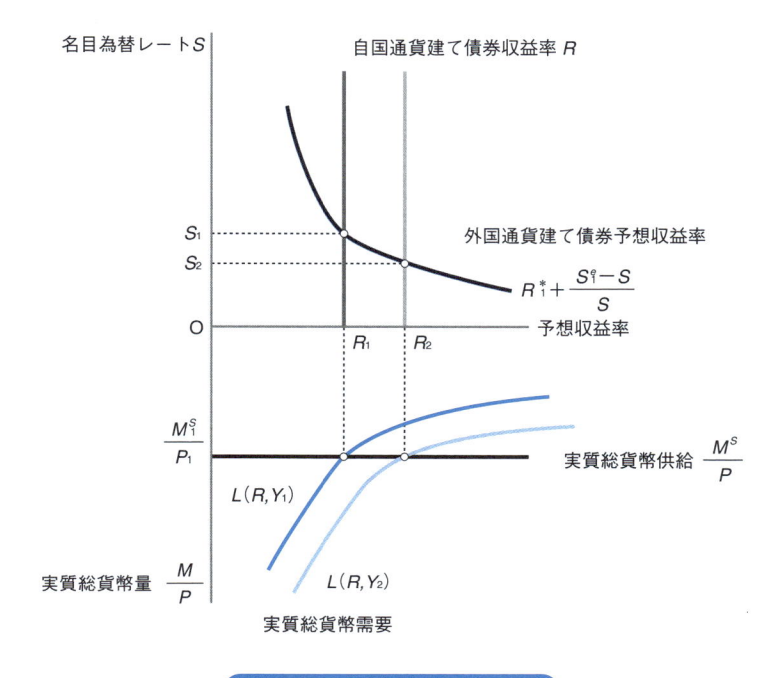

図 5.5　自国の生産量の増加

通貨の減価が生じています。

◯ 将来の予想レートと現在の均衡レート

何らかの理由によって将来の予想レート $S^e_{t,t+1}$ が変化した場合，現在の均衡為替レートにはどのような影響が生じるでしょうか。予想為替レートは外国通貨建て債券の予想収益率の決定要因の一つですので，その変化は外国利子率の変化の場合と同様に外債の予想収益率曲線のシフトを促します。例えば，新しく発表された経済統計や他のニュースによって，市場の予想為替レートがこれまでよりも自国通貨の減価方向に調整された（つまり S^e が上昇した）としましょう。

この場合，図 5.6 に見られるように S^e は S^e_1 から S^e_2 へとジャンプし，これによって外債の予想収益率曲線も上方にシフトします。結果として現在の均衡為替レートも S_1 から S_2 へ上昇し自国通貨の減価，外国通貨の増価が生じます。この

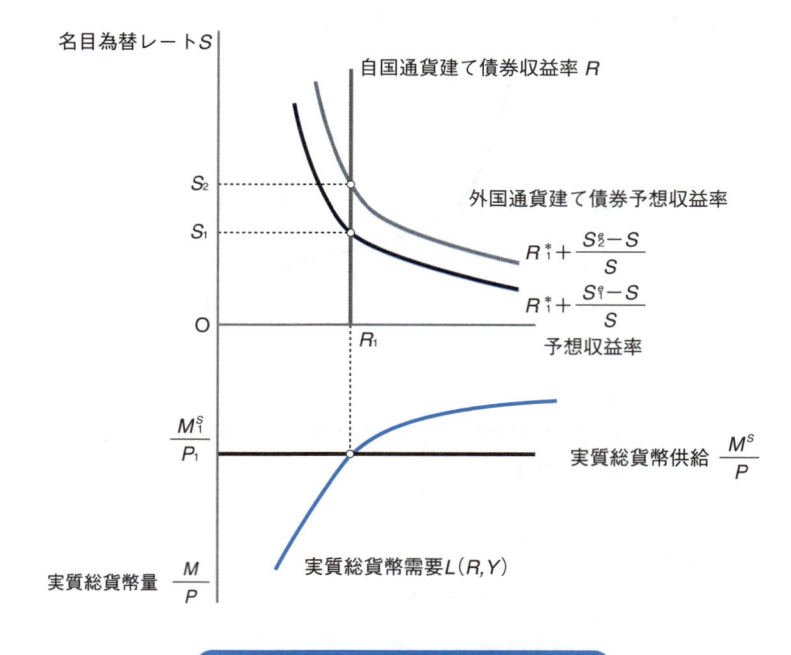

図5.6　将来の予想為替レートの変化

例からも明らかなように，「将来的に自国通貨はもっと減価するだろう」という市場の予測は，即座に現在の自国通貨の減価をもたらします。このように名目為替レートにとって将来の予想は，現在の均衡レートを左右する重要な要因です。

5.4　リスク・プレミアム

○ 利子平価とリスク中立性

改めて2つの利子平価，カバー付利子平価とカバーなし利子平価を比べてみましょう。自国と外国の金利差 $(R_{t,t+1} - R^*_{t,t+1})$ は，（5.8）式のカバー付利子平価では自国通貨のフォーワード・ディスカウント率 $\dfrac{F_{t,t+1} - S_t}{S_t}$ に等しく，（5.13）式のカバーなし利子平価においては自国通貨の予想減価率 $\dfrac{S^e_{t,t+1} - S_t}{S_t}$ に等しいことに注意してください（フォーワード・ディスカウントについては第4章第5節を参照）。2つの利子平価条件の違いは $F_{t,t+1}$ と $S^e_{t,t+1}$ の違いですから，もし2つの利子平価が共に成り立つのであれば，$F_{t,t+1} = S^e_{t,t+1}$ で先渡レートは将来の予想直物レートに等しくなります。

既に議論したように，カバー付利子平価の場合は第 t 期に $F_{t,t+1}$ を含む全ての変数が確定しており，そこには為替変動によるリスクが存在しません。従って，自国通貨建て債券と外貨建て債券の収益率が異なれば，投資家はカバー付の金利裁定を行うことで，何らのリスクも負わずにその差を儲けることができます。このためキャピタル・コントロールなどの資本取引に対する制約が存在しない通貨間においては，カバー付利子平価は成立すべきものです。実際にカバー付利子平価は，十分な規模の先渡取引市場を持つ先進主要国通貨間ではほぼ常時成立しています。

これに対して，カバーなしの利子平価はもう少し複雑です。第 t 期の時点では将来の直物レート S_{t+1} が不明なため，投資家はその予想値 $S^e_{t,t+1}$ に基づいて投資の判断を下します。しかし，実際に第 $t+1$ 期が訪れた時点で，名目為替レートが第 t 期における投資家の予想どおりになるという保証はありません。つまり，為替の変動リスクに対して投資家はカバー（保護）されていません。自国通貨建て債券の収益率は第 t 期に既に確定していますが，外貨建て債券の収益率はあくまで予想値に過ぎず，実際の収益率は予想を下回るかもしれないし，逆に上回る

かもしれません。もしこのような為替変動のリスクを気にせず，予想収益率さえ等しければ自国通貨建て預金でも外貨建て預金でもどちらでもよいと考えるのであれば，投資家はリスク中立的であり，カバーなし利子平価が成立します。カバー付利子平価は投資家がリスク中立的であるか否かにかかわらず成立するため，投資家がリスク中立的であれば両方の利子平価条件が成立し，$F_{t,t+1} = S^e_{t,t+1}$ となります。

しかし，もし投資家がリスク回避的（risk averse），つまりリスクを嫌い，避けようとするのであれば話は異なります（リスク中立的とリスク回避的の違いについてはコラム「くじ引きとリスク中立性」を参照してください）。一方の通貨が他方に比べて危険性が高いと判断されれば，それらの予想収益率が等しくても，リスク回避的な投資家は危険性の高い通貨建ての債券は避けようとします。危険性を承知の上でそのような資産を保持するのであれば，リスク回避的な投資家はリスクを引き受けることに対する補償として追加的な利払いを求めるはずです。このようなリスク引き受けに対する追加的利払いはリスク・プレミアム（risk premium）と呼ばれます。

◯ リスク・プレミアム：カバーなし利子平価からの乖離

リスク・プレミアムについて理解するために，カバーなし利子平価条件とカバー付利子平価条件の関係を以下のように表してみましょう。

$$(R_{t,t+1} - R^*_{t,t+1}) - \frac{S^e_{t,t+1} - S_t}{S_t} = \left[(R_{t,t+1} - R^*_{t,t+1}) - \frac{F_{t,t+1} - S_t}{S_t} \right] - \frac{S^e_{t,t+1} - F_{t,t+1}}{S_t}$$

$$(5.14)$$

（5.14）式の左辺はカバーなし利子平価条件からの乖離です（利子平価条件が成立していれば乖離はゼロです）。一方，右辺の鍵括弧で括られた第1項はカバー付利子平価条件からの乖離，第2項がリスク・プレミアムです。カバー付利子平価条件の成立によって右辺の第1項はゼロと考えられますので，リスク・プレミアムもゼロであれば，（5.14）式の右辺全体がゼロとなってカバーなし利子平価が成立します。同じことはカバー付利子平価条件の（5.8）式を以下のように書き直すことでも確認できます。

$$R_{t,t+1} = R^*_{t,t+1} + \frac{S^e_{t,t+1} - S_t}{S_t} - \frac{S^e_{t,t+1} - F_{t,t+1}}{S_t} \qquad (5.8)'$$

（5.8）′式では右辺の第3項がリスク・プレミアムです。このリスク・プレミアム

がゼロであれば，（5.14）式はカバーなしの利子平価条件と同じになり，両方の利子平価条件が成立することになります。また，リスク・プレミアムをRPと表記すると，更に以下の関係が得られます。

$$RP = \frac{S_{t,t+1}^e - F_{t,t+1}}{S_t} = \frac{F_{t,t+1} - S_t}{S_t} - \frac{S_{t,t+1}^e - S_t}{S_t} \qquad (5.15)$$

（5.15）式によるとリスク・プレミアムは自国通貨のフォーワード・ディスカウント率と自国通貨の予想減価率との差であることが分かります。

　具体例を用いてリスク・プレミアムについて考えてみましょう。仮に外国通貨は今後予想以上に大きく減価する危険性を孕んでいると想定しましょう。投資家がリスクを嫌うのであれば，先渡取引を使って今のうちに手持ちの外国通貨を売って自国通貨に換える契約を結んでおこうとするはずです。このとき，リスク回避的な投資家はリスクが回避できるのであれば，将来の予想価格以下で手持ちの外国通貨を売ってもかまわないと考えます。一方，外国通貨を購入する側からしてみれば，リスクを引き受けることになるため，その埋め合わせとして予想収益率にプレミアムを上乗せすることを要求するはずです。このプレミアムは，先渡市場において外国通貨を将来の予想価格未満で購入することによって得られます。これらのことから$F_{t,t+1} < S_{t,t+1}^e$が成立し，外国通貨に対するリスク・プレミアム（$RP < 0$）が存在するため，

$$R_{t,t+1} - R_{t,t+1}^* = \frac{F_{t,t+1} - S_t}{S_t} < \frac{S_{t,t+1}^e - S_t}{S_t} \qquad (5.16)$$

となります。（5.16）式によると，カバー付利子平価は引き続き成立しますが，カバーなし利子平価は成立しません。

　反対に自国通貨のリスクが高いとリスク回避的な投資家が判断すれば，自国通貨に対するリスク・プレミアム（$RP > 0$）が存在するため

$$R_{t,t+1} - R_{t,t+1}^* = \frac{F_{t,t+1} - S_t}{S_t} > \frac{S_{t,t+1}^e - S_t}{S_t} \qquad (5.17)$$

となり，やはりカバーなしの利子平価は成立しません。

　リスク・プレミアムとはリスク回避的な投資家が，よりリスクが高いと考える通貨建て資産を保有するに際して要求する追加的な収益のことです[6]。もし$RP < 0$であれば，投資家は外国通貨の減価リスクに対してプレミアムを求めていることになります。逆に$RP > 0$ならば，投資家は自国通貨の減価リスクに対

　6）　逆の言い方をすれば，リスク・プレミアムとは投資家がリスクを避けるために，先渡取引において将来の予想直物レートに上乗せして支払ってもよいと感じる追加的な費用のことです。

してプレミアムを要求していることになります。これらはいずれも投資家がリスク回避的である場合に生じるものであり，リスク中立的な場合にはリスクの高い通貨の保有に対してもプレミアムを要求することはなく，$RP=0$ となります。

> ## コラム　くじ引きとリスク中立性
>
> 　投資家のリスクに対する態度という観点からすれば，カバーなしの利子平価はカバー付利子平価よりも厳しい条件と言えます。なぜなら，カバーなし利子平価が成立するためには，予想収益率さえ同じであれば，そのリスクの差異によらず，投資家は自国通貨建て債券と外貨建て債券を完全代替物とみなさなくてはならないからです。これは投資家の選好が資産収益率の期待値のみに依存し，その分散（ばらつき）には影響されないことを示しています。言い換えれば，投資家がリスクに対して中立的であることがカバーなし利子平価の成立には必要です。
>
> 　もし投資家が資産収益率の期待値だけでなくその分散も考慮して，収益率の大きなばらつきを嫌悪するのであれば，投資家はリスク回避的であると言われます。投資家がリスクに対して中立的ではなく回避的であれば，本文中で解説したようにリスク・プレミアムが存在し，カバーなしの利子平価条件からの乖離を引き起こします。
>
> 　投資家のリスクに対する態度と資産収益率の期待値と分散の関係について，簡単な例を用いてより具体的に考えてみましょう。資産をくじ引きに置き換えて，次のような二種類のくじ引きを考えてください。くじ引き A は100％の確率で5,000円が当たります。これに対してくじ引き B は50％の確率で10,000円，同じく50％の確率で0円が当たります（図1を参照してください）。この場合，当選金額，つまり収益の期待値はどちらのくじ引きも5,000円で等しくなります。しかし当選金額（収益）の分散については，くじ引き A よりもくじ引き B の方が大きくなっています。つまり，くじ引き B では実際の当選金額は当選金額の期待値

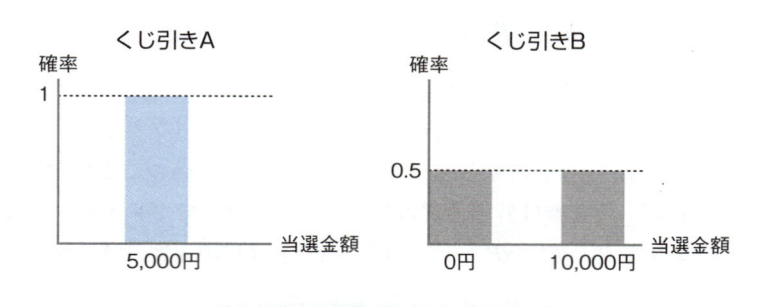

図1　くじ引きとリスク中立性

を大きく上回るかもしれませんが，大きく下回るかもしれません。

　このとき，リスク中立的な投資家はくじ引きＡとＢに無差別であり，どちらか一方を他方よりも好むことはありません。しかし，リスク回避的な投資家は当選金額が 0 円になるか，それとも 10,000 円になるか分からないくじ引き B よりも，確実に 5,000 円を得ることのできるくじ引き A を好みます。

5.5　時間の経過と均衡の変遷

○　マネー・サプライの恒久的増加と短期的均衡

　本章のこれまでの議論は物価が硬直的な短期を想定したものでした。利子率と名目為替レートはともに速やかに調整される変数ですので，短期的な視点から両者の関係を理解しておくことが本章の主たる目的でした。しかし十分な時間の経過を許せば，いずれ物価も完全に調整します。例えば前節で取り上げたマネー・サプライの増加を永続させれば，実質総貨幣供給量は短期的には増加するものの，長期的には比例的な物価上昇を招いて元の水準に戻ってしまいます（第 3 章第 6 節の議論を参照してください）。このように時間の経過とともに各変数が調整するにつれ，名目為替レートはどのような経路（path）を辿って変遷していくと考えられるでしょうか。図 5.7 を用いて考察しましょう。

　仮に自国の通貨当局が第 $t-1$ 期まで一定水準に保っていたマネー・サプライを，第 t 期を迎えると同時に増加させ，その水準で固定するとします。このマネー・サプライの引き上げは恒久的なものであるため，いずれ長期的には自国の通貨単位で測った全ての価格がマネー・サプライの増加率に比例的に上昇することが予想されます。従って，自国通貨で測った外国通貨の将来の予想価格 $S^e_{t,t+1}$ も即座に上昇します。これによって，外国の貨幣市場では何の変化も生じていないにもかかわらず，外債の予想収益率を示すカーブは上方へシフトします。

　自国における物価調整には時間を要するため，マネー・サプライの M^s_1 から M^s_2 への増加に伴い，実質総貨幣供給量は当初 $\frac{M^s_{t-1}}{P_{t-1}} = \frac{M^s_1}{P_1}$ から $\frac{M^s_t}{P_t} = \frac{M^s_2}{P_1}$ へ増大します。この変化はグラフにおいて実質総貨幣供給曲線の下方シフトとして表されます。このとき貨幣市場における均衡利子率（＝自国通貨債の収益率）は瞬時に $R_{t-1} = R_1$ から $R_t = R_2$ へ下落します。その結果，均衡為替レートは $S_{t-1} = S_1$ か

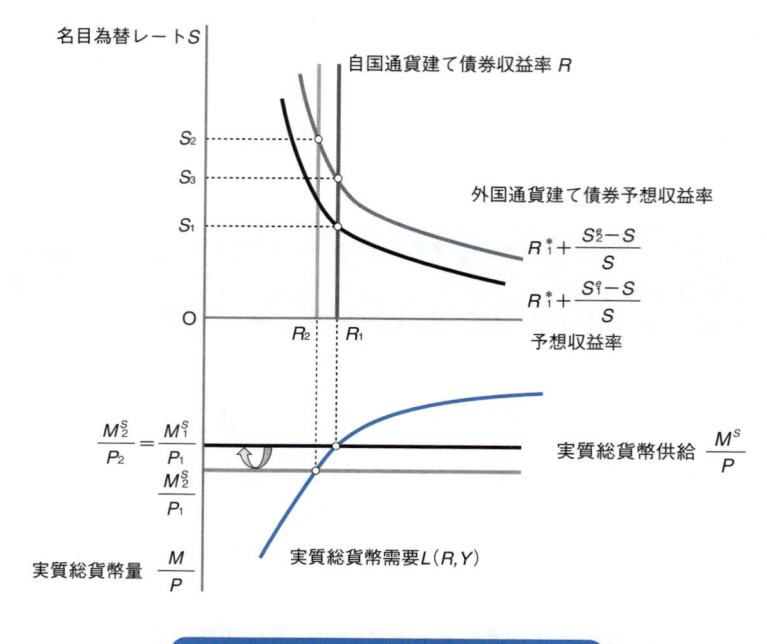

図5.7　マネー・サプライの恒久的増加

ら $S_t = S_2$ へ上昇します。この名目為替レートの上昇（自国通貨の減価）は2つの要因によるものであることを確認してください。第一の要因は，金利の下落から生じる自国通貨債の収益率の低下です。そして第二の要因は，マネー・サプライの増大が恒久的であるために生じる将来の予想為替レートの上昇と，それに伴う外債の予想収益率の上昇です。この第二の要因の存在は，一時的にマネー・サプライを増大させた場合に比べて，自国通貨の減価幅を増大させることに留意してください。

　以上が貨幣供給量の恒久的増大というショックに対する短期的な調整と均衡の達成です。しかし，仮にこれ以上市場に対する新たなショックが生じないとしても，そのまま同じ S_2 の水準で名目為替レートの均衡が永続するわけではありません。その理由は，時間の経過とともに物価の調整が始まるという点にあります。

○ 短期的均衡から長期的均衡へ：
為替レートのオーバー・シューティング

　時間が経過するにつれて，各変数がどのように推移していくのかを考えてみましょう。まず，マネー・サプライについては第 t 期に引き上げて，以後その水準に固定されるため以下のとおりです。

$$M_{t-1}^s < M_t^s = M_{t+1}^s = M_{t+2}^s = \cdots = M_{t+j}^s \tag{5.18}$$

　物価は硬直的なため当初固定されていますが，時間の経過とともに徐々に上昇し始めます。この物価調整が j 期後に完了すると仮定すれば，第 $t-1$ 期から第 $t+j$ 期までの間の物価には以下の関係が成立するはずです。

$$P_{t-1} = P_t < P_{t+1} < P_{t+2} < \cdots < P_{t+j} \tag{5.19}$$

　また，マネー・サプライの増加率は長期的には比例的な物価の上昇率を引き起こすため，以下の関係が成立します。

$$\frac{M_t^s}{M_{t-1}^s} = \frac{P_{t+j}}{P_{t-1}} \tag{5.20}$$

（5.18）式，（5.19）式，及び（5.20）式の各条件に基づくと，実質総貨幣供給量の変遷については以下の条件が成立します。

$$\frac{M_{t-1}^s}{P_{t-1}} = \frac{M_{t+j}^s}{P_{t+j}} < \frac{M_{t+j-1}^s}{P_{t+j-1}} < \cdots < \frac{M_{t+2}^s}{P_{t+2}} < \frac{M_{t+1}^s}{P_{t+1}} < \frac{M_t^s}{P_t} \tag{5.21}$$

（5.21）式によると，実質総貨幣供給量は第 t 期に大きくジャンプするものの，その後時間をかけて徐々に減少し，第 $t+j$ 期には当初の水準に戻ることが分かります。

　実質総貨幣需要には変化がないため，貨幣市場における均衡利子率の変化は以下のように表せます。

$$R_t < R_{t+1} < R_{t+2} < \cdots < R_{t+j} = R_{t-1} \tag{5.22}$$

以下の図 5.8 の(a)〜(d)は（5.18）式，（5.19）式，（5.21）式，（5.22）式の各条件を図示したものです。横軸は時間を示し，縦軸に測られた各変数が時間の経過とともにどのように推移しているかを示しています。

　ようやくこれで名目為替レートの均衡がどのように変遷するかを見るための準備が整いました。貨幣市場においてマネー・サプライの増加率に比例したインフレーションが実質総貨幣供給量を第 $t-1$ 期の水準に戻すと，利子率も同様に第 $t-1$ 期の水準に戻ります。これによって外国為替市場では，短期的に発生した自国通貨の2つの減価要因のうち，第一の要因が解消されます。このためカバー

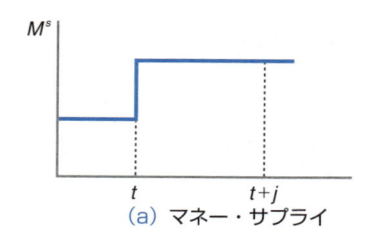

(a) マネー・サプライ

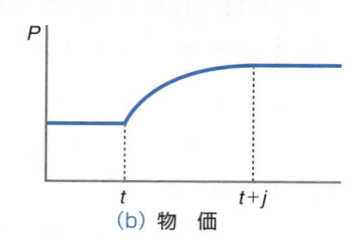

(b) 物　価

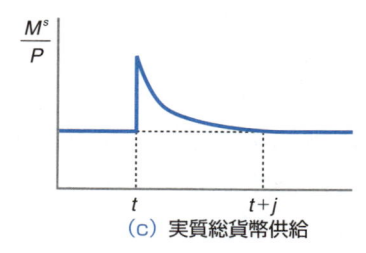

(c) 実質総貨幣供給

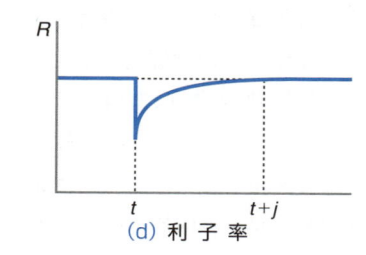

(d) 利 子 率

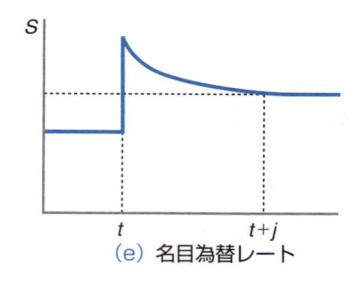

(e) 名目為替レート

図5.8　時間の経過と各変数の変遷

なし利子平価に基づいて名目為替レートが調整され，第t期に達成された短期的均衡から長期的な均衡へと向かいます。減価を引き起こした利子率の低下が解消されると，自国通貨は増価して当初の大幅な減価を部分的に打ち消します。しかし，マネー・サプライの増加が恒久的であるため，当初の減価を引き起こした第二の要因である将来の予想価格 $S_{t,t+k}^e$ は上昇したままで，その影響は解消されません。このため名目為替レートは長期的にも当初の水準まで戻ることはありません。より具体的には以下のようになります。

$$S_{t-1} < S_{t+j} < \cdots < S_{t+2} < S_{t+1} < S_t \tag{5.23}$$

ここで当初の均衡レートは S_{t-1}，マネー・サプライ変化後の短期的な均衡レートは S_t，物価が調整しきった長期的な均衡レートは S_{t+j} であることに注意してください。このような名目為替レートの動きは図 5.8 の(e)に表されています。

　図からも分かるように，自国のマネー・サプライの恒久的な増大というショックに対して，外国為替市場では名目為替レートが一旦大きく上昇して短期的均衡を達成しますが，その際の上昇幅は後々達成される長期的均衡からすれば「行き過ぎ（overshooting）」と形容できるものです。つまり名目為替レートは一旦長期均衡の水準を通り越して大幅に減価することで短期均衡を達成し，その後時間の経過とともに徐々に増価しながら長期均衡へと移行します。このような為替レートの動きは為替レートのオーバー・シューティング（exchange rate overshooting）と呼ばれています[7]。

　図 5.7 に戻ってオーバー・シューティングを確認しましょう。拡張的金融政策が実施された当初，名目為替レートは $S_t = S_2$ で短期的均衡を達成しました。しかし，時間の経過とともに物価が P_1 から P_2 へと上昇すると，実質総貨幣供給は $\dfrac{M_2^s}{P_1}$ からもとの水準 $\dfrac{M_2^s}{P_2} = \dfrac{M_1^s}{P_1}$ へと戻っていきます。これによって利子率も R_2 から R_1 へ戻りますが，政策の変更が恒久的なため，将来の予想為替レートは S_2^e に上昇したままで元には戻りません。このため名目為替レートは図の S_2 から S_3 へと調整します。このとき $S_1 < S_3 < S_2$ という関係によって為替のオーバー・シューティングが確認できます。

　他のマクロ経済変数に比較すると（変動相場制度における）名目為替レートは変動が激しいことで知られます。そのような激しい変動を引き起こすメカニズムは必ずしも明らかではありませんが，「一旦行き過ぎてから調整し直す」というオーバー・シューティングもその要因の一つと考えることが可能です。

復 習 問 題

5.1　カバー付利子平価条件とカバーなし利子平価条件について以下の問いに答えなさい。
(1)　それぞれの条件を定義しなさい。
(2)　各条件の成立は何を意味するか説明しなさい。
(3)　投資家のリスクに対する態度と各条件の成立・不成立の関係について説明しなさい。

---

[7]　為替レートのオーバー・シューティングの概念はルディガー・ドーンブッシュ（Rudiger Dornbusch）の研究によって広く知られるようになりました。詳しくは Dornbusch（1976）を参照してください。

5.2 リスク・プレミアムとは何か。投資家のリスクに対する態度とリスク・プレミアムとの関係についても説明しなさい。

5.3 以下のような変化がカバーなし利子平価に基づく均衡名目為替レートをどのように変化させるか，グラフを用いながら説明しなさい。

(1) 自国の通貨当局によるマネー・サプライの縮小。

(2) 自国の生産量の減少。

5.4 為替レートのオーバー・シューティングとは何か。またそのような減少を引き起こす要因は何であるか。

第 6 章

物価と為替レート：
生産物市場における裁定と
均衡為替レートの考察

　前章では自国通貨建て債券と外貨建て債券を比較し，それらの予想資産収益率の均等化という概念を用いて名目為替の均衡レートの決定について考察しました。その際，物価は硬直的で短期的には変化しないと仮定したため，名目為替レートに重要な影響を及ぼす要因ではありませんでした。その一方で，調整に時間を要さず，短期においても伸縮的とされる利子率や将来の予想為替レートは，均衡為替レートの決定において重要な役割を果たしました。

　本章では短期から物価が伸縮的に調整する長期に視点を移し，内外の物価を比較することで名目為替の均衡レートについて考えます。短期の考察においては資産市場における金利裁定を用いましたが，長期については生産物市場における財の価格裁定に基づいて考察を行います。

◦KEY WORDS◦

相対価格，一物一価の法則，絶対購買力平価，
相対購買力平価，フィッシャー効果，
マネタリー・モデル，
バラッサ・サミュエルソン効果

6.1　生産物の相対価格と裁定

◯　生産物の裁定取引

　物価と名目為替レートの関係を考えるにあたって，まずは第4章第2節で解説した国際相対価格の概念を思い出してください。相対価格とは同一通貨単位で測った2つの財の価格の比率であると定義しました。その際に用いた例では，同じシャツの価格が日本では2,000円，アメリカでは20ドル，名目為替レートが1ドル=120円であるという情報から，このシャツの米日間相対価格を$\dfrac{20(\$)\cdot 120(\frac{¥}{\$})}{2,000(¥)}$=1.2と算出しました。この1.2という相対価格は，アメリカのシャツが日本のシャツ1.2枚分に相当するということを意味しています（相対価格とは通貨単位で測られた価格ではないことを再確認してください）。もし相対価格が1ならば，それは異なる市場における同じ財の価格が，同一通貨単位で測れば等しいということを示します。

　もし同じ財の価格が市場によって大きく異なる，つまり市場間の相対価格が1から大きく乖離すると何が起こると考えられるでしょうか。上述のシャツの例では，アメリカにおける20ドルという価格は日本円単位に換算すると2,400円に相当するため，2つの市場ではシャツ1枚あたり400円の価格差が存在しています。このように市場間で価格差が存在すると，安い市場で買い入れて高い市場で売却するという裁定取引の可能性が生じます。もし日本からアメリカにシャツを輸送するのに費用がかからず，輸入に際して関税を払う必要もなければ，日本で2,000円で購入したシャツをアメリカで20ドルで販売すれば，1枚につき400円の利益を上げることが可能です。

　勿論，現実には財の輸送費用はゼロではありませんし，また国や財の種類によっては輸入品に対して関税と呼ばれる税金が課されます。しかしそのような場合でも，同じ財の同一通貨単位での価格が輸送費用や関税額を超えるほど大きく乖離すると，市場間の価格差を裁定することで利益を上げることは可能です。

　価格差を受けて実際に裁定取引が発生すると，安い方の市場では財に対する需要が増加し，高い方の市場ではその供給が増加します。このため，それぞれの市場において需給のバランスの変化に応じた価格調整が生じ，早晩安い市場においては価格の上昇，高い市場においては価格の下落が起こるはずです。2つの価格

が互いに近づき，（輸送費用や関税による差を除いて）価格が均等化すると，それ以上は裁定取引によって利益を上げることは不可能になります。

○ 一物一価の法則

第 t 期におけるある財 i の自国における価格を $P_{i,t}$，外国における価格を $P_{i,t}^*$，両国の通貨間の名目為替レートを S_t でそれぞれ表すとします。簡略化のため輸送費用や関税が不在であると仮定すると，$P_{i,t}$ と $S_t \cdot P_{i,t}^*$ が等しくなければ，安い方の市場で財を購入し，高い方の市場で売却するという財の価格裁定の機会が存在します。しかし裁定取引が実際に行われると市場間の価格差は永続せず，それぞれの国の市場における価格の調整によって以下の条件が成立するはずです。

$$P_{i,t} = S_t \cdot P_{i,t}^* \tag{6.1}$$

（6.1）式は自国における財の価格と，外国における同じ財の自国通貨単位に換算した価格が均等であるという条件を示すもので一物一価の法則（law of one price）と呼ばれます。一物一価の法則が成立していれば，市場の国内外を問わず，同じ財は同一通貨単位に換算すると同じ価格で取引されていることになります。

一物一価の法則は，（6.1）式を以下の（6.2）式のように書き直すことで相対価格の観点から捉えることもできます。

$$\frac{S_t \cdot P_{i,t}^*}{P_{i,t}} = 1 \tag{6.2}$$

（6.2）式が示すように，一物一価の法則とは財の相対価格が 1 に等しいという条件です。この条件下では，外国の財 1 単位（例えばアメリカのシャツ 1 枚）は自国の同じ財 1 単位（日本のシャツ 1 枚）に相当します。

一物一価の法則について考える場合，次の二点に留意が必要です。まず比較の対象が「一物」であること。つまり，異なる市場で取引されている全く同じ財の価格を考えるということです。たとえ類似したものであっても，異なる財であれば一物には該当せず，価格が一致すべき理由もありません。次に，「一価」とは同一通貨単位に換算した価格が一致することを指すという点です。自国と外国が異なる通貨を採用している場合は，同じ財であってもそれぞれの市場において異なる通貨単位の価格が付されます。従って自国通貨と外国通貨の間の名目為替レートを使って，それらの価格を共通の尺度に置き換えた上での比較が必要です。両国における価格を同一通貨単位に置き換えると，それらの比率を示す相対価格を求めることができますが，一価とはこの相対価格が 1 に等しいことを意味しま

す。

○　実質為替レートと絶対購買力平価

　次に考察の対象を特定の財の価格から一般的な物価へと拡張してみましょう。マクロ経済学において言及される「物価」は，ミクロ経済学における「特定の財の価格」とは異なり，いくつもの財の価格を加重平均することで算出されます（第2章第1節を参照してください）。例えば消費者物価は家計が消費する典型的な財やサービスを多数選び出し，それらの価格を加重平均した消費バスケットの価格として以下のように定義されます。

$$P_t \equiv \sum_{i=1}^{n} a_i P_{i,t} \tag{6.3}$$

但し，n は消費バスケットに含まれる財とサービスの種類数，a_i は第 i 番目の財に与えられる比重を示し，$\sum_{i=1}^{n} a_i = 1$ です。また簡素化のため，この比重は時間とともに変化しないものと仮定しています。

　外国の消費バスケットの価格も同様に次のように算出されます。

$$P_t^* \equiv \sum_{i=1}^{n^*} a_i^* P_{i,t}^* \tag{6.4}$$

但し，各国の消費バスケットはそれぞれ同じ $n = n^*$ 種類の財やサービスから構成されており，i 番目 $(i=1,\cdots,n)$ の財に付される比重は $a_i = a_i^*$ で両国とも同じであると仮定します。

　(6.3) 式と (6.4) 式で定義される P と P^*，及び名目為替レート S を用いれば，以下の (6.5) 式のように消費バスケットの相対価格を算出できますが，これは第4章第2節で解説した実質為替レートに他なりません。

$$Z_t = \frac{S_t \cdot P_t^*}{P_t} \tag{6.5}$$

　この場合は物価に消費バスケットの価格を用いているため，特に消費者物価ベースの実質為替レート（consumer price-based real exchange rate）と呼ばれます[次頁1)]。

仮に日本の消費バスケットの価格が 10,000 円，アメリカの消費バスケットの価格が 100 ドルで円ドル間の名目為替レートが 1 ドル＝120 円であれば，日本とアメリカの間の消費者物価ベースの実質為替レートは

$$Z_t = S_t \left(\frac{¥}{\$}\right) \cdot \frac{P_t^*(\$)}{P_t(¥)} = 120 \left(\frac{¥}{\$}\right) \cdot \frac{100\,(\$)}{10{,}000\,(¥)} = \frac{12{,}000\,(¥)}{10{,}000\,(¥)} = 1.2 \qquad (6.6)$$

となります。第 4 章第 2 節で解説したとおり，実質為替レートは（為替レートという言葉から受ける印象に反して）通貨単位を持たない数字であることを再確認してください。上の例で算出された 1.2 という実質為替レートの値は，円単位で測ったアメリカの消費バスケットの価格が，日本の消費バスケットの価格の 1.2 倍であることを意味しています。言い換えれば，アメリカの財バスケット 1 個は日本の財バスケット 1.2 個に相当することを示しています。

　もし一物一価の法則 (6.1) 式が全ての財 $(i=1,\cdots,n)$ について成立すれば，以下の関係も成立するはずです。

$$P_t = S_t \cdot P_t^* \qquad (6.7)$$

(6.7) 式は絶対購買力平価（absolute purchasing power parity: absolute PPP）と呼ばれる条件です。絶対購買力平価の成立は，同じ通貨単位で測った自国と外国の消費バスケットの価格が等しいことを意味します。(6.7) 式と (6.1) 式を比較して，絶対購買力平価と一物一価の法則の違いを確認してください。

　実質為替レートの概念を使えば，絶対購買力平価は (6.5) 式及び (6.7) 式より，

$$Z_t = \frac{S_t \cdot P_t^*}{P_t} = 1 \qquad (6.8)$$

と表すことができます。つまり絶対購買力平価の成立は，実質為替レートが 1 に等しいことを意味します。また絶対購買力平価は，(6.7) 式の各変数を $\ln P_t = p_t$，$\ln P_t^* = p_t^*$，$\ln S_t = s_t$ と自然対数に置き換えることで，

$$s_t + p_t^* - p_t = 0 \qquad (6.9)$$

とも定義されます。

○　相対購買力平価

　上の議論では絶対購買力平価条件 (6.7) 式を導く際に，全ての財 $(i=1,\cdots,n)$

---

1)　消費者物価に代えて生産者物価を用いれば，生産者物価ベースの実質為替レートが算出されます。

で一物一価の法則が満たされていると仮定しました。しかし実際に生産物の裁定取引を行うには，輸送費用や関税などの取引費用（transaction cost）が発生します。このため全ての財について厳密に一物一価の法則が成立し，実質為替レートがちょうど1になるというのは少々非現実的と考えられます。前節でも述べたように，生産物の裁定取引は市場間で価格の差が少しでもあれば発生するのではなく，輸送費用や関税などの取引コストを上回るほどの価格差が生じた場合に発生すると考えるのが妥当です。

このような観点からは，絶対購買力平価条件を緩めた

$$Z_t = \frac{S_t \cdot P_t^*}{P_t} = K \qquad (6.10)$$

という条件を考えることができます。但し，ここで K は定数です。(6.10) 式は二国間の実質為替レートが（必ずしも1ではないが）一定であるという条件を示しており，相対購買力平価（relative purchasing power parity: relative PPP）と呼ばれます。(6.9) 式と同様に自然対数を用いて $\kappa = \ln K$ とすれば，相対購買力平価条件は以下の (6.11) 式のようにも表すことができます。

$$s_t + p_t^* - p_t = \kappa \qquad (6.11)$$

ここで κ は関税や輸送費用などから生じる価格差（対数値）です。市場間の価格差が時間の経過によらず一定であれば，第 $t-1$ 期には

$$s_{t-1} + p_{t-1}^* - p_{t-1} = \kappa \qquad (6.11)'$$

が成立するため，(6.11) 式から (6.11)′ 式を差し引いて，

$$\Delta s_t + \Delta p_t^* - \Delta p_t = 0 \qquad (6.12)$$

が成立します。但し $\Delta p_t = p_t - p_{t-1}$, $\Delta s_t = s_t - s_{t-1}$, $\Delta p_t^* = p_t^* - p_{t-1}^*$ です。(6.12) 式は各変数の自然対数の階差を使って相対購買力平価条件を表したものです。

ここで $\frac{\Delta \ln X}{\Delta X} = \frac{1}{X}$ という微分の知識を使うと，$\Delta \ln X = \frac{\Delta X}{X}$（$= X$ の変化率）となるので，(6.12) 式は自国の物価変化率（＝自国のインフレ率），名目為替レートの変化率（＝自国通貨の減価率），外国の物価変化率（＝外国のインフレ率）によって構成されていることが分かります。(6.12) 式を変形して

$$\Delta p_t - \Delta p_t^* = \Delta s_t \qquad (6.12)'$$

とすると，相対購買力平価とは自国と外国のインフレ率の差が，自国通貨の減価率に等しくなるという条件であることが分かります。物価が上昇するにつれてその国の通貨は購買力を失うため，他国の通貨に対する価値も比例的に減少するという説です。絶対購買力平価が成立すれば必ず相対購買力平価は成立しますが，その逆は正しくないことに注意してください。

◯ フィッシャー効果

購買力平価に先立って，第5章第1節では資産市場における利子平価条件について解説しました。利子率や名目為替レートの予想は伸縮的な調整が可能なため，それらに基づいたカバーなし利子平価条件は，短期・長期の別を問わず有効な概念です。これに対して購買力平価条件に含まれる変数については，名目為替レートは短期・長期を問わず伸縮的に調整するものの，自国と外国の物価については短期的には硬直的であると考えられます。このため，購買力平価は利子平価とは異なり，長期を想定した条件とみなすべきものです。

物価が伸縮的に調整する長期においては，以下のように相対購買力平価とカバーなしの利子平価が同時に成立しているという条件を考えることが可能です。まず (6.12)′ 式の各変数を将来の予想値に置き換えることで，以下の (6.13) 式が得られます。

$$\Delta p_{t,t+k}^e - \Delta p_{t,t+k}^{*e} = \Delta s_{t,t+k}^e \qquad (6.13)$$

(6.13) 式は自国と外国の予想されるインフレ率の差が自国通貨の予想減価率に等しいという条件で，予想相対購買力平価（expected relative PPP）と呼ばれます。右辺の自国通貨の予想減価率は，カバーなし利子平価 (5.13) 式によると自国と外国の利子率の差に等しいため，予想相対購買力平価とカバーなし利子平価の両方が同時に成立すれば，以下の等号が成り立ちます。

$$R_{t,t+k} - R_{t,t+k}^* = \Delta p_{t,t+k}^e - \Delta p_{t,t+k}^{*e} \qquad (6.14)$$

(6.14) 式はフィッシャー効果（Fisher effect）と呼ばれる，長期における利子率と予想インフレ率の関係を示しています。(6.14) 式によると自国と外国で利子率に差があれば，それは両国の予想インフレ率の差を示していることになります。従って他の条件を一定として自国の予想インフレ率が上昇すれば，長期的には同じ割合で自国の利子率が上昇することが示唆されます。予想インフレ率と利子率が揃って同じ割合で上下すれば，自国通貨建て預金の利息で購入できると予想される自国の財・サービスの量は変化しません。この点を更に明確化するため (6.14) 式を以下のように書き換えてみましょう。

$$R_{t,t+k} - \Delta p_{t,t+k}^e = R_{t,t+k}^* - \Delta p_{t,t+k}^{*e} \qquad (6.14)'$$

(6.14)′ 式は，自国の財・サービス単位で測った自国通貨建て債券の利息と，外国の財・サービス単位で測った外債の利息が等しいことを示しています。通貨単位ではなく，財などの実物単位で測った利子は実質利子率（real interest rate）と呼ばれ，自国と外国で予想される実質利子率が等しいことを示す (6.14)′ 式は

実質利子平価（real interest rate parity）と呼ばれます。実質利子平価は資産市場におけるカバーなし利子平価（つまり完全資本移動と内外債券の完全代替性）と，生産物市場における予想相対購買力平価が同時に成立することで満たされる条件です。

コラム　ビッグマック為替レート

　国際経済雑誌 *The Economist* は世界各国のマクドナルドでビッグマックの販売価格を調査し，それらに基づく The Big Mac Index と名付けた為替レートを算出して，実際の名目為替レートと比較するという企画を行っています。表1は同誌が報じた2023年7月のビッグマックの価格です。第一列目にあるのは各国の現地通貨単位のビッグマックの価格で，これを第二列目の名目為替レートを使って米ドル単位に換算したのが第三列目にあるドル換算価格です。表によるとアメリカで5.58ドルするビッグマックの他国における価格は，スイスの7.73ドル相当から台湾の2.39ドル相当までかなり大きな開きがあります。少なくともこの価格調査が行われた時点では，ビッグマックに関して一物一価の法則は成立していません。

　次に各国における現地通貨単位の価格とアメリカにおける米ドル単位の価格の比率を計算してみましょう。例えば日本では450円，アメリカでは5.58ドルですから，ビッグマック為替レート（The Big Mac Index）は表の第四列目にあるように450円÷5.58ドル，つまり1ドルあたり約80.65円となります。ビッグマックについて一物一価の法則が成立するためには，名目為替レートはこのビッグマック為替レートに一致しなくてはなりません。しかし，実際の名目為替レートは1ドルあたり142.08円となっていますので，ビッグマック為替レートを基準にすると，日本円はドルに対して（142.08－80.65）÷80.65＝約76.2％の過小評価（表の第五列目）を受けていることになります。もし一物一価の法則からの乖離が一時的なもので，時間の経過とともに解消されるのであれば，今後円はドルに対して76.2％増価するはずです。このような観点から名目為替の変化を予想するのがこの企画の妙味です。

　ところでビッグマックという同一財の価格を，米ドルという同一通貨単位で測っているのに，なぜ国によって表1にあるような大きな価格差が生じるのでしょう。その理由の一つとして，ハンバーガーに付される最終的な価格には材料となる牛肉やパンなどの貿易財の価格だけでなく，付随したサービスの価格を含むという点が挙げられます。ビッグマックの販売価格にはそれを製造し，店舗を運営する労働者の労働サービスの価格（＝賃金）や店舗スペースの家賃・地代も反映されます。どこの国で購入するビッグマックも質量的には全く同じもの，つ

まり厳格に一物であったとしても，貿易されない労働サービスの価格である賃金や店舗営業に係る家賃・地代が異なれば，最終的な商品の販売価格にも隔たりが生じ得ます。このように考えてみると，一般に貿易財と考えられている財であっても部分的に非貿易財的要素を含んでいることに気づきます。更に，腐敗しやすいという食品特有の性質を考慮すると，ビッグマックは裁定取引による価格差解消メカニズムが機能し難い財であることも分かります。

表1 ビッグマック為替レート（2023年7月1日）

国 名 （通貨名）	ビッグマックの価格 （現地通貨単位）	名目為替レート （現地通貨/ドル）	ビッグマックのドル換算価格	ビッグマック為替レート	ドルに対する過大評価（+）/過小評価（−）
スイス（スイスフラン）	6.7	0.87	7.73	1.20	27.8%
ノルウェー（クローネ）	70	10.12	6.92	12.54	19.4%
ユーロ圏（ユーロ）	5.28	0.91	5.82	0.95	4.1%
スウェーデン（クローナ）	60.27	10.51	5.74	10.80	2.7%
アメリカ（ドル）	5.58	1.00	5.58	1.00	0.0%
イギリス（ポンド）	4.19	0.78	5.39	0.75	−3.5%
カナダ（カナダドル）	7.05	1.32	5.36	1.26	−4.2%
メキシコ（ペソ）	89	16.70	5.33	15.95	−4.7%
オーストラリア（豪ドル）	7.45	1.48	5.02	1.34	−11.2%
ブラジル（レアル）	22.9	4.76	4.81	4.10	−15.9%
韓 国（ウオン）	5200	1274.65	4.08	931.90	−36.8%
タ イ（バーツ）	128	34.23	3.74	22.94	−49.2%
中 国（人民元）	25	7.14	3.50	4.48	−59.4%
日 本（円）	450	142.08	3.17	80.65	−76.2%
香 港（香港ドル）	23	7.80	2.95	4.12	−89.2%
南アフリカ（ランド）	49.9	17.78	2.81	8.94	−98.9%
インド（ルピー）	209	82.25	2.54	37.46	−119.6%
台 湾（ニュー台湾ドル）	75	31.43	2.39	13.44	−133.8%

（出所）The Economist/big-mac-data (https://github.com/theeconomist/big-mac-data/releases/tag/2023-07)

6.3　購買力平価に基づく名目為替レートのモデル

◯　伸縮価格のマネタリー・モデル

絶対購買力平価条件 (6.7) 式は以下のように書き直すことで，名目為替レートの決定式と解釈することも可能です。

$$S_t = \frac{P_t}{P_t^*} \tag{6.7}'$$

(6.7)′ 式によると，絶対購買力平価が成立するとき，名目為替レートは自国と外国の物価水準の比率に等しいことになります。物価が上昇すれば貨幣の購買力は低下するため，一国の物価の（他国の物価に対する）相対的な上昇は，その国の通貨の減価をもたらすことを (6.7)′ 式は示唆します。

ここから更に考察を進めるためには，それぞれの国における物価 P_t と p_t^* を決定する要因を具体化する必要があります。この問いに対する一つのアプローチとして，第 3 章で解説した貨幣市場の均衡条件を応用してみましょう。自国の貨幣市場における総貨幣供給と総貨幣需要の一致により，

$$\frac{M_t}{P_t} = L(R_t, Y_t) \tag{3.5}$$

が得られますが，物価 P_t が所与の水準で固定されているのではなく，伸縮的で自由に調整できるのであれば，この条件は以下のように書き直すことができます。

$$P_t = \frac{M_t}{L(R_t, Y_t)} \tag{6.15}$$

外国についても同様に $P_t^* = \dfrac{M_t^*}{L^*(R_t^*, Y_t^*)}$ が得られますので，これらを (6.7)′ 式に代入すると以下の関係が得られます。

$$S_t = \frac{P_t}{P_t^*} = \frac{\dfrac{M_t}{L(R_t, Y_t)}}{\dfrac{M_t^*}{L^*(R_t^*, Y_t^*)}} = \frac{M_t}{M_t^*} \cdot \frac{L^*(R_t^*, Y_t^*)}{L(R_t, Y_t)} \tag{6.16}$$

(6.16) 式と (3.5)′ 式から自然対数のフォームは以下のとおり導かれます。

$$\begin{aligned} s_t = p_t - p_t^* &= (m_t - m_t^*) - (l - l^*) \\ &= (m_t - m_t^*) - \phi(y_t - y_t^*) + \delta(R_t - R_t^*) \end{aligned} \tag{6.16}'$$

但し，利子率を除く各変数は自然対数値（小文字で表記），$\phi > 0$ 及び $\delta > 0$

は実質総貨幣需要の生産量と利子率に対する感応度を示しています。

　（6.16）式によると，名目為替レートは貨幣市場におけるマネー・サプライと実質総貨幣需要の比率を二国間で比べたものとして決定されます。つまり，名目為替レートとは完全に貨幣的（monetary：マネタリー）なものであり，各国の貨幣市場における需給の状況によってのみ決定されるということが示唆されています。このような均衡為替レートの考え方は為替レートのマネタリー・アプローチ（monetary approach to exchange rates）と呼ばれ，（6.16）式及び（6.16）′式は伸縮価格のマネタリー・モデル（flexible price monetary model）と呼ばれます。「伸縮価格の」という断りがついているのは，このモデルが物価は自由に調整できるという（長期の）仮定の上に成り立っているためです。

　伸縮価格のマネタリー・モデル（6.16）式及び（6.16）′式に基づくと，他の条件が一定の下で，自国のマネー・サプライの増加は自国通貨の減価を招きます。また，自国の利子率の上昇や生産量の減少も，実質総貨幣需要の減少を通じて自国通貨の減価をもたらすと考えられます。同様に，他の条件を一定として，外国における貨幣供給量の増加，利子率の上昇，生産量の低下は自国通貨の増価をもたらすと考えられます。

　このような伸縮価格のマネタリー・モデルに基づく予測のうち，利子率が為替レートに与える影響については，第5章第2節のカバーなし利子平価に基づく短期分析によるものとは相反するものであることに気づくはずです。第5章の議論では，他の条件を一定として自国の利子率が上昇すれば自国通貨は増価しました。しかし，伸縮価格のマネタリー・モデルでは反対に自国の利子率の上昇は自国通貨の減価に繋がると予測します。このような違いがどこから生じるのかを理解するためには，先に議論したフィッシャー効果を参照し，今一度短期と長期の違いに立ち返ることが重要です（章末の復習問題を参照してください）。

　伸縮価格のマネタリー・モデル，或いはその土台を構成する購買力平価説は，資産価格である名目為替レートの動きを物価の動きによって説明しようとします。このようなアプローチは，物価が伸縮的に調整する長期の考察としては適当ですが，物価が硬直的である短期の考察には馴染まないと考えられます。そのような意味においては，伸縮価格のマネタリー・モデルや購買力平価は為替レートの長期的均衡を考えるためのフレームワークと解釈すべきものです。

◯ 硬直価格のマネタリー・モデル

　伸縮価格のマネタリー・モデルはその名のとおり，物価の伸縮的な調整による絶対購買力平価の成立を前提とするため，長期における名目為替レートの考察には馴染むものの，短期を想定した考察に適したフレームワークとは考え難いものです。物価の硬直性が絶対購買力平価からの乖離を引き起こす状況で，名目為替レートはどのように決定されるのかという視点が欠落しているからです。この点を考慮し，物価の硬直性を導入しながらマネタリー・モデルを改良してみましょう。まず (6.13) 式の予想相対購買力平価条件において，短期的に平価から乖離が生じることを許容することで以下の (6.17) 式が得られます。

$$\Delta s_{t,t+k}^e = -\theta\,(s_t - \bar{s}_t) + \Delta p_{t,t+k}^e - \Delta p_{t,t+k}^{*e} \qquad (6.17)$$

但し，$\bar{s}_t$ は長期における均衡為替レート，θ は名目為替レートが長期的均衡水準に向かって調整する速度を示す係数です。ここで $s_t \neq \bar{s}_t$ という短期と長期の均衡為替水準の違いは，第 5 章で解説した為替レートのオーバー・シューティングを表すものと考えてください。第 5 章第 5 節で解説したように，硬直的な価格の下では名目為替レートは一旦短期的均衡を達成してから，物価の調整に応じて徐々に長期的均衡へと移っていきます。θ はその調整速度を示すものです。

　次にカバーなし利子平価条件 (5.13) 式と (6.17) 式を合わせることで次の (6.18) 式が導かれます。

$$\Delta s_{t,t+k}^e = R_{t,t+k} - R_{t,t+k}^* = -\theta\,(s_t - \bar{s}_t) + \Delta p_{t,t+k}^e - \Delta p_{t,t+k}^{*e} \qquad (6.18)$$

(6.18) 式を現在の名目為替レートが左辺に来るように書き直すことで，以下の (6.19) 式が得られます。

$$s_t = \bar{s}_t - \frac{1}{\theta}\left[(R_{t,t+k} - \Delta p_{t,t+k}^e) - (R_{t,t+k}^* - \Delta p_{t,t+k}^{*e})\right] \qquad (6.19)$$

長期的には名目為替レートは伸縮価格のマネタリー・モデルに従いますので，(6.19) 式の $\bar{s}_t$ に (6.16)′ 式を代入することで次の (6.20) 式が導かれます。

$$s_t = (m_t - m_t^*) - \phi\,(y_t - y_t^*) + \delta\,(R_{t,t+k} - R_{t,t+k}^*)$$
$$-\frac{1}{\theta}\left[(R_{t,t+k} - \Delta p_{t,t+k}^e) - (R_{t,t+k}^* - \Delta p_{t,t+k}^{*e})\right] \qquad (6.20)$$

更にフィッシャー効果 (6.14) 式を代入すれば，以下の (6.21) 式が導かれます。

$$s_t = (m_t - m_t^*) - \phi(y_t - y_t^*) + \delta(\Delta p_{t,t+k}^e - \Delta p_{t,t+k}^{*e})$$
$$- \frac{1}{\theta}\left[(R_{t,t+k} - \Delta p_{t,t+k}^e) - (R_{t,t+k}^* - \Delta p_{t,t+k}^{*e})\right]$$
$$= (m_t - m_t^*) - \phi(y_t - y_t^*) - \frac{1}{\theta}(R_{t,t+k} - R_{t,t+k}^*)$$
$$+ \left(\delta + \frac{1}{\theta}\right)(\Delta p_{t,t+k}^e - \Delta p_{t,t+k}^{*e}) \tag{6.21}$$

(6.21) 式は硬直価格のマネタリー・モデル（sticky price monetary model）と呼ばれる名目為替レートの決定モデルです[2]（英語の "sticky" という言葉から「粘着」価格という直訳がしばしば用いられるようですが，意味するものは価格の硬直性であり，本書においては硬直価格のマネタリー・モデルと呼ぶことにします）。

(6.21) 式と (6.16)′ 式を比べれば，物価が伸縮的であると仮定するか，それとも硬直的であると仮定するかによってモデルに重要な違いが生じることが明らかになります。まず，自国と外国の利子率の差 $(R - R^*)$ が名目為替レートに与える影響が全く逆になっています。自国の利子率が外国の利子率より高くなると，伸縮価格モデルが自国通貨の減価を示唆したのに対して，硬直価格モデルは自国通貨の増価を示唆します。また，硬直価格モデルでは物価の調整が即座には完了しないため，今後物価がどのように変化するのかを捉える予想インフレ率が名目為替レートの重要な決定要因として加わっています。

このように物価の動きをめぐる長期と短期の区別は，名目為替レートの動きについて考える上でも非常に重要となります。しかし，「伸縮価格のモデルと硬直価格のモデルのどちらが正しいのか」という議論にはあまり意味がありません。それよりも，各モデルがどのような仮定の下に成り立っているかを理解した上で，どのような分析にはどちらのモデルがより適しているかという視点を持つことが大切です。

---

[2] 本書で取り上げたのは硬直的価格のマネタリー・モデルの中でも特にジェフリー・フランケルが定式化したモデルです。詳しくは Frankel（1979）を参照してください。

6.4　実質為替レートの長期的変動

◯　購買力平価からの長期的な乖離

　本章ではこれまでのところ，絶対購買力平価が少なくとも長期においては成立するという仮定の下に，名目為替レートがどのように決定されるかについて考察してきました。伸縮価格のマネタリー・モデルは絶対購買力平価が常時成立することを前提としましたし，硬直価格のマネタリー・モデルでは絶対購買力平価からの短期的な乖離は生じるものの，長期的には平価条件が満たされると仮定しました。従ってこれらのモデルは絶対購買力平価の成立によって，少なくとも長期的には実質為替レートは1に保たれることを前提とするものです。勿論，既に議論したように現実には輸送費用や関税などの取引コストが存在するため，絶対購買力平価ではなく相対購買力平価が成立し，実質為替レートは1とは異なるかもしれません。しかし，その場合でも実質為替レートは少なくとも長期的には一定の水準に保たれるはずです。そうであれば，両マネタリー・モデルの右辺に相対

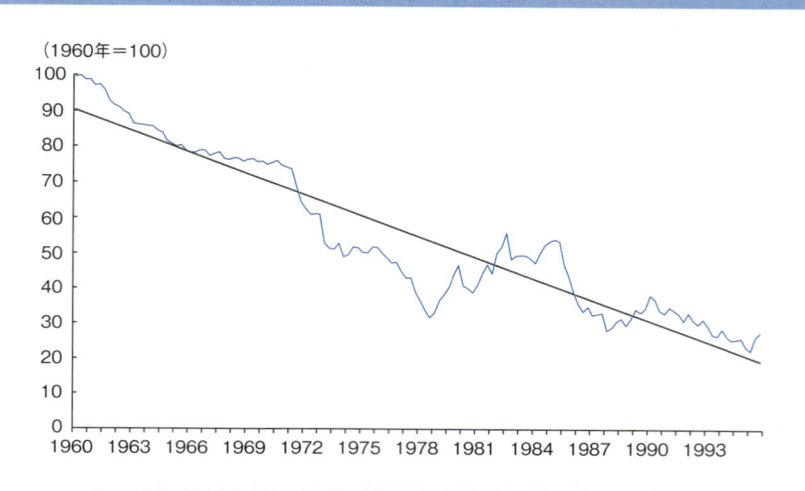

図6.1　円ドル実質為替レートの長期的トレンド　1960-1995

購買力平価式（6.11）式で登場した κ を切片として含めてやることでモデルの理論的正当性は保持されます。

　しかし，現実のデータを調べてみると，実質為替レートに長期的な上昇・下降のトレンドが顕在するケースが少なからず存在します。図 6.1 はその一例として，日本とアメリカの間の実質為替レートの 1960〜1995 年の推移をグラフにしたものです。

　グラフによると日米間の実質為替レートは長期的にも一定水準に留まっておらず，下降トレンドがあることが見て取れます。これは円単位で測った日本の物価が同じ円単位に換算したアメリカの物価に対して上昇を続けて，円の長期的な実質増価が生じたことを意味します（つまり実質為替レート $Z \equiv P(\$) \cdot \frac{S(\frac{¥}{\$})}{P(¥)}$ の長期的な下落傾向が見られます）。このような実質為替レートの長期的なトレンドは，1970 年代から 1980 年代の日本のように急速な経済成長を遂げている国に多く見られますが，そこには以下に議論するように非貿易財の存在と貿易・非貿易部門間の労働生産性の相違が関係していると考えられます。

○ 非貿易財と物価

　各国の生産物の中には，それ自身の価格に対して輸送費などの取引コストが極めて高いために，（裁定取引を含む）国際的な取引の対象とならないものがあります。例えば，仮に円単位で比較したミャンマーの理髪料金が日本のそれよりも大幅に安くても，日本の家計はミャンマーから理髪サービスを購入しないでしょう[3]。これは理髪サービスの料金差よりも，ミャンマーから理容師を呼び寄せるか，或いはミャンマーの理容師のところに日本の家計が出向くことにかかる費用，つまり理髪サービスの輸送費用の方が遥かに高いことから生じる結果です。ミャンマーの家計にとっては地元で理髪する方が安いため，当然のことながらわざわざ価格の高い日本から理髪サービスを購入することはありません。従って明らかな価格差が存在しているにもかかわらず，両国の間で理髪サービスが輸出入されることはなく，理髪サービスは非貿易財（non-traded goods）となります。この例からも分かるように，労働集約的なサービスは往々にして非貿易財になる傾向を持ちます[次頁4]。このような非貿易財の存在を踏まえた上で自国と外国の物価について再考し，そこから実質為替レートが長期的に変化する要因を探ってみるこ

3）　ここで理髪サービスの質は二国間で同じであると仮定します。

とにしましょう。

　各国の消費バスケットは貿易財と非貿易財の両方を含むため，物価は貿易財の価格と非貿易財の価格の加重平均として算出されます。Traded（貿易される）と Non-traded（貿易されない）の頭文字を添え字にして貿易財の価格を P^T，非貿易財の価格を P^N で表し，非貿易財部門の比重を α（$0 < \alpha < 1$）とすると，両国の物価は以下のように表すことができます。

$$P_t = (P_t{}^T)^{(1-\alpha)} \cdot (P_t{}^N)^\alpha \quad 及び \quad P_t{}^* = (P_t{}^{T*})^{(1-\alpha)} \cdot (P_t{}^{N*})^\alpha \tag{6.22}$$

これを自然対数形に変換すると以下のとおりです。

$$p_t = (1-\alpha)\,p_t{}^T + \alpha p_t{}^N \quad 及び \quad p_t{}^* = (1-\alpha)\,p_t{}^{T*} + \alpha p_t{}^{N*} \tag{6.22$'$}$$

但し，$p_t{}^{(T,N)} \equiv \ln P_t{}^{(T,N)}$ です。このとき実質為替レートは次のように表されます。

$$
\begin{aligned}
z_t &= s_t + p_t{}^* - p_t \\
&= (1-\alpha)(s_t + p_t{}^{T*} - p_t{}^T) + \alpha(s_t + p_t{}^{N*} - p_t{}^N)
\end{aligned}
\tag{6.23}
$$

（6.23）式は実質為替レートが貿易財の相対価格と，非貿易財の相対価格の加重平均であることを示しています。貿易財について一物一価の法則が成立すれば（6.23）式の右辺の第1項はゼロになりますが，非貿易財については成立しないため第2項はゼロではありません[5]。絶対購買力平価説は実質為替レートの自然対数値がゼロに等しいことを主張するものですが，（6.23）式によると非貿易財の存在が絶対購買力平価からの乖離を生み出すことになります。

◯ 労働生産性とバラッサ・サミュエルソン効果

　（6.23）式を以下のように書き換えてみましょう。

$$z_t = (s_t + p_t{}^{T*} - p_t{}^T) - \alpha\left[(p_t{}^N - p_t{}^T) - (p_t{}^{N*} - p_t{}^{T*})\right] \tag{6.24}$$

裁定によって貿易財については一物一価の法則が成り立つと仮定すれば，（6.24）式の右辺の第1項はゼロに等しくなり，以下の（6.24）$'$ 式が得られます。

$$z_t = -\alpha\left[(p_t{}^N - p_t{}^T) - (p_t{}^{N*} - p_t{}^{T*})\right] \tag{6.24$'$}$$

4）　貿易財・非貿易財という際の財は GDP に計上される生産物全体を指し，財（モノ）とサービスの両方を含みます。サービスの中には情報技術サービス，例えば動画配信やクラウド・コンピューティング，ネット広告やソフトウエアのように国際的に取引される，つまり財に該当するサービスもあります。これらのサービスはケーブルを介した情報のやり取りで済むため，サービス自体の価格に対して輸送費が安価という特徴を持ちます。また，外国から日本への旅行者や日本から外国への旅行者が現地で利用する宿泊サービスも国際的に取引されるサービスの一つです。

5）　生産要素の賦存量の比率に基づく貿易理論によると，財の代わりに生産要素が自由に移動できれば国際的に価格が均等化するという可能性が示されています。しかし，ここでは生産要素である労働が国境を超えて自由に移動することは想定していません。

(6.24)′式によると自国と外国の実質為替レートとは，それぞれの国における非貿易財と貿易財の相対価格を，更に二国間で比較した相対価格です[6]。従って実質為替レートに長期的なトレンドが見られるとすれば，それは各国の非貿易財と貿易財の相対価格が長期的にどのように推移しているかによって説明できるものと示唆されます。具体的には，非貿易財の貿易財に対する相対価格が，外国に比べて自国においてより急速に上昇を続ければ，自国通貨の長期的な実質増価（実質為替レートの下落）が生じるはずです。

　ベラ・バラッサ（Bela Balassa）と 1970 年にノーベル経済学賞を受賞したポール・サミュエルソン（Paul Samuelson）がそれぞれ同時期に発表した研究によると，このような実質為替レートの長期的な動きが生じる要因は，貿易財部門・非貿易財部門における労働生産性の国際相違にあるとされます[7]。このバラッサ・サミュエルソン理論（Balassa-Samuelson theory）について，自国を急速な経済発展の途上にある国，外国を既に経済発展を遂げた先進国と想定して考えてみましょう。両国内において家計は非貿易財，貿易財のどちらかの生産に従事して賃金を得ますが，両部門の間を自由に移動できるものとします（但し，自国と外国の間を移動することはできません）。また，両国，両部門とも賃金は生産に従事する家計の労働生産性に依存します。先進国である外国は貿易財部門において高い労働生産性を持ち，まだ発展途上にある自国では貿易財部門における労働生産性が外国に比べて低いと仮定します。一方で，非貿易財部門は機械化などで大量生産を導入できないサービス（例えば理髪サービス）を中心とするため，自国と外国の間に労働生産性の差が存在しないと仮定します。

　ここで当初は労働生産性の低かった自国の貿易財部門において，長期的に労働生産性の大幅な向上が起こったと仮定しましょう。外国においても貿易財部門の労働生産性は向上するかもしれませんが，自国においてはそれを上回るペースでの向上が続いたと考えてください（労働生産性の水準を比べているのではないことに注意してください）。これによって自国では急速に貿易財部門の賃金が上昇しますが，労働が両部門を自由に移動できるために非貿易財部門の賃金も同様に引き上げられます。この賃金の上昇を受けて自国における非貿易財の価格は上昇せざるを得ません。一方で自国の貿易財の価格は，一物一価の法則を通じて外国の貿易財の価格と連動しており，外国の貿易財部門では自国ほどのペースでは労働生産性が向上していないことから，貿易財価格は非貿易財価格ほどには上昇し

---

6)　つまり実質為替レートは（貿易財・非貿易財間の）相対価格の（自国・外国間の）相対価格です。
7)　詳しくは Balassa（1964）及び Samuelson（1964）を参照してください。

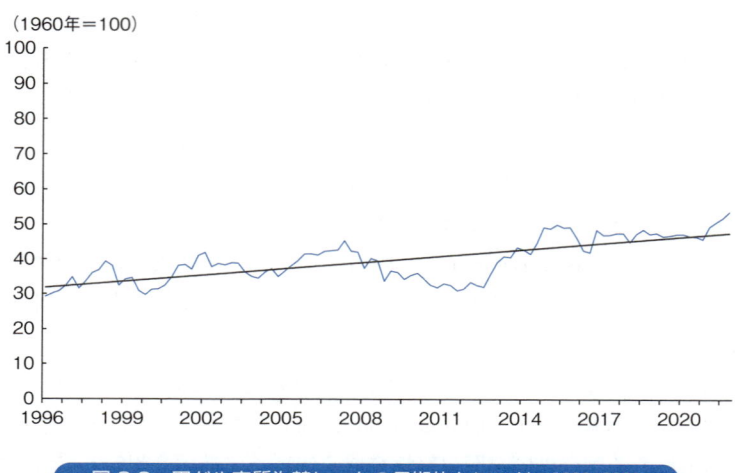

（1960年＝100）

図6.2　円ドル実質為替レートの長期的トレンド　1996-2023

ません。

　以上の条件を総合すると，自国が貿易財部門において急速な労働生産性の向上を達成するにつれて，自国における非貿易財の貿易財に対する相対価格 ($p_t^N - p_t^T$) が外国の ($p_t^{N*} - p_t^{T*}$) よりも速いペースで上昇するはずです。このような動きは（6.24)′式によると自国の実質為替レートの長期的な下落，つまり自国通貨の実質増価を引き起こしますが，それはバラッサ・サミュエルソン効果と呼ばれています。図6.1 が示すように，日本円の米ドルに対する長期的な実質増価は，実際に日本が貿易財部門においてアメリカを上回る急速なペースでの労働生産性の向上を達成していた 20〜30 年の間に起こっています。その後，1990 年代半ばから日本経済はバブル崩壊後の不良債権問題を抱え，デフレーションが長引くとともに労働生産性の低迷が続きました。図6.2 は 1996〜2023 年の円ドル実質為替レートの推移です。日米で労働生産性向上のペースが逆転すると，それまでとは反対に円はドルに対して長期的に実質減価するようになりました。

　バラッサ・サミュエルソン理論は時間の経過に伴う実質為替レートの動きを説明するものとしてだけでなく，経済の発展段階が異なる国々に同時点で見られる物価水準の差を説明する理論としても解釈することもできます。図6.3 は世界の 184 カ国について，2022 年のデータを用いて対アメリカでの相対物価と，1 人

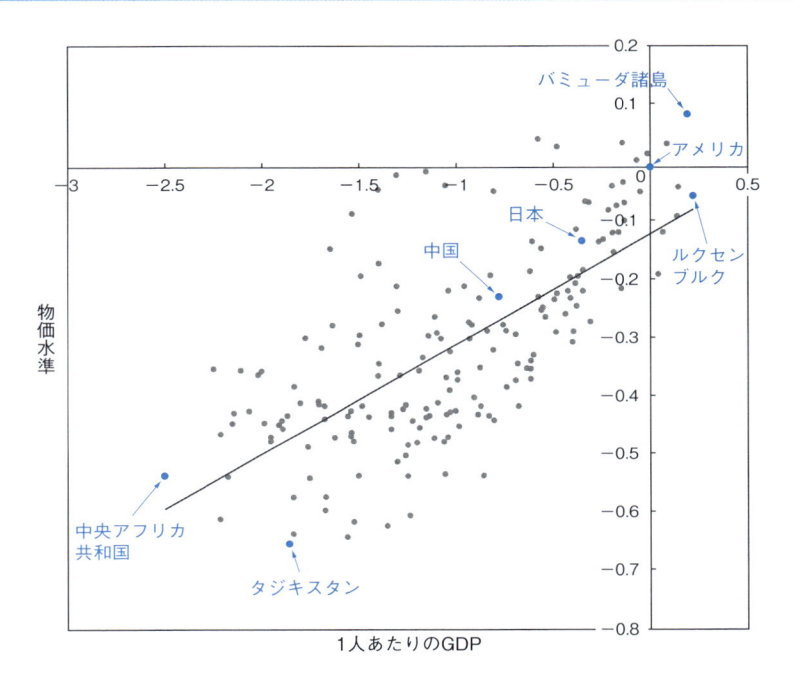

図6.3 1人あたりのGDPと物価水準

あたりのGDPの関係を描いたものです（両変数ともに自然対数値を用いています）。グラフからは，貧しい（豊かな）国ほど物価水準が低い（高い）という傾向が顕著に見られます。この年のデータによると，所得水準の世界最高国はルクセンブルク，最低国は中央アフリカ共和国，物価水準が世界最高なのは租税回避地として知られるバミューダ諸島（イギリス領），最低は中央アジアのタジキスタンとなっています。日本は所得水準，物価水準共にアメリカと中国の中程に位置しています。

　上述のバラッサ・サミュエルソン理論に基づくと，(1)貿易財部門における労働生産性が低い国ほど賃金が低い，(2)低賃金な国ほど非貿易財の価格も低い，(3)貿易財の価格は国際的に均等，(4)従って貿易財部門における労働生産性が低い国ほど総合的な物価が低い，と考えられます。これらに「貧しい国ほど貿易財の生産における労働生産性が低い」という条件を加えれば，なぜ貧しい国ほど物価水準

が低くなるのかが理解できます。

　物価が調整しない短期において絶対購買力平価からの乖離が発生するという点は広く認識されています。しかしバラッサ・サミュエルソン理論は，購買力平価からの乖離には長期的に生じるものがあることを示唆します。しかもその乖離はランダムに発生するのではなく，労働生産性の向上率の国際的な相違と非貿易財の存在によって，急速な経済発展を遂げる国の通貨の実質増価という形で現れることを示している点にこの理論の重要性があると言えます。

コラム　新型コロナウイルス感染症と一物一価の法則

2019 年に発生した COVID-19 と呼ばれる新型コロナウイルス感染症は，翌 2020 年には世界的感染拡大を招き，2022 年までに感染者の累計が 6 億人を超えるパンデミックとなりました。感染症の流行で世界の経済活動は大きく停滞し，至る所で社会の混乱が生じました。「金，揺らぐ『一物一価』」と題する日本経済新聞記事（2020 年 5 月 21 日朝刊）は，パンデミックがどのように市場を攪乱したか，一物一価の法則の観点から紹介しています。

　ニューヨークとロンドンで金の価格を比較すると，通常は金 1 トロイオンスあたり 1 〜 2 ドル程度しかない価格差が，約 70 ドルまで拡大して一

金、揺らぐ「一物一価」

世界各地で価格差拡大

物流停滞　市場間の裁定働かず

金はロンドンとNYで価格差が拡大

ニューヨーク先物価格
ドル／トロイオンス

ロンドン現物価格との差
ドル／トロイオンス

（注）NY価格からロンドン価格を引いた値

（出所）　日本経済新聞「金，ゆらぐ「一物一価」」（2020 年 5 月 21 日朝刊）（日本経済新聞社の許諾を得て転載。無断複写・複製禁止。）

物多価の状態が生じていると記事にあります。その理由として，感染症の流行によって世界中で航空貨物輸送が停止したため金の輸送ができず，市場間で裁定取引が行えなくなったことを挙げています。また，貴金属の売買を手掛ける大手金融機関も金の取引に絡んで1日に約2億ドルの評価損を出す等，平常時には想像し難いような深刻な影響があったことを伝えています。

　本章で学んだように一物一価の法則や購買力平価は，市場間の価格差が裁定取引によって解消されることを前提とします。そして，その裁定取引が行われるか否かは，輸送費の大小に依存しました。一部のサービスがそうであるように，財の場合も価格差に対して輸送費が高くなりすぎると裁定取引は行われずに非貿易財となります。航空貨物輸送の停止とは実質的にはパンデミックで航空貨物輸送費が異常なまでに急高騰したということであり，それによって金は一時的に貿易財から非貿易財に切り替わったことが分かります。

復 習 問 題

6.1　以下の設問に答えなさい。

(1)　日本とアメリカの物価水準がそれぞれ 10,000 円と 200 ドルであったとする。もし絶対購買力平価が成立するならば，円ドル間の名目為替レート，実質為替レートはそれぞれいくらであるか。

(2)　絶対購買力平価と相対購買力平価の違いについて説明しなさい。

(3)　相対購買力平価とカバーなし利子平価条件を使って実質利子平価条件を導き出し，フィッシャー効果について説明しなさい。

6.2　自国と外国の貨幣市場の均衡条件と絶対購買力平価条件を使って伸縮価格のマネタリー・モデルを導出しなさい。

6.3　本文にあるように，カバーなし利子平価に基づく考察と伸縮価格のマネタリー・モデルに基づく考察では，自国の利子率の上昇が為替レートに与える影響について相反する結論が導かれる。なぜこのような違いが生じるのか説明しなさい。

6.4　急速な経済成長を遂げる国には長期的に実質為替レートの増価傾向が見られる。なぜそのような実質為替レートの長期的変化が起こると考えられるか，バラッサ・サミュエルソン理論に基づいて説明しなさい。

第 Ⅲ 部

開放マクロ経済と政策：
金融・財政政策
と為替政策

第7章

為替レートと実体経済

　第Ⅱ部（第3〜6章）では貨幣と為替レートの基本的概念について紹介した上で，利子率や物価と名目為替の均衡レートの関係について考えました。本章から始まる第Ⅲ部では第Ⅱ部での議論を土台として，為替レートの変化が開放マクロ経済全体の均衡に与える影響を考察します。特に経済安定化のための金融・財政政策の効果や，通貨当局による為替介入，そして為替相場制度の選択など，政策的視点から国際金融と開放マクロ経済について考えます。

　まず本章では，第Ⅱ部で考察した為替レートと他の経済変数の関係を踏まえた上で第2章のGDPの議論に立ち返り，そこに為替レートを組み入れることで為替レートと実体経済（real economy）の関わりについて考察します。一国の経済が全体として均衡にあるためには，資産市場（第3章の貨幣市場と第4章の外国為替市場）だけではなく，生産物市場も均衡を達成していなくてはなりません。生産量の増大は所得の増加を意味し，生産水準の低下は失業者を増加させるというように，生産物市場は経済厚生に直接的な影響を与えます。そのような生産物市場における（短期的）均衡条件を考え，そこに為替レートがどのように関わっているかを明らかにするのが本章の目的です。

○ *KEY WORDS* ○

総需要，総供給，マーシャル・ラーナー条件，
経常収支，弾力性アプローチ，
貯蓄・投資バランスアプローチ，
アブソープション・アプローチ，
異時点間アプローチ

7.1　総需要と総供給

○　恒等式と均衡条件の違い

　財の需要と供給が一致することで市場の均衡が達成されるという考え方は，個々の市場のみならず，それらが集積された一国の経済全体の生産物市場についても当てはめることができます。経済全体に存在する財やサービスなどの生産物への需要の総計を総需要（aggregate demand），そして供給される財とサービスの総計を総供給（aggregate supply）と定義すれば，総需要と総供給の一致によって生産物市場の均衡が達成されると考えられます。

　生産物市場の均衡を考えるにあたって，まずは第2章第1節で解説したGDP恒等式を思い出しましょう。

$$Y \equiv C + I + G + X - M \tag{2.4}$$

（2.4）式は一国の総生産（GDP）が消費，投資，政府支出，そして純輸出の合計に等しいことを示していますが，それは事後的に見ると必ずその等号が成立するという意味でした。言い換えれば，ある年度に生産された財・サービスの総計を用途別に分類することで，総生産は必ず消費，投資，政府支出，純輸出の和として表すことができるという意味です。定義上両辺が一致するという意味において，（2.4）式は恒等式（常に等号が等しい式，identity）と呼ばれます。

　しかし，（2.4）式の成立は，企業が事前の生産計画に基づいて市場に供給する財・サービスの量が，実際に市場に存在する需要量に常に一致することを意味するわけではありません。例えば年度当初に市場の需要を予測して生産計画を立て，実行に移したものの，実際には需要量が生産量を下回ってしまい，売れ残りが生じることは珍しくありません。この様な事態において企業は不本意であっても，売れ残りを在庫として積み増さざるを得ません。積み増した在庫は家計にも，政府にも，或いは外国の居住者にも購入されなかったわけですが，GDP会計上は企業の設備投資の一部とみなされるため，GDP恒等式自体は成立します。つまり（2.4）式において，左辺の総生産量 Y の一部が売れ残りになっていても，それはそのまま右辺の設備投資 I に計上されるため，不本意な在庫の積み増しが生じたところで恒等式には影響はありません。

　しかし，市場では事前の生産計画に基づいた総供給が実在する総需要を上回っ

てしまっています。このため不本意な在庫増を余儀なくされた企業が生産量を引き下げることで，生産量は今期の水準では安定せずに減少に向かいます。逆に総需要が総供給を上回った場合には，既存在庫が手薄になったことを受けて企業は生産を拡大し，従って生産水準は増加することになります。つまり，いずれの場合も当初の生産量は（短期的な）均衡生産量ではないと考えられます。

　以上の議論に基づくと，生産物市場の（短期的）均衡は，総生産量が不本意な在庫の増減を伴わずに総需要量と一致する点においてのみ達成されることが分かります[1]。そのような均衡生産量を特定するには，まず総需要が何によって決定されるのかを明らかにする必要があります。開放マクロ経済の総需要は国内部門と対外部門から構成されるため，以下の第2節と第3節に分けてそれぞれの決定要因について考えます。

7.2　総需要とその決定要因Ⅰ：内需

○　消 費 関 数

　国内で生産された財・サービスの用途として最も多いのは民間部門の消費です。我々が日常生活で行う食料品，衣料品，電化製品，或いは銀行の金融サービスや理容店の理髪サービス等の購入は，全て消費に該当します。第2章の表2.2によると，このような民間部門による消費支出の合計は日本の GDP 全体の5割以上を占めています。家計は日常的にどの財・サービスをどれだけ購入するかという意思決定を行っていますが，その際に消費の水準を決定する最も重要な要因は消費者の可処分所得，つまり税引き後の所得であると考えられます。所得のうち実際に家計が自由に支出できるのは税金を差し引いた残額であり，その増減によって消費の水準も変化すると考えられるためです。ここで消費を C，所得を Y，税を T で表すと，消費は以下のような関数として書き表すことが可能です。

$$C = C(Y - T) \tag{7.1}$$

（7.1）式は C が右辺の括弧内にある $Y-T$（可処分所得）という変数に依存する

---

　1)　本章で扱う生産物市場の均衡は，短期的な均衡を指します。全ての価格が伸縮的に調整する長期における均衡生産量は，経済に与えられている労働や資本などの生産要素の質と生産技術によって決定されます。しかし短期的には本章で議論するような需給の不一致による生産水準の変動が発生します。

関数であることを示しています。一例として消費関数をより具体的に以下のように想定してみましょう。

$$C = a + b \cdot (Y - T) \text{ 但し } a \text{ と } b \text{ は定数であり且つ } 0 < a, \ 0 < b < 1 \qquad (7.2)$$

(7.2) 式によると可処分所得が 1 単位増加するごとに消費は b 単位増加します。このとき残りの $(1 - b)$ 単位は貯蓄されます。係数 b は限界消費性向（marginal propensity to consume）と呼ばれ，$(1 - b)$ は限界貯蓄性向（marginal propensity to save）と呼ばれます。消費関数が必ずしも (7.2) 式のような単純な形を持つかどうかは別として，可処分所得が 1 単位増加する場合に消費は通常 1 未満しか増加せず（つまり限界消費性向は 1 に満たない），その差は貯蓄に充てられるという点に留意してください（そのような家計の行動の動機については第 1 章第 2 節の議論を参照してください）。

◯ 投 資 関 数

　企業は事業を拡張しようとする場合，新たに工場を建てたり，新しい機械を導入したりして生産設備を増強します。このような行為は設備投資或いは単に投資（investment）と呼ばれますが，それは経済にとって将来の生産能力を高めるという極めて重要な意味を持ちます。表 2.2 によると，近年の日本において投資が GDP に占める割合は 25％前後で推移しています。

　企業が行う（設備）投資には莫大な資金が必要であり，一般的に企業はその多くを外部（金融機関やその他の投資家）からの借入で調達します。このため借入にあたっての資本の価格，つまり利子率が投資に関する企業の判断に大きな影響を及ぼします。正確には実質での資本の価格，つまり名目利子率から返済時までに生じると予想される物価上昇率を指し引いた実質利子率が投資の重要な決定要因と考えられます[2]。名目利子率を R，予想インフレ率を $\pi^e (\equiv \Delta p^e)$ で表すと，投資関数は

$$I = I(R - \pi^e) \qquad (7.3)$$

と表すことができます。

　物価が硬直的な短期については，予想物価上昇率がゼロと想定して，

$$I = I(R) \qquad (7.3)'$$

　2）　インフレーションが生じると貨幣の実質的な価値が低下するという第 3 章第 2 節の議論を思い出してください。例えば返済時までに物価が変化しない場合と，物価が 2 倍になる場合とを想定してみてください。借入名目額はどちらの場合も同じですが，物価が 2 倍になれば資本の実質的な価値は半減します。

と簡略化して考えることが可能です。この場合，名目利子率はそのまま実質利子率を反映します。他の諸条件が一定の下では，利子率の上昇は借入資金の価格の上昇（＝返済利払いの増加）を意味するため，投資を減少させます。従って投資 I は利子率 R の負の関数であると考えられます。

○ 政府支出と租税

　家計や企業という民間経済主体以外で重要なのが，家計から税を徴収し，公的なサービスや公共財を提供する政府の存在です。第1章第1節の議論の中で，市場は基本的には効率的な資源配分の機能を有するものの，市場に任せることで全ての問題が解決できるわけではないと述べました。例えば多くの人が利用する上下水道，道路や公園等の建設・維持，そして教育や福祉サービスなどは，その公益性を考えれば十分な供給が望まれます。しかし，事を完全に市場に委ねた場合，十分な利益が見込めない限り企業は市場に参入して，それらを供給しようとはしません。仮に参入企業があっても，その数が少なければ独占的な市場構造になり，供給量が低い水準にとどまって価格が高騰し，社会全体には行き渡らないという可能性も考えられます（企業が最大化しようとするのは自らの利潤であって，社会全体の経済的厚生ではないことに注意してください）。このため政府は国民から税を徴収し（或いは国債を発行して国民から借り入れ），それを持って公共性の高い財やサービスを提供するという役割を担っています。

　政府支出 G の増大は，他のコンポーネント（消費，投資，純輸出）が一定に保たれるのであれば総需要を増大させます。しかし，注意すべき点は政府支出が租税によって賄われるのであれば，G の増加は同時に T の増加を意味し，(7.1) 式によればそれは民間部門の消費を減少させることが分かります[3]。つまり政府支出の増大は（それが税で賄われる限り）直接的に総需要の増加に寄与すると同時に，民間の支出を抑制することによって総需要を減少させる効果も併せ持つということです[4]。

---

3)　租税以外にも政府は国債の発行（つまり借金）を通じて政府支出を増大させることが可能ですが，ここでは簡略化のため租税のみを仮定しています。

4)　もし税を徴収する代わりに国債の発行を通じて政府支出を増大したとしても，その国債はいずれ償還されなければなりません。つまり，政府は将来的に増税や政府支出の削減を図って国民に対する債務を返済する義務を負います。このため国債発行による現在の政府支出の増大は将来の増税を意味すると家計が考えるのであれば，国債発行による政府支出の増大が家計の消費行動に与える影響は，増税による政府支出の増大の場合と同じことになります。このような家計の行動はリカードの中立性命題（Ricardian equivalence）と呼ばれ，経済学における重要な命題の一つとされています。

政府支出については消費や投資のように，他の経済変数に依存する関数として考えるのではなく，政府の政策によって決定された所与の変数であると仮定します。つまり G は他の変数の動きによって変化するのではなく，政府による政策の変更によってのみ増減するものとします。経済学ではこのようにモデルの中で決定されるのではなく，所与のものとして予めモデルに対して与えられている変数のことを外生変数（exogenous variables）と呼びます。これに対してモデルの枠組みの中で決定される変数は内生変数（endogenous variables）と呼ばれます。

7.3　総需要とその決定要因 II：外需

○ 実質為替レートと国際貿易

次に対外部門である純輸出の決定要因について考えましょう。第 1 章第 3 節では国際貿易の意味に言及しましたが，その際に財は効率的に生産される安価な国から，その生産を不得意とする高価な国へ流れることを指摘しました。つまり主に生産コストの違いから生じる財の価格差が国際貿易の重要な決定要因であるということです。

財の価格と需要量の基本的な関係は，輸出入のように国際的な取引の場合でも，通常の国内取引の場合でも同じです。他の条件が一定の下で価格が上昇すれば，需要は減少します。国際貿易の場合，例えば自国から外国へ輸出される財の価格が，外国が自ら生産する財の価格に比べて相対的に高く（安く）なれば，自国の輸出財に対する外国の需要は減少（増加）します。従って自国財と外国財の価格を相対的に比較する指標が重要となりますが，そのような指標として登場したのが第 4 章第 2 節で解説した財の国際相対価格，さらには自国と外国の間の実質為替レートでした。

二国間の実質為替レート $Z \equiv \dfrac{S \cdot P^*}{P}$ の変化は，純輸出にどのような影響を及ぼすと考えられるでしょうか。例えば Z の上昇は，外国の財バスケット 1 つと交換される自国の財バスケットの数が増えることを意味します。つまりこの場合，外国の消費者にとって自国の財は相対的に安くなっています。従って自国にとって実質為替レートの上昇（＝実質減価）は輸出を促進する効果を持つと考えられます。

輸入についてはどうでしょうか。自国の消費者にとって Z の上昇は外国の財が相対的に高くなったことを意味します。このため自国の消費者は以前よりも輸入量を減らすと考えられます。しかし，話はこれだけでは終わりません。自国財単位で測った外国財の価格，つまり外国財 1 単位が自国財の何単位に相当するかも変化してしまっているからです。輸出から輸入を差し引いて純輸出を求めるわけですから，輸出と輸入が同じ単位で測られていなければならないことに注意してください。自国通貨が実質減価すれば（つまり Z が上昇すれば）輸入される財の数量が減少する一方で，輸入財 1 単位に相当する自国財の単位は増加します。つまり自国財単位で測った輸入を減少させる数量効果と，増加させる価格効果が共存していることになります。これらの相反する効果のどちらがより大きいかが明らかにされなければ，実質為替レートが純輸出に及ぼす最終的な影響も確定できません。

◯ マーシャル・ラーナー条件

　上述のように，実質為替レートの変化が輸入に与える影響には不確定的な要素が存在します。この点をより明確にしながら，自国の実質減価が必ず純輸出を増大させる条件を導いてみましょう。まず，価格と数量を明確に区別することで，自国の純輸出は以下のように表すことができます。

$$NX = X - M$$
$$= P \cdot Q^X - S \cdot P^* \cdot Q^M \tag{7.4}$$

ここで P と P^* は自国と外国のそれぞれの通貨単位での価格，Q^X は自国財の輸出数量，Q^M は自国による外国財の輸入数量，そして S は名目為替レートです。(7.4) 式の両辺を自国の物価 P で割ることで以下の (7.4)′ 式が導かれます。

$$\frac{NX}{P} = Q^X - \frac{S \cdot P^*}{P} \cdot Q^M$$
$$= Q^X - Z \cdot Q^M \tag{7.4'}$$

但し，$Z \equiv \dfrac{S \cdot P^*}{P}$ は実質為替レートです。ここで，P は必ず正の値を取るため，NX と $\dfrac{NX}{P}$ は必ず同じ符号を持つことに留意してください。以下では表記を簡素化するために $P=1$ とします。次に (7.4)′ 式に基づいて，Z が僅かに増えたときに，NX はどのように変化するかを考えてみましょう。(7.4)′ 式の両辺を Z について微分すると以下の (7.5) 式が得られます。

$$\frac{\Delta NX}{\Delta Z} = \frac{\Delta (Q^X - Z \cdot Q^M)}{\Delta Z}$$

$$= \frac{\Delta Q^X}{\Delta Z} - \frac{\Delta Q^M}{\Delta Z} \cdot Z - Q^M \cdot \frac{\Delta Z}{\Delta Z} \qquad (7.5)$$

$$= \frac{\Delta Q^X}{\Delta Z} - \frac{\Delta Q^M}{\Delta Z} \cdot Z - Q^M$$

（7.5）式の右辺のうち最初の2項は，実質為替レートの変化が純輸出にもたらす数量効果を示しています。第1項 $\frac{\Delta Q^X}{\Delta Z}$ は輸出量の変化，第2項 $\frac{\Delta Q^M}{\Delta Z} \cdot Z$ は自国財単位に換算した外国財の輸入量の変化を示しています。これらの符号はそれぞれ $\frac{\Delta Q^X}{\Delta Z} > 0$, $\frac{\Delta Q^M}{\Delta Z} \cdot Z < 0$ なため，数量効果の合計についても $\frac{\Delta Q^X}{\Delta Z} - \frac{\Delta Q^M}{\Delta Z} \cdot Z > 0$ と確定できます。

（7.5）式右辺第3項の Q^M は実質為替レートの変化によって生じる輸入の価格効果を示しています。自国の輸入数量（＝外国の自国への輸出数量）は外国財単位で Q^M 単位ですから，輸入財の価格（つまり $P=1$ のときの実質為替レート）が1だけ上昇すると，全体では輸入総額が Q^M だけ上昇することになります。従って Q^M は実質減価による外国財の（自国財単位で測った）価格上昇の効果を示しています。輸入が存在する限りは $Q^M > 0$ ですので，この価格効果を数量効果から差し引いた値の符号は不明です。もし数量効果が価格効果を上回れば $\frac{\Delta NX}{\Delta Z} > 0$ となりますが，逆に価格効果が数量効果を上回れば $\frac{\Delta NX}{\Delta Z} < 0$ となり自国にとって実質減価が純輸出を減少させる結果となります。

それでは数量効果が価格効果を上回って，実質減価が純輸出を増加させる条件を導きましょう。まず（7.5）式の両辺に $\frac{Z}{Q^X}$ をかけることで以下の（7.5）′ 式が導かれます。

$$\frac{\Delta NX}{\Delta Z} \cdot \frac{Z}{Q^X} = \frac{\Delta Q^X}{\Delta Z} \cdot \frac{Z}{Q^X} - \frac{\Delta Q^M \cdot Z}{\Delta Z} \cdot \frac{Z}{Q^X} - \frac{Q^M \cdot Z}{Q^X} \qquad (7.5)'$$

ここで当初は貿易の収支がバランスしていたと仮定すると，（7.4）′ 式において $NX=0$ より $Q^X = Z \cdot Q^M$ という条件が得られ，これを（7.5）′ 式に代入することで以下の（7.6）式が得られます。

$$\frac{\Delta NX}{\Delta Z} \cdot \frac{Z}{Q^X} = \frac{\Delta Q^X}{\Delta Z} \cdot \frac{Z}{Q^X} - \frac{\Delta Q^M \cdot Z}{\Delta Z} \cdot \frac{Z}{Q^X} - \frac{Q^M \cdot Z}{Q^X}$$

$$= \frac{\frac{\Delta Q^X}{Q^X}}{\frac{\Delta Z}{Z}} - \frac{\Delta Q^M \cdot Z}{\Delta Z} \cdot \frac{Z}{Q^M \cdot Z} - 1$$

$$= \frac{\frac{\Delta Q^X}{Q^X}}{\frac{\Delta Z}{Z}} - \frac{\frac{\Delta Q^M}{Q^M}}{\frac{\Delta Z}{Z}} - 1 \qquad (7.6)$$

$$= \varepsilon + \varepsilon^* - 1$$

但し，$\varepsilon \equiv \dfrac{\frac{\Delta Q^X}{Q^X}}{\frac{\Delta Z}{Z}}$，及び $\varepsilon^* \equiv -\dfrac{\frac{\Delta Q^M}{Q^M}}{\frac{\Delta Z}{Z}}$ です。ε は実質為替レートが1%上昇した

ときに，自国財の輸出量が何%増えるかを測るもので，実質為替レートについての輸出需要弾力性（elasticity of export demand）と呼ばれます。同様に ε^* は実質為替レートが1%上昇したときに，外国財の自国への輸入量が何%増えるかを測るもので，実質為替レートに関する輸入需要弾力性（elasticity of import demand）と呼ばれます[5]。以上から次の条件が成立すれば実質減価は純輸出を増加させると言えます。

$$\varepsilon + \varepsilon^* > 1 \qquad (7.7)$$

(7.7) 式はマーシャル・ラーナー条件（Marshall-Lerner condition）と呼ばれる，為替レートと純輸出（或いは経常収支）の関係を考察する際に鍵となる重要な条件です。

　理論的には数量効果と価格効果の大小関係が確定されないため，実質為替レートの変化が純輸出に与える影響も明らかではありません。しかし現実的にはマーシャル・ラーナー条件が成立し，数量効果が価格効果を上回るのが一般的であると考えられています。本書においてもマーシャル・ラーナー条件の成立を想定し，実質減価（実質増価）は貿易収支の改善（悪化）効果，つまり純輸出の増大（減少）を促す効果を持つと想定して議論を進めることにします。

　また，短期的には自国の物価 P，外国の物価 P^* が共に固定されているため，実質為替レート Z（$\equiv \dfrac{S \cdot P^*}{P}$）の変化は名目為替レート S の変化によって引き起こされ，$\Delta S = \Delta Z$ となることに留意してください。従ってマーシャル・ラーナー

---

5) ここで言う価格とは相対価格，つまり実質為替レートであることに注意してください。

条件についても名目為替レートの観点から，各国の物価が一定の下で名目減価が貿易収支の改善（純輸出の増大）をもたらす条件と解釈することも可能です（章末の復習問題 7.2 を参照してください）。

○ 純 輸 出 関 数

ここまでは純輸出を決定する要因として，貿易される財の相対価格に注目してきました。しかし実際にどれだけの輸出入が行われるかは，財の価格だけによって決まるわけではありません。例えば買い物をする場合，商品の価格だけでなく，いくらの予算を持っているかによって買い物の総額は変わるはずです。純輸出についても同様で，その決定要因として可処分所得も考慮する必要があります。

前節で解説したように可処分所得の増加は消費を増大させますが，増える消費の一部は輸入財に向けられます。このため実質為替レートに変化がなくとも，可処分所得が増加すれば輸入が増加するため，他の条件が一定であれば純輸出は減少すると考えられます。同じ理由で自国から外国への輸出は外国の可処分所得に依存しますが，以下では議論を簡略化するために，外国の可処分所得については一定であると仮定します。以上のことから，純輸出 NX は以下のような関数として表すことができます。

$$NX = NX(Z, Y - T) \tag{7.8}$$

マーシャル・ラーナー条件の成立を前提として，純輸出 NX は自国の実質為替レート Z に正に依存し，自国の可処分所得 $(Y - T)$ に負に依存するものとします。

7.4　生産物市場の短期均衡

○ 生 産 量 の 決 定

総需要は内需（消費，投資，政府支出）と外需（純輸出）を合計したものですので，総需要関数 D は以下のように定義されます。

$$D = C(Y - T) + I(R) + G + NX(Z, Y - T) \tag{7.9}$$

ここで（7.9）式はあくまで総需要 D が何に依存するかを示すだけであって，総生産量 Y について特定の値を要求する均衡条件ではないことに注意してくださ

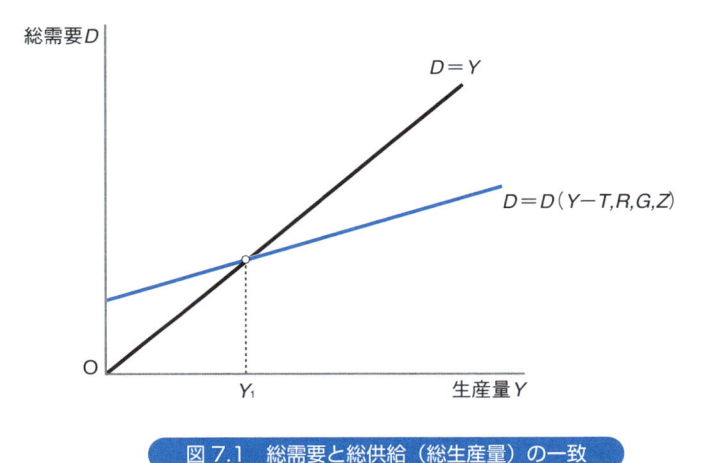

グラフ内ラベル:
総需要 D
$D = Y$
$D = D(Y - T, R, G, Z)$
O
Y_1
生産量 Y

図 7.1　総需要と総供給（総生産量）の一致

い。

　次に生産物市場の短期的均衡を達成するような生産水準を特定しましょう。
(7.9) 式の総需要が総生産量 Y に一致すれば，生産された財やサービスは全て
需要され，不本意な在庫の増減は発生しません。従って均衡条件は以下のように
定義できます。

$$Y = D$$
$$= C(Y - T) + I(R) + G + NX(Z, Y - T) \tag{7.10}$$

ここで (7.10) 式と (2.4) 式の違いに十分に注意してください。(7.10) 式は
(2.4) 式のような定義上，常に成立する恒等式ではなく，左辺の総供給と右辺の
総需要が等しいという均衡条件を示す式です。この条件を満たすような値を生産
量 Y が取るときに限って生産物市場の需給は一致します。(7.10) 式は両辺に Y
を持つため，Y について解くことで均衡条件を満たす生産量 Y の値を特定化する
ことができます。

　図 7.1 は縦軸に総需要 D を，横軸には生産量（総供給）Y を測っています。
原点から右上に伸びた傾きが 1 の直線 $D = Y$ 上では総需要と総供給が一致します。
もう一方の傾きが 1 よりも小さな直線 D は，生産量 Y の変化に応じて総需要 D
がどう変化するかを示した総需要関数です。

　総需要関数の傾きが 1 よりも小さい理由は以下のことから分かるはずです。

177

（他の諸条件 R, G, T, Z を一定として）Y が1単位増加するとき可処分所得も1単位増加しますが，限界消費性向が1未満であることから，消費の増加は1未満となります。更に開放経済においては増加する消費需要の一部は輸入財に向けられます。従って生産量の増加は総需要の増加をもたらすものの，後者は前者よりも小さいはずです。このため総需要関数の傾きは $\frac{\Delta D}{\Delta Y} < 1$ となります。

　次に総需要関数の縦軸の切片を考えましょう。マクロ経済の生産量が実際に0になるとは考えにくいことですが，仮にそのような状況を想定しましょう。生産量が0であることは国民所得が0であることを意味しますが，その場合でも財に対する需要は存在すると考えられます。例えば，一時的に大災害や戦争によって経済の生産力が壊滅的な打撃を受けたとしても，家計や企業が存在する限り財やサービスに対する需要も存在するはずです。このような観点から総需要関数の切片は正の値を取ると考えるのが妥当です。切片が正で，傾きが1よりも小さければ総需要関数は必ず直線 $D = Y$ と交差します。そして両者が交差する点における Y の値は，総需要と総供給を一致させる生産物市場の均衡生産量を示します。

◯ 為替レートと均衡生産量

　ここで話を為替レートに戻して，（他の条件が一定の下で）為替レートの変化が均衡生産水準にどのような影響を与えるかを考えましょう。例えば，自国通貨が減価したと仮定します。物価が固定されている短期においては，名目減価はそのまま実質減価を意味します。図 7.2 に描かれたように（他の条件を一定として）実質減価は純輸出の増大（＝貿易収支の改善）を促すため，$(X - M)$ の増加によって総需要関数は上方にシフトします。その結果，総需要関数と直線 $D = Y$ との交点はグラフの点Aから点Bへと移動し，生産物市場の均衡をもたらす生産水準も Y_1 から Y_2 へと増大します。

　自国通貨の増価のケースは逆に点Bから点Aへの移動と考えれば，均衡生産量の低下をもたらすことが分かります。このように外貨の価格であり，貨幣の交換比率である名目為替レートが変化すると，生産物市場においても均衡生産量の変化という極めて重要な実体的な変化が引き起こされるという点に注意してください。

　この点に関連して更にもう2点，留意すべき事柄を指摘しておきます。第一に上述の名目為替レートと生産物市場における均衡生産水準の関係は，物価が硬直的である短期を想定しているという点です。純輸出に影響を与えるのは名目為替

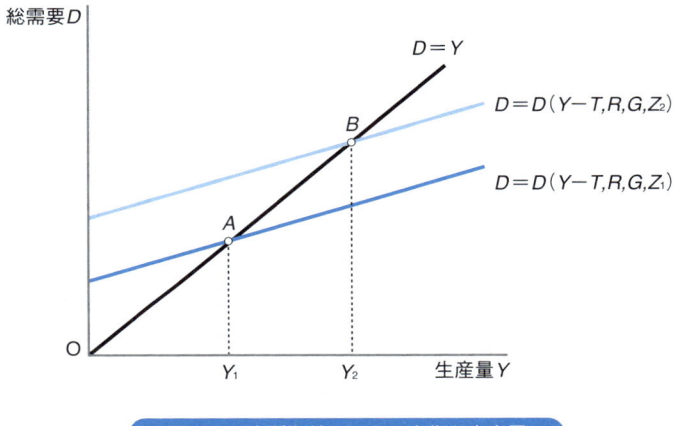

図7.2　実質為替レートの変化と生産量

レートではなく，生産物の相対価格を示す実質為替レートです。名目為替レートの変化が生産水準に影響を及ぼすのは，物価が調整しない短期においては名目減価・増価がそのまま実質減価・増価をもたらすためです。

　第二には，減価や増価など名目為替レートの変化が何によって引き起こされているのかという視点の必要性です。この点については第5章の議論を振り返り，自国の貨幣市場，あるいは外国の貨幣市場における需給の変化から生じる利子率の変化が名目為替レートに及ぼす影響を再度確認してください。特に留意すべきことは，利子率の変化が名目為替レートの変化を引き起こしている場合，生産水準に及ぶ影響は（為替レートの変化による）純輸出の変化だけではないという点です。第2節で解説したように投資は利子率に依存するため，もし名目為替レートの変化が利子率の変動によって引き起こされたのであれば，純輸出だけでなく投資も変化して生産水準を決定することになるでしょう。この点については第8章の開放マクロ経済政策の議論の中で更に詳しく議論します。

7.5 経常収支の考察

○ 経常収支と純輸出

　第2章第3節で学んだとおり，一国の経常収支は貿易・サービス収支，第一次所得収支，及び第二次所得収支から構成されます。中でも貿易・サービス収支は，多くの国において経常収支に占める割合が高く，特に重要な構成要素と考えられています。例えばアメリカの場合，図2.4 が示すように経常収支の大部分を貿易・サービス収支が占めており，経常収支の不均衡をめぐる議論は実質的に貿易・サービス収支の不均衡，つまり純輸出がゼロから大きく乖離することについての議論を意味します。近年の日本は経常収支に占める第一次所得収支の割合が増していますが，かつては貿易・サービス収支，特に貿易黒字が経常黒字の大部分を占めていました。対外的な赤字や黒字として表現されることもあって，経常収支や貿易収支の不均衡は時として国際的な軋轢を引き起こします。その際，収支不均衡の解釈を誤った主張に遭遇することが少なくありません。

　アメリカは大幅な経常赤字国ですが，相手国別で見れば近年は特に対中国で貿易赤字の大きさが目立ちます[6]。また，かつては日本がアメリカにとって最大の貿易赤字国でした。このためアメリカの議会関係者らが，自らの抱える経常赤字の原因を作り出しているとして，中国や日本を非難する姿がしばしばメディアでも報じられてきました[7]。その主張は概ね次の2点に集約されます。

　第一には，中国や日本の市場が不公正な慣行やルールによってアメリカの輸出品に対して十分に開かれていないという指摘です。このような主張は，例えば1980年代の日米貿易摩擦の際に頻繁に聞かれました。第二には，これらの国の通貨と米ドルとの名目為替レートが適正な水準にはなく，その結果これらの国の輸出財はアメリカの居住者に対して安価になりすぎている（逆にアメリカの輸出財は相手国の居住者にとって高価になりすぎている）という主張です。特に2005年7月まで人民元の対米ドル名目為替レートを事実上固定していた中国に対して，このような批判が繰り返されました。実はアメリカは以前にも同様の批

　6）　アメリカの経常収支の推移については第2章の図2.4 を，対日本・中国での貿易については本章末のコラムのグラフを参照してください。

　7）　本章のコラム「経常・貿易収支の解釈：二国間収支と多国間収支の違い」を参照してください。

判を日本に向けており，その圧力が頂点に達したのが1985年のプラザ合意と協調介入，それを受けた円の急伸（対ドルの急激な増価）です。この第二の主張の妥当性について，経常収支や純輸出に関するこれまでの議論を踏まえて考えてみましょう。

　マーシャル・ラーナー条件が成立していれば，例えば中国の通貨である人民元が米ドルに対して増価すれば，短期的には実質増価を通じて中国の対米貿易収支は悪化し，逆にアメリカの対中国貿易収支は改善すると考えられます。しかし，中国の通貨当局は意図的に人民元の対米ドル名目為替レートを操作して，本来起こるべき貿易収支の調整が起きないようにしているというのがアメリカ側の主張です。このように輸出入の価格弾力性の合計が1を超えるというマーシャル・ラーナー条件に基づいて，輸出入の国際相対価格への感応度から経常収支（或いは貿易収支）を捉える視点は，経常収支の弾力性アプローチ（elasticity approach）と呼ばれます。本章第3節における純輸出関数の導出も，この弾力性アプローチに基づいたものでした。

　しかし，経常収支の不均衡について考えるにあたって，弾力性アプローチの観点から問題の本質が全て見えるわけではありません。弾力性アプローチは相対価格の変化に対して純輸出，つまり貿易収支がどう変化するかを考察するものであって，貿易赤字を抱えるアメリカのマクロ経済全体について考察するものではありません。例えば国内の経済状況が純輸出に与える影響については考慮されていません。このため弾力性アプローチは部分均衡的アプローチと呼ばれます。これに対して，マクロ経済全体を考慮しながら経常収支の動きを考察する手法は全体均衡的アプローチと呼ばれます。以下にその例をいくつか挙げながら，異なった観点から経常収支の不均衡の意味について考えてみましょう。

○ 経常収支への異なるアプローチ

　まず貯蓄投資バランス・アプローチ（saving-investment balance approach）は第2章第1節で解説した (2.9)′ 式

$$CA \approx NX = X - M = S - I \qquad\qquad (2.9)'$$

に基づいて経常収支を解釈するものです。但し，CA は経常収支，NX は純輸出で，経常収支の大半を貿易・サービス収支が占める国を想定しています。(2.9)′ 式によると経常収支は基本的に国内の貯蓄と投資の差に等しく，従ってその不均衡は国内の貯蓄行動或いは投資行動に起因すると考えることができます。例えばアメ

リカに代表される，貯蓄率が低いにもかかわらず投資が盛んな経済は，経常収支が自ずと赤字になります。この点を重視する経済学者は，中国や日本の為替政策や貿易政策よりも，投資に対して総貯蓄が過少であるというアメリカの国内事情が深刻な経常赤字の要因であるという指摘をしています。

また，経常収支は次のように表すことも可能です。

$$CA \approx NX = Y - (C + I + G) \tag{7.11}$$

(7.11) 式に基づいた経常収支の捉え方はアブソープション・アプローチ（absorption approach）と呼ばれます。アブソープション・アプローチでは，経常収支の決定要因としての内需（アブソープション）の役割に注目します。(7.11) 式によると経常収支が改善するためには，内需 $(C + I + G)$ 以上に所得 Y が増加しなければなりません。例えば実質為替レートの減価によって純輸出が拡大しても，それによって所得が増加し，所得の増加が更に内需の拡大へと繋がると，当初の純輸出拡大による経常収支の改善効果は少なくとも部分的に打ち消されてしまいます。このため大きな経常赤字を抱える国が経常収支の大幅な改善を図るためには，実質減価に加えて内需を抑制する緊縮的な財政・金融政策の遂行が必要となります。アメリカの場合にも経常赤字の改善のためには，単に米ドルが人民元や日本円に対して減価するだけでなく，アメリカ経済の内需の抑制が必要であるという見方もできます。

最後に第2章で議論した (2.9)′ 式の解釈と，第1章で議論した国際金融の役割を併せながら経常収支の意味について考えましょう。第2章において (2.9)′ 式は純輸出 $(X - M)$ と海外純投資 $(S - I)$ の表裏一体関係を示すものであるとしました。具体的には，純輸出は正であれば海外への貸付を，負であれば海外からの借入を意味するということです。また第1章第2〜3節や第2章第3節においては，このような対外的な貸借取引を異時点間の最適化を行う上での有効なツールとして捉え，効率的な予算配分の観点から望ましいものと考えました。このような観点からすれば，経常収支の不均衡は各国の経済主体による異時点間の最適化行動の表れに過ぎないと解釈できます。このような経常収支の捉え方は，経常収支の異時点間アプローチ（inter-temporal approach）と呼ばれます。

異時点間アプローチの立場に立てば，そもそも経常収支の不均衡を問題視すること自体が妥当でないということになります。但し，そのような視点は予算制約が必ず満たされるという条件の上に成り立っています。従って度を超えた不均衡が恒常的に見られる場合には，本当にそれが予算制約を満たした上での最適化行動の表れなのか，それとも将来的に予算制約を満たすことのできない破綻的な行

動なのかを見極める必要があります（対外債務の不履行問題については第 10 章第 1 節を参照してください）。

　経常収支の不均衡は以上のような様々な観点から捉えることができます。しかしそれはこれらの異なるアプローチのうちどれか一つだけが正しく，他のアプローチが誤っているということを意味するものではありません。アメリカの経常赤字の例を含め，現実の不均衡は異なるアプローチがそれぞれに指摘する要素を複合的に含んだものとして捉えるべきものです。

> **コラム**　経常・貿易収支の解釈：二国間収支と多国間収支の違い
>
> 　第 2 章（図 2.4）でも確認したように，アメリカの経常収支の大部分は貿易・サービス収支，特に貿易収支が占めています。世界最大の経済を誇るアメリカは実は世界最大の貿易赤字国でもあり，その赤字額は 2022 年には史上最大の 9,500 億ドル超にも上っています。図 1 のパイ・グラフが示すように，この年の最大の輸入相手国は中国で，全体の 18% を占めます。それに続くのが南北に位置する隣国メキシコ（15%）とカナダ（14%）で，その後にドイツ（5%），日本（4%）と続きます。一方で輸出の主な相手国はやはり隣国のカナダ（14%）とメキシコ（13%），そして中国（9%），イギリス（5%），日本（4%）となっています。
>
> 　また，棒グラフが示すように，中国や日本，そして隣国のメキシコやカナダからの輸入額はこれらの国への輸出額を大幅に上回っています。そのような状況を受けてアメリカの議会や産業界からは，中国や日本を名指しで非難する声が上がってきました。例えば，中国を「不当な為替操作国」として認定して報復関税を課す議案が国会に提出される，日本車の市場拡大を嫌う米自動車メーカーが日本を同様の為替操作国として認定するよう国会議員に要請する等です。また，メキシコとカナダに対しても，1992 年に 3 ヵ国で締結（1994 年発効）した北米自由貿易協定（North American Free Trade Agreement: NAFTA）について，後のトランプ政権が貿易赤字の原因になっていると強い不満を唱えて再交渉を要求しました。その結果，アメリカに有利な内容を盛り込んだアメリカ・メキシコ・カナダ協定（United States−Mexico−Canada Agreement: USMCA）に置き換えられ，NAFTA は 2020 年に失効しました。
>
> 　二国間での貿易収支を見ると，中国や日本，或いはメキシコやカナダは，「自分たちの商品をこちらに山ほど売るくせに，こちらの商品はあまり買わない相手」と一部のアメリカ人の目には映るのかもしれません。そしてそんな不公正を可能にするのは，米ドルに対して人民元や円の価値を不当に安くする人為的な為替操作であり，アメリカの利益が他国の利益に優先しない自由貿易協定であると，アメリカの政権・議会・産業関係者は主張するわけです。

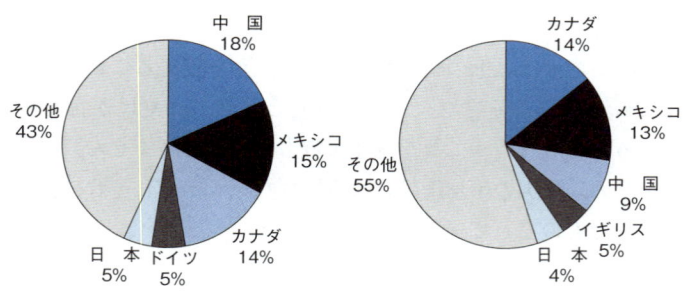

輸入の相手国別シェア（2022年）　輸出の相手国別シェア（2022年）

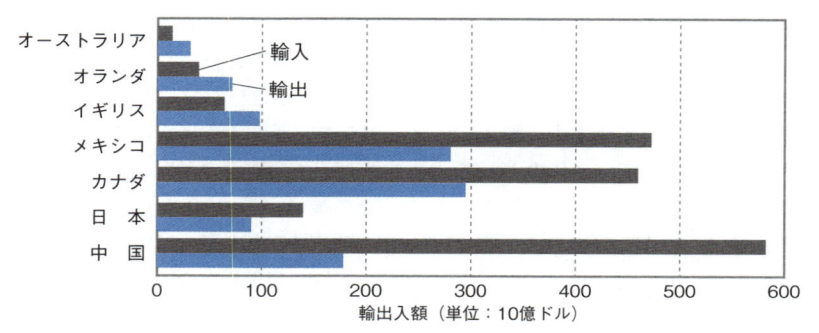

アメリカの相手国別貿易額（2022年）

図1　アメリカの主要貿易相手国

　このように二国間の貿易収支不均衡は，しばしば政治・経済的な摩擦や軋轢を生みます。しかし，本来貿易収支や経常収支は多国間の収支，つまり諸外国全体との取引を計上するものであり，特定の国との二国間で考える際には注意が必要です。特定の相手国との間で貿易収支が均衡していないことや，ある産業において特定の国から輸入超になっていることをもって，名目為替レートが本来の均衡水準から乖離するように操作されている証とするなら，全ての国に対して，そして全ての産業において貿易収支をバランスさせるような為替レートが本来の均衡為替レートということになります。しかし，このような考え方が正しくないのは明らかです。第1章第3節で解説したように，各国は自らが比較優位を持つ財の生産に特化することで国際貿易の恩恵を受け，比較優位を持つ産業や経済規模は国によって大きく異なります。このため，全ての国が一対一で二国間の貿易収支をバランスさせるべき理由は全くありませんし，産業別の収支が大きな不均衡になるのはむしろ当然の結果です。ある国に対しては輸入超になって，別の国に対して輸出超になる，或いはある産業については輸入超で別の産業では輸出超に

なることは，それぞれの国の特質と比較優位を活かした国際貿易本来の姿と言えます。

　現に図1の棒グラフが示すように，アメリカは例えばイギリス，オランダ，オーストラリアに対しては同じ2022年に大幅な貿易黒字を記録しています。二国間の貿易収支不均衡が問題なのであれば，これらの国々との貿易黒字も解消すべきはずですが，そのような主張は政治家や産業団体から決して聞かれません。因みに2022年のデータによると，二国間で見たアメリカの貿易収支は71ヵ国に対して貿易赤字，132ヵ国に対して貿易黒字となっています。こう考えると，二国間の収支バランスに焦点を合わせた議論は不毛なものと言わざるを得ません。また，企業の利益損益を示す収支と，一国の経済全体で見た貿易収支とでは黒字・赤字の意味が異なり，後者には「黒字は良く，赤字は悪い」という単純な解釈は当てはまらない点にも注意が必要です。

　それでは，諸外国全体との取引を計上する本来の多国間貿易収支に話を戻し，黒字と赤字の意味についてもう一度考えて見ましょう。全体として見ればアメリカでは年々輸入が輸出を大きく上回っているわけですが，これは $NX = X - M = S - I < 0$ であることを意味します（本章の貯蓄投資バランス・アプローチを参照）。つまり輸入が輸出を大きく超えているということは，投資が貯蓄を大きく超えているということです。ではなぜ，投資が貯蓄を超えるのでしょう。その理由としては，(1)貯蓄が少ない，つまりアメリカの家計・企業・政府が十分な貯蓄を行っていない，(2)投資が多い，つまりアメリカ企業の投資意欲が旺盛で海外から大量の投資資金が流れこんでいる，そして(3)貯蓄過小と投資過大の両方，という3つの可能性が考えられます。この問題に関連して，アメリカ連邦準備制度理事会の議長であったベン・バーナンキは，投資機会の少ない海外で貯蓄が過剰に進み，それがアメリカに流れ込んでいると指摘し，世界的な過剰貯蓄供給（global saving glut）がアメリカの経常赤字の原因であると主張して大きな注目を浴びました[*]。

　貯蓄が過小なのか，それとも投資が過大なのか，様々な議論がありますが，いずれにしても海外からの借り入れによってアメリカ経済が支えられているということに変わりはありません。第2章の民間貯蓄と政府貯蓄の定義 $S^p = (Y - T) - C$ 及び $S^g = T - G$ によると，貯蓄の少なさは家計の消費や政府支出の多さと捉えることができます。また，投資の多さはアメリカ国内で企業が積極的に将来の生産能力を増強していることを意味します。これらはいずれもアメリカの家計，政府，企業の経済活動が海外からの借り入れによって支えられていることを意味します。これが多国間収支で見た貿易赤字の本質です。

　以上を踏まえれば，二国間の収支バランスだけに焦点を合わせた議論がいかに無意味なものか理解できるでしょう。しかし，それでは議会・産業界関係者の主

張とは反対に，アメリカは国内部門（消費，投資，政府支出）を支えてくれる経常・貿易赤字を歓迎し，放置すればよいのかというと，話はそう簡単ではありません。借り入れはいずれ返済しなければなりません。借入額があまりに巨額になって返済の可能性が疑問視されると，突如として巨額の資金が海外に引き上げられて国内の経済活動が麻痺する可能性もあります（関連する事例については第10章の債務危機，世界金融危機を参照ください）。つまり貿易収支や経常収支は，赤字や黒字であることだけをもって，直ちに良い悪いという短絡的な判断を下すべきものではないのです。

＊　詳しくは Bernanke（2005）を参照してください。

復 習 問 題

7.1　本文中に登場した以下の3つの式について，それぞれが意味するものの違いを説明しなさい。

$$Y \equiv C + I + G + X - M \tag{2.4}$$
$$D = C(Y-T) + I(R) + G + NX(Z, Y-T) \tag{7.9}$$
$$Y = C(Y-T) + I(R) + G + NX(Z, Y-T) \tag{7.10}$$

7.2　マーシャル・ラーナー条件を自国通貨の名目減価が純輸出を増大させる条件として導き，第3節で実質減価を使って得られた条件に一致することを示しなさい。

7.3　経常収支を考察するための異なるアプローチを挙げ，それぞれ簡単に説明しなさい。

第 8 章

為替レートと 開放マクロ経済政策

　前章までは，開放経済の資産市場（貨幣市場と外国為替市場）と生産物市場を個別に取り上げ，それぞれの均衡条件について議論を行ってきました。しかし，これらの市場が同時に均衡を満たさなければ，経済が全体として均衡状態にあるとは言えません。このため本章では，資産市場と生産物市場を同時に考慮することで開放経済全体の均衡について考えます。また，通貨当局による金融政策や政府による財政政策が経済の均衡に及ぼす影響についての考察を行います。

　第5章の為替レートと金利の関係，第7章の為替レートと純輸出の関係に見られたように，為替レートは開放経済の資産市場，生産物市場の両方の均衡条件に深く関わっています。本章において金融・財政政策の効果を考える際にも，それらの政策が為替レートを通じて各市場にどのような影響を与え，それによって経済全体の均衡はどのように変化するのかを理解することが鍵となります。そのような考察の枠組みとして本章で取り上げるのが，閉鎖経済の *IS-LM* モデルを開放経済へと拡張したマンデル・フレミング・モデルです。

○*KEY WORDS*○

IS-LM モデル，
マンデル・フレミング・モデル，小国開放経済，
完全資本移動，金融政策，財政政策

8.1 生産物市場と資産市場の同時均衡：閉鎖経済のケース

○ *IS–LM* モデル

開放経済における生産物市場と資産市場の同時均衡を考察するための枠組みとして本章で取り上げるマンデル・フレミング・モデルは，マクロ経済学に登場する閉鎖経済の *IS–LM* モデルを開放経済へと拡張することによって構築されたものです。このため，マンデル・フレミング・モデルを理解する上でも，閉鎖経済と開放経済の違いを明らかにする上でも，予め *IS–LM* モデルを理解しておくことは重要です。このような趣旨から，まず本節では *IS–LM* モデルを取り上げて，閉鎖経済における均衡と金融・財政政策の効果について考えます。

閉鎖・開放の別を問わず，経済が全体として均衡にあるためには，生産物市場と資産市場が同時に均衡を達成していなければなりません。まず生産物市場についてですが，開放経済の場合は (7.10) 式が均衡を示す条件でしたが，閉鎖経済の場合は対外取引が存在しないため，

$$Y = C(Y-T) + I(R) + G \tag{8.1}$$

が均衡条件となります。

閉鎖経済は対外的な資本取引も持たないため，外国為替市場は存在せず，資産市場については貨幣市場の均衡だけを考慮します。第3章で登場した以下の (3.5) 式が貨幣市場の均衡を示します。

$$\frac{M^s}{P} = L(R,Y) \tag{3.5}$$

(8.1) 式と (3.5) 式の2つの均衡条件は，ともに利子率 R と生産量 Y を内生変数とするため，これらの2つの変数を軸として両条件を同時に満たす点を探すことで閉鎖経済全体の均衡を把握することが可能です。つまり, (8.1) 式と (3.5) 式からなる R と Y の連立方程式を解けば，利子率と生産量の組み合わせとして経済全体の均衡点が特定できるということです。

それでは，両市場における利子率と生産量の関係を具体的に考えてみましょう。生産物市場における利子率と生産量の関係については，第7章第2節で解説したとおり投資 I が金利 R に負に依存するため，他の条件を一定として利子率の下落

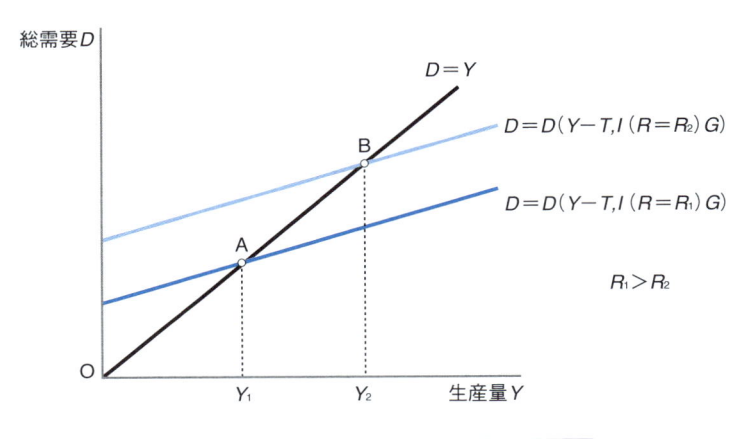

図 8.1　閉鎖経済における利子率と生産量

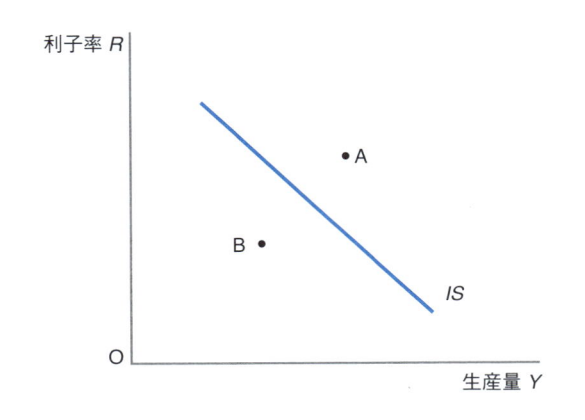

図 8.2　*IS* 曲線の導出

は投資の増大を通じて総需要を増加させます。例えば図 8.1 は利子率が R_1 と R_2（但し $R_1 > R_2$）の場合の総需要曲線を比較しています。図中で $Y_1 < Y_2$ が示すように，総需要曲線と $D = Y$ との交点によって決定される均衡生産量は利子率の下落に伴って増大します。

このため生産物市場の均衡を保つような利子率と生産量の組み合わせを描くと，以下の図 8.2 のような右下がりのグラフとなるはずです。このカーブは *IS* 曲線

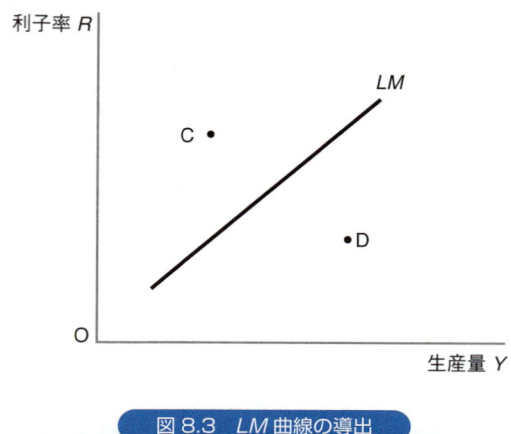

図 8.3　*LM* 曲線の導出

と呼ばれ，生産物市場の（短期的）均衡を満たす利子率と生産量の全ての組み合わせを示すものです。

　IS 曲線上の全ての点において，生産物市場は均衡を保っています。しかし点Aのように *IS* 曲線から上方に逸れた場所での利子率と生産量の組み合わせは，生産物市場の均衡を達成しません。生産量に対して利子率が高すぎるため投資需要が不足し，結果的に（当初の計画に基づく）生産量が実際の総需要を上回って，企業は売れ残りを不本意な在庫として積み上げざるを得なくなります。一方，点Bのように *IS* 曲線を逸れて下方に位置する点では，生産量に対して利子率が低すぎるため，過度の投資需要から総需要が生産量を超えて，超過需要を引き起こしてしまいます。

　次に貨幣市場における利子率と生産量の関係ですが，こちらは第3章第3節の議論を思い起こせば明らかになります。利子率の上昇は（債券を諦めて）貨幣を握るにあたって発生する機会費用の増大を意味します。このため他の条件を一定とすれば，利子率の上昇は貨幣需要を減少させます。当初貨幣市場が均衡にあったとすると，生産量が一定のまま利子率が上昇すれば貨幣の超過供給（需要不足）が生じます。このため貨幣市場の均衡を保つためには，貨幣を介して取引される生産物の量が増大することで貨幣需要が増加し，利子率の上昇による貨幣需要の減少効果を相殺する必要があります。従って貨幣市場の均衡を保つためには利子率の上昇（下落）は生産量の増加（減少）を伴い，その関係は以下の図 8.3

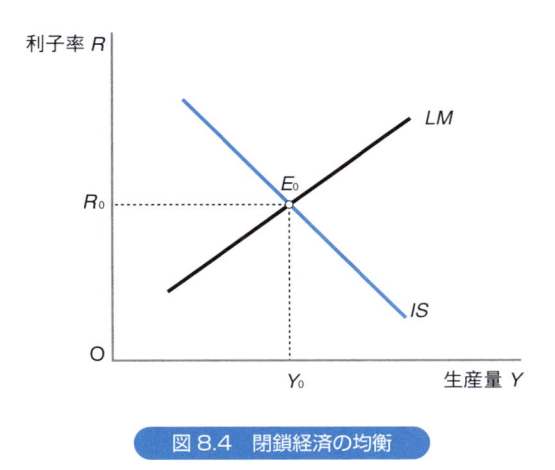

図8.4　閉鎖経済の均衡

のように右上がりのグラフとなります。図8.3の曲線は *LM* 曲線と呼ばれ，貨幣市場の均衡を満たす利子率と生産量の全ての組み合わせを示すものです。

　LM 曲線上の全ての点において，貨幣市場は均衡を保っています。しかし点Cのように，*LM* 曲線から上方に逸れた利子率と生産量の組み合わせは，貨幣市場の均衡を達成しません。生産量に対して利子率が高すぎるために，貨幣の超過供給が生じてしまうからです。また，点Dのように *LM* 曲線の下方に位置する点では，逆に生産量に対して利子率が低すぎることから，貨幣に対する超過需要が生じてしまいます。

　図8.4は *IS* 曲線と *LM* 曲線を同時に描いたものです（両曲線はともに利子率と生産量の関係であることを再確認してください）。生産物市場と貨幣市場の両方の均衡を同時に満たすのは，*IS* と *LM* の両曲線が交差する点 E_0 だけであり，この点においてのみ経済は均衡にあります。経済全体の均衡を達成する利子率と生産量の組み合わせは点 E_0 において (R_0, Y_0) に特定化されており，この組み合わせ以外では必ず生産物市場及び貨幣市場のうち少なくとも一方は需給が均衡していないことを確認してください。

○　閉鎖経済における金融・財政政策の効果

　次に *IS–LM* モデルを使って，マクロ経済の安定化を促す政策の効果について

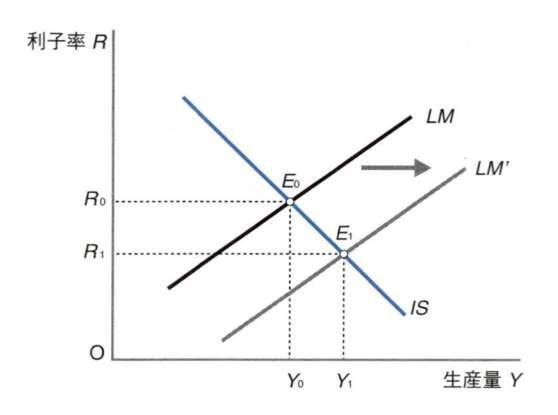

利子率 R

LM

LM'

R_0 — E_0

R_1 — E_1

IS

O

Y_0 Y_1 生産量 Y

図 8.5　閉鎖経済における金融政策の効果

考えてみましょう。経済が景気の後退期に入ると，所得や雇用への悪影響を和らげ，景気を刺激しようと政府や通貨当局が一時的に総需要を喚起するための対策を行うことがあります。これらはマクロ経済の安定化政策（stabilization policy）と呼ばれ，具体的には通貨当局による金融政策（monetary policy）や政府による財政政策（fiscal policy）を指します。

　金融政策とは中央銀行がマネー・サプライを調整することで金利を変化させ，その結果，短期的に総需要と生産量に影響を及ぼすことを意味します（これに加えて金融政策の一義的な目的には物価の安定化がありますが，ここでは物価が硬直的な短期における総需要と生産量への影響に絞って議論をします）。一方，財政政策とは政府がその支出や税を増減することで総需要を変化させ，結果的に生産量に短期的な影響を及ぼすことを指します。

（1）　金　融　政　策

　第3章第4節では中央銀行がマネタリー・ベースを通じてマネー・サプライを調整する仕組みについて解説しました。中央銀行がマネー・サプライを増加させる政策は拡張的金融政策，逆にマネー・サプライを減少させる場合は緊縮的金融政策と呼ばれます。マネー・サプライの変化を指す金融政策の実行は，LM 曲線のシフトとして表すことができます。

　生産量を一定として，マネー・サプライの増加は均衡利子率の低下を招きます。従って拡張的金融政策は，全ての生産水準において利子率が当初よりも低くなる

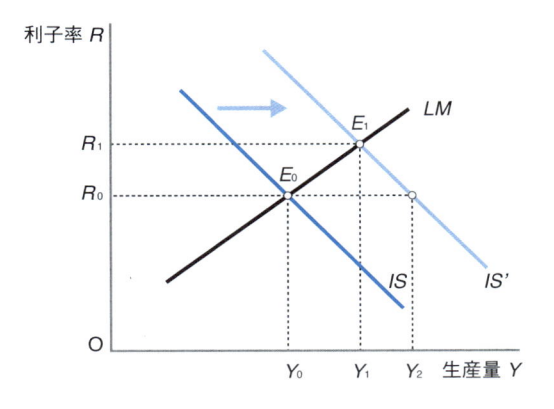

図8.6 閉鎖経済における財政政策の効果

ように LM 曲線を移動させるはずです。つまり図8.5にあるように，拡張的金融政策は LM 曲線を右方へシフトさせます。その結果，IS 曲線との新しい交点 E_1 においては当初よりも均衡利子率が下落し，均衡生産量が増大します。均衡生産量が増大するのは，利子率の低下が投資を促すことで総需要が拡大するためです。

(2) 財 政 政 策

政府が政府支出や租税を増減させることで総需要に影響を与えようとするのが財政政策です。政府支出の増大及び減税は拡張的財政政策，反対に政府支出の削減及び増税は緊縮的財政政策と呼ばれます。図8.6は政府支出増大による拡張的財政政策の効果を表したものです。拡張的財政政策は内需を増大させますので，その効果は全ての利子率において生産量が増大するように，IS 曲線の右方シフトとして表すことができます。右方シフトした IS 曲線と LM 曲線との新しい交点に均衡点が移行することで，均衡利子率と均衡生産量はともに増大します。但し，均衡生産量の変化 (Y_1-Y_0) は政府支出の増大分 (Y_2-Y_0) よりも小さいことに注意してください。これは総需要のうち政府支出 G が増える一方で，金利の上昇によって投資 I が減少してしまうことによるもので，クラウディング・アウト（crowding out）と呼ばれます。

以上の議論から，閉鎖経済における金融・財政政策はともに均衡利子率の変化を伴い，短期における均衡生産量を変化させる効力を持つことが分かります。閉

鎖経済の場合，金融・財政政策の実行を受けて新しい均衡が達成される過程には，対外的な資本や財の流出入が一切関わっていない点に留意してください。対外取引が開放され，資本や財の流出入が発生することで政策効果がどのように変化するかは，次節のマンデル・フレミング・モデルとの対比で明らかになります。

8.2 開放経済への拡張： マンデル・フレミング・モデル

　金融政策や財政政策の効果を考える場合，閉鎖経済を想定した IS–LM モデルでは内需に与える影響を考えれば事足りました。しかし，開放経済においてはこれらの政策が為替レートに与える影響と，それによって対外部門が生産量に及ぼす効果を考慮しなくてはなりません。そのような考察の枠組みとしてロバート・マンデル（Robert A. Mundell）とマーカス・フレミング（J. Marcus Fleming）によって開発されたのが，IS–LM モデルを開放経済へと拡張したマンデル・フレミング・モデル（Mundell-Fleming model）です[1]。

マンデル・フレミング・モデルに基づく金融・財政政策の効果の分析は，当事国が変動相場制度と固定相場制度のどちらを採用しているかによって，その結論が大きく異なります。本章においては，これまでどおり変動相場制度を前提として議論を展開し，固定相場制度における政策効果の分析は第9章第4節で行うことにします。

◯ 基本的モデル設定

　基本的なマンデル・フレミング・モデルのフレームワークに従って，前節の IS–LM モデルを開放経済へと拡張してみましょう。まず生産物市場の観点からは，開放経済への拡張とは国際貿易取引の存在を意味します。従って第7章第4節で議論したように，総需要に純輸出を組み入れた（7.10）式が生産物市場の均衡条件となります。

$$Y = C(Y-T) + I(R) + G + NX(Z, Y-T) \qquad (7.10)$$

---

1)　Mundell（1962, 1963）及び Fleming（1962）を参照してください。

(7.10) 式右辺の純輸出 NX については，第2章の (2.9)′ 式によって対外純投資と等しいことを思い出してください。純輸出がゼロでなければ，対外純投資もゼロでありません。従って生産物市場の均衡条件（= IS 曲線）に純輸出が加わるということは，貿易取引だけでなく海外との資本取引（資本貸借）の存在も意味するということを再確認してください。

　次に資産市場ですが，開放経済の場合は貨幣市場に加えて外国為替市場の均衡も考慮しなくてはなりません。具体的には (3.5) 式による貨幣市場の均衡の他に，(5.13) 式のカバーなし利子平価条件を外国為替市場の均衡条件として加えます。これにより開放マクロ経済全体の均衡は以下のように表すことができます。

$$Y = C(Y-T) + I(R) + G + NX(Z, Y-T) \tag{7.10}$$

$$\frac{M^s}{P} = L(R, Y) \tag{3.5}$$

$$R = R^* + \frac{S^e - S}{S} \tag{5.13}$$

(7.10) 式は生産物市場の均衡条件（IS 曲線），(3.5) 式は貨幣市場の均衡条件（LM 曲線）をそれぞれ示しています。(5.13) 式はカバーなし利子平価による外国為替市場の均衡条件ですが，これは同時に国際的な資本移動に制約がなく，資本が完全に可動的であることも示しています（この点については第5章第2節を参照してください）。

　図 8.7 は上の3つの均衡条件式をグラフにしたものです。まず，グラフの右側には利子率と生産量を軸として，生産物市場の均衡条件である IS 曲線と貨幣市場の均衡条件である LM 曲線が描かれています。一見したところ，閉鎖経済のケースと同じように見えるかもしれませんが，実は IS 曲線は閉鎖経済の場合に比べて傾きが緩やか（平らに）になっています。これは純輸出が総需要の構成要因に加わったことによるものですが，その理由は (5.13) 式を (7.10) 式に代入することで明らかになります。カバーなし利子平価条件 (5.13) 式を変換して名目為替レートについて解くと，

$$S = \frac{S^e}{1 + R - R^*} \tag{8.2}$$

が得られます。(7.10) 式において純輸出 NX は実質為替レート $Z \equiv \frac{S \cdot P^*}{P}$ に依存しますが，物価が固定されている短期においては名目為替レートが実質為替レートを決定します。しかし，(8.2) 式によると予想為替レート S^e と外国の利子率 R^* が所与のとき，名目為替レート S は利子率 R に依存します。従って (7.10)

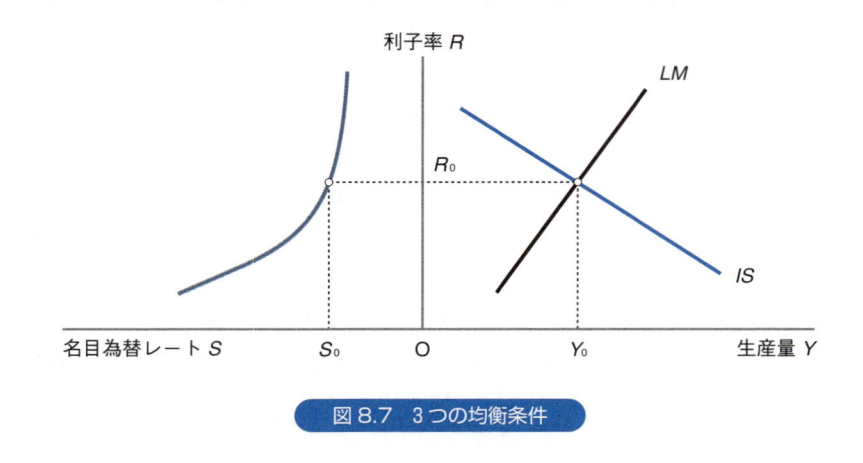

図8.7 3つの均衡条件

式は以下のように書き換えることができます。

$$Y = C(Y-T) + I(R) + G + NX(Z(S(R)), Y-T) \qquad (8.3)$$

（8.3）式と（8.1）式を比較すると，開放経済と閉鎖経済では利子率が生産量に影響を及ぼす経路に違いがあることが分かります。投資を通じた利子率の生産量に及ぼす効果は，マクロ経済が対外取引に開放されているか閉鎖されているかの別を問わず存在するものです。しかし，開放経済においては利子率が生産量に影響を及ぼす追加的なチャンネルとして純輸出が存在します。このため図8.8が示すように，（他の条件が一定の下で）金利の下落は投資を促進すると同時に，外国為替市場における自国通貨の減価を通じて純輸出の増大（従って対外純投資の増大）をもたらし，これらの2つの効果によって総需要曲線は上方にシフトします。その結果 $D = Y$ との交点によって決定される均衡生産量は増大しますが，その増大幅は閉鎖経済において同様の利子率の変化が起こった場合に比べて，純輸出を通じた追加的効果分だけ大きくなります。このような理由で開放経済の IS 曲線は閉鎖経済のそれに比べて平らになっています。

図8.7 に戻って，グラフの左半分を見てください。そこに描かれている曲線は，外国の利子率 R^* と将来の予想為替レート S^e を所与として，外債の予想収益率 $R^* + \dfrac{S^e - S}{S}$ を表しています。つまり，（5.13）式の右辺です。グラフの右半分では IS 曲線と LM 曲線が交差する点で自国の利子率が R_0 に決定されますが，それは即ち（5.13）式の左辺である自国通貨建て債券の収益率を意味します。これに

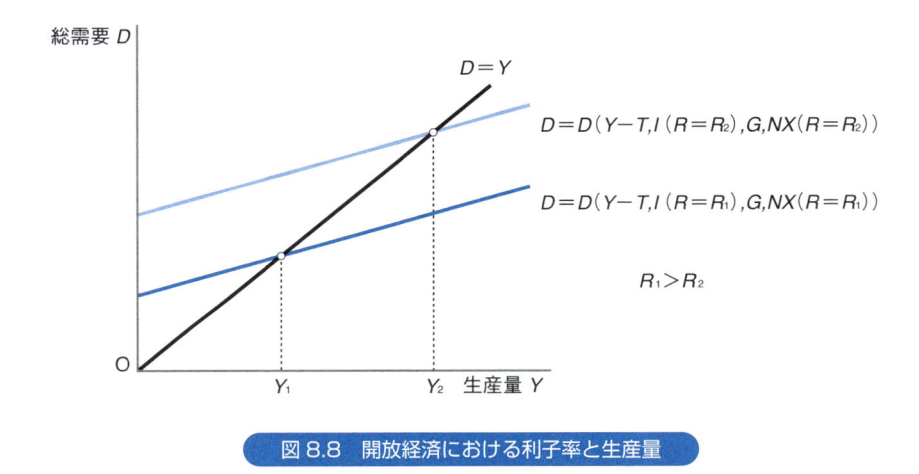

図8.8 開放経済における利子率と生産量

よりグラフの左半分ではカバーなし利子平価条件（5.13）式によって決定される名目為替レートの均衡水準が S_0 であることを示しています。つまり図8.7の左半分は，カバーなし利子平価によって外国為替市場の均衡が達成されるような名目為替レートと自国の利子率の組み合わせを示したグラフです（第5章の図5.1を左に90度傾けたものと考えてください）。

○ 小国開放経済の均衡

標準的なマンデル・フレミング・モデルは，自国を小国の開放経済であると仮定します。これは自国の経済規模が世界の資本市場に比して小さく，自国の居住者がどれだけ対外的に資本の貸借を行っても海外の金利には全く影響を与えないという仮定です。経済モデルの用語で言い換えるならば，外国の利子率（及びその他の変数）は外生的に与えられていて，自国の経済変数に反応して変化する内生的な変数ではないということです。

また，自国には対外的資本取引に対する規制や障壁が一切なく，国際的な資本移動が完全に自由化されているものとします。この点はカバーなし利子平価条件に基づく外国為替市場の均衡によって表されますが，基本モデルでは簡略化のために将来の予想名目為替レートが現在のレートに等しいという静学的予想（stat-

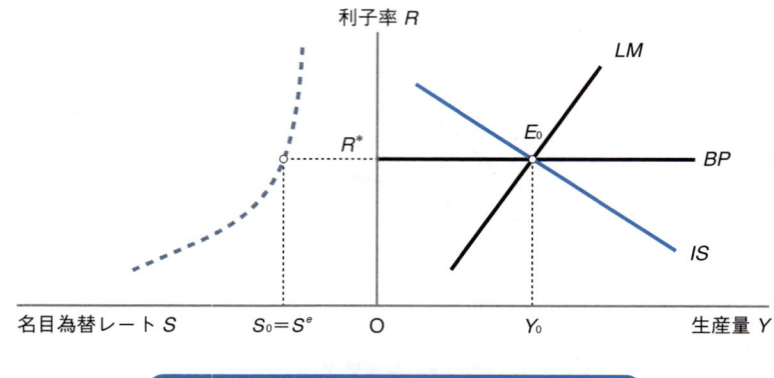

図 8.9　資本移動が完全な小国開放経済の均衡

ic expectations）を想定し，$\dfrac{S^e - S}{S} = 0$ と仮定します。このとき外国為替市場における均衡条件は，以下のように表されます。

$$R = R^* \tag{8.4}$$

（8.4）式が示すように，資本移動が完全な小国開放経済の利子率は外国の利子率に一致します。なぜなら，自国の居住者は外国の利子率を超える金利で借入を行う必要も，外国の利子率を下回る金利で貸付を行う必要も全くないからです。資本移動は完全に自由化されていますので，少しでも自国の金利が外国の金利を下回ると，自国から全ての資本が一斉に流出してしまいます。逆に少しでも国内の金利が外国の金利を超えれば，海外から大量の資本が一斉に流入します。このため，自国の利子率は海外の利子率に等しくならざるを得ません。このように考えると，（8.4）式は内外の金利差に対する資本移動の感応度を表していることが分かります。より具体的には，（8.4）式は国際的資本の移動の内外金利差に対する感応度が無限大であることを表しています。

　国際的な資本移動は対外純投資の変化を意味しますが，（2.9）′ 式によりそれは純輸出の変化に一致します。この資本の流れと財の流れの表裏一体の関係は，国際収支統計上は（2.13）式の国際収支 $BP = 0$ という条件で表されるため，国際資本移動の度合いを示す（8.4）式をグラフ化したものを BP 曲線と呼ぶことにします。BP 曲線上では国際収支はゼロに保たれ，（カバーなし利子平価の成立により）外国為替市場は均衡にあります。

以上の設定に基づく小国開放経済の均衡をグラフ化したのが図 8.9 です。グラフの右半分では自国の利子率が外国の利子率に等しい $R = R^*$ の水準で，IS 曲線，LM 曲線，及び BP 曲線が交差しています。グラフの左半分では，自国の利子率が $R = R^*$ にあるとき，均衡為替レート S は予想為替レート S^e に等しいことを示しています（つまり予想為替変化率 $\dfrac{S^e - S}{S}$ がゼロに等しい）。外債の予想収益率を示す曲線が，$R = R^*$ 且つ $S = S^e$ を満たす点を除いて破線で描かれているのは，静学的予想の下では BP 曲線（$R = R^*$）によって均衡為替レートが自動的に $S = S^e$ に決定されるためです。

図 8.9 においては金利が $R = R^*$，生産量が $Y = Y_0$，名目為替レートが $S = S_0$ $= S^e$，のとき，自国の生産物市場と資産市場（貨幣市場と外国為替市場）は同時に均衡を満たしており，この小国開放マクロ経済は全体として均衡にあります。

8.3 変動相場制度における金融・財政政策の効果

◯ 金融政策の効果

通貨当局による金融政策が小国開放経済の均衡にどのような効果を及ぼすかを考えましょう。当初自国の経済は図 8.10 のグラフの点 E_0 で均衡を達成しています。そこから拡張的金融政策が実施されると，LM 曲線は右方へシフトします。しかし，自国は資本移動が完全な小国開放経済であるため，LM 曲線のシフトによって自国の金利が世界の金利を下回るや否や，国内から一斉に資本が海外へ流出してしまいます。つまり，投資家は一斉に自国通貨を売って外国通貨を購入し，外国への貸付（外債の購入）に充てようとします。これによりグラフの左方に描かれた外国為替市場では自国通貨の S_0 から S_1 への減価が発生しますが，$S_1 \neq S^e$ であるため，そのままでは均衡は達成されません。自国通貨の減価は純輸出を増大させるため，右側のグラフにおいては LM 曲線だけでなく IS 曲線も右方へシフトし，結果的に利子率と名目為替レートはそれぞれ当初の水準 $R = R^*$ と $S = S_0$ を回復し，生産量が Y_1 まで増大する点 E_1 で新たな均衡が達成されます。

つまり，拡張的金融政策は LM 曲線をシフトさせるだけでなく，自国通貨の減価による純輸出の増大を通じて IS 曲線もシフトさせるため，小国開放経済が均

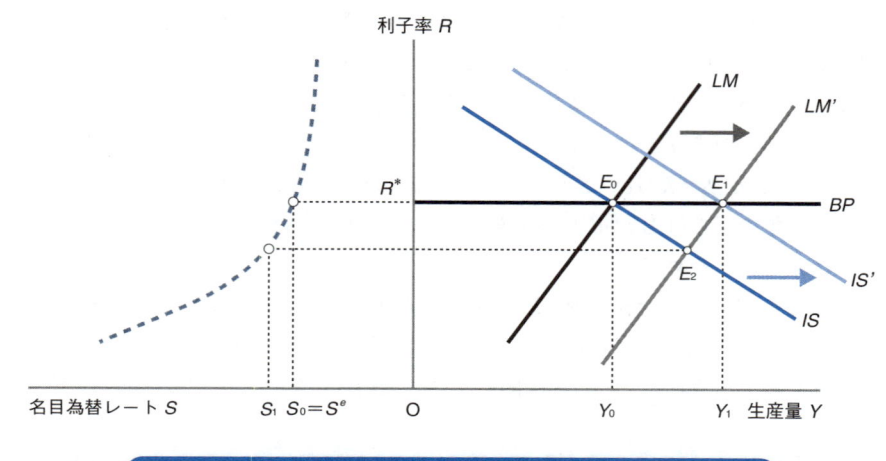

図8.10 変動相場制度の小国開放経済における金融政策の効果

衡生産量を一時的に拡張するのに非常に効果的であると言えます。図8.10において LM 曲線だけがシフトし，元の IS 曲線と交差する点 E_2 は BP 曲線上にはなく（つまり $R \neq R^*$，$S \neq S^e$），従って経済全体の均衡点ではないことに注意してください。

　第1節の閉鎖経済の IS–LM モデルの場合は，拡張的金融政策は LM 曲線の下方シフトをもたらすだけで，IS 曲線は影響を受けませんでした。このため利子率が低下し，生産量は投資の拡大を通じてのみ増大しました。この対比からは，資本移動を自由化し，変動相場制度を採用する開放経済にとって，金融政策は閉鎖経済の場合よりも拡大された効果を均衡生産量に及ぼすということが分かります。

○ 財政政策の効果

　図8.11は小国開放経済における拡張的財政政策の効果を表したものです。当初の均衡は点 E_0 にあり，そこから拡張的財政政策が実行されたとします。拡張的財政政策は内需を増大させますので，IS 曲線の右方シフトとして表すことができます。右側のグラフで IS 曲線が右方にシフトしかけると，自国の金利は世

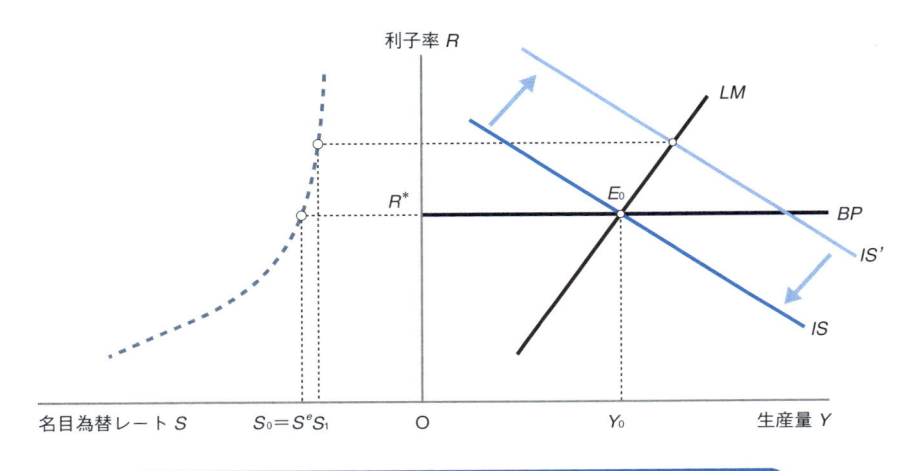

図8.11　変動相場制度の小国開放経済における財政政策の効果

界の金利を上回りますので，一斉に自国に資本が流入します。金利の高い自国へ貸し付けようと，一斉に外国通貨が売られて自国通貨が買われるため，外国為替市場では自国通貨の増価が生じます。この変化は左側のグラフでは名目為替レートの S_0 から S_1 への低下として表されています。しかし，$S_1 \neq S^e$ ですので，そのままでは均衡は達成されません。自国通貨の増価は純輸出を減少させるため，右側のグラフにおいて，右方にシフトした IS 曲線が左方へシフトし直し，結局当初の位置に戻ってしまいます。

　自国通貨が増価した後，外国為替市場の均衡が回復するには必ずカバーなし利子平価条件 $R = R^*$ が回復されていなければなりません。しかし，金融政策は発動していませんので LM 曲線はシフトせず，従って金利が元の水準 $R = R^*$ であれば，貨幣市場の均衡条件を満たす生産量も元の水準 $Y = Y_0$ でなければなりません。このため，拡張的財政政策によって G が増加したのと同じだけ純輸出 NX が減少しなくてはなりません。つまり，小国開放経済における拡張的財政政策は自国通貨の増価と純輸出の減少を引き起こすだけで，均衡生産量には全く効果を及ぼさないことが分かります。

　閉鎖経済の場合においても拡張的財政政策は利子率の上昇により投資のクラウディング・アウトをもたらしたものの，均衡生産量はある程度増大しました。し

かし，変動相場制度下の開放経済の場合は，政府支出の増加分が純輸出の減少によって完全に相殺されてしまいます。このため資本移動が完全な変動相場制度下の小国開放経済にとっては，財政政策は金融政策とは対照的に均衡生産量に影響を与えるツールとしては全く無効となります。

コラム　小国開放経済は実在するか

経済学の理論的考察は，いくつかの仮定を置くことで複雑な現実を大胆に簡素化して分析します。その際，少々極端とも思えるようなケースを想定し，先ずは限定的な条件下で明確な結論を引き出せるかを考えることから始めるのが一般的です。そして，様々な条件の緩和が結論に及ぼす影響を考察することで，少しずつ複雑な現実についての理解を深めようとします。本章において，先ず自国を小国開放経済と想定して考察を始めたのもそのようなアプローチに沿ったものです。とは言え，現実と何らの接点も持たないような条件に基づくと，モデル分析の結論や示唆の有用性も著しく限られてしまいます。そこで，実在するいくつかの小規模な国・経済を例に，小国開放経済と見なせるかデータを使って検証してみましょう。

以下で小国開放経済の候補として取り上げるのは，GDP の大きい順にベルギー，シンガポール，香港，ルクセンブルク，アイスランド，マルタ，バミューダ諸島，ケイマン諸島です。正確には香港は中国の特別行政区，バミューダ諸島とケイマン諸島はイギリス領であって独立国家ではありませんが，それぞれ中国本土やイギリスとは別にマクロ経済統計が公表されており，ここではそれぞれを 1 つのマクロ経済として扱います。

先ずは小国経済と呼べるかどうかですが，小国経済とは外国から見れば規模が小さすぎて，外国の経済変数に対して何ら影響を及ぼすことがないという意味でした。以下では日本を外国と想定します（アメリカを想定する場合は，GDP で日本の 5〜6 倍，人口で 3 倍弱と考えて判断してください）。図 1 の上側の横棒は，2022 年の名目 GDP（米ドル単位）で経済の規模を比較したもので，各国の GDP が日本の GDP の何％に相当するのかを表示しています。最大のベルギーで 14％弱，最小のケイマン諸島は 0.2％程度です。GDP の代わりに人口で比較したのが，同じ図の下側の横棒です。人口に基づくとベルギーでも 9％程度，バミューダ諸島やケイマン諸島は日本の 0.1％に過ぎません。日本から見てベルギー，シンガポール，香港を完全な小国経済と呼べるかは議論のあるところですが，ルクセンブルク，アイスランド，マルタ等は小国経済と呼んで差支えなさそうです。

次に各経済の開放度ですが，こちらは経済規模とは異なり測定が容易でありません。小国開放経済の開放とは外国との経済取引に一切制限がないこと，具体的

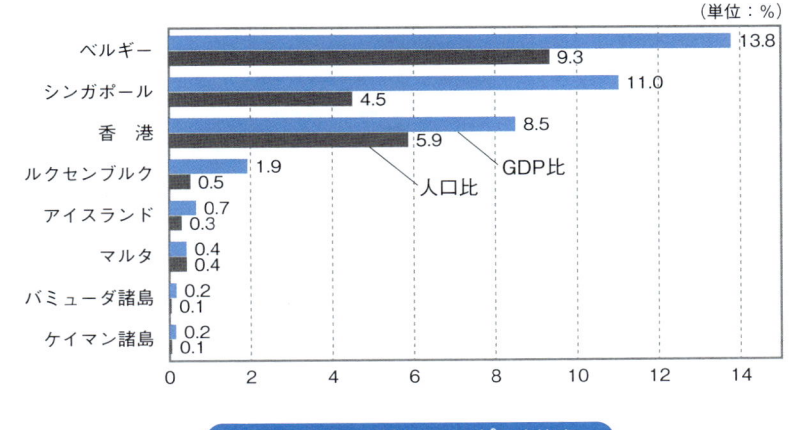

（単位：％）

図1 GDP及び人口での対日本比率

にはキャピタル・コントロールと呼ばれる資本の流出入の規制や，人為的障壁を設けて国際貿易を制限するようなことがないという意味です。しかし，規制や制限がなくても資本や財が国境を越えてどれ程出入りするかは国によって異なり，世界共通の基準のようなものは存在しません。例えば，資本取引が完全に自由化されていても，外国との資本貸借の必要性や動機がなければ，資本の流出入は低水準に留まるでしょう。貿易についても同様の事が言えます。そのような場合，資本の流出入額や貿易総額のデータを観察しただけでは，その国が閉鎖的な経済であるかのような印象を受けるかもしれません*。更に，規模や速度で貿易を圧倒する資本移動に関しては，そもそも正確なデータを入手し難いという問題もあります。開放度という観点からは国境を越えて移動した資本の総額を把握することが望ましく，移動の方向に関係なく流入額も流出額も同様に積算すべきものです。貿易の場合に純輸出或いは貿易収支（＝輸出－輸入）よりも，貿易総額（＝輸出＋輸入）の方が開放度の指標に適しているのと同じことです。

　しかし，国際機関などが一般公開しているデータで国際資本移動の総額を知ることはできません。入手可能なデータの一例として，以下では海外直接投資の純投資額，具体的には外資企業による新規投資分から事業縮小や撤退などの資本回収分を差し引いた額を用います。国際資本移動の開放度，つまり資本異動が自由な度合いという観点からは，本来は既存事業の縮小・撤退額を差し引くのではなく，新規投資に足し合わせることで移動方向に関係なく国境を越えた資本の総額を測るのが望ましいことに留意してください。また，第2章の国際収支の議論で学んだように，直接投資は金融収支の一部であって，それ以外にも証券投資や金融派生商品等に伴う資本移動も存在します。このようなデータ制約や課題を踏ま

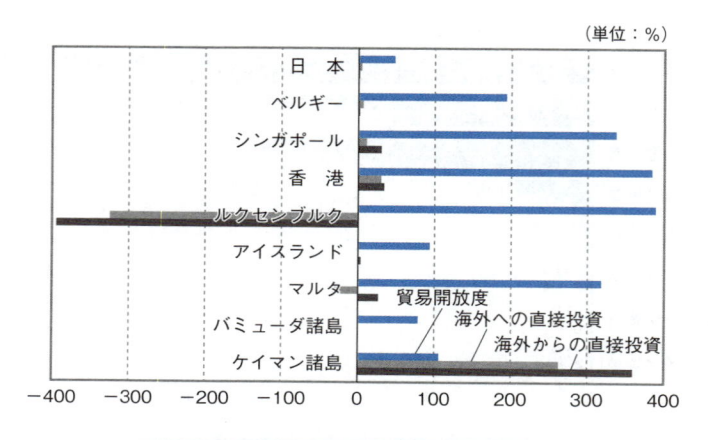

（単位：%）

図２　貿易・海外直接投資の対 GDP 比率

えた上で，図２を見てください。

　図２は日本と各小国経済の 2022 年の貿易開放度と海外直接投資の状況をグラフにしたものです。貿易開放度は輸出と輸入の合計額の対 GDP 比で測定しています。海外直接投資は海外からの直接投資，海外への直接投資について，それぞれ上述の純投資額を対 GDP 比率として表しています。グラフから貿易開放度について明確に読み取れるのは，小国経済候補はいずれも日本よりも遥かに貿易解放度が高いということです。シンガポール，香港，ルクセンブルク，マルタの貿易総額はそれぞれの GDP の３倍を超えています。経済規模が小さければ貿易に依存せざるを得なくなる点を考慮しても，データを見る限りこれらの小国経済が外国との財の取引に非常に積極的であることに間違いありません。

　海外直接投資については総投資額ではなく純投資額のデータであるため，グラフから読み取れる事柄も限定されます。先ず開放度という観点からすれば，海外からの直接投資も海外への直接投資も同様に捉えるべきで，両者の横棒の長さの合計を目安に比較するのが良いでしょう。また，ルクセンブルクの直接投資は海外からも海外へも，ともに規模の大きなマイナス値を記録しています。これは海外からの直接投資が同国から引き上げられた，或いは海外への直接投資を同国に引き上げたことを意味しています。大規模な引き上げを記録するということは，元々は大規模な直接投資が（双方向に）行われていたわけです。従ってマイナス値も，資本移動が盛んであることの証と解釈することができます。こうしてグラフを見ると，直接投資に限定されるためバミューダ諸島やアイスランドのように日本を下回るケースも見られますが，各方向の投資の合計規模で日本の 100 倍を超えるケイマン諸島やルクセンブルクを筆頭に，総じて小国経済の資本移動は非

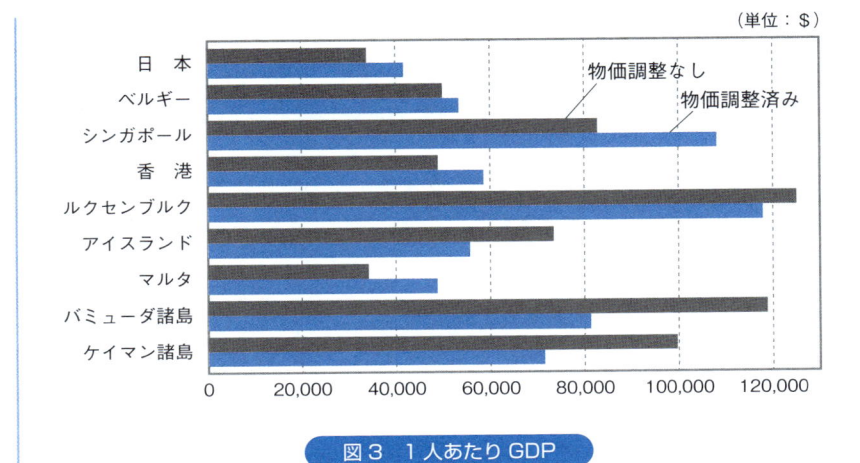

（単位：$）

図３ １人あたり GDP

常に活発であることが示唆されます。以上から総合的に判断して，いずれの小国経済も（少なくとも日本と比較すれば）相当に解放的な経済であると言えるでしょう。

さて最後に，経済規模の小ささは貧しさに繋がるのか，小国開放経済に教えを請いましょう。図３は 2022 年の１人あたりの GDP の比較です。物価水準の違いを考慮せずにそのまま米ドル単位で測ったものが上側，物価水準の違いを考慮して調整を加えたものが下側の横棒です。グラフが示すように，どちらのデータで比較しても小国開放経済はすべて日本よりも経済的に豊かです。特にシンガポールやルクセンブルクの１人あたり GDP は日本の２倍を超えています。人口減少と少子高齢化に直面する日本では，出生率の引き上げこそが解決策であるとする政策論議が少なくありません。確かに数少ない若年層で多くの高齢者を支えることには無理があり，子供が増えてくれればという発想も理解できなくはありません。しかし，多くの人口を抱える大きな規模の経済でなければ豊かに暮らせないわけではないことを，実在する小国開放経済は明確に示しています。少子高齢化が進む中で，過去の経済モデルに囚われていると悲観的な見通しばかり先行しがちですが，日本の 4.5％や 0.5％の人口で倍以上も豊かな暮らしを実現している国があることは貴重なヒントにすべきです。

＊　この問題に関する議論と分析は Fujii（2019）を参照してください。

8.4 国際資本移動の規制と政策効果

　前節では標準的なマンデル・フレミング・モデルの設定に基づき，完全資本移動と静学的予測を仮定して考察を行いました。第4〜5節ではこれらのモデル設定に変化を加えた応用的考察を行います。まず本節ではキャピタル・コントロール等により国際資本移動が不完全なケースについて考えます。続いて第5節では静学的予想の仮定を削除し，将来の予想為替レートの変化を組み入れた考察を行います。

◯ 資本移動の規制と国際収支

　これまでのところ，国際的な資本移動は全く自由であるという仮定の下に，変動相場制度下の小国開放経済にとっての政策効果を考えてきました。本節では資本の完全可動性の条件を緩めて，国際的な資本移動が不完全な場合に金融・財政政策がもたらす効果について考えます。国際資本移動が完全な場合は，利子平価条件 $R=R^*$ によって常に自国の利子率は外国の利子率に等しくなりました（そうでなければ，より高い収益率を求めて資本が一気に流出・流入しました）。しかし，例えばキャピタル・コントロールによって資本移動がある程度規制されると，仮に自国の利子率が上昇しても無制限に資本が流入してくるわけではありません。この違いは，以下の図 8.12 において，BP 曲線がこれまでのように水平線ではなく，右上がりの曲線として描かれることで示されています。

　国際資本移動の度合いを示す BP 曲線は，名目為替レートを所与として国際収支の均衡を保つ利子率と生産量の組み合わせとして描かれますが，資本移動が不完全な場合には右上がりの曲線となります。この点を理解するために図 8.12 において BP 曲線上に位置する2つの点 A と B を比べてください。点 B における生産量 Y_B は，点 A における生産量 Y_A を上回っています。生産量は所得に一致し，所得が増えるにつれて輸入に対する需要が増大するため，$Y=Y_B$ における純輸出 $(X-M)$ は，$Y=Y_A$ におけるそれを下回るはずです（つまり名目為替レートを所与として，生産量が Y_A から Y_B に増えるに伴って貿易収支が悪化します）。しかし，第2章の (2.9)′ 式によると，純輸出は対外純投資 $(S-I)$ に一致するため，生産量が Y_A から Y_B に増えるに従って対外純投資も減少しなくてはなりま

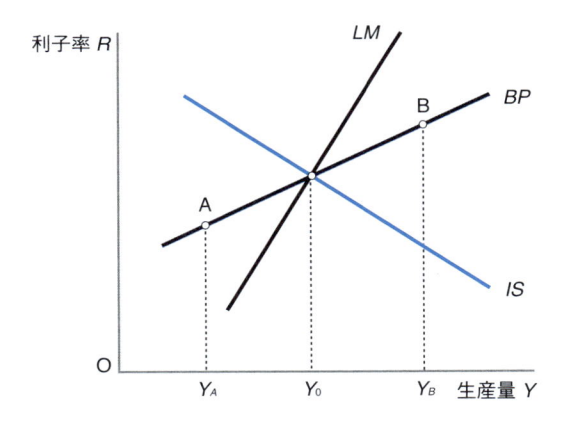

図 8.12　国際資本移動が不完全な場合の均衡

せん。つまり，海外への貸付が自国内への貸付に対して相対的に減少しなくては
なりません。そのためには自国債と外債の予想収益率の比較において，自国通貨
建て債券がより魅力的になる，つまり自国の利子率が上昇しなくてはなりません。
このため BP 曲線上で生産量が Y_A から Y_B に増大するとき，利子率は一定ではな
く，上昇しなければなりません。これにより，BP 曲線は水平ではなく，右上が
りになります。BP 曲線の右側に位置する点では利子率に対して生産量が高すぎ
ることから経常赤字が資金流入を上回って，国際収支は赤字となります。逆に
BP 曲線の左に位置する点では国際収支は黒字になり，やはり均衡しません。

　図 8.12 では BP 曲線の傾きが LM 曲線の傾きよりも緩やかになっていますが，
これは利子率の変化に対する国際資本移動の感応度が，貨幣需要のそれよりも大
きいという想定の下に描かれているためです。国際資本移動の制限が厳しくなる
ほど BP 曲線の傾きは急になり，逆に自由になるほど平らになります。国際資本
移動が完全に自由化されると基本的モデル設定のように $R = R^*$ の水平線になり
ます。

　資本移動が規制されると内外の債券の予想収益率の差は完全には裁定されず，
従ってカバーなし利子平価は成立しなくなります。このため図 8.12 において
もカバーなし利子平価条件は描かれていません。名目為替レートの調整について
は BP 曲線を基準に，その右（下）側に位置する点では国際収支の赤字を解消す

るために自国通貨の減価が，*BP* 曲線の左（上）側に位置する点では国際収支の黒字を解消するために自国通貨の増価が発生すると考えてください。

◯ 資本移動が不完全な場合の政策効果

図 8.13 は国際資本移動が不完全な場合の拡張的金融政策の効果を表したものです。まず拡張的金融政策によって *LM* 曲線が右方へシフトすると，*IS* 曲線との交点は当初の均衡点 E_0 から点 C へと移動します。しかし，点 C では生産量に対して利子率が低すぎるため国際収支は均衡しません。このため自国通貨の減価が生じ，*IS* 曲線が右方へシフトします。また，*BP* 曲線は名目為替レートを所与として描かれた利子率と生産量の組み合わせですので，自国通貨が減価した時点で *BP* 曲線もシフトします。図 8.13 では自国通貨の減価が生じたため貿易収支が改善し，全ての生産量において国際収支の均衡を満たす利子率はこれまでよりも低くなります。従って *BP* 曲線は下方にシフトします。この結果，新しい均衡は点 E_1 で達成されることになります。

図 8.13 と図 8.10 を比較すれば，国際資本移動が制限されると金融政策が均衡生産量に及ぼす効果も縮小することが分かります。金融政策は引き続き効力を持ちますが，国際資本移動が完全であったケースほどには均衡生産量は増加し

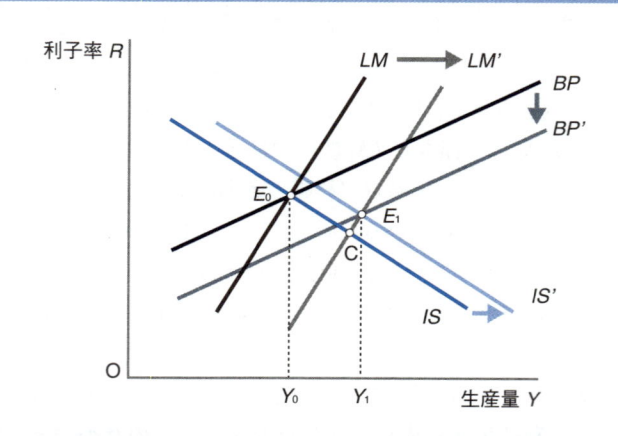

図 8.13　国際資本移動が不完全な場合の金融政策の効果

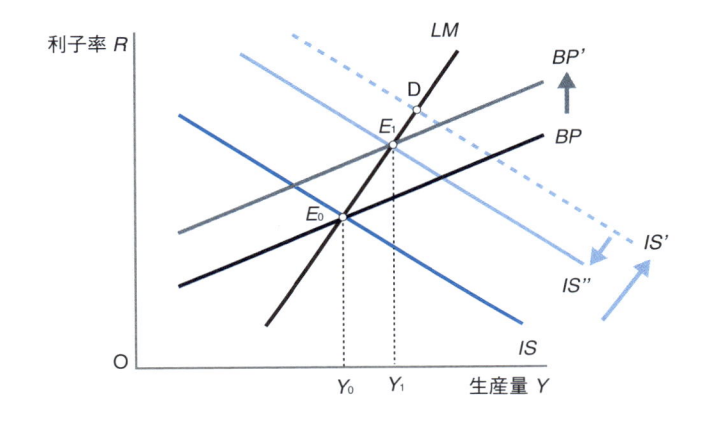

図8.14 拡張的財政政策の効果——国際資本移動が不完全な場合

ません。

　図 8.14 は国際資本移動が不完全な場合の拡張的財政政策の効果を表しています。拡張的財政政策は IS 曲線を右方へシフトさせますが，これによって LM 曲線との交点は当初の均衡点 E_0 から点 D へと移動します。しかし，点 D では自国の利子率が高すぎるため国際収支は均衡しません。このため自国通貨の増価が生じ，IS 曲線は左方へシフトし直します。その際，自国通貨の増価が貿易収支の悪化をもたらすため，名目為替レートを所与とする BP 曲線も同時に上方シフトし，新しい均衡は点 E_1 で達成されることになります。

　図 8.14 と図 8.11 を比較すれば，完全な国際資本移動のケースには全く効力を持たなかった財政政策が，国際資本移動が制限されることで均衡生産量を拡大する効果を有するようになることが分かります。利子率の上昇を受けて，やはりクラウディング・アウトが生じてはいますが，政府支出の拡大の効果は図 8.10 のように完全に消し去られるわけではなく，部分的に有効です。

8.5　予想の変化と政策効果

　本節では将来の予想為替レートと政策の関係に注目し，予想レートの変化を引き起こすような政策とそうでない政策では，その効果がどのように異なるのかについて考察します。

◯ 政策と予想為替レート

　これまでのところ標準的なマンデル・フレミング・モデルの設定に従って，将来の予想為替レートが現在の名目為替レートに等しいという静学的予想の仮定の下に考察を進めてきました。このため経済の均衡を考察する上で，将来の予想為替レートは何の役割も果たしていませんでした。しかし，通貨当局や政府による政策は時には将来の予想為替レートを変化させます。例えば，他の条件が一定の下でマネー・サプライを恒久的に増加させるという政策は，長期的には比例的な物価上昇を招いて自国通貨の減価を引き起こすはずです。このためそのような政策が実行されると，将来の予想為替レート S^e は上昇するはずです。このような将来の予想為替レートの変化を伴う政策の効果は，そうでない政策の効果とどのように異なるでしょうか。

　予想為替レートの変化を伴う政策の効果について考察するためには，静学的予想の仮定を止めて，外国為替市場の均衡条件を本来のカバーなし利子平価条件 $R = R^* + \dfrac{S^e - S}{S}$ に戻す必要があります。これにより自国の利子率は必ずしも外国の利子率と一致する必要はありません。両者に差があれば，それは名目為替の変化が予想されていることを意味します（カバーなし利子平価条件を想定しますので，国際資本移動は完全に自由化されています）。

　将来の予想名目為替レートの変化を伴う政策と伴わない政策の効果の違いは，以下のように考えることができます。まず IS 曲線ですが，（8.2）式を使って実質為替レート $Z = \dfrac{S \cdot P^*}{P}$ を書き換え，それを更に（7.10）式に代入することで（8.3）式は以下のとおり具体化されます（引き続き物価 P 及び P^* は固定されていると仮定します）。

$$Y = C(Y-T) + I(R) + G + NX\left(\frac{S^e}{(1+R-R^*)} \cdot \frac{P^*}{P}, Y-T\right) \qquad (8.3)'$$

例えば拡張的金融政策はマネー・サプライを増大させることで自国の利子率 R を低下させますが，R の低下は (8.3)′ 式が示すように投資 I と純輸出 NX を通じて総需要を増大させます。この効果についてはマネー・サプライの増大が一時的でも恒久的でも同じです。しかし，マネー・サプライの増大が恒久的であれば，いずれ物価の比例的な上昇を引き起こすことから純輸出の決定要因に含まれる S^e も上昇します。IS 曲線は利子率と生産量を2つの軸として描かれるため，この外生変数である S^e の変化は IS 曲線上の動きではなく，曲線自体のシフトを引き起こします。このため将来の予想為替レートを変化させる政策と，変化させない政策では，同じマネー・サプライの変化によって LM 曲線を同じ位置に動かしても，IS 曲線の位置に重大な違いが生じるはずです。この点についてより具体的に考えてみましょう。

◯ 予想為替レートの変化と金融政策の効果

図 8.15 は一時的なマネー・サプライの拡張の効果を示したものです。当初の均衡点 E_0 では $R = R^*$，$S = S_0 = S^e$，$Y = Y_0$ です。マネー・サプライの増大によって LM 曲線が右方へシフトすると，名目為替レートは S_0 から S_1 変化し，自国通貨の減価が生じます。しかし，この拡張的金融政策は一時的なものであり，

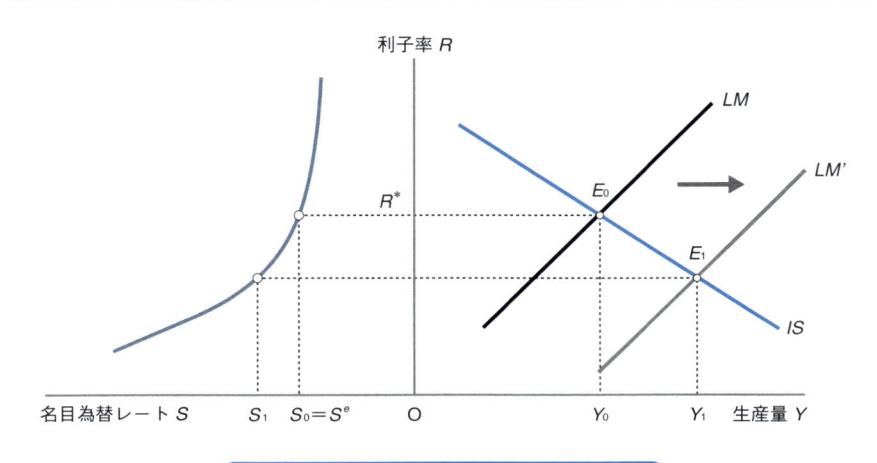

図 8.15　一時的な拡張的金融政策の効果

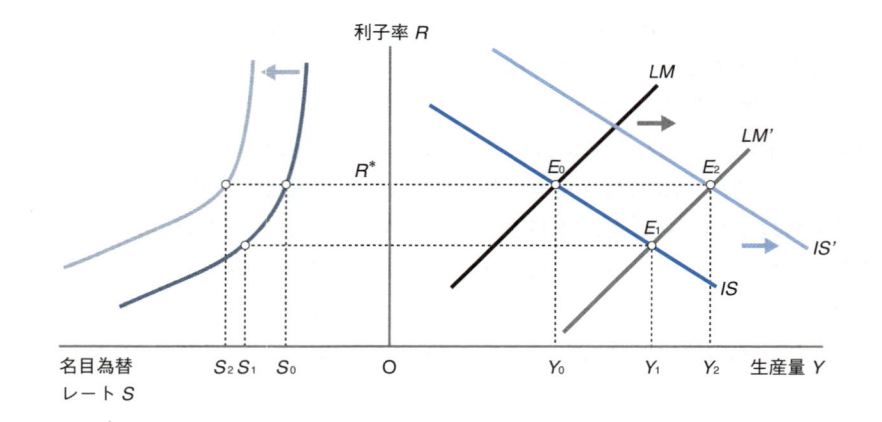

図8.16　予想の変化と恒久的な金融政策の効果

来期にはマネー・サプライは元の水準に戻されると分かっていれば将来の予想為替レート S^e は $S^e = S_0$ で変化しません。従って，IS 曲線はシフトせず，利子率の低下と自国通貨の減価によって均衡生産量は一時的に Y_1 まで拡張します。

　これに対して図8.16 は同じマネー・サプライの拡張を恒久的な政策として実施した場合の効果を示したものです。中央銀行がマネー・サプライの増大を永続させるのであれば，いずれ物価の上昇が起こり，実質総貨幣供給は変化前と同じ水準に戻るはずです。マネー・サプライの増大に伴う比例的な価格の調整は生産物に対してだけではなく，外国通貨を含む資産についても生じるため，将来的には名目為替レートが上昇して自国通貨の減価が生じると予想されます。従って中央銀行の政策変更が恒久的なものと分かっていれば，市場における将来の予想為替レートも変化します。この変化はグラフの左半分において，将来の予想為替レート S^e の上昇による外債の予想収益率 $R^* + \dfrac{S^e - S}{S}$ の左方シフトとして表されています。この結果，自国通貨は減価しますが，その減価幅は予想為替レート S^e の変化を引き起こさない一時的なマネー・サプライの増大のケースに比べて大きくなることに注目してください。S^e が変化するため IS 曲線もシフトし，生産量の拡大は一時的な金融拡張のケースに比べて更に大きくなります。図8.16 では金融拡張が永続することで将来の予想為替レートが新たに達成される均衡レートと等しくなる，つまり $S^e = S_2 > S_0$ となる場合を図示しています。この場

合 E_2 が新しい均衡点となり，生産量は Y_2 まで拡大しています。

○ 予想為替レートの変化と財政政策の効果

拡張的財政政策は図 8.17 にあるように IS 曲線を右方にシフトさせますが，そのような政策が一時的なものであれば将来の予想為替レートに変化を及ぼすことはありません。従ってグラフの左半分で，外債の予想収益率 $R^* + \dfrac{S^e - S}{S}$ の曲線がシフトすることはありません。均衡利子率の上昇に伴って自国通貨は増価しますが，それは予想収益率曲線上の変化であって，曲線のシフトではありません。財政支出は来期には元の水準に戻されるため，今期一時的に増価が生じても将来的な為替は元の水準に戻るであろうと予想されます。つまり $S^e = S_0$ であり，生産量は一時的に Y_1 まで拡大します。

しかし，もし政府支出の増大（又は租税の低減）が永続的なものとして実施されると，（貨幣市場においてマネー・サプライが拡張されていないため）自国通貨は増価したまま元の水準には戻らないと予想されます。この予想為替レートの変化は，図 8.18 の左側のグラフにおいて外債の予想収益率を右方にシフトさせます。予想為替レートは恒久的な財政拡張に伴い $S^e = S_0$ から $S^e = S_2$ へと下落

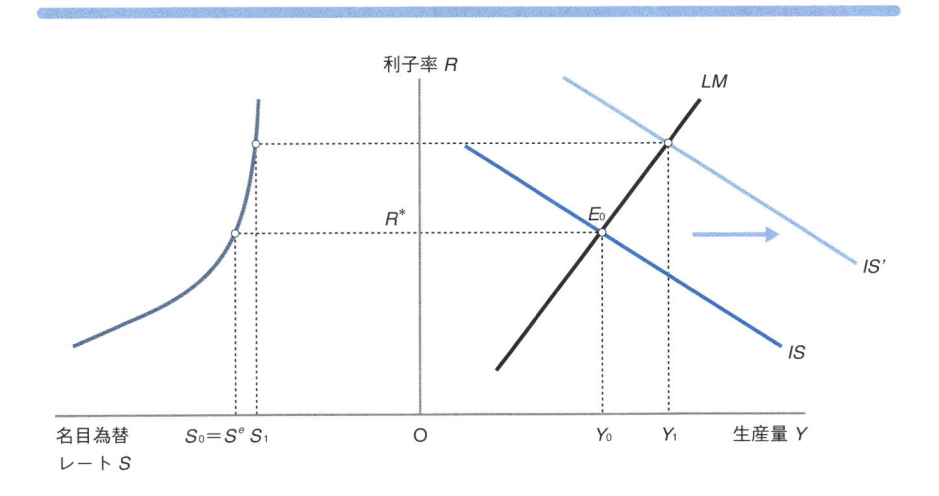

図 8.17　一時的な拡張的財政政策の効果

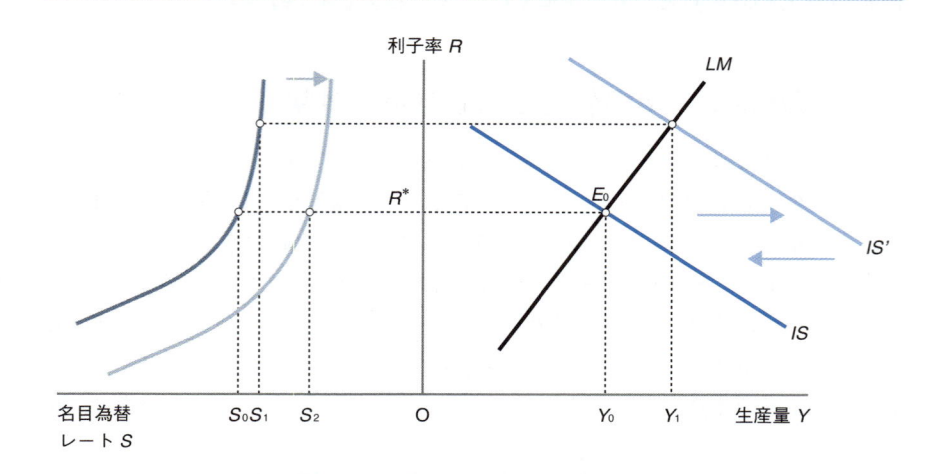

図 8.18　予想の変化と恒久的な財政政策の効果

します。外国為替市場において自国通貨は S_2 まで増価しますが，その増価の度合いは財政拡張が一時的なケース（S_1）に比べて大きくなっています。このため，増価による純輸出の縮小幅も大きく，IS 曲線は財政拡大で右方へシフトさせた分だけ純輸出の縮小で左方へシフトし，結局元の位置に戻ってしまいます。つまり，永続的な財政拡大は利子率及び生産量には何の影響も与えません。変化前よりも自国通貨が増価し，財政拡大の効果は完全に相殺（クラウディング・アウト）されてしまいます。

8.6　短期から長期への均衡の変遷

　これまでの議論に物価が全く登場しなかったことでも分かると思いますが，マンデル・フレミング・モデルも IS-LM モデルも短期を想定したモデルです。物価が固定されていると仮定することで，マネー・サプライの変化は実質総貨幣供給の変化を生み出し，名目為替レートの変化は実質為替レートの変化を引き起こしました。しかし，既に第5章第5節のオーバー・シューティングに関する議論

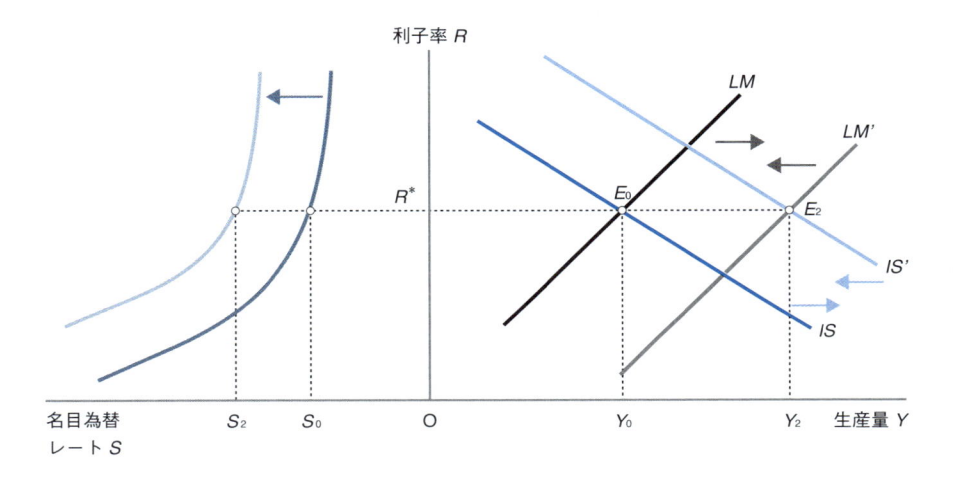

図 8.19　恒久的な拡張的金融政策と短期から長期への均衡の変遷

で明らかになったように，時間の経過を経て物価が調整すると，それに呼応して他の変数も変化します。このため，短期的に達成された均衡は永続せず，長期的均衡への移行が生じるはずです。

　恒久的な拡張的金融政策のケースを取り上げて，短期的均衡から長期的均衡への調整について考えてみましょう。図 8.19 において恒久的な拡張的金融政策は LM 曲線を右方にシフトさせると同時に，グラフの左側で外債の予想収益率曲線もシフトさせています（図 8.16 と同様に $S^e = S_2$ となるケースを想定しています）。既に議論したように，自国通貨の減価により IS 曲線も右方シフトして，短期的には均衡生産量は拡大します。しかし，長期的にはマネー・サプライの増大は比例的な物価上昇を引き起こすため，実質総貨幣供給量 $\frac{M^s}{P}$ は元の水準に下がってしまいます。これによって LM 曲線は元の位置に戻ってしまいます。また，当初は実質総貨幣供給量 $\frac{M^s}{P}$ の増大による名目減価がそのまま実質減価を引き起こしましたが，長期的には名目為替レート S と物価 P が比例的に上昇することで実質為替レート $Z = \frac{S \cdot P^*}{P}$ は当初の水準に戻ってしまい，これによって IS 曲線も元の位置へと戻ります。

　但し，マネー・サプライの増大が恒久的なため，予想名目為替レート S^e は上昇したままです。このため，グラフ左側の外債の予想収益率曲線はシフトしたま

ま元の位置には戻らないことに注意してください。結局のところ恒久的な拡張的金融政策は，長期的には比例的な物価の上昇と自国通貨の減価を引き起こすだけであって，均衡生産量を増大させる効果を持ちません。

復習問題

8.1　閉鎖経済と開放経済では IS 曲線はどのように異なるか説明しなさい。

8.2　自国は変動相場制度を採用する小国開放経済であり，資本移動を完全に自由化しているとする。景気の後退に際してマクロ安定化政策を実施する場合，自国は金融政策と財政政策のどちらに頼るべきか。両政策の効果の違いについてグラフを用いて説明しながら答えなさい。

8.3　通貨当局が拡張的金融政策を実施する場合，それが一時的なものか，それとも恒久的なものかによって政策効果に違いはあるか。違いがある場合は，なぜどのような違いが生じるか説明しなさい。

8.4　なぜ通貨当局は恒久的にマネー・サプライを増やすことで長期的に均衡生産量を増やすことができないのか説明しなさい。

第 9 章

為替政策：
為替介入と為替相場制度

　本書においてはこれまでのところ，名目為替レートの決定は完全に市場に委ねられており，外国為替市場における需給バランスに応じて自由に変動するものと想定して議論を進めてきました。しかし，世界の全ての国の通貨価値が市場の自由な調整によって決定されているわけではありません。円の名目為替レートが日々変動する日本に暮らす私たちにとっては意外に感じられるかもしれませんが，世界的に見れば自国通貨の価値を何らかの形で固定している国は決して少なくありません。また，名目為替レートの調整を基本的には市場に任せている日本においても，為替変動の重要な局面においては通貨当局が市場に介入し，大規模な為替売買を行うことがあります。名目為替レートの決定をどこまで市場に委ねて，どこまで通貨当局の管理下に置くかという問題は，開放マクロ経済にとっての極めて重要な政策判断と言えます。

　本章ではこれまで想定しなかった通貨当局による外国為替市場への介入や，名目為替レートの変動を制限する固定相場制度（ペッグ制度）を取り上げ，その仕組みと効果について解説します。また，固定相場制度下にある開放マクロ経済の金融・財政政策の効果について，再びマンデル・フレミング・モデルを用いて考察します。

○ KEY WORDS ○

為替介入，固定相場制度（ペッグ制度），
変動相場制度，不胎化介入，シグナリング効果，
政策トリ・レンマ，通貨同盟，最適通貨圏

9.1　為替相場制度の選択

○　為替変動と経済厚生

　前章までの議論においては，名目為替レートの決定は外国為替市場における取引に委ねられており，均衡レートは市場の需給バランスに応じて自由に変動するものと想定しました。このような制度は変動相場制度（floating exchange rate arrangement）と呼ばれます。しかし，基本的には変動相場制度を採用している国においても，外国為替市場の動向によっては通貨当局が市場に介入し，為替の動向に影響を与えようと試みることがあります。このような行為は為替介入（foreign exchange market intervention）と呼ばれます。時折ニュースなどで報道される「政府・日銀による市場への介入」とはこの為替介入のことです。

　また，為替介入を徹底した極端なケースとして，予め設定した一定の水準（またはその上下若干の幅以内）に名目為替レートが保たれるよう，通貨当局が常時市場に介入して外国為替取引を管理するという制度が考えられます。このような制度は固定相場制度（fixed exchange rate arrangement）或いはペッグ制度（pegged exchange rate arrangement）と呼ばれます[1]。本章のコラムにあるように，日本も 1949 年から 1971 年まではブレトン・ウッズ体制（Bretton Woods system）と呼ばれる国際通貨制度の下で，円の価値を米ドルに対して釘付けする固定相場制度を採用していました。現在の変動相場制度に正式に移行したのは 1973 年のことです（詳しくはコラム「ブレトン・ウッズ体制と円」を参照してください）。

　人為的な価格の歪みを排除し，市場のメカニズムを最大限に活用するという観点からすれば，変動相場制度は妥当な為替相場制度と考えられます。しかしそれと同時に，経済厚生の観点からすれば，名目為替レートのめまぐるしい変化は必ずしも歓迎すべきものではないことも事実です。変動相場制度下の名目為替レートは非常に頻繁に，そして時として非常に大きく変化します。また，物価が硬直的な短期においては，このめまぐるしい名目為替レートの変化はそのまま実質為替レートの変化も意味します。図 9.1 は円ドル間の名目為替レートと実質為替

---

1)　ペッグ（peg）とは「釘付けにする」，つまり「しっかりと固定する」と言う意味です。

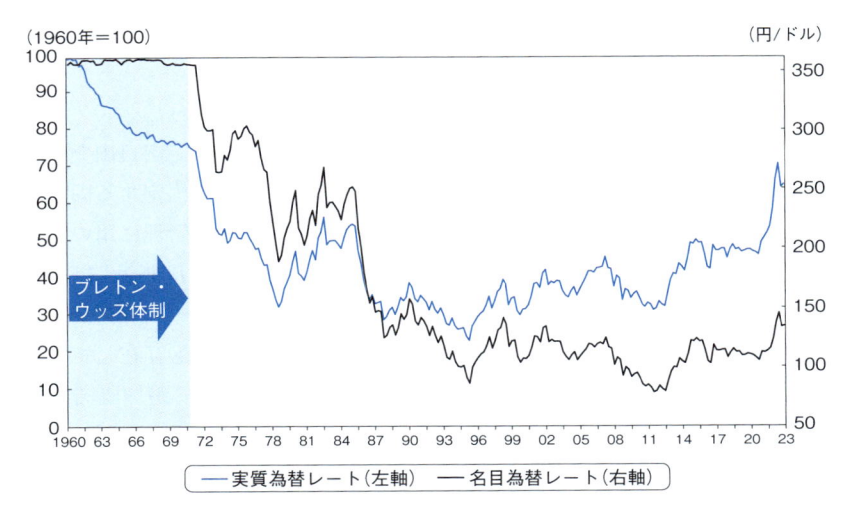

（データ出所）　International Monetary Fund, *International Financial Statistics*

図 9.1　ブレトン・ウッズ体制前後の円ドル名目・実質為替レート

レートを描いたものです。ブレトン・ウッズ体制が崩壊して変動相場制度に移行すると，名目為替レートだけでなく実質為替レートの変動も激しくなっていることがグラフで確認できます[2]。このような名目為替レートや実質為替レートの不安定な動きは，国際金融や国際貿易における潜在的リスクを増幅し，国際的な効率的資源配分を難しくする側面を持ちます。

　このような見地に立てば，通貨当局が為替レートの動きをコントロールし，安定させようとする制度にも十分に妥当性を見出すことができます。本書で繰り返し強調してきたように，経済にとって重要なのは国境に縛られることなく，資源をより効率的に配分して経済厚生を高めることです。その目的に有効である限りは市場のメカニズムを最大限活用すべきですが，市場メカニズムの活用そのものが目的なのではありません。従って全ての国にとって必ずしも変動相場制度が固

---

　2)　貨幣の相対価格である名目為替レートとは違い，実質為替レートは実物の相対価格であることを思い出してください。名目為替レートをめぐる環境が固定為替相場制度から変動相場制度へ移行しただけで，実物の相対価格である実質為替レートの動きまでが変化してしまったのは意外であり，驚くべきことでした。この問題を指摘したのはマイケル・ムッサ（Michael Mussa）です。詳しくは Mussa（1986）を参照してください。

定相場制度よりも好ましいとは限りませんし，またその逆であるとも限りません。

◯ 様々な為替相場制度

　経済学の概念としての為替相場制度は，名目為替レートの決定を自由な市場取引に委ねる変動相場制度と，通貨当局が定めた水準にレートを固定する固定相場制度に大別されます。しかし，実際に世界の国々が為替相場の管理に用いる制度には様々なものがあり，変動か固定かの択一というわけではありません。現実には変動相場制度，固定相場制度のそれぞれにいくつかのバリエーションが存在し，厳格な意味では変動とも固定とも形容し難い中間的な相場制度も存在します。

　図 9.2 は国際通貨基金（International Monetary Fund: IMF）が加盟国の為替相場制度を分類したものです。図では名目為替レートの変動が厳しく制約されているものから自由なものへの順に 9 つのカテゴリーと 2023 年現在の採用国・地域数が示されています[3]。これらは IMF が独自の調査に基づいて判断した，「事実上の」為替制度の分類（de facto classification）であり，各国政府が公表している制度（de jure classification）とは必ずしも一致しないことに留意してください[4]。また，分類基準，カテゴリーの数や呼称（及びその邦訳）も恒久的なものではなく，今後も見直しや変更の可能性があるものです。

　図にある 9 つのカテゴリーのうち(1)〜(2)は厳格な固定相場制度（ハード・ペッグ），(3)〜(7)は柔軟な固定相場制度（ソフト・ペッグ），(8)と(9)は変動相場制度（フロート）と位置付けられます。相場制度が頻繁に変更されるなどして上記のいずれにも分類不能と判断された国は，最下段の(10)その他の管理相場制度に分類にされています。以下は IMF の定義に沿った各相場制度の解説です[5]。

(1)　独自通貨不採用制度（通貨代替）

　為替相場を固定するという目的を最も厳格に実行する制度に，通貨代替

---

3)　International Monetary Fund, *Annual Report on Exchange Arrangements and Exchange Restrictions 2022* の分類を基に，その後 2024 年 4 月までに判明した変更を筆者が反映。

4)　従来 IMF は各国の政府が公表する情報に基づいて為替相場制度の分類を行っていました。しかし，カーメン・ラインハートとケネス・ロゴフ（Reinhart and Rogoff, 2004）によると，そのような公式分類は実態を正確に反映しない「ランダムよりは少しましな程度」の情報に過ぎません。これを受けて抜本的見直しが行われ，実態に即した現在の分類に至っています。

5)　為替相場制度に関連して使用されるペッグという表現は，釘付けるという意味の peg，つまり名目為替レートが固定されることを意味します。フロートは浮かぶ，漂うという意味の float で，自由に変動するという意味です。クローリング或いはクロールは，這うように少しずつ動くという意味の crawl から来るもので，じわじわと這うように名目為替レートの固定水準が変わるような相場制度を表現する際に使われます。

名目為替レートの変動を厳しく制限

(厳格な固定相場制度)（ハード・ペッグ）

(1) 独自通貨不採用制度（通貨代替）[14]
ドル化：エクアドル，エルサルバドル，パナマ，マーシャル諸島，パラオなど
ユーロ化：アンドラ，コソボ，モンテネグロ，サンマリノ

(2) カレンシーボード制度 [12]
対ドル：香港，ジブチ，ドミニカ，グレナダなど
対ユーロ：ボスニア・ヘルツェゴビナ，ブルガリア

(柔軟性を持たせた固定相場制度)（ソフト・ペッグ）

(3) 伝統的固定相場（ペッグ）制度 [40]
対ドル：サウジアラビア，イラク，ヨルダン，アラブ首長国連邦，カタールなど
対ユーロ：デンマーク，コートジボワール，マリ，セネガル，カメルーンなど

(4) 安定化制度 [22]
対ドル：カンボジア，イラン，レバノン，モルディブなど
対ユーロ：北マケドニア

(5) クローリング・ペッグ [3]
対ドル：ホンジュラス，ニカラグア

(6) クロール類似制度 [24]
対ドル：ベトナム，アフガニスタン，バングラデシュ，エチオピアなど
対ユーロ：スイス，ルーマニア，チュニジア　対通貨バスケット：中国

(7) 変動幅を伴うペッグ [1]
モロッコ

(変動相場制度)（フロート）

(8) フロート制度 [35]
ブラジル，コロンビア，チェコ，ハンガリー，トルコ，イスラエル，インド，インドネシア，
フィリピン，タイ，韓国，イスラエル，南アフリカなど（以上いずれもインフレ・ターゲット採用国）

(9) フリー・フロート制度 [32]
アメリカ，ユーロ圏（ユーロ導入国），日本，イギリス，オーストラリア，カナダ，
チリ，メキシコ，ノルウェー，ポーランド，スウェーデン，ロシアなど
（以上，アメリカとユーロ圏を除き，いずれもインフレ・ターゲット採用国）

名目為替レートの変動を市場に委ねる

(10) その他の管理相場制度 [11]
上記1〜9のいずれにも該当せず（頻繁に相場制度を変更している国など）
クウェート，シリア，ミャンマー，シエラレオネ，ジンバブエなど

（注）　クロアチアは 2023 年 1 月のユーロ加盟に伴いフリー・フロート制度に分類
（出所）　International Monetary Fund, Annual Report on Exchange Arrangements and Exchange Restrictions 2022 に基づき筆者作成

図 9.2　様々な為替相場制度

（currency substitution）があります。これは独自の通貨を導入せずに，名目為替レートを固定したい相手国の通貨，つまり外貨を自国の通貨として流通させるケースです。エクアドル，エルサルバドル，パナマ等の米ドル採用国の例で知ら

れることから，一般的呼称としてドル化（dollarization）という言葉が用いられることもありますが，ユーロや豪ドルを自国通貨に代替しているケースもあります[6]。そもそも独自の通貨を持たないケースを為替相場制度と呼ぶべきかどうかは議論のあるところですが，通貨代替は米ドルやユーロなどの主要通貨に対して自国の名目為替レートを完全に固定する究極の手段と捉えることができます。

（2）　カレンシー・ボード制度

　独自の通貨を持つ場合で，極めて厳格な固定相場制度と考えられるのがカレンシー・ボード（currency board）制度です。カレンシー・ボード制度においては，通貨当局は固定されたレートで自国通貨とアンカー（固定相手）となる外国通貨との交換に無制限に応じることを法的に義務付けられます。この法的義務を遵守するために，通貨当局は保有する外貨準備で交換可能な量だけしか自国の貨幣を発行しません。万一流通している自国通貨全額について外国通貨への交換を要求される事態に至ったとしても，通貨当局には固定レートを変更することなく全額の交換に応じる外貨準備があること，そして必要な外貨準備の積み増しなしに貨幣の追加発行を行う可能性がないことを示すことで，カレンシー・ボードは自国通貨に対する市場の信認を強める効果を持つと考えられます。つまり，減価（固定相場の崩壊）やインフレーションを招くような貨幣の乱発に手を染める事のないように，通貨当局を予め法的に縛っておくことで，固定相場の安定的な維持を実現する仕組みです。カレンシー・ボードは通貨と金との交換が義務付けられた金本位制度などの兌換貨幣制度に類似した制度と言えるでしょう。カレンシー・ボードにおける外貨準備は金本位制度における金と同様の役割を果たしていると考えられます。

　カレンシー・ボードを採用している国・地域としては，対米ドルで香港ドルを固定している香港が有名ですが，他にもジブチやドミニカ，グレナダなどがあります。ボスニア・ヘルツェゴビナとブルガリアは対ユーロのカレンシー・ボード制度を採用しています。また，アルゼンチンは 1991 年に対米ドルのカレンシー・ボードを採用しましたが，その後 2001〜2002 年の通貨危機に瀕して同制度を放棄しました。

---

6)　図 9.2 のユーロ化にあるアンドラ，サンマリノ，コソボ，モンテネグロはユーロ加盟国でないにもかかわらずユーロを公式な通貨として利用している国です。太平洋の島嶼国であるキリバス共和国，ナウル共和国，ツバルは豪ドルを公式通貨としています。また，2023 年 11 月には高インフレーションに喘ぐアルゼンチンで，通貨ペソの廃止とドル化を提唱したハビエル・ミレイ氏が大統領選挙に勝利しました。上記の通貨代替国とは異なり，経済規模の大きなアルゼンチンでドル化が実現するか否かは不透明な状況にあります。

図 9.2 の(3)〜(7)はソフト・ペッグと呼ばれる，ある程度の柔軟性を持たせた固定相場制度です。固定相場と柔軟性は相矛盾する概念のようにも思えるかもしれませんが，現実には固定相場制度の全てが特定のレートへの完全なペッグ（釘付け）を意味するわけではなく，小さな変動幅を設定してその範囲内の変動を許容する制度や固定水準自体を徐々に調整する仕組みを組み込んだ制度等もあります。

(3), (4)　伝統的ペッグ制度と安定化制度

伝統的ペッグ制度（conventional pegged arrangement）は，特定の外貨或いは複数の外貨で構成される通貨バスケットに対して自国の通貨価値の固定した水準を設け，その上下 1％以内に実際の名目為替レートを維持する制度です。安定化制度（stabilized arrangement）は特定の外貨或いは複数の外貨で構成される通貨バスケットに対する自国通貨の直物レートの動きを 2％のマージン内に収める制度です。いずれの制度もカレンシー・ボードとは異なり，自国通貨の発行に際して同額相当の外貨準備を積み増すことは義務付けられません。従って通貨当局には国内信用の創造という選択肢が与えられ，外貨準備高に縛られることなくマネー・サプライを変化させることが可能となります。但し第 3 節で解説するように，名目為替レートを固定するためにはマネー・サプライの調整はあくまで相場維持を目的とせざるを得なくなります。このため，資本移動を自由化している国が固定相場制度を採用すると，マクロ経済安定化のための独立した金融政策を実施することは不可能となります。

(5), (6)　クローリング・ペッグとクロール類似制度

経済指標の変化に応じて，固定する為替相場の水準を小刻みに調整するペッグ制度はクローリング・ペッグ（crawling peg）と呼ばれます。このような固定レートの微調整は，特にペッグ相手国とのインフレーション率の差に呼応して行われるのが一般的です。固定相場の一種に分類されるものの，経済指標次第で相場水準が見直されるため，結果的に名目為替レートは小刻みな変動を伴います。

また，クロール類似制度（crawl-like arrangement）は，統計手法を用いて為替のトレンド（時系列的な傾向）を推定し，実際のレートがトレンドから 2％を超えて乖離しないように名目為替レートを管理する制度です。相場水準の見直しが断続的に発生するクローリング・ペッグに対して，トレンド推定のアップデートによって連続的に見直しが成されるのがクロール類似制度と考えればよいでしょう。

クローリング・ペッグもクロール類似制度も元から固定相場水準の見直しや変

更を行うことを前提としており，一定の固定相場水準を維持する伝統的ペッグ制度や安定化制度よりも柔軟性の高い固定相場制度と言えます。

(7) 変動幅を伴うペッグ制度

固定の概念に更に幅を持たせた相場制度もあります。伝統的なペッグ制度の場合は，固定相場は特定水準の上下1％以内，或いは直物レートの最大値と最小値の差が2％以内と定義されました。これに対して，特定の水準から上下にそれぞれ1％を超える変動幅（band）を許容する場合は変動幅を伴うペッグ制度（pegged exchange rate within horizontal bands）と呼ばれます。名目為替レートは最大値と最小値の差が2％を超える変動を伴いますが，許容される範囲内に相場が収まるよう通貨当局の管理・介入を受けており，変動相場とまでは呼べないようなケースです。クローリング・ペッグ，類似クロール制度と並んで変動幅を伴うペッグ制度も「ある程度の変動を前提とした固定相場制度」であり，その意味において中間的制度とも呼ばれます。

変動幅を持つペッグ制度やクローリング・ペッグのように通貨当局が為替レートの目標圏を予め設定し，それを逸脱しないように介入を行うような制度は目標相場圏制度（target zone system）とも呼ばれます。例えば1987年の先進主要7ヵ国（G7）の中央銀行総裁・財務大臣によるルーブル合意（Louvre Accord）では，合意直前の名目為替レートを中心レートとした上下各5％の合計10％を変動幅とし，上下とも中心レートから2.5％を超えて為替レートが動いた段階で通貨当局が市場に介入するという合意が結ばれました。これはこの時期に7ヵ国が目標相場圏を共有し，協力して名目為替レートの安定を目指したものと理解できます。

(8) フロート制度

基本的には名目為替レートを外国為替市場の自由な取引に委ね，国際収支，外貨準備高等の重要な経済指標から必要と判断される場合に限って通貨当局が市場介入を行う制度はフロート制度（floating）と呼ばれます。市場介入の必要性を通貨当局が認めた場合であっても，固定相場制度のように名目為替レートを特定の水準や目標相場圏へと導くのではなく，過度の為替変動の回避のためにレートの動向に多少の影響を及ぼすという目的に限定した介入に留まります。

(9) フリー・フロート制度

一般的なフロート制度よりも更に自由な市場取引による名目為替レートの決定を重んじ，市場介入を極力避けるのがフリー・フロート（free floating）制度です。一般的なフロート制度のように経済指標を見ながら市場介入の必要性を判断する

のではなく，緊急事態を除いては一切市場に介入しないのが，日本を含むフリー・フロート採用国の基本姿勢です。但し，時折メディアなどで日銀による市場介入の可能性が取り沙汰されることがあるように，外国為替市場の動きが無秩序になったような場合には，例外的に市場介入が実施されることもあります。しかし，その場合も名目為替レートの乱高下を避けて減価・増価を適度なものに調整することが目的で，相場水準の操作を目的とした介入は行われません[7]。

図9.1 によると，日本やアメリカに加えてユーロ圏各国もフリー・フロートに分類されています。これはユーロの対外貨，つまりドルや円に対する名目為替レートが自由な市場取引に委ねられている事に基づくものです。一方でユーロ導入国同士，例えばドイツとフランスの間で見れば，通貨代替と同様に同一通貨の使用で名目為替レートは最も厳格に固定されています。共通通貨ユーロや通貨同盟については，本章第5節で解説します。

上記の各カテゴリーからも明らかなように，通貨当局による為替介入を要しない名目為替レートの変動範囲が広くなるにつれ，一国の為替相場制度は固定相場制度を離れ，変動相場制度へと近づいて行きます。変動幅を伴うペッグ制度は本当に固定相場と言えるのか，それとも実質的に変動相場と形容すべきか曖昧なことでも分かるように，変動相場制度と固定相場制度は互いに接点のない別個の制度を意味するのではなく，許容される為替の変動幅の大小によって生じる区分として理解すべきものです。従って上述の様々な為替相場制度についても，通貨代替とフリー・フロートを両極とした連続線上に，通貨当局が許容する為替変動幅の程度に応じてそれぞれ位置付けされるものと考えてください。

様々な為替相場制度が存在する以上，当然ながら「どの為替相場制度が最も好ましいのか」という疑問が生じます。しかし残念ながら世界中の全ての国にとって常に最良である，いわば万能な為替相場制度というものは存在しません[8]。第3節で詳しく解説しますが，固定相場制度は変動相場制度にはない長所と短所の両方を併せ持ちます。各国はそれぞれが置かれている状況に鑑みて，最も相応しい制度を模索すべきであって，全ての国にとって同じ制度が最適なのではありません。また同じ国であっても，時間の経過とともに内外の経済環境が大きく変化すれば，それに応じて相応しい為替相場制度も変化するかもしれません。

---

7) 第8章では中央銀行・政府による金融・財政政策を取り上げましたが，これらはあくまでマクロ経済（主に生産量）の安定を目的とした政策であり，結果的に名目為替レートを変化させることはあっても，名目為替レートの操作自体を目的としたものではありません。

8) ジェフリー・フランケル（Frankel(1999, 2012)）はこの問題について詳しく論じています。

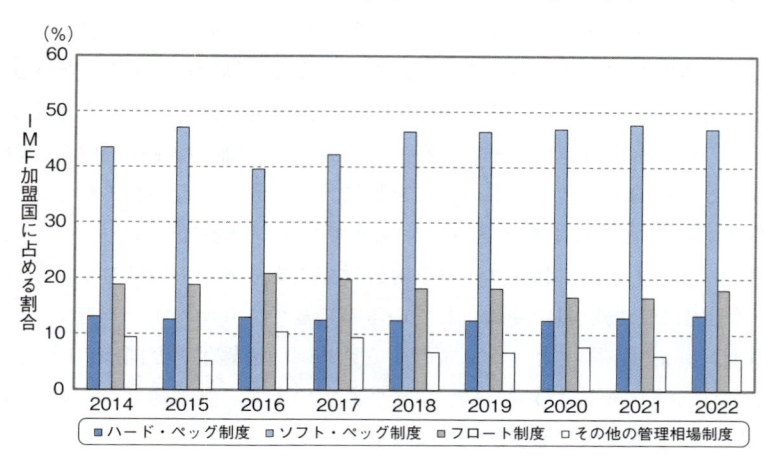

（出所）International Monetary Fund, *Annual Report on Exchange Arrangements and Exchange Restrictions 2022* に基づき筆者作成

図 9.3　為替相場制度別シェア

　図 9.3 は 2014〜2022 年の IMF 加盟国全体に占めるハード・ペッグ，ソフト・ペッグ，フロート，その他の相場制度採用国のシェアを表したものです。一般的なフロートとフリー・フロートを合計しても，図のフロート制度の棒グラフが示すように全体の 20％にも満たないことが分かります。つまり，世界的に見れば変動相場制度の採用はどちらかというと例外的であり，世界の多くの国は何らかの形で自国通貨の名目為替レートを人為的に管理し，その変動を制限していることが分かります。この点からも，為替介入や固定相場制度の仕組みについて理解し，名目為替レートの変動が制限される状況下での金融・財政政策の効果について考えることの重要性が窺えます。次節では変動相場制度における為替介入の仕組みと効果について考え，第 3 節以降では固定相場制度，そして通貨同盟を取り上げます。

コラム　ブレトン・ウッズ体制と円

　日々円の為替変動が報道される今日では想像し難いことかもしれませんが，実は第二次世界大戦後 20 年を超える長期に亘って円は固定相場制度下に置かれていました。第二次世界大戦の終結を受けて構築された国際通貨体制の枠組みは，1944 年 7 月にアメリカ合衆国ニューハンプシャー州のブレトン・ウッズで開かれた会議で合意されたことからブレトン・ウッズ体制（Bretton Woods System）と呼ばれます。この体制では国際通貨秩序のために国際通貨基金が設立され，(1)各国通貨は米ドルに対して平価上下 1％以内の固定相場，(2)米ドルは金に対して価値を固定し交換に応じる，という調整可能な固定相場制度が採用されました。当時まだ国際通貨基金の加盟国でなかった日本は 1949 年に 1 ドル＝360 円の固定レートを設定し，1952 年に国際通貨基金に加盟すると 1 ドル＝360 円が正式にブレトン・ウッズ体制に組み込まれました。この 1 ドル＝360 円という固定レートはその後約 20 年間に亘って維持されました。

　しかし 1960 年代に入ると日本や欧州各国が戦後復興を超える経済発展を遂げ，その一方でアメリカの国際収支の不均衡が深刻な問題に発展しつつありました。市場では当時の平価では米ドルは過大評価されているとの見方が強く，米ドルは次第に大きな売り圧力を受けるようになりました。米ドルは金との兌換を義務付けられていましたので，結果的にアメリカの中央銀行である連邦準備銀行は，金の流出による準備不足に直面することになります。

　1971 年 8 月 15 日にはついに当時のニクソン大統領がドルと金との交換停止を宣言し（この事件はニクソン・ショックと呼ばれています），これがブレトン・ウッズ体制終焉の引き金を引くことになります。ニクソン・ショックを受けて欧州各国は直ちに外国為替市場を閉鎖しましたが，日本では約 2 週間に亘って市場は開かれました。結局欧州各国は 8 月 23 日から，日本は 8 月 28 日から一時的に変動相場制度に移行します。

　その後 1971 年 12 月にはドル切り下げを軸とした多角的通貨調整であるスミソニアン合意によって，米ドルは金に対して金 1 トロイオンス＝35 ドルから 38 ドルへ切り下げられ，円は米ドルに対して 1 ドル＝360 円から 308 円へと約 16.9％も切り上げられました。また，ドイツ・マルクも米ドルに対して 13％以上大幅に切り上げられ，これらによって固定相場制度が再編維持されました。しかし，翌1972 年には国際収支の悪化から英国ポンドが激しく売られて，変動相場制度へ移行しました。1973 年に入ると政局の混迷からイタリア・リラが売られ，アメリカの国際収支にも改善が見られないことから米ドルに対する売り圧力が増大しました。さらに金の価格が高騰したことを受けて，それ以上固定相場制度を維持することは困難となり，国際通貨システムは現在の変動相場制度へ移行しました。

9.2 為替介入

◯ 為替介入の仕組み

通貨当局が名目為替レートの動向に影響を与えたり，場合によってはそれを誘導・操作することを目的として外国為替市場で取引を行うことを為替介入と呼びます。日本の場合，円相場の安定を目的として財務大臣の権限において為替介入が行われます。財務大臣は介入の決断，実施のタイミングや売買すべき金額についての判断を下し，為替介入の実務については日本銀行が財務大臣の代理人としてその指示に基づいて執り行います。介入に用いられる外国通貨は介入通貨と呼ばれますが，日本の場合は主に米ドルが介入通貨として用いられています。為替介入はマクロ経済の安定化を目的とした貨幣市場における公開市場操作（つまり金融政策の実行）とは異なり，為替動向に影響を及ぼすことを目的として外国為替市場において執り行われるものであることに注意してください。

例えば，外国為替市場において何らかの理由によって米ドルへの需要が減少すると，円がドルに対して増価します。もし円の増価があまりにも急激に進み，そのまま市場に委ねておくのは好ましくないと判断すると通貨当局は外国為替市場に介入し，円を売って米ドルを購入するかもしれません[9]。このように市場での為替の動向に逆らうような介入は風向きに逆らう介入（against-the-wind intervention）と呼ばれます。

これとは反対に，市場に現れた変化に弾みをつけるべく，通貨当局が市場の動向と同方向に介入を行う可能性もあります。例えば当初の円の急激な増価が収まり，僅かながら減価（つまり元の水準に戻ろうとする動き）の傾向が現れ始めたとします。このとき通貨当局が円売りドル買いの介入を行って，円の減価に一層の弾みをつけようとすれば，それは風向きに従う介入（with-the-wind intervention）と呼ばれます。

通貨当局が外貨資産を売買するとき，その取引の相手となるのは外国為替市場に参加している民間銀行です。例えば円売りドル買いの介入では，通貨当局は対

---

[9] 市場でドルを売って円を買う「ドル売り・円買い介入」を行う場合は，外為会計に保有するドルを取り崩して，円を対価に売却します。逆の場合は「ドル買い・円売り介入」となりますが，政府短期証券（通称 FB）を発行して調達した円資金を対価にドルを買い入れることになります。

外資産（ドル）を買い増し，その対価として相手方の民間銀行が日本銀行に持つ口座に向けて円を支払います。このために介入によって日本銀行のバランスシートの対外資産と負債が同額だけ増加することになります[10]。この際，民間銀行による日本銀行への預金が増大するため，このような介入取引はマネタリーベース，従ってマネー・サプライの変化を引き起こします（第3章第4節を参照してください）。

このように通常の為替介入は名目為替レートへの影響を目的としていながら，マネー・サプライの変化を引き起こすことで，意図せずして金融政策の変更と同様の効果を生み出してしまうため，金融政策の舵取りにとっては障害となりかねないものです。

◯ 不胎化と介入の効果

上の例でも明らかなように，外国為替市場への介入は自動的にマネー・サプライの変化を伴います。そもそも通貨の需給バランスを変えることによってその価格を変化させようとするわけですから，これは至極当然な結果と言えます。しかし，金融政策の観点からすれば，為替介入がマネー・サプライを変化させてしまうことは好ましいことではありません。端的に言えば，金融政策が為替政策によって犠牲にされてしまう，あるいは為替レートを重視するあまりに他のマクロ経済環境にそぐわない金融政策の実行を余儀なくされるかも知れないからです。

この問題を回避する一つの手段として，通貨当局が為替介入を行うと同時に，介入によって引き起こされるマネー・サプライの変化を完全に打ち消すような金融政策を実施するという方策を考えてみましょう。日本銀行は通常，買いオペ・売りオペと呼ばれる公開市場操作によって国債などを売買することでマネー・サプライを調節します。外国為替市場において円売りドル買いの為替介入を行った場合，そのままではマネー・サプライが増大しますので，同時にその増大分だけ公開市場操作を行って国債を売却し，市場から円を引き上げるとしましょう。この場合，為替介入によるマネー・サプライの増加量は，公開市場操作によるマネー・サプライの減少量と完全に一致し，最終的にはマネー・サプライには何の変化も生じません。このように，為替介入とその反対方向の公開市場操作とを同時に行う行為は不胎化介入（sterilized intervention）と呼ばれます。一般的に為

---

10) 民間銀行は円の受取額を日本銀行への預金とすると考えれば，通貨当局から見て同額の負債増加と理解できるはずです。

替介入と呼ばれる行為にはマネー・サプライを変化させる介入と，マネー・サプライの変化を相殺しておく不胎化介入の２つの可能性があります。

　マネー・サプライの変化を伴う介入が名目為替レートを操作するのに効果的であることは特に不思議ではありません。第３〜５章で解説した内容によると，そのような介入が均衡利子率の変化を通じて名目為替レートを変化させる効果を持つことは明らかです。確認のため，カバーなし利子平価条件（5.13）式を以下のように書き換えてみましょう。

$$S = \frac{S^e}{1 + R - R^*} \qquad (9.1)$$

通常の介入ではマネー・サプライの変化は自国利子率 R を変化させるため，他の条件を一定とすれば左辺の名目為替レート S も当然変化します。しかしそれと同時に，必要なくてもマネー・サプライの拡張や縮小などの金融政策の変更による効果も引き起こしてしまいます。しかも外国為替市場における取引額の大きさを考えれば，通貨当局が介入によって実際に市場の需給バランスを変えるには，巨額の売買を行わなければなりません。そうであれば，（仮に金融政策上は不必要であったとしても）介入によって引き起こされるマネー・サプライの変化も極めて大きなものとなってしまいます。このような潜在的な弊害を考慮すれば，基本的に変動相場制度にある国が，マネー・サプライの変化によって金融政策を犠牲にするような介入を積極的に実行するとは考え難いと言えます。

　そのような観点からすれば不胎化は妥当な政策のようにも思われますが，不胎化介入の場合はマネー・サプライが変化しないため，そもそも均衡為替レートを変化させる効果が本当にあるのかという疑問が生じます。（9.1）式で考えると，不胎化介入はマネー・サプライを一定に保つため，右辺の自国利子率は変化せず，外国利子率も当然所与のままです。このため自国通貨建て債券と外国通貨建て債券が完全に代替的であって，且つ不胎化介入が効果的であり得るのは，将来の予想為替レート S^e が変化することで現在の名目為替レートに影響を与えるという可能性に絞られます。

◯ シグナリング効果

　内外資産の完全代替性を示す（9.1）式において，右辺の分母を一定に保つ不胎化介入が現在の名目為替レートを変化させ得る唯一の可能性は，将来の予想為替レート S^e を変化させることです。もし通貨当局による外国為替市場への介入

という行為が，外国為替市場参加者に対して将来の為替予想を左右する重要な情報を発信するのであれば，不胎化されることでマネー・サプライ（従って利子率）に変化がなくても，為替介入が現在の名目為替レートを変化させることは可能です。例えば外国為替市場の動向を憂慮する通貨当局が，市場に対してその意思を表示し，今後の政策的立場についての意向を示唆するための手段として不胎化介入を行うと考えてください。もし市場が通貨当局の行為から将来的な減価あるいは増価を予想すれば，名目為替レートは即座に変化します。このような効果は不胎化介入のシグナリング効果（signaling effect）と呼ばれます。市場における通貨当局の行動が他の市場参加者に対して何らかの重要な情報を伝達するためのシグナル（合図）を発するという意味から，このように呼ばれています。

　しかしこのようなシグナリング効果については，懐疑的な見方も少なくありません。経済学者による評価も様々で，十分には解明されていない問題の一つです。そもそも実際に効果があるのか，また情報の発信が目的ならばなぜ通貨当局は普通のアナウンスを利用せずに，わざわざこのような一見無駄とも思える特殊な行為を用いるのかなど，不胎化介入のシグナリング効果については未だ解明されていない点が少なくありません。

○ リスク・プレミアムとポートフォリオ・バランス効果

　これまでのところ本節では為替介入の効果について，内外資産の完全代替性（カバーなし利子平価の成立）を前提として議論してきました。つまり投資家は内外資産を比較する場合，予想収益率のみを考慮してリスクについては投資判断には加えないと想定してきました。このため予想収益率が等しい限り，自国通貨建て債券と外債は投資家にとっては全く同じものとみなされました。

　この仮定を考え直すために，第5章第4節で登場したリスク・プレミアムについて思い出しましょう。投資家が為替リスクを伴う外債を自国通貨建て債券の完全代替物とみなさなければ，カバーなし利子平価は成立せず，両者の予想収益率の間にはリスク・プレミアム分だけの差が生じることになります。不胎化介入の場合マネー・サプライは変化しませんが，通貨当局が外国通貨建て資産と自国通貨建て資産の一方を買って他方を売るため，結果的に市場（つまり民間）によって保有される外国通貨建て資産と自国通貨建て資産のバランスが変化することに注意してください。介入前に自らの資産ポートフォリオを最適化していた投資家は，介入によってそのポートフォリオ（外国通貨建て資産と自国通貨建て資産の

バランス）の調整を行うことになります。しかし，その際リスクを伴う資産を以前よりも多く（少なく）保持するには，以前よりも高い（低い）リスク・プレミアムを要求するでしょう。第5章第4節の（5.8）′式

$$R_{t,t+1} = R^*_{t,t+1} + \frac{S^e_{t,t+1} - S_t}{S_t} - \frac{S^e_{t,t+1} - F_{t,t+1}}{S_t} \qquad (5.8)'$$

に従えば，右辺の第三項のリスク・プレミアムの変化が生じるため，外債予想収益率と自国通貨建て債券のそれとを均等化する均衡為替レート S_t も変化することになります。

　このように市場が自国通貨建て資産と外国通貨建て資産を不完全代替物と考え，リスクを考慮しながら資産ポートフォリオのバランスを最適化する結果として均衡為替レートが決定されるという考え方は，為替レートのポートフォリオ・バランス・アプローチ（portfolio balance approach）と呼ばれます。リスク・プレミアムの存在を考慮すれば，不胎化介入はマネー・サプライの変化を伴わないものの，市場の資産ポートフォリオの変化を引き起こすことで名目為替レートに影響を与えるポートフォリオ・バランス効果を持つ可能性が指摘されます。

9.3　固定相場制度

◯　固定相場制度の仕組み

　為替介入は変動相場制度，特にフリー・フロート制度においては，市場における急激な為替変動を制御するために通貨当局がいわば非常手段として用いるものと位置付けられます。これとは反対に為替介入を常時徹底して行うことで，名目為替レートを一定水準に釘付けにするのが固定相場制度です。名目為替レートを固定するためには，通貨当局はそのレートで外貨の超過需要や超過供給が発生しないように，常時取引に応じなければなりません。変動相場制度のように，市場の需給バランスによって外貨の価格である名目為替レートが決まるのではなく，予め決定された水準にレート（価格）を保つように通貨当局が自ら外貨を売買して需給をバランスさせるわけです。

　市場の外貨需要が外貨供給を上回れば，通貨当局は外貨準備を使って市場参加者による外貨買い・自国通貨売りに応じることで名目為替レートの水準を保ちま

す。逆に市場の外貨需要が縮小すると，通貨当局は固定レートで市場が希望する
だけの外貨を買い取ります。但し，自国通貨を外国通貨で買い取る介入において
は，外貨準備が枯渇してしまうとそれ以上固定相場を維持することは不可能とな
ります。このため固定相場制度を採用する通貨当局は，十分な外貨準備を蓄える
必要があります（外貨準備の不足と固定相場制度の崩壊については第10章第2
節の通貨危機の解説でより詳しく触れることにします）。

　固定相場制度の最大の利点は，変動相場制度において頻繁に見られる名目為替
レートの激しい変動を避けることができるところにあります。これまで発表され
た多くの研究結果に基づくと，変動相場制度において実際に観察される名目為替
レートの激しい短期的変動は，その相当部分がマクロ経済の重要変数の変化に起
因するものではないと考えられます（この点については第12章第4節を参照し
てください）。このような，いわばランダムなショックが名目為替レートを頻繁
に，そして大幅に上下させる度に，国際金融・貿易取引はその影響に晒されざる
を得ません。為替の不安定性は相対価格の不安定性を意味し，従って国際的な金
融・貿易取引にとっては潜在的に大きな障害となり得ます。その点，固定相場制
度の場合は，経済主体は将来の為替レートについての安定的な予想に基づいて金
融・貿易取引を行うことが可能です。

◯ 固定相場制度と金融政策

　固定相場を維持するためには，通貨当局は上述のように為替介入によって市場
に生じる外貨の超過需要・供給を完全に解消しなくてはなりません。しかし，既
に議論したように，このような介入取引はマネタリーベース，従ってマネー・サ
プライの変化を引き起こします。つまり通貨当局にとってマネー・サプライの調
整は，あくまで名目為替レートの水準を一定に保つための手段と化してしまいま
す。このため対外的な資本取引を自由化している国が固定相場制度を採用すると，
マクロ経済の安定化を目的として自由に金融政策を行使することは不可能となり
ます。

　変動相場制度の場合は，先ず貨幣市場において総貨幣需要と通貨当局がコント
ロールするマネー・サプライが一致する点において，貨幣の均衡価格を示す利子
率が決定されました（第3章第5節参照）。この均衡利子率がそのまま自国通貨
建て債券の収益率となって，内外金融資産の予想収益率が比較され，それらを均
等化する水準で均衡名目為替レートが決定されました（第5章第2節参照）。つ

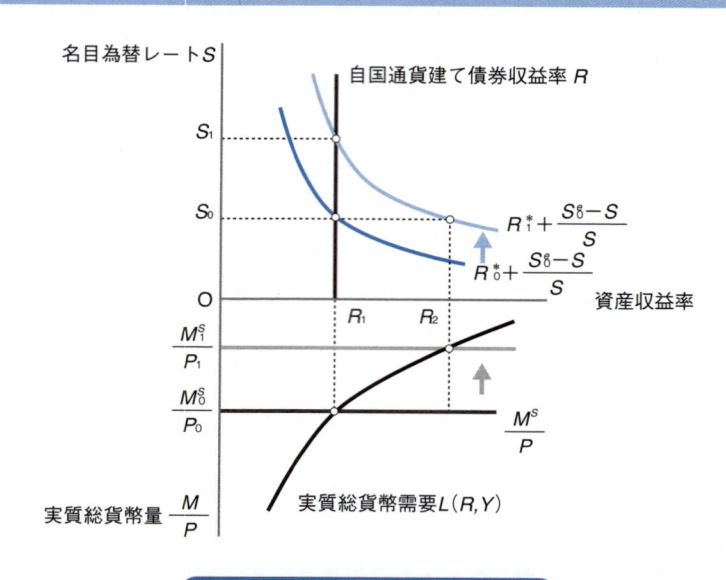

図9.4　固定相場制度と金融政策

まり，貨幣（金融政策）→利子率→名目為替レートの流れで捉えられるものでした。

　これに対して固定相場制度の場合は，名目為替レートを予め決められた特定の水準に維持しなくてはならないため，名目為替レート→利子率→貨幣（金融政策）という流れで考える必要があります。名目為替レートが予め決定されているために，通貨当局はそのレートで内外資産の予想収益率が一致するようにマネー・サプライを調整することになります。従ってカバーなし利子平価からの乖離を引き起こすようなショックが生じる度に，通貨当局はその乖離を解消すべくマネー・サプライを変化させて固定レートを維持しなくてはなりません。グラフを用いながら，この点についてより具体的に考えてみましょう。

　自国は自らの通貨価値を外国通貨に対して $S = S_0$ で固定していると仮定します。当初このレートで外国為替市場の均衡が成立していましたが，その後外国の通貨当局が緊縮的貨幣政策（外国のマネー・サプライの縮小）を実施したために，外国の利子率が上昇したとします。この場合，外国為替市場では外国債券の予想収益率が上昇するため，図9.4 のグラフの上側において，外債予想収益を示す曲

線が上方へシフトします。変動相場制度であれば均衡為替レートは S_1 へと上昇して自国通貨の減価が生じるところですが，固定相場制度の場合は為替の変動は許されません。このため自国の通貨当局は，外国同様にマネー・サプライを減少させることで国内利子率を引き上げ，名目為替レートを元の水準で維持しなくてはなりません。つまり自国の通貨当局は，名目為替レートを固定している相手国の通貨当局に追随して金融政策（マネー・サプライ調節）の舵取りをせざるを得ないのです。これが金融政策の独立性が失われることの意味です。

固定相場が将来に亘って堅持される場合には，$S^e = S$ によってカバーなし利子平価条件は第 8 章第 2 節で登場した（8.4）式の $R = R^*$ となります。つまり，自国の通貨当局は自国の利子率が為替レートを釘付けしている相手国の利子率と等しくなるように，絶えずマネー・サプライを調整しなくてはならないということです[11]。言い換えれば，名目為替レートの固定相手先である外国の金融政策が自国の金融政策を決定し，外国の利子率によって自国の利子率が決まるということです。

○ 平 価 の 変 更

時間が経過すれば国内外の経済環境も大きく変化します。このためいずれは当初固定された名目為替レートの水準が，経済の実情にそぐわなくなり，見直しを迫られることがあっても不思議ではありません。例えば日本がブレトン・ウッズ体制に正式加盟した 1952 年には，当時の日本とアメリカの経済の状況に照らし合わせて，1 ドル＝360 円というレートが妥当であると判断されました。しかし，その後約 20 年の間に両国経済を取り巻く環境は大きく変化し，1 ドル＝360 円という固定レートも次第に実情にそぐわないものになって行きました。これを受けて 1971 年 12 月には，実際に 1 ドル＝308 円への大幅な変更が実施されました[12]。

このように固定相場制度において，通貨当局が従来の固定レートを変更し，新しいレートで固定し直すことを平価の切り下げ（devaluation）・切り上げ（revaluation）と呼びます。平価とは，例えば 1 ドル＝360 円という固定された交換レートを指します。自国通貨の外国通貨に対する価格を上昇させる場合は平価切り上げ，反対に自国通貨の価格を低下させる場合は平価切り下げです。上述

---

11) 自国はその行動が世界あるいは外国の利子率に影響を与えることができない小国であると仮定しています。

12) この固定レートも長続きはせず，その後 1973 年には円は正式に変動相場制度へと移行します。

の 1971 年の事例では，1 ドル＝360 円から 308 円への変更ですので，円のドルに対する平価切り上げに該当します。逆に，1 ドル＝360 円から 400 円に変更するような場合は，平価の切り下げと呼ばれます[13]。

　一般的な固定相場制度においては，定められた固定レートを維持するのが通貨当局の任務であり，平価の変更はあくまでそれが困難となった場合に用いられる非常手段です。通貨当局は経済の実態にそぐわなくなった平価を維持し続けることに伴うコストと，平価を変更することで自らの信用を失墜させることに伴うコストを比べつつ，その判断を下すことになります。

　現行の固定レートの持続可能性が疑問視されると，市場参加者は予想に基づいて通貨当局の決断を先取りした行動を取ろうとします。例えば早晩平価が切り下げられると市場が予想すれば，その通貨は実際の平価切り下げ（つまり価値の低下）を待たずに売られることになります。例えばメキシコの通貨ペソは 1976 年に当時の固定相場を維持できなくなりましたが，通貨当局が実際に平価を切り下げる相当前からペソはフォーワード・ディスカウント（第 4 章第 5 節参照）で取引されていました[14]。これは早い段階から市場が，当時の相場を維持していくことは困難であろうと判断し，いずれペソの平価は切り下げられると予想していたことの現れであると解釈できます。

9.4　固定相場制度下の金融・財政政策：マンデル・フレミング・モデル再訪

　第 8 章第 2 節ではマンデル・フレミング・モデルを用いて変動相場制度における金融・財政政策の効果について学びました。そこで明らかになったのは，国際資本移動を完全に自由化し，変動相場制度を採用する小国開放経済においては，

　13）　固定相場制度における平価の切り上げは変動相場制度における増価に，平価切下げは減価に対応するものと考えてください。

　14）　平価切下げ前のデータだけを事前的に観察すると，固定レートが堅持されているにもかかわらず，ペソが常時フォーワード・ディスカウントで取引されているという不可思議な状況に驚かされます。しかし，平価切下げが生じて事後的に全てのデータを観察すれば，市場参加者は将来生じる大幅な平価切り下げを早くから警戒し，いずれ大きく価値を失うことになるペソをディスカウントで先渡取引するという，きわめて合理的な行動をとっていたことが分かります。このように観察可能な期間が限定されることで，データから経済主体の行動が誤って読み取られてしまう問題はペソ問題（peso problem）と呼ばれています。

金融政策が生産量に及ぼす効果は閉鎖経済の場合よりも拡大されたものであり，逆に財政政策は均衡生産量に全く影響を与えない無効なものであるという結論でした。本節では固定相場制度を採用する小国開放経済について同様の考察を行い，為替相場制度の違いがマクロ経済の安定化のための金融・財政政策の効果にどのような違いを生み出すかを考えます。

○ 固定相場制度の小国開放経済における金融政策の効果

図 9.5 は固定相場制度を採用する自国の均衡を示しています。当初自国経済は点 E_0 で均衡にありましたが，そこで拡張的金融政策を実行したとします。これにより LM 曲線が右方へシフトすると，利子率の低下によってそのままでは外国為替市場において自国通貨の減価が生じてしまいます。しかし，自国は固定相場制度下にありますから，中央銀行は即座に為替介入を行い，外国通貨を売って自国通貨を買い支え，為替レートを元の水準に保たなければなりません。これは中央銀行のバランスシート上では，資産である外貨準備と負債のマネタリーベースを同額だけ減少させることを意味します。つまり，中央銀行は自らが拡張的金融政策によって増大させたのと同じだけのマネー・サプライを，今度は為替介入によって減少させ，結果的に LM 曲線は元の位置に戻ってしまいます。つまり，

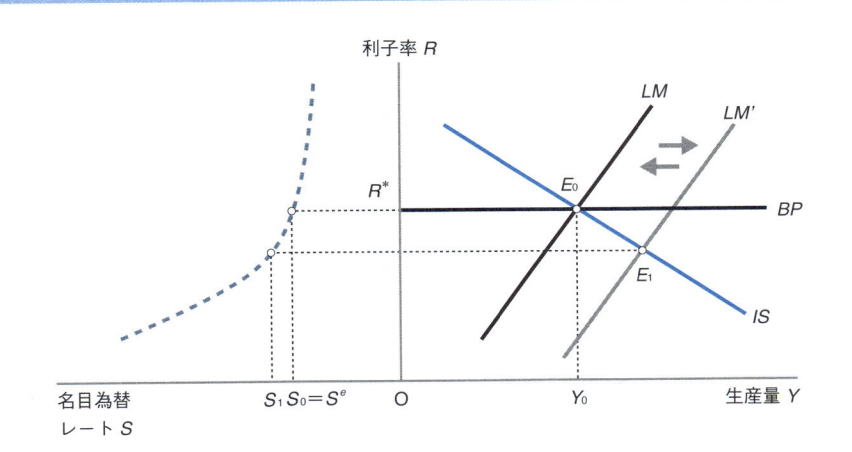

図 9.5　固定相場制度の小国開放経済における金融政策の効果

国際資本移動を自由化し，固定相場制度を採用する小国開放経済にとって金融政策は全く無効です。単に無効というよりも，政策の選択肢に金融政策が存在しないと表現した方が正確かもしれません。このような結論は，第8章第3節で取り上げた変動相場制度のケースの結論とは大きく異なることに注意してください。

◯ 固定相場制度の小国開放経済における財政政策の効果

図9.6 は固定相場制度下の拡張的財政政策の効果を表したものです。拡張的財政政策が IS 曲線を右方へシフトさせると利子率が上昇するため，そのまま放置すれば外国為替市場において自国通貨の増価が発生します。中央銀行は元の水準に為替レートを固定しなければなりませんので，外国為替市場で自国通貨売り外国通貨買いの介入を実施します。この介入により自国のマネー・サプライは増大し，LM 曲線も右方へシフトします。結果的に均衡は E_0 から E_1 へと移行し，生産量も拡大します。第8章第1節で解説した閉鎖経済の場合よりも均衡生産量がより大幅に増大する点に注意してください。国際資本移動が完全な場合，固定相場制度を維持するためには財政政策の出動は必ず中央銀行による為替介入（すなわち金融政策）を伴い，従って生産量に及ぼす影響が拡大されます。このよう

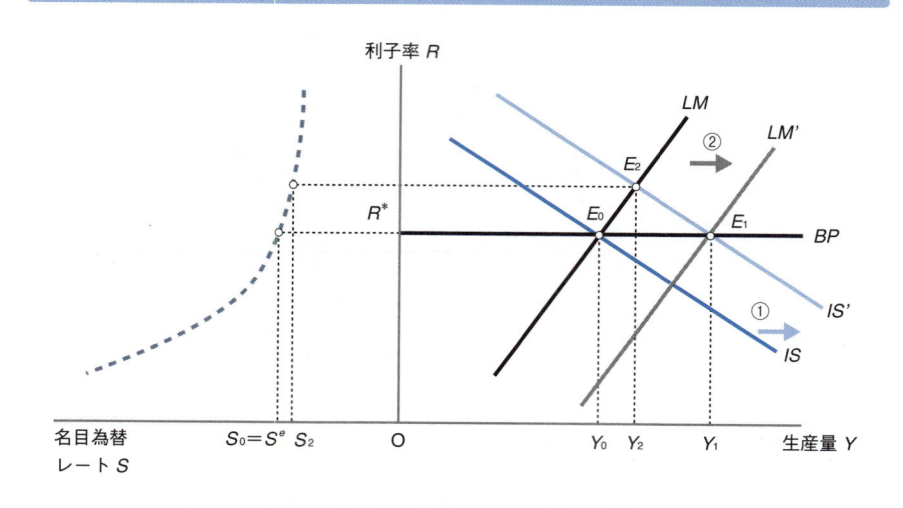

図9.6　固定相場制度の小国開放経済における財政政策の効果

な財政政策の効果に関する結論も金融政策の効果と同様に，第8章第3節で取り上げた変動相場制度の場合とは正反対になっていることに気づくでしょう。

○ 開放経済における政策トリ・レンマ

　上述のとおり，固定相場制度と変動相場制度では，金融政策と財政政策の有効性は大きく異なります。このため為替相場制度の選択は，単に為替レートだけの問題ではなく，マクロ経済運営の根幹に関わる重要な政策的事項であると言えます。

　一国の通貨・金融システムに関して，政策的見地から望まれる具体的な事項としては以下の3つが挙げられます。まず第1章第3節で議論したとおり，柔軟で効率的な予算配分の観点からは，国際金融取引による自由な国際資本移動が望ましいと言えます。第二に，国際金融・貿易取引を促進させる観点から，激しい為替変動を避けて名目為替レートを安定させることが望まれます。第三に，マクロ経済の安定化の観点から，金融政策の独立性を保つことが重要です。

　しかし，実はいかなる経済にとっても，(1)自由な国際資本移動，(2)名目為替レートの安定，及び，(3)金融政策の独立性という3つの条件を同時に満たすことは不可能なことが知られています。これは開放マクロ経済の政策トリ・レンマ（tri-lemma）と呼ばれるもので，以下に要約されるものです[15]。

　図9.7 に描かれた三角形の各頂点には，上述の3つの条件が記されています。各国の通貨当局はこの三角形の三辺のうち，どれか1つを選択しなければなりません。一辺を選べばその両端の頂点にある2つの条件は満たされますが，どれを選んでも必ず満たされない条件が1つ残ります。為替レートの安定を優先する場合，固定相場制度を採用して自由な資本取引を許容するのであれば金融政策の独立性は断念しなくてはなりませんし，金融政策の独立性を確保したければ，通貨危機を受けたマレーシアが行ったようにキャピタル・コントロールによって資本移動を制限しなくてはなりません。もし，金融政策の独立性を維持しつつ，国際資本移動の自由化を望むのであれば，変動相場制度を採用して，為替レートの安定を諦めざるを得ません。このように，変動と固定の為替相場制度の選択は，国際金融の根本に関わる国際資本移動の自由度と，マクロ経済安定化政策の一翼を

---

15)　2つの事柄を同時に満たせないために生じる葛藤をジレンマ（di-lemma）と呼びますが，この場合は3つの条件を同時に満たすことができないために生じる政策担当者（通貨当局）の葛藤であるため，トリ・レンマ（tri-lemma）と呼ばれます。"tri" は "triangle"（三角形）や "tricycle"（三輪車）などの言葉からも分かるように，「3」を意味します。

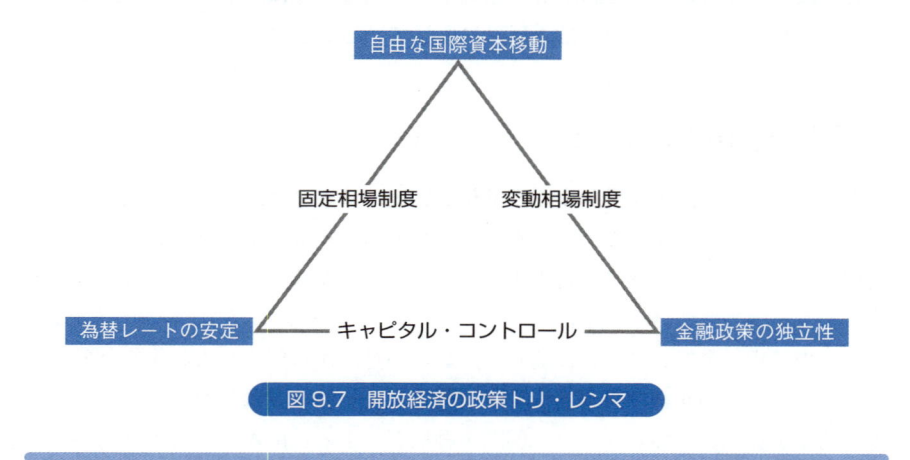

図 9.7　開放経済の政策トリ・レンマ

担う金融政策のあり方を含めて，何を優先し，何を犠牲にするかの重要な政策的選択と考えることができます。

9.5　通貨同盟と最適通貨圏

○　ユーロ：欧州における通貨統合

　1999年1月1日に実現した単一通貨ユーロ（Euro）の誕生は，欧州の経済通貨同盟（Economic and Monetary Union: EMU）にとって画期的な出来事でした[16]。通貨同盟とは同一の通貨を採用する複数の国・地域からなるものですが，それは特定の外貨に対して自国の通貨価値を固定するという従来の固定相場制度を超えた取り組みと言えます。また，新たな単一通貨を設け，それを同盟国の全てが採用するという点において，特定国の通貨を別の国がそのまま採用するドル化とも一線を画するものです。

　ユーロの導入を行ったのが経済通貨同盟であることからも示唆されるように，同一通貨の導入を参加国間の他の経済的，社会的，法的な協調から切り離して，

---

16)　実際にユーロ紙幣や硬貨が流通しはじめたのは 2002 年です。

単なる通貨・為替管理制度上の技術的手段として考えるのは適切ではありません。表 9.1 の欧州統合の概略史が示すように，欧州においても単一通貨ユーロの導入に先立って，財・サービス市場の統合やマクロ経済運営の協調をはじめとする経済統合に向けた準備が長期間に亘ってなされてきました。国境で分断された国々を経済的にも社会的にも段階を経て統合し，最終的に 1 つの経済圏に発展させる長い過程の末に，極めて重要なステップとして単一通貨の導入がなされたわけです。

　通貨同盟の最大の利点は同盟国間の名目為替レートの絶対的安定の実現と，為替手数料などの取引コストの削減などを通じて圏内の投資や貿易などの経済取引を促進させることにあります。しかしそれと同時に，通貨同盟に加盟することで金融政策に関する権限は，同盟国の中央銀行から同盟全体の通貨当局（ヨーロッパの場合は欧州中央銀行（European Central Bank: ECB））に移譲されることになるため，各同盟国にとって金融政策の独立性は失われます。同盟全体で同じ金融政策が取られるわけですから，同盟国間でのマクロ経済状況の相違は大きな問題となります。仮にドイツでは不況が深刻化しているのに，フランスでは好況で経済が過熱気味であるというような状況が生じれば，欧州中央銀行はどのような金融政策を採るべきでしょうか。このことからも単一通貨の導入は経済統合が十分に進み，1 つの経済圏としての下地が確立された上で実施されなければ，その費用が恩恵を上回ることになりかねません。

　欧州の場合でも，欧州連合（European Union: EU）の加盟国の全てが経済通貨同盟に参加してユーロを採用しているのではないことに注意してください。2024 年 4 月現在で公式にユーロに参加しているのは，欧州連合加盟 27 ヵ国のうち，オーストリア，ベルギー，フィンランド，フランス，ドイツ，ギリシャ，アイルランド，イタリア，ルクセンブルグ，オランダ，ポルトガル，スペイン，スロヴェニア，キプロス，マルタ，スロヴァキア，エストニア，ラトビア，リトアニア，そしてクロアチアの 20 ヵ国です。欧州連合の加盟国であっても，デンマークやスウエーデンのように，ユーロを採用せずに，独自の通貨を流通させている国もあります[17]。将来的にユーロの導入を目指すとしても，これらの国は現状では経済通貨同盟に加盟するほど既加盟国との経済統合が進んでいないため，単一通貨ユーロの導入の費用がその恩恵を上回ると考えているからです。

---

17)　2024 年 4 月現在 EU 加盟国でユーロを採用していないのは，デンマーク，スウェーデンに加えてブルガリア，ポーランド，ハンガリー，チェコ，ルーマニアの計 7 ヵ国です。

表 9.1　欧州統合の概略年表

1951	ベルギー，ドイツ連邦共和国，フランス，イタリア，ルクセンブルグ，オランダの 6 ヵ国がパリ条約に調印し，欧州石炭鉄鋼共同体（ECSC）設立
1957	欧州経済共同体（EEC）及び欧州原子力共同体（EAEC）設立
1967	ECSC，EEC，EAEC を統合した欧州共同体（EC）発足
1968	関税同盟完成，対外共通関税創設，共同体内の労働者の移動の自由を保障
1972	加盟国間の通貨間の交換レートの交換幅を 2.25% 以内とする「スネーク制度」開始
1973	デンマーク，アイルランド，イギリスが EC 加盟
1974	雇用問題，生活・労働条件の調和等に関する社会行動プログラム採択
1977	加盟 9 ヵ国間の関税撤廃
1978	欧州通貨制度（EMS）及び欧州通貨単位（ECU）の設置計画を欧州理事会で承認
1979	EMS 発足
1981	ギリシャ EC に加盟
1986	スペイン，ポルトガル EC 加盟，単一欧州議定書調印
1989	スペイン EMS に参加
1990	イギリス EMS に参加
1992	2 月　欧州連合条約（マーストリヒト条約）調印により経済通貨同盟を目指す欧州連合（EU）誕生
	4 月　ポルトガル EMS に参加
	6 月　デンマーク欧州連合条約批准を否決
	9 月　欧州通貨危機発生（イギリスは EMS 離脱しポンドは変動相場制度へ，第 10 章第 4 節参照）
1993	1 月 1 日　単一通貨ユーロ始動
	5 月　デンマーク 2 度目の国民投票で欧州連合条約批准を決定
	8 月　欧州通貨危機を受けて ERM の変動幅を一時的に 2.25% から 15% へ拡大
	11 月　欧州連合条約発効により，欧州連合（EU）創設
1995	オーストリア，フィンランド，スウェーデン EU に加盟，オーストリア EMS に参加
1996	フィンランド EMS に参加，イタリアが EMS の為替相場メカニズム ERM に復帰
1998	欧州中央銀行（ECB）業務開始
1999	単一通貨ユーロ誕生
2002	ユーロ紙幣・硬貨流通開始
2004	チェコ，エストニア，キプロス，ラトビア，リトアニア，ハンガリー，マルタ，ポーランド，スロヴェニア，スロヴァキアが EU に加盟
2007	1 月　スロヴェニアがユーロ導入，ブルガリアとルーマニアが EU に加盟
	12 月　リスボン条約調印
2008	キプロス，マルタがユーロ導入
2009	スロヴァキアがユーロ導入
2011	エストニアがユーロ導入
2013	クロアチアが EU に加盟
2014	ラトビアがユーロ導入
2015	リトアニアがユーロ導入
2016	イギリスで EU 加盟・離脱に関する国民投票実施，過半数が離脱を支持
2020	1 月　イギリスが EU 離脱
2023	クロアチアがユーロ導入（EU 加盟 27 ヵ国のうちユーロ導入国は 20 ヵ国に）

（出所）　駐日欧州連合代表部ホームページ

◯ 最 適 通 貨 圏

　欧州連合においてユーロ採用国と不採用国（経済通貨同盟参加国と不参加国）が混在しているという事実は，単一通貨を流通させる経済圏はただ広ければ良いというものではないことを物語っています。それでは単一通貨を流通させるのに最も適した経済圏，つまり最適通貨圏（optimum currency area）とは，どのようにして決定されるべきものでしょうか。ロバート・マンデルが最初に最適通貨圏の概念を提唱して以来，多くの研究がなされてきましたが，それらの知見を総合すると，最適通貨圏を満たす上でその構成国が満たすべきいくつかの重要な条件が示唆されます[18]。具体的には，(1)経済開放度と相互の貿易の重要性，(2)実体経済の統合度，特に景気循環や経済攪乱の類似性，(3)生産要素，特に労働力の越境可動性，(4)共同でリスクをシェア（分配）する能力，特に財政を通じた再分配能力がそれぞれ高いことが重要な条件と考えられます。これらの条件を十分に満たせば，単一通貨導入の便益はその費用を上回ることから，そのような経済圏は最適通貨圏を成すと考えられます。

　上記(1)〜(4)の条件がなぜ最適通貨圏にとって重要なのか，順に考えて見ましょう。既に学んだように，名目為替レートの変動は物価が硬直的な短期においては，そのまま財やサービスの相対価格を変化させます。名目為替レートの変動が激しいほど，輸出入企業は先の見通しが立てにくく，予期せぬ為替の動きから損失を被るリスクを負うことになります。しかし，もし貿易を行う国同士が同じ通貨を採用すれば両国間の為替変動がなくなるわけですから，問題は完全に解決します。従って同じ通貨を採用することのメリットは，（他の条件を一定として）経済開放度が高く国際貿易が盛んに行われている国同士の場合ほど大きいと言えます。

　次に実体面での経済統合度，特に景気循環の類似や相違が意味するものについて考えてみましょう。複数の国が同一の通貨を採用すると，それらの国は同じ通貨当局による同一の金融政策の下に置かれることになります。各国の経済構造が似通って生産活動が十分に統合されていれば，景気循環のサイクルやその過程で発生する経済攪乱とその影響も類似したものとなりやすく，それらの影響に圏内での大きなばらつきは生じ難くなります。このため，同一の金融政策で景気の加熱や低迷，或いは様々な経済攪乱に対処することも比較的容易になります。反対に，景気循環のサイクルが大きく異なる国同士，例えばある国の景気が過熱気味

---

　18) Mundell（1961），McKinnon（1963），Kennen（1969），Frankel and Rose（1998）などを参照してください。

のときに別の国の景気は低迷しているような場合は，両国の経済を単一の金融政策で舵取りするのは極めて困難となります。

　しかし，産業構造等に大きな違いがあっても，労働や生産資本などの生産要素が国境を越えて圏内を自由に移動できれば，経済攪乱や景気循環の影響に圏内地域間で相違が生じても，生産要素を地域間で配分し直すことでその対処が可能になります。特に資本に比べて可動性の低い労働力が国境を越えて移動しやすい環境，例えば言語や生活習慣を含めた文化的要素や社会制度の類似性なども重要と考えられます。

　最後に挙げた経済的リスクをシェアする能力とは，主に各国の財政を機動的に管理運営することで単一通貨制度を維持する能力を指します。例えば，ある加盟国が財政的に困難な状況に陥った場合に，通貨圏内の他の国から財政移転を行うなどして速やかに対処が可能か否かという事です。単一の通貨を持つことは一義的には金融面での一元化を意味しますが，単一通貨制度を実際に維持していく上で財政面の協調が軽視されてよいわけではありません。例えば 2010 年に顕在化したギリシャの債務危機がユーロ圏崩壊の可能性まで取り沙汰される深刻な事態に発展した最大の理由は，ユーロ導入による恩恵を求めて新たに加盟する国が相次いで通貨圏が拡大していく中，加盟国が財政面から共同でリスクを背負う仕組みが十分に構築されていなかったことにあります（欧州債務危機の詳細については第 10 章を参照してください）。そのような意味において，この 4 つ目の条件を欠いたことが最適通貨圏としてのユーロ圏のアキレス腱であったと言えるでしょう。この問題をうけて，2010 年には欧州金融安定基金（European Financial Stability Facility: EFSF）及び欧州金融安定化メカニズム（European Financial Stabilization Mechanism: EFSM）が創設され，資金繰りに窮した加盟国の緊急支援が図られるようになりました。その後，更に 2012 年には恒常的な安全網として欧州安定メカニズム（European Stability Mechanism: ESM）が設立され，将来の不測の事態に備えた相互支援体制を強化することで，ユーロ圏経済の安定を推進する取り組みが続いています[19]。

---

19) 欧州安定メカニズム（ESM）は財政面での相互支援を目的とした，加盟国政府による国際組織です。一方，欧州中央銀行（ECB）は加盟国の民間銀行への貸付などを通じた金融支援は行いますが，加盟国の政府に直接的に資金を提供することはできません。2012 年の ESM の設立に伴い，EFSF と EFSM は既存のギリシャ，ポルトガル，アイルランドの支援案件だけを管理し，以後の案件は ESM が担当することになりました。

◯ アジアにおける取り組みと課題

　単一通貨ユーロの導入を実現した欧州からの刺激もあって，アジアにおいても通貨の安定と経済の統合を目指した取り組みは徐々に進みつつあります。特に1997年に発生した東アジアの通貨危機（詳細は第10章第5節を参照してください）によって多くの国が通貨の暴落と経済混乱に見舞われてからは，米ドルや国際通貨基金への依存に偏重した通貨体制を見直し，アジア地域内での経済・金融協力と通貨体制の確立に向けた取り組みが積極化しています。そのようなアジアでの取り組みを中心的に担っているのは日本，中国，韓国と東南アジア諸国連合（Association of South East Asian Nations: ASEAN）です。

　具体的な取り組みとして，為替相場が乱高下した場合に各国の通貨当局が十分な対応が取れるよう，為替介入の資金を相互に融通しあう「チェンマイ・イニシャチブ」（Chian Mai Initiative）と呼ばれる通貨融通協定が2000年にASEAN＋3（東南アジア諸国連合と日中韓）の財務相会議において締結されました。また，国際金融市場を発展させて債券の売買を活発化し，機動的な資金調達を可能にすることで安定的な設備投資を促進するという取り組みも始まっています。特に域内の複数の通貨からなるアジア通貨バスケット建て債券の考案など，米ドル依存から脱却し，あくまでアジア地域に基づいた国際金融を拡充しようという姿勢が伺えます。その後，2009年には規模を120億ドルに拡大し，2012年には更に240億ドルへの拡大が同意されています。また，当初は二国間での通貨融通の協定でしたが，その後多国間協定へと進化し，CMIM（Chian Mai Initiative Multilateralisation）と呼ばれるようになっています。

　このような通貨融通の協定に加えて2006年5月の日中韓ASEAN財務相会合においては，地域通貨単位（regional currency unit）の構築に向けた研究の推進にも言及がありました。これはアジア開発銀行（Asian Development Bank）が各国の通貨を経済規模に基づいて加重平均することでアジア通貨単位（Asian Currency Unit）として算出するというものです。欧州の場合も，1979年に共通通貨単位である欧州通貨単位（European Currency Unit: ECU）が導入され，その後20年に及ぶ経済・通貨統合の努力の末に単一通貨ユーロが誕生しています。

　このようにアジアにおいても経済や通貨の統合に向けた取り組みは徐々に始まってはいますが，現状としては経済・通貨統合を実現するには程遠い状況にあると言わざるを得ません。ASEAN諸国に限って見れば，加盟10ヵ国で構成するアセアン経済共同体（ASEAN Economic Community: AEC）の発足が2015年

にクアランプールで宣言・署名され，物品関税の大幅削減などを通じて域内貿易の自由化と活発な経済交流を実現しつつあります。しかし，2021 年にはクーデターによってミャンマーが軍事政権となり，その対応をめぐって加盟国間の足並みも乱れました。また，日本，中国，韓国の関係は絶えず政治的要素に支配され，公式に経済や通貨の統合を話し合うような状況にありません。世界第二の経済へと急速な成長を遂げた中国も，厳しい規制や政府主導の経済運営が目立ち，市場経済とまでは呼べないのが実情です。更にここに来て不動産バブル瓦解の影響で経済停滞の兆しが見られる上，南シナ海における覇権主義的な動きで ASEAN 諸国（特にフィリピン）や日本との緊張関係を生んでいることから，近い将来にアジアの経済・通貨統合を牽引するとは考えられません。

　上述の最適通貨圏の理論に基づくと，これらのアジア諸国が現時点（2024 年）で最適通貨圏を形成しているとは到底考えられません。欧州の経済通貨統合が長く地道な努力を必要としたのと同様に，アジアにおいても長期的な視点でこの問題を考える必要があるでしょう。

コラム　為替介入も様々：香港，スイス，日本の経験から

　為替相場制度の違いとは，基本的には通貨当局が名目為替レートの変動を許容する程度の違いであり，市場介入の頻度や規模の違いとして現れるものです。香港のカレンシー・ボード制度のように厳格に相場を固定する場合，通貨当局は常時スタンバイ状態で市場を注視し，外貨の超過需要・供給で相場が変動しないように介入しなければなりません。反対に自由な市場取引で生じる為替変動を尊重する変動相場制度，特に日本のようなフリー・フロート制度国にとっての市場介入とは，非常事態にのみ例外的に用いる手段です。そして，これら二極の中間に位置する相場制度を採用する国の通貨当局は，様々な経済指標を参考に必要と判断された場合は市場に介入することになります。

　異なる為替相場制度下の市場介入について，データを通して見てみましょう。カレンシー・ボード制度下にある香港では，通貨当局である香港金融管理局（Hong Kong Monetary Authority: HKMA）が，香港ドルの名目為替レートを 1 米ドルに対して 7.75〜7.85 香港ドルで厳格に固定しています。このレートを守るために，HKMA は全ての香港ドルを米ドルと交換できるだけの外貨準備を保有するよう法制化されています。アジアの金融ハブとして繁栄してきた香港ですが，1997 年の中国への返還以降は中国本土の政治的意向や規制，経済状況の影響を強く受けるようになりました。特に中国本土の不動産バブル瓦解と経済減速の影響が強まり，2021 年ごろから香港ドルの固定相場は限界に近いという見方が投機筋

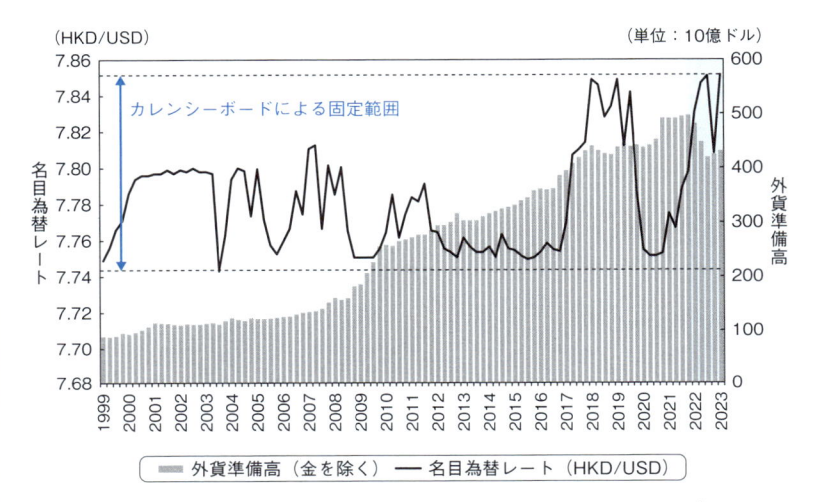

（データ出所）　International Monetary Fund, *International Financial Statistics*（https://www.imf.org/en/Data）

図1　香　港

を中心に広がりました。このため，2021 年から市場では香港ドルの売り圧力が強まり，2022 年の第二，第三四半期，そして 2023 年第一四半期には繰り返し固定相場の限界値である 1 米ドルあたり 7.85 香港ドルに達しました。この間 HKMA は固定相場防衛のために年間 49 回にも及ぶ市場介入を実施しています。図 1 において 2022 年に名目為替レートが 1 米ドル＝7.85 香港ドルの限界値へ急接近するのと時期を同じくして外貨準備高が急減しているのが分かります。これは投機筋などから大量の売りを浴びせられた香港ドルを HKMA が米ドルで買い取ったことで，外貨準備として保有する米ドルが減少したことを示しています。その後も投機筋の香港ドル売りは収まりませんでしたが，HKMA はカレンシー・ボード制度ならではの圧倒的な外貨準備高によって固定相場を死守しており，今のところ近い将来に固定相場が維持不能になる可能性は低いという見方が大勢のようです。

　中央銀行の信用力も含め経済力の高さで定評のあるスイスは，欧州に在ってEU には加盟せず，独自通貨のスイス・フランを採用しています。図 2 にあるように，ユーロが誕生した 1999 年から 2008 年半ばころまでは，当時フリー・フロート制度下にあったフランの価値は概ね安定的に推移していました。ところが2009 年に欧州債務危機が発生すると，動揺した市場で巨額のユーロ資産が売られ，安全資産と目されたスイス・フランが主な逃避先となって，フランはユーロに対して急激に増価しました。中央銀行であるスイス国立銀行は，先ず介入額に制限

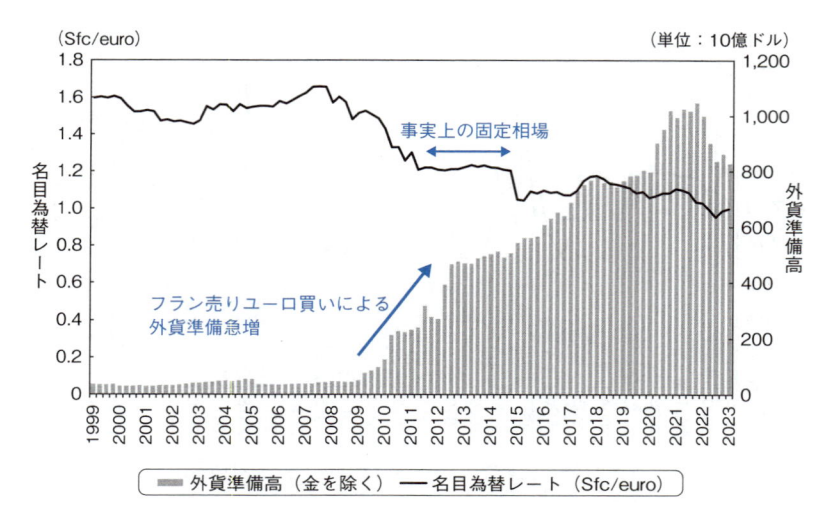

図2　スイス

を設けずに市場でフラン売りユーロ買いを行うという政策を打ち出し，更に2011年9月には1ユーロ＝1.2スイス・フランの上限を設定，実際の市場レートがそれを超えないように無制限に介入を継続するという政策を導入しました。これは正確には上限だけを定めた変則的な変動幅を伴うペッグ制度にあたりますが，ユーロ売りフラン買いが続く市場にあっては，事実上1ユーロ＝1.2スイス・フランの固定相場に移行したのと同じことです。図2のグラフで2011〜2014年の名目為替レートが1.2でほぼ水平になっていることを確認してください。

　スイス国立銀行の大胆な政策にもかかわらず，市場では相場の安定は一時的なものに留まり，近い将来変動相場に戻るという予想からその後もフラン買いが収束せず，結局2014年には1ユーロ＝1.2スイス・フランの上限を突破して更に増価しました（このような通貨への投機的攻撃と中央銀行の激しい攻防については第10章の通貨危機を参照してください）。これを受けてスイスは事実上フリー・フロート制度を放棄して，中間的相場制度であるクロール類似制度に移行し，ユーロに対する自国通貨フランの価値をトレンドから2％以内のマージンに収まるよう管理していると見られます。

　香港のHKMAとは反対に，スイス国立銀行は自国通貨が買われすぎて増価を続けることを阻止するための大規模な市場介入を実施しました。図2の外貨準備のグラフが2010年あたりから急激に増加しているのは，フランを売ってユーロやドルを購入するという介入を続けたことで外貨準備が急速に積み上がったこと

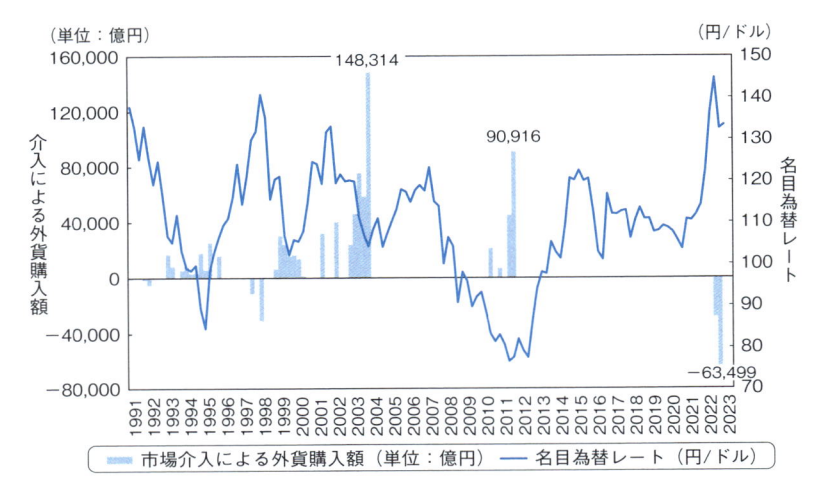

（データ出所）　財務省外国為替平衡操作の実施状況
　　　　　　　https://www.mof.go.jp/policy/international_policy/reference/feio/data/index.
html
　　　　　　　International Monetary Fund, *International Financial Statistics*（https://www.
imf.org/en/Data）

図3　日　本

を表しています。

　日本の外国為替市場への介入については，財務省が「外国為替平衡操作の実施
状況」（https://www.mof.go.jp/policy/international_policy/reference/feio/index.
html）として詳しいデータを公開しています。香港のカレンシー・ボード制やス
イスのクロール類似制度とは異なり，フリー・フロート制度下にある日本では市
場介入は緊急事態に限って例外的に実施されるものです。しかし，経済規模も大
きく円の取引額も大きいことから，実施される際は相当な規模の介入となります。
図3のグラフは 1991〜2023 年（四半期）の円ドル名目為替レートを折れ線で，
外国為替介入実施額を棒グラフで表したものです。介入額は外貨（大半が米ド
ル）購入額を億円単位で表しており，正の値は財務省・日銀が円で外貨を購入，
負の値は外貨を売却して円を購入したことを示します。棒グラフの表示がないの
は介入がなかった年・四半期です。

　グラフが示すように，日本の場合は円の増価が急激に進んだ時期には外貨買い，
反対に円の減価が急激に進んだ時期には外貨売りの風向きに逆らう介入を行って
います。特に 2002 年から 2004 年にかけて円の増価が進んだ際には断続的に巨額
の外貨購入が行われ，2004 年の第一四半期にはその額は 14 兆 8 千億円を超えて
います。その一方で，2021 年から 2022 年にかけて円が急ピッチで減価した際は

ドル売り円買いの介入を行っており，2022年第四四半期の介入額は6兆3千億円相当に上っています。

　グラフにはありませんが，2024年4月末から5月初旬にかけては，一気に1ドルあたり160円台前半まで円が売られた後，151円台後半まで急激に買い戻されるなど，週間の値幅が8円を記録する乱高下が観察されました。円の減価に歯止めがかからない状況を受けて，政府・日銀が2回に亘り合計9.7兆円の（介入直後に実施の事実に触れない）覆面介入を行って円の価値を買い支えました。円の価値を巡って投機筋と政府・日銀の間で激しい攻防があったと見て間違いありません。日本円も通貨危機に無縁ではないという戒めとして捉えるべき事象です。

復　習　問　題

　9.1　資本移動を完全自由化する小国開放経済が固定相場制度を採用した場合，金融・財政政策の効果は変動相場制度下の場合とどのように異なるか。グラフを用いて説明しなさい。

　9.2　為替介入について以下の設問に答えなさい。

　(1)　為替介入とは何か説明しなさい。

　(2)　不胎化介入とはどのようなものか。

　(3)　不胎化されていても為替介入が効果を持つとすれば，それはどのような理由によるものと考えられるか。具体的に説明しなさい。

　9.3　資本移動を完全自由化している国が固定相場制度を採用すると金融政策の独立性が失われる理由について，この国の貨幣市場と外国為替市場のグラフを使いながら説明しなさい。

　9.4　「ヨーロッパでは既に単一通貨ユーロが流通している。経済のグローバル化から取り残されないためにも，アジア諸国もすぐに単一通貨を導入すべきだ。」この主張の妥当性について議論しなさい。

第 IV 部

発展的トピック

第10章

国際金融を取り巻く難問 I：
市場の動揺

　本質的には国際金融とは，国ごとに課せられた予算制約を国境を跨いだ制約に置き換え，世界規模で効率的な資源配分を追求するための手段です。しかし，現実には国際金融取引が活発になるにつれて，対処が容易でない深刻な問題も少なからず発生してきました。本章と次章ではそのような国際金融をめぐる問題について，特に重要なものをいくつか取り上げて解説します。

　本章では時に国際金融市場を襲う動揺—「危機」と形容される甚大な攪乱—を取り上げます。具体的には，外国からの借り入れが累積することで発生する債務危機，主に投機的動機に基づく為替取引によって通貨価値の暴落が引き起こされる通貨危機，そしてアメリカの住宅市場の混乱が国際的な危機へと発展した世界金融危機について議論します。また，国際通貨基金の役割をめぐる学識者の論争から，国際金融をめぐって相対立する2つの視点を紹介します。

　これらの議論を通して国際金融が経済にもたらす利点だけでなく，その潜在的問題点についても理解を深めることが本章の狙いです。

○ *KEY WORDS* ○
債務不履行，モラル・ハザード，
通貨危機，投機的攻撃，自己実現，
危機の伝染（伝播），通貨ミスマッチ，
原罪，国際通貨基金，
バブル，アニマル・スピリット

10.1　債務危機

◯　累積債務と債務の不履行

　本書では一貫して，必要に応じて外国との間で一時的な資本の貸し借りを行うことは経済厚生の観点から好ましいという基本的立場を取ってきました。これは一時期（例えば1年）ごとに独立した予算制約に束縛されるよりも，異時点間の貸借を許した長期的な予算制約に基づく方が，より柔軟な予算の配分と安定的な消費や投資の推移が可能になることをその根拠とします。このような考え方は対外的な貸借があくまで一時的なものであって，債務の返済は必ず履行され，長期的な予算制約が満たされることを前提としています。それはちょうど家計がローンを組んで住宅等を購入したり，逆に金融機関への預金や債券（国債や社債）の購入を通じて他者の事業に投資するという行為が可能になることを歓迎するのと基本的には同じことです。その場合も住宅ローンは完済され，満期を迎えた預貯金や債券の元利は全額払い戻されることが前提条件となります。

　しかし債務が累積し，国際収支の不均衡があまりに大規模で恒常的なものになると，債務国は本当にその債務を履行できるのか，つまり長期的な予算制約を満たすことができるのかという疑問が生じかねません。例えば貿易赤字による経常赤字と資金流入を記録している国は，海外からの借り入れによって国内部門（消費，投資，政府支出）の一部を賄っているわけですが，借入を続けているうちに累積した債務が自らの返済能力を超えないという保証はありません。実際に返済期限を迎えても，債務を返済ができない場合は債務不履行（default）となりますが，対外債務の不履行はいわば国家規模での経済破綻を意味します。巨額の累積債務を抱える国が事実上の債務不履行に陥るという事態は，これまでも現実に繰り返し起こってきました[1]。2010年頃から本格化した欧州債務危機におけるギリシャがその一例です。また，欧州債務危機に遡ること約四半世紀の1980年代にはメキシコ，アルゼンチン，ブラジル，チリなどのラテンアメリカ諸国を中心とする多くの発展途上国が次々に債務不履行の危機に陥り，資本の海外逃避や通貨の暴落などが生じています。このような経済混乱は当事者である債務国はもとよ

---

　1)　ラインハートとロゴフ（Reinhart and Rogoff, 2009）は800年に亘る金融危機の歴史を検証しながら，債務危機を含む様々な金融危機が世界中で繰り返されてきたことを指摘しています。

り，これらの国に投資をしていた債権国経済にとっても大きな攪乱となるものです。経済厚生に寄与する潜在力を備えているとはいえ，現実の国際貸借取引は決して魔法の杖のようなものではなく，市場は繰り返し大きな動揺を経験してきました。国家や家計の債務に関する史実を検証した研究からは，それらが実際に果たしてきた役割についての厳しい批判も少なからず寄せられています[2]。

○ 途上国の債務危機

一般的に発展途上国は国内の貯蓄が不足しがちなため，投資を海外からの借入に頼りがちになります（第7章第5節の貯蓄投資バランス・アプローチ，及び第2章の (2.9)′ 式を参照してください）。そのような発展途上国に対する貸付は，1970年代初めまでは先進国の政府や国際機関による公的なものが中心でした。しかし，1970年代の半ばからは先進国の民間銀行による途上国への貸付が拡大します。当時の世界経済は高インフレの環境にあり，名目利子率からインフレ率を差し引いた実質金利が低水準にあることで，途上国側も借入に意欲的でした。また，2つのオイルショックで発生した産油国のオイル・マネー（oil money）が高収益の投資先を求め，先進国の銀行を介した途上国への貸付に流れたことなどがその背景にあります[3]。アメリカの民間金融機関は多額の貸付を行いましたが，それらの多くは発展途上国の政府や政府系金融機関，或いは政府の保証を有する民間企業に向けられました（この点は次項の「モラル・ハザード」で重要となります）。

しかし，1980年代に入ると世界経済を取り巻く環境は大きく変化します。アメリカではインフレ対策を前面に打ち出したレーガン政権の政策によって，金利の上昇，インフレ率の低下，そしてドル高が生じました。途上国への貸付は基本的に変動金利によるものであったため，これらの変化はいずれも債務者の実質的な負担を大幅に増大させるものでした。更に，先進国における不況が発展途上国

---

2) 例えば，中世やそれ以前の原初的負債にまで遡って，長大で詳細な批判的議論を展開した Graeber (2011)，グレーバー (2016)，主に近代の史実に基づき公的債務の役割を論じた Eichengreen, El-ganainy, Esteves, and Mitchener (2021)，アイケングリーン，エル＝ガナイニー，エステベス，ミッチェナー (2023)，サブプライム住宅ローン問題の分析を通して，現代の金融における家計の負債や信用の根本的課題を論じた Mian and Sufi (2014) を参照してください。

3) 1973〜74年の第一次オイルショック，1979年の第二次オイルショックにおいて，原油価格の高騰によって産油国が手にした巨額の余剰資金はオイル・マネーと呼ばれます。オイル・マネーの多くは，非居住者の資金を集めて海外で運用するユーロ市場（Euro market）に流れ，結果的に発展途上国への巨額の貸付が可能となりました。

の輸出財への需要を減らしたことが債務国の経済に追い討ちをかけました。このような状況の下，1982年にメキシコが債務不履行に陥ると，アルゼンチンやブラジルなどのラテンアメリカ諸国を中心に，多くの発展途上国で同様の問題が一気に噴出しました。債務返済の資金繰りに窮した国々は交渉の末に国際通貨基金の支援を取り付けましたが，その引き換えとして財政緊縮などの政策変革が課されたこともあって，その後は深刻な景気の低迷に見舞われました。

◯ 先進国の債務危機：ソブリン債と欧州債務危機

　債務危機は何も途上国だけに限った問題ではありません。共通通貨ユーロの誕生から10年の節目を迎えた欧州でも債務危機が発生し，ユーロ体制を根底から揺るがす重大な事態を招きました。事のきっかけは2009年に実施されたギリシャの総選挙に伴う政権交代でした。選挙で誕生した新政権による調査の結果，旧政権がそれまで公表してきた政府債務残高は実状を大幅に過小申告したものであり，実際にはギリシャの公的債務は既にそのままでは返済が困難とされる水準に達していることが判明したのです。これに端を発して，ギリシャ同様に政府債務残高が危機的な水準にあると見られたポルトガルやスペインにも飛び火した欧州ソブリン債務危機（European sovereign-debt crisis）と呼ばれる大規模な債務危機が発生しました[4]。

　ソブリン（sovereign）とは主権者，主権国家を意味し，ソブリン債（sovereign bond）とは各国の政府や政府関連機関が発行，或いは保証した債券を指します。欧州の債務危機がソブリン債務危機と呼ばれるのは，履行困難な状況に陥ったのが債務国の政府や政府関連機関による公的債務であったためです。ギリシャやポルトガルは経済規模が小さく，元々は独自の通貨（ギリシャはドラクマ，ポルトガルはエスクード）を採用していました。しかし国際金融市場におけるこれらの通貨取引は非常に限られていて，自国通貨建ての国債を発行して海外の投資家に大量に購入してもらうことは困難でした。つまりユーロに加盟する前は，これらの国の政府は主に国内の企業や家計からの借入に頼るしかなかったということです。

　ところが通貨同盟に加盟すると，一夜にして欧州経済の中枢国であるドイツや

---

　4)　（2013年11月現在）債務危機によってユーロ圏や国際通貨基金の支援を受けたのは，ギリシャ，ポルトガル，アイルランド，スペイン，キプロスの5カ国に上ります。欧州ソブリン債務危機の詳細については，例えばLane（2012）を参照してください。

フランスと同じ通貨を持つことになり、国際金融市場から多額のユーロ（自国通貨）建て資金を調達することが可能になりました。米ドルに次ぐ世界の主要通貨ユーロを手に入れ、ドイツやフランスなどとの経済統合効果が期待された南欧の国々については、海外の投資家も楽観的な見通しを立てて積極的にそのソブリン債を購入・保有しました。特にギリシャの場合は2004年にオリンピックが首都アテネで開催されたこともあって、開催に向けた公共投資の資金を調達したい政府の側（債務者）にも、オリンピック特需の経済効果を期待した海外投資家の側（債権者）にも、ソブリン債増発による将来的な債務不履行のリスクを看過する傾向があったと考えられます。そのようにして累積された債務は、アテネ・オリンピック閉幕5年後には既に返済が困難な水準に達していることが政権交代を機に判明し、そのままでは事実上の債務不履行状態に陥るとして、ドイツやフランスなどの通貨同盟国や国際通貨基金に対して支援を求めざるを得なくなりました。

◯ 単一通貨と独立財政：ユーロ体制のアキレス腱

　欧州の通貨同盟に加入してユーロ採用国となるためには、マーストリヒト基準（Maastricht criteria）と呼ばれる、財政状況やインフレ率などに関して各国が充足すべきマクロ経済の収斂条件（convergence criteria）が取り決められています。具体的には(1)インフレ率、(2)財政赤字と政府の債務残高、(3)為替相場の状況、(4)長期金利について、それぞれ具体的な条件を示して加盟国が同じレベルに収斂することを求めています。しかし、違反国に対する厳格な罰則規定がなかったこともあって、実際には条件の一部を満たさないという状況が生じてきました[5]。

　通貨を同じくする同盟国とはいえ、基本的に租税や年金などの財政制度は国ごとに独立しており、その政策権限は加盟国の政府に帰属します。一方、ユーロ加盟国の通貨・金融政策は欧州中央銀行が一手に担っています。つまりこれらの国は、マーストリヒト基準などによる制約は存在するものの、財政については基本的には国別、一方で通貨・金融は運命共同体という仕組みにあるわけです。このような制度の下では、上記収斂条件の(2)から逸脱するなどして財政運営に不安を抱える国が出てくると、その影響は当該国だけに留まらず他の同盟国にも波及しやすくなります。

---

5)　その後2012年には債務危機の反省から、単年度の財政赤字をGDPの0.5％以内に制限し、財政均衡の義務付けを法律に盛り込むことを怠った国に対しては制裁権を発動するなど、各国の財政規律を強化する新たな協定が結ばれています。

例えばギリシャ政府の債務の膨張自体は同国独自の問題であっても，世界の金融市場におけるギリシャへの信認低下は同国のみならず，ドイツやフランスを含む全加盟国の通貨であるユーロへの信認低下を意味します。ギリシャ国債が一斉に売られるということはユーロ建て債券が一斉に売られることを意味し，外国為替市場におけるユーロの暴落はユーロを採用している全ての国にとって自国通貨の価値喪失を意味するのです。このように 1999 年の誕生以来，着実に拡大と繁栄の道を歩みつつあったユーロ圏は，10 年目にしてそのアキレス腱とも言うべき財政面での足並みの乱れから大きな試練に直面しました。

◯ モラル・ハザード

債務危機という問題の最大の難点は，実際に債務不履行に陥った国に対する決定的な対処策がないという点にあります。ある国が実際に債務不履行に陥ってしまうと，例えば個人の破産や企業の破綻のケースのように，財産を差し押さえて競売にかけるなどの対応を行うことは困難です。このため債務危機が発生すると，当事国・関連国の政府や国際通貨基金などの国際機関が債権者（主に民間金融機関などの投資家）と協議や交渉を行って，債務の返済繰り延べ（debt rescheduling），債務免除（debt relief），或いは新たな融資などの対応を協議するのが一般的です。しかし，一見人道的とも思えるこれらの対応は，実は債務危機を誘発する要因も内包しているのです。

万一債務不履行に陥っても，政府や国際機関から事実上の保証や協力が取り付けられているのであれば，借りる側も貸す側も資本が投じられる事業のリスクに対して慎重さを欠くようになります。それが明示的なものでも暗示的なものでも，「返済が困難になった場合には救済される」という保証があれば，借りる側は自らの予算制約を遵守せず，容易に借入を増やすようになります。また，貸す側もリスクに対して寛容になり，高収益を狙ったいわゆるハイ・リスク・ハイ・リターン（high risk, high return）の投資事業を積極的に行うようになります。事業がうまく行かない場合は政府や国際機関が損失を埋め合わせてくれるのであれば，投資家は自らがリスクを負う場合には手を出さなかったような危険性の高い事業に高収益を求めて積極的に投資するようになります。このように保険・保証（＝政府や国際機関による救済）があることで被保険者（＝貸借当事者）の行動の誘因が変化してしまうことをモラル・ハザード（moral hazard）と呼びます[次頁6]。一般に債務不履行は債務者（借りる側）の問題として見られがちですが，

モラル・ハザードは債務者と債権者（貸す側）の両方に発生する問題であることに注意してください。

　欧州債務危機においても，ドイツやフランスをはじめとする関連国が繰り返し対応策を協議しましたが，容易に同意に至ったわけではありません。自国の金融機関などが大量保有するギリシャ国債が償還不能と分かれば，債権国であると同時にユーロの同盟国でもあるドイツやフランスはどのように対処すべきでしょうか。対応策の協議が続く中，ギリシャ救済に積極的な姿勢を見せるフランスと，慎重な姿勢を崩さないドイツとの間からはしばしば不協和音が生じました。放漫な財政運営を続けて自ら危機に陥った外国の政府や国民を，なぜ自国の国民の血税をつぎ込んで救済しなくてはならないのかという議論がある一方，同じ通貨を採用する同盟国が破綻すればユーロ体制或いは EU そのものの信頼性に致命的な傷を残し，結果的に同盟国全体により甚大な影響が及ぶという事態も危惧されるわけです。

　債務危機に陥った国に対して，関連国も国際機関も何らの支援も救済もしないというのは非現実的な選択肢と言わざるを得ないでしょう。しかしその事が実質的に，「危機に陥った場合は救済される」という暗黙の保証として作用し，モラル・ハザードによって逆に債務危機を誘発する要因となり得るところにこの問題の難しさがあると言えます。危機的な状況に至った際には他国の政府や国際機関が巨額の資金を投入してでも救済してくれると最初から分かっているのであれば，返済の目処が立たなくなるまで放漫財政を続ける国や，債務不履行のリスクを承知の上で高金利の債券に巨額の投資をする投資家が出てきても何ら不思議ではありません。債務危機を未然に防ぐには，このようなモラル・ハザードを抑止するような制度やルールの設計が重要と考えられます[7]。モラル・ハザードの観点か

---

　6)　同様のモラル・ハザードは，日本やアメリカなどの先進国の国内金融においても問題を引き起こしてきました。具体的にはバブル崩壊で露呈した日本国内の金融混乱や，アメリカの貯蓄組合破綻事件などは，政府保証を背景にリスクを十分考慮することなく安易に融資を拡大し続けたことが問題の本質と考えられます。モラル・ハザードという言葉はしばしば倫理の欠如，あるいは道徳的危険とも訳されます。

　7)　例えばユーロ圏は 2013 年 3 月の財務相会合でキプロスへの支援を協議した結果，同国の銀行預金者から預金の 6.75％（10 万ユーロを超える預金は 9.9％）を課徴金として徴収することを条件に 100 億ユーロの支援を行うと発表しました。つまりモラル・ハザードの問題や支援国の国民感情を考慮して安易な救済は避け，被支援国が我が身を切って直接的な負担をするよう求めたのです。しかし，この発表を受けてキプロスでは預金引き出しが殺到し，全銀行が一時的に業務停止を命じられる事態に至りました。また，まだ完全に危機を脱していないスペインやイタリアなどでも同様の預金課税措置が取られるのではないかという疑心暗鬼から市場の動揺が国際的に広がり，ユーロ圏は急遽支援策の再考を余儀なくされました。この事例が示すように，一旦危機が発生するとやはり決定的な対処策を見つけるのは容易ではありません。

らすれば，債務不履行は債務者と債権者の両方の問題として考える必要があることを再度強調しておきます。

コラム　日本の公的債務

　本章では欧州の債務危機を取り上げましたが，実は日本はギリシャにも勝る世界有数の公的債務大国です。バブル崩壊後長期に及んだデフレ不況と税収不足，急速な少子高齢化による社会保障部門の収支悪化に新型コロナウイルス感染症への対応も重なる中，政府は赤字国債への依存を続けてきました。その結果，日本の公的債務は先進国としては突出した水準に達しています。

　下の図 1 は OECD のデータ（https://data-explorer.oecd.org/）を用いて，ギリシャ危機が発生した 2010 年，5 年後の 2015 年，そして直近でデータが入手可能な 2021 年における主な先進国の政府債務の対 GDP 比率を比較したものです。グラフが示すように，経済規模に対する公的債務の大きさで日本は群を抜いており，ギリシャが債務危機に陥った 2010 年の時点で既に同国を超える規模の債務を抱えています。その後も日本の政府債務は増え続け，2021 年までに GDP のほぼ 2.5 倍にまで膨張しています。公的債務の対 GDP 比率が日本の半分程度のアメリカでさえ財政赤字に対する国民の危機感は強く，大統領選挙の大きな争点の一つにもなっています。これほどの公的債務を抱えた日本が，今までのところ債務危機に見舞われていないのはなぜでしょう。

　まず政府は債務だけでなく，資産も保有している点を考慮しましょう。債務を超える資産を保有していれば，資産の売却によって債務の完済が可能なため，政府は実質的には無借金状態にあると言えます。このような観点から，政府が保有

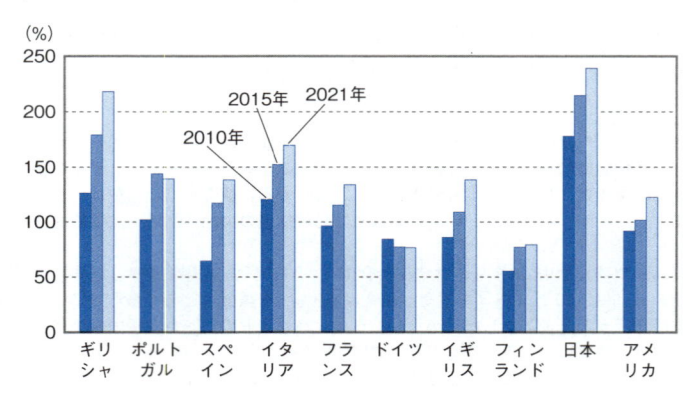

（データ出所）　OECD Data Explorer（https://data-explorer.oecd.org/）

図 1　政府総債務残高の対 GDP 比率

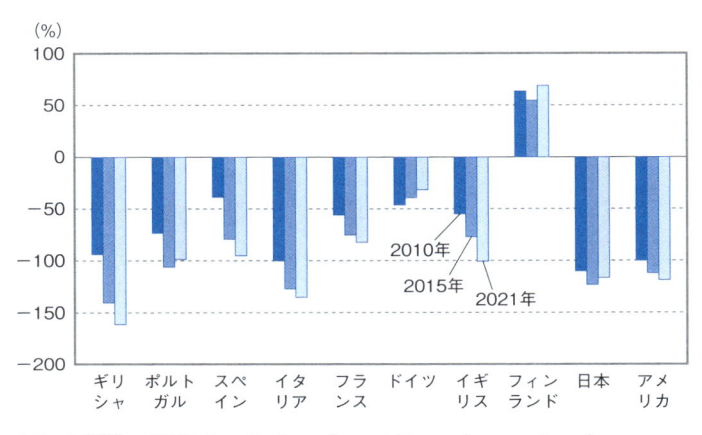

（データ出所）　OECD Data Explorer（https://data-explorer.oecd.org/）

図2　政府純資産の対 GDP 比率

する資産の総額から債務総額を差し引いた政府純資産について，対 GDP 比率でグラフ化したのが図2です。正の値は資産総額が債務総額を上回ることを示します。グラフが示すように，多くの国の政府が資産を上回る債務を抱えています。日本についても，保有資産で相殺しても GDP 総額を超える規模の債務が残ることが確認できます。他国と比較すると，直近ではギリシャほどではないもののイタリアやアメリカと同程度にとどまり，債務危機に瀕したポルトガルやスペインの方が寧ろ好ましい状況にあります。また，同じユーロ加盟国でもギリシャのような国がある一方で，ドイツのように公的債務の抑制に成功している国，更にはフィンランドのように公的資産が公的債務を大きく上回る純資産国も存在するという点にも注目してください。

　次にメディアなどで見かける，日本国債の多くは国内で消化されており，ギリシャなどとは異なり海外の投資家の動向に影響を受け難いという指摘について考えてみます。確かに，債務の累積を危惧した海外の投資家が日本国債を一斉に売り叩いて危機的な状況に陥るという，ギリシャに類似した事態はこれまでのところ発生していません。しかし国債の大半が国内で保有されている場合でも，累積債務過多により政府の債務不履行が現実味を帯びるようなことになれば，売り抜けようとする動きが殺到して国債価格の暴落と長期金利の急上昇を招くことになるのは同じです。このため，国債の大半が国内で消化されていることを理由に，日本は債務危機の心配が無いと考えるのは誤りです。

　また，仮に債務危機を避けることができた場合でも，公的債務が累積することのコストを見過ごすべきではありません。カーメン・ラインハート，ヴィンセン

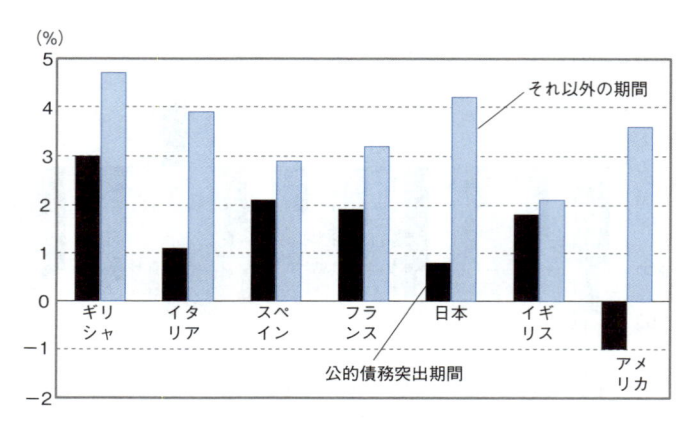

(%)

それ以外の期間

公的債務突出期間

（データ出所）　Reinhart, Reinhart, and Rogoff（2012）

図3　経済成長率

ト・ラインハートとケネス・ロゴフの研究によると，債務残高が高水準で推移するとその国のマクロ経済のパフォーマンスは低迷することが歴史的に示されています*。これらの著者は1800年にまで遡って，公的債務の対GDP比率が90％を上回る状態が5年以上続いたケースを「公的債務の突出」（public debt over-hang）と呼んで，先進国だけに限っても26の事例を特定しています。これらの公的債務突出事例の殆どにおいて，当該国の実質経済成長率はそれ以外の期間の成長率を下回るという分析結果が報告されています（図3を参照）。また，過去の債務突出事例の持続期間が平均で23年にも及ぶことから，例え年率1％の成長率の低下であったとしても，23年にも及ぶロスは甚大であると警告しています。この点からも日本国政府が財政の健全化を図り，公的債務の膨張に歯止めをかけて債務の突出を解消することは重要です。

　いずれにせよ，巨額の債務を一夜にして消し去ることはできません。既に失われた30年を取り戻すことはできませんが，日本経済がデフレ停滞を脱して精気を取り戻す中，政府も先送り依存症を克服して債務状況の漸進的改善に繋げることが重要です。マイナス金利政策の終了を受け，今後金利が上昇するに伴って国債利払い費が増大することも忘れてはなりません。政府が「異次元の少子化対策」を行ってまで迎えたいという将来世代。その将来世代に託すのは，実は同じ政府が積み上げた巨額の借金では笑い話にもなりません。「危機はある日突然訪れる」という歴史的教訓を忘れるべきではありません。

＊　詳細についてはReinhart, Reinhart, and Rogoff（2012）を参照してください。

10.2　通貨危機

○ 1990年代以降の危機

　前節で学んだように，1980年代には債務危機に瀕する途上国が続出しました。破綻状態に陥りつつある国，信用力を失った国の通貨には当然ながら強力な売り圧力が生じます。固定相場制度を採用していた国々は市場の売り圧力に耐えかねて平価の切り下げや変動相場への移行を余儀なくされるなどして，対外債務を抱えた多くの国が通貨価値の大幅な下落を経験しました。しかし，1990年代に入るとそれまでとは異なり，債務不履行の危機に瀕していない国々が続けて通貨の暴落や大きな減価圧力を経験しました。特に衝撃的であったのは，それまで経済成長・発展の優等生と目されていた東アジアの国々が立て続けに通貨暴落の危機に陥ったことです。その原因をめぐっては様々な論議がなされてきましたが，一つの大きな教訓は全ての資本が同様に経済の長期的成長・安定をもたらすのではなく，投機的動機に基づいて短期的に大量に流出入する資本は，逆に経済に大きな混乱をもたらし得るということです。

　本書においてこれまで想定してきた資本の役割は，将来の生産力，従って将来の消費を高めるためのものでした。それはいわば中長期的に経済の生産力を高めていくためのものです。しかし，現実には投資先の中長期的な経済繁栄には関心はなく，大きなリスクを取っても短期的に巨額の資本移動を繰り返して多大な利益を上げようとする資産運用家も存在します。このような資産運用家は投機家と呼ばれ，いわゆるヘッジ・ファンド（hedge fund）などがこれに該当します[8]。投機的な性格を持った巨額資本の急激な流出入は，場合によっては大きな経済混乱の原因となりかねません。このため国際的な資本移動・取引を開放することには，投機的な資本移動の影響を受けるという危険性も伴うことになります。特に発展途上にある経済が，国際的資本取引を急速且つ全面的に開放するという政策には大きな危険が伴うと考えられます。

---

8)　ヘッジ・ファンドの資産運用方法の特徴は，先物取引などを多用し，借入によって元資金を遥かに上回る巨額の取引（レバレッジを効かせた取引と呼ばれる）を短期の一点集中型で行うところにあります。

◯ 通貨に対する投機的攻撃

外国為替市場では時としてある特定の通貨，特に固定相場を採用している通貨に対して一斉に強力な売り圧力がかけられるようなことがあります。このような圧力は現行の固定相場を放棄させることで利益を得ようとする投機的動機に基づくものと考えられ，投機的攻撃（speculative attack）と呼ばれます。攻撃を受けた通貨当局は外貨準備を大量に使って固定相場を守るか，それとも売り圧力に屈して平価切下げや固定相場自体を放棄するなどの厳しい選択を迫られることになります。自国の通貨の平価切下げを行えば，外貨建ての債務は大きく膨らみ，また輸入物価の上昇を通じて物価の上昇圧力が強まってインフレーションに苦しむ可能性もあります。

一方，平価を切り下げずに固定相場を防衛するには十分な外貨準備の蓄えが不可欠ですし，通貨当局の平価防衛の意思に全く揺らぎがないという市場の信認を勝ち取ることも必要です。逆に外貨準備が不十分であるなど，通貨当局の平価防衛能力や防衛の意思を市場が疑うような場合には，攻撃を受けた通貨が暴落するのは時間の問題となります。投機的攻撃により大幅な平価切下げを余儀なくされたり，あるいは固定相場制度の放棄に追い込まれたりするような事態は一般に通貨危機（currency crisis）と呼ばれます。

これまでに世界経済はいくつもの通貨危機を体験しました。表 10.1 は主な通貨危機をまとめたものです（債務危機及び国内金融システムの混乱に端を発して通貨価値が揺らいだ金融危機と呼ばれるものを含めています）。表を見れば通貨危機は頻繁に発生しており，しかもそれは必ずしも経済的・政治的に不安定な一部の発展途上国だけに限られた問題ではないということが分かります。通貨危機は大きな経済混乱をもたらすため，その原因や発生のメカニズムを解明し，有効な防止策を打ち立てることが国際社会にとって重要な課題となっています。以下の第 3〜6 節では，これまでに考案された通貨危機の代表的なモデルやメカニズムを紹介します。

表 10.1　1980 年代以降の主な通貨危機（一部債務・金融危機を含む）

時　期	国・地域	概　要
1980-89	ラテンアメリカ諸国（アルゼンチン，ブラジル，メキシコ，ペルー等）	米国がインフレ対策として 1981 年に政策金利を大幅引き上げ。中南米諸国の対外債務は大半がドル建て，変動金利であったため，返済負担が急増。米の金利上昇と現地の経済不安から資金流出が激増して通貨急落，輸入価格の上昇でインフレ加速。1982 年メキシコが債務不履行，1987 年ブラジルが債務利払いの一時停止を宣言。アルゼンチンやペルーも同様の状況に。
1990-94	北欧（スウェーデン，ノルウェー，フィンランド）	1980 年代後半に銀行貸出に関する規制が緩和され，高リスク事業への融資を含む貸出の急拡大で景気過熱。スウェーデンでは不動産バブルが発生，瓦解により銀行の不良債権が急増。固定相場でなかったが，1992 年後半から各国とも通貨価値が急落。
1992	イギリス，イタリア	為替相場メカニズム (European Exchange Rate Mechanism: ERM) による相場安定化を図った欧州通貨制度 (European Monetary System: EMS) に，1990 年イギリスが参加。しかし，ポンドは過大評価との見方から 1992 年 9 月に投機的攻撃を受けて脱退。当初（1979 年）からの参加国イタリアの通貨リラも攻撃を受け，1996 年 10 月まで ERM から一時離脱。
1994-95	メキシコ	通貨ペソの対米ドル固定相場について，1994 年 12 月メキシコ政府が平価切下げを発表。これを受けて株価が急落，ペソは投機的攻撃を受けて切下げた平価を守れず，変動相場制度への移行を余儀なくされた。
1997-98	東アジア	タイ・バーツに対する投機的攻撃が発端となる。1997 年 7 月にバーツの平価切下げ，その後マレーシア・リンギット，インドネシア・ルピア，韓国ウォン等が次々と平価切下げに追い込まれる。
1998	ロシア	財政赤字と公的債務の急増により資本流出が加速。8 月に緊急経済措置を発表したものの，金融機関の破綻を招いて危機的状況に。翌月までにルーブルはドルに対して 50%超の減価。
1999	ブラジル	東アジア通貨危機の余波に晒された通貨レアル防衛のため，ブラジル政府は金利引き上げと財政緊縮を実施。効果乏しく固定相場を放棄，変動相場移行によりレアルは米ドルに対して約 35%減価。通貨危機がアジアからラテンアメリカへ伝播したという見方を招いた。
2000-01	トルコ	2000 年 11 月，銀行の不正融資から信用不安が拡大，株価急落，金利急騰で金融危機に陥る。トルコ・リラの売り圧力に晒されたトルコ中銀は 2001 年 2 月に（対ドル）クローリング・ペッグ制度を放棄，変動相場制度へ移行。
2001-02	アルゼンチン	2001 年 12 月対外公的債務返済の一時停止（デフォルト）が宣言され，危機が表面化。翌年 2 月には 11 年間維持したカレンシー・ボード制度を放棄，変動相場制度へ移行。
2008	アイスランド	GDP に占める金融部門の割合が大きい金融立国ゆえに世界金融危機の影響を強く受け，複数の民間銀行が債務不履行に陥って通貨アイスランド・クローナが暴落。
2008	ロシア	2005～08 年のバブル期に大規模な資本流入，債務拡大，経済成長と資産価値の上昇があったが，2008 年の世界金融危機と原油価格の下落で通貨ルーブルが急落。
2014	ロシア	大規模な資本流入で債務が GDP 比 90%近くまで積み上がり，債務の外貨建て比率が高かったことから持続可能性を疑問視した投資家が一斉にルーブル資産を売却。
2019-23	アルゼンチン	通貨ペソの下落が続き 2020 年国債利払い不履行。非公式の市場レートが公式レートを大幅に下回る二重相場と急激なインフレの下，ドル化を唱えたハビエル・ミレイ氏が 2023 年 11 月の大統領選に勝利，12 月に公式レートを 54%切り下げ。

（参考資料）　Dario（2022），Eichengreen and Bordo（2002），日本銀行ホームページ　http://www.boj.or.jp/，JETRO ホームページ　http://www.jetro.go.jp/

10.3 通貨危機のメカニズムⅠ：ファンダメンタルズ

○ 通貨危機の第1世代モデル

第9章で解説したとおり，固定相場制度を維持するためには通貨当局は市場に外貨の超過需要・供給が生じないよう，絶えず市場に介入しなければなりません。市場が自国通貨を求める場合は，通貨当局は市場から外貨を買い上げて外貨準備を積み増すことになります。反対に市場が外貨を求める場合は，通貨当局は市場が望まない自国通貨を買い上げるに十分な量の外貨準備を保持していなければなりません。外貨準備が枯渇すればそれ以上の介入は不可能となるため，固定相場の維持も放棄せざるを得ません。従って通貨当局が外貨準備を減らし続けなければならないような状況にある国は，いずれ通貨危機に陥る可能性が高いと推察できます。このような視点から考え出されたのが，以下に解説する通貨危機の第1世代モデル（the first generation model of currency crisis）です[9]。

まず，自国の貨幣市場の均衡，絶対購買力平価，カバーなしの利子平価の3つの条件が成立すると仮定することで，

$$m_t - p_t = \phi \bar{y} - \delta R_t \tag{3.5'}$$

$$s_t + p_t^* - p_t = 0 \tag{6.9}$$

$$R_t = R_t^* + \Delta s_t^e \tag{5.13}$$

が得られます。但し，ここで生産量は $y_t = \bar{y}$ で一定であると仮定しています。また，利子率を除く全ての変数（小文字表記の変数）は自然対数値です。

（6.9）式を $s_t = p_t - p_t^*$ と変形し，（3.5）′式から得られる $p_t = m_t - \phi \bar{y} + \delta R_t$ と（5.13）式を代入すると，名目為替レートが以下のように導出されます。

$$s_t = m_t + \delta \Delta s_t^e - (\phi \bar{y} - \delta R_t^* + p_t^*) \tag{10.1}$$

（10.1）式はこの国が変動相場制度を採用していた場合に，市場で決定される均衡為替レートを示しています。しかし固定相場制度を取っているため名目為替レートは $s_t = \bar{s}$ で一定で，この相場が維持される限り $\Delta s_t^e = 0$ です。また，外国の

---

9) 第1世代モデルは主にポール・クルーグマン（Paul Krugman），そしてロバート・フラッド（Robert Flood）とピーター・ガーバー（Peter Garber）の貢献によるものですが，本章で紹介しているのはフラッドとガーバーのモデルです。詳細については Flood and Garber（1984）及び Krugman（1979）を参照してください。

利子率 R_t^* や物価 p_t^* も所与とすれば，右辺の第3項 $(\phi\bar{y} - \delta R_t^* + p_t^*)$ は定数となり，これを λ で表すと以下の（10.2）式が導かれます[10]。

$$\bar{s} = m_t - \lambda \qquad (10.2)$$

（10.2）式によると，名目為替レートはマネー・サプライ m_t にのみ依存することになります。このため名目為替レートを固定するということは，m_t を固定することを意味するという点に注意してください。

　固定相場を維持する中央銀行は，そのバランスシートの負債に貨幣 M_t を，資産に国内信用残高 B_t と外貨準備高 B_t^F を持つとすると，マネー・サプライは更に以下のように定義されます（B_t は自国債，B_t^F は自国通貨単位で測った外債と考えてください。中央銀行のバランスシートについては第3章第4節を参照してください）。

$$m_t = \ln(B_t + B_t^F) \qquad (10.3)$$

　次に，この国の政府は国債の発行による拡張的財政政策を続け，通貨当局は政府の発行する国債を引き受けるという従属的な役割を果たすと仮定してください。具体的には以下の（10.4）式にあるように，中央銀行は B_t を一定の割合 μ で増やし続けると仮定します。

$$\frac{\Delta B_t}{B_t} = \Delta b_t = \mu \qquad (10.4)$$

但し，$\Delta b_t = \ln B_t - \ln B_{t-1}$ です。つまり政府は事実上，中央銀行に貨幣を「印刷」させることで支出を続けるわけです。しかし，固定相場を維持するためには，中央銀行は外貨準備を取り崩して市場で需要されない自国通貨を買い上げ続けなければなりません。名目為替レートを固定相場 $\bar{s}$ で一定に保つにはマネー・サプライを一定に保つ必要があるため，外貨準備残高は次の条件を満たさなければなりません。

$$\Delta b_t^F = -\Delta b_t = -\frac{B_t}{B_t^F}\mu \qquad (10.5)$$

（10.5）式が示すように，外貨準備残高は減少し続けるわけですから，最終的には枯渇してしまいます。このため上述のような行動を政府と中央銀行が取り続ける限り，必ず外貨準備が底を突いて，固定相場制度を放棄せざるを得ない日が訪れます。

10）　モデルを理解する上で定数 λ は重要ではありませんので，$\lambda = 0$ として各式を簡略化しても議論にはなんら影響ありません。

◯ 投機的攻撃のタイミング

もしも自国が変動相場制度を採用していれば，名目為替レートは市場で（10.1）式に従って決定されるはずです。中央銀行が外貨準備を使い果たすと，その時点で固定相場制度を諦めて変動相場制度に移行せざるを得ませんので，名目為替レートは（10.2）式ではなく（10.1）式に従うようになります。また，外貨準備を使い果たすと（10.3）式によって，マネー・サプライは国内信用残高に等しくなります。このため外貨準備が既に枯渇したという条件を $m_t = b_t$ 及び $\Delta s_t^e = \Delta m_t = \Delta b_t = \mu$ として（10.1）式に課すると，以下の名目為替レートが導かれます。

$$\tilde{s}_t = b_t + \delta\mu - \lambda \qquad (10.6)$$

（10.6）式の $\tilde{s}_t$ は，この国の中央銀行の外貨準備が全て使い尽くされてしまったという仮定の下で算出される変動相場による名目為替レートであり，シャドー為替レート（shadow exchange rate）と呼ばれます。

それではこのシャドー為替レートを用いて，投機的攻撃がどのタイミングで発生するのかを考えてみましょう。シャドー為替レート $\tilde{s}_t$ が固定レート $\bar{s}$ と等しくなる期日を第 T 期とすると，$b_t = b_0 + \mu T$ と（10.6）式を用いることで以下の関係が導かれます。

$$\tilde{s}_T = b_0 + \mu T + \delta\mu - \lambda = \bar{s} \qquad (10.7)$$

図 10.1 の上方のグラフは時間の経過に伴うシャドー為替レート $\tilde{s}_t$ と固定レート $\bar{s}$ の関係を表したものです。投機的攻撃は（10.7）式を満たす特定の期日 T に発生します（投機的攻撃とは具体的には投機家が一斉に大量の自国通貨を売って，中央銀行の外貨準備を買い取ってしまうことを指します）。

もし T 期よりも前に投機家が外貨準備を全て買い取ると，図 10.1 において $\tilde{s}_t < \bar{s}$ であることから明らかなように，固定相場が陥落すると同時に自国通貨は増価するため，投機家は損害を被ることになります。従って T 期よりも前に投機家が攻撃を仕掛けることはありません。

それでは反対に，T 期よりも後で固定相場が陥落することはあるでしょうか。T 期よりも後に投機的攻撃を仕掛けて固定相場を陥落させれば，$\tilde{s}_t > \bar{s}$ によって投機家は巨大な利益を上げることになります。しかしその機会は完全に予測されているため，投機家は実際に中央銀行が外貨準備を枯らすのをじっと待つのではなく，先を争って全ての外貨準備を買い上げてしまおうとするはずです。T 期よりも少しでも後の期日においては，必ず $\tilde{s}_t > \bar{s}$ となるため，投機家が実際にその

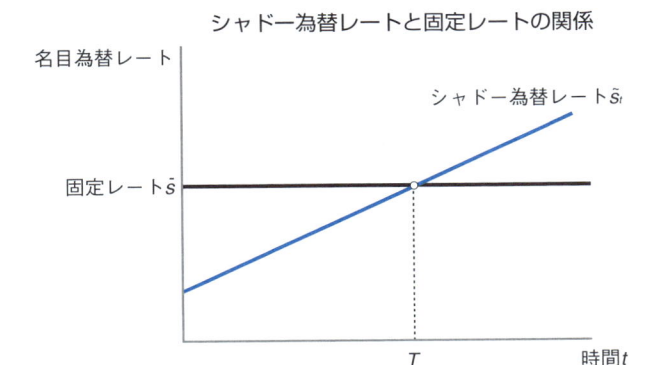

シャドー為替レートと固定レートの関係

名目為替レート

シャドー為替レート$\tilde{s}_t$

固定レート$\bar{s}$

T

時間t

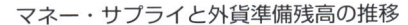

マネー・サプライと外貨準備残高の推移

貨幣供給・
外貨準備残高

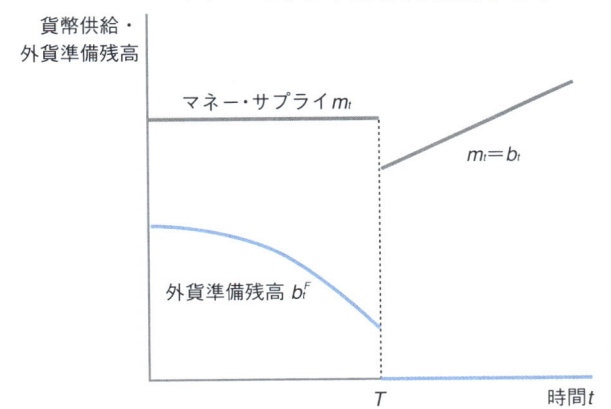

マネー・サプライm_t

$m_t = b_t$

外貨準備残高 b_t^F

T

時間t

（注）　各変数とも自然対数値

図 10.1　通貨危機の第 1 世代モデル──投機的攻撃のタイミング

期日まで待つことはありません。このように考えると，投機的攻撃はシャドー為替レート$\tilde{s}_t$が固定レート$\bar{s}$と一致する期日 $t = T$ に発生することが分かります。

　ここで特に注意すべきことは，第 T 期において投機的攻撃が仕掛けられる時点では外貨準備はまだ枯渇しておらず，中央銀行は外貨準備を保持しているにもかかわらず，投機的攻撃を受けて固定相場制度を諦めざるを得なくなるという点です。図 10.1 の下側のグラフは時間の経過とともに外貨準備と貨幣供給残高

がどのように推移するかを示した図です。第 T 期において投機的攻撃が発生すると外貨準備は底を突くため，貨幣供給残高 m_t は国内信用残高 b_t に等しくなっています。図においても外貨準備がまだ残されている第 T 期に投機的攻撃が発生し，一気に準備高がゼロになっていることを確認してください。

　第 1 世代モデルによると通貨危機の原因は，通貨当局が，(1)固定相場制度の維持と，(2)規律を欠いた政府の財政政策を従属的な立場で支える，という互いに矛盾する 2 つの政策目的を追求しようとする点にあります。そのような状況にあっては経済のファンダメンタルズ（基礎的条件）の悪化によって，投機的攻撃は必然的に起こるものであることをこのモデルは示唆しています。このため第 1 世代モデルはファンダメンタルズに基づく通貨危機のモデルとも呼ばれ，特にメキシコなどのラテンアメリカにおいて発生した危機の特徴を捉えていると言われます。

10.4　通貨危機のメカニズム II：自己実現

◯ 欧州通貨危機と第 2 世代モデル

　通貨危機は発展途上国経済だけに発生する問題ではありません。現に 1992 年にはヨーロッパで通貨危機が発生しました。当時の欧州通貨制度（European Monetary System: EMS）は通貨統合の前段階にあり，欧州通貨単位（European Currency Unit: ECU）と呼ばれる加盟国の通貨バスケットを介して加盟国通貨間の名目為替レートを上下 2.25％の一定幅内に維持する為替レートメカニズム（Exchange Rate Mechanism: ERM）と呼ばれる相場制度を採用していました。しかし，この ERM に参加していたイギリスのポンドとイタリアのリラが投機的攻撃を受けて，システムからの離脱を余儀なくされたのです[11]。

　当時欧州では圏内の経済・社会・外交的統合の一層の推進を謳ったマーストリヒト条約の批准に向けた動きが活発化していました。しかし，1992 年 6 月にデンマークで同条約の批准が失敗に終わると，欧州の通貨制度の将来に向けて悲観的な憶測が広がり始めました。その最中の同年 9 月に英ポンドと伊リラが通貨危機に見舞われたわけですが，これらの国・通貨には第 1 世代モデルの特徴である

---

11)　イタリアはその後 1996 年 11 月に ERM に復帰しました。

政策の矛盾や，固定レートとファンダメンタルズに基づくレートの間に大きな隔たりなどは見られませんでした。

　このような新種ともいうべき通貨危機のメカニズムの解明に向けて考案されたのが，通貨危機の第2世代モデル（the second generation model of currency crisis）と呼ばれるモデルです[12]。モデルの詳細については少し込み入った数学を要しますので割愛しますが，以下にその基本的なアイデアを紹介しておきます。

　第2世代モデルは通貨危機の本質が，(1)均衡が複数存在すること，そして，(2)市場参加者の心理や予想の変化が突如として一つの均衡から別の均衡への移行を引き起こすという点にあると考えます。特に市場参加者が固定相場維持の可能性を疑うようになると，経済の基礎的条件には何ら問題がなくとも，実際に固定相場が維持できなくなるという自己実現的（self-fulfilling）な形で均衡間の移動が通貨危機となって生じるところにモデルの最大の特徴があります。

　「自己実現的」であることの意味を理解するために第5章第2節で解説したカバーなし利子平価条件を思い出してください。投資家が内外の債券の予想資産収益率を比較する際，将来の予想為替レートは現在の均衡為替レートの重要な決定要因となりました。（各国の金利が一定のままで）何らかの理由で将来の予想為替レートが変化すると，それは即座に現在の為替レートの変化を引き起こします。例えばあるニュースをきっかけに，これまで考えられていたよりも自国通貨は将来的により大幅に減価するだろうという予想が広まると，現在の名目為替レートが調整しない限り外債の予想収益率は自国債のそれを上回り，平価条件は成立しなくなります。投資家はその差を裁定しようと，即座に自国通貨を売って外国通貨に換えようとしますので，瞬時にして現在の為替レートが調整され，自国通貨は直ちに減価します。

　このような為替変動のメカニズムの「怖さ」は，それがどういう理由であれ，市場参加者・投資家の多くが通貨の将来的な減価を信じれば，直ちにその通貨の減価を実際に引き起こしてしまうというところにあります。仮にそれまで未知であった重要な経済指標統計の発表を受けて市場の予想が急変したような場合には，為替レートの変動は経済のファンダメンタルズによって生じたと理解できます。しかし，例えば正当な根拠のない噂話をきっかけとして市場に将来の減価予想が広がった場合であっても，多くの投資家がそれを信じさえすれば同じように自国通貨の減価が即座に引き起こされてしまいます。このように，理由がどうあれ，

---

12)　第2世代モデルは主にモーリス・オブストフェルド（Maurice Obstfeld）によって構築されました。モデルの詳細については Obstfeld（1994, 1996）を参照。

市場の大勢が減価を予想すれば実際に減価が起こるというところに，通貨危機が発生するメカニズムを理解するための一つのヒントがあると言えます。

◯ 複数均衡と自己実現

　自己実現の問題を通貨への投機的攻撃に応用してみましょう。莫大な規模で通貨を売買する投機家の行動は外国為替市場においては時として大きな攪乱要因になりかねません。例えば1つのヘッジ・ファンドが為替相場を思いのままに動かすということはできませんが，大規模な取引を行うヘッジ・ファンドが一斉に通貨の売り注文を出せば，市場全体がその動きに支配されてしまう可能性はあります。

　このような投機家は自らの利益だけを追求して行動しますが，その際，(1)もし自分だけが通貨に売り注文を浴びせると，固定相場制度を陥落させることはできず，結果的に自らが大きな損害を被る，(2)しかし他の投機家も同時に売り注文を浴びせれば，固定相場は維持不能に陥り，結果的に莫大な利益を手にすることができる，と考えて行動すると想定してください。但し，投機家は互いを競争相手とみなすため，相互に協力することなく独自に決断を下します。このような状況下では，投機家が互いに牽制しあっている間は投機的攻撃が発生せず，固定相場制度は維持されます。しかし，互いの「読み」が一致して，同時に同じ通貨に売りを浴びせれば，突如として通貨危機が発生してしまいます。

　お互いに投機的攻撃を見合わせている状態（＝固定相場が維持されている状態）が一つの均衡，一斉に投機的攻撃を仕掛ける（＝固定相場が陥落する）のが別の均衡，そして投機家の心理の変化によって突然一方の均衡から他方の均衡へのジャンプが引き起こされるというのが，第2世代モデルが描く通貨危機の本質です。その場合，通貨危機は必ずしも経済のファンダメンタルズとは関係のない投機家の心理や市場のムードの変化によって突如として発生するため，それを前もって予測したり，回避したりすることは非常に困難であると考えられます。

コラム　投機家による非協力ゲームと通貨危機

　複数均衡と自己実現的通貨危機について，モーリス・オブストフェルドが論文（Obstfeld(1996)）の中で取り上げた次のようなゲームを用いて具体的に考えてみましょう（ミクロ経済学で既にゲーム理論を学ばれた方には「囚人のジレンマ」等でお馴染みの，いわゆる一回限りの非協力ゲームを考えます）。

　ある国の通貨当局は自国通貨1単位に対して外国通貨1単位という固定相場制

表1　非協力ゲームにおける投機家の利益・損失

		B	
		売らない	売る
A	売らない	0, 0	0, −1
	売る	−1, 0	$\frac{3}{2}, \frac{3}{2}$

度を採用しており，10単位の外貨準備を持つとします。2人の投機家AとBは，それぞれこの国の通貨6単位を保持しており，そのまま保有するか，それとも投機的攻撃を仕掛けて通貨を売りに出るかの判断を下します。但し，互いを競争相手とみなすため，AとBが協力し合うことはありません。攻撃を仕掛けるには各投機家は1単位の費用を支払わなければならず，通貨当局の外貨準備が枯渇すると固定相場が陥落して自国通貨の価値は半減すると仮定してください。下の表1は投機的攻撃を仕掛けるかどうかによって，各投機家の利益・損失がどのようになるかを示したものです。

　まず投機家Aの立場に立って，Bの行動を予測しながら，通貨を売るべきかどうか考えてみましょう。最初に「Bは通貨を売らないだろう」と予測したケースを考えます。表中のBの下の「売らない」の列を見てください。Bが通貨を売らなければ，Aが独自に攻撃を仕掛けても通貨当局は10単位の外貨準備を持つため，固定相場は維持されます。この結果，Aは攻撃に必要な費用である1単位の損失を被り，Bには利益も損失も生じません。これが表でAの「売る」と記された行にある（−1，0）に該当します。もし，Aも売らなければ，互いに得失が生じませんので，表の上の行にある（0，0）となります。従って「Bは通貨を売らないだろう」と予測する限り，Aは「売れば−1，売らなければ0」という結果を考慮して，通貨を売ろうとはしないはずです。

　次に，「Bは通貨を売るだろう」という予想をAが立てた場合を考えましょう。表のBの下の「売る」の列を見てください。Aが通貨を売らなければ，Aには利益も損失もありませんが，Bは1単位の損失を被ります。これがAの「売らない」と記された行にある（0，−1）です。しかし，もしBと同様にAも通貨を売れば，通貨当局は保持する外貨準備10単位全てを使い果たし，固定相場は持続不能となります。この場合，各ファンドは5単位の自国通貨を支払って5単位の外貨を手に入れますが，自国通貨の価値は半減しますので，$5-\frac{5}{2}=\frac{5}{2}$単位だけの利得が生じ，そこから攻撃に要する1単位の費用を差し引いても最終的に$\frac{5}{2}-1=\frac{3}{2}$単位の利得を得ることになります。この結果が表の右下，AもBも「売る」

に該当する $\left(\frac{3}{2}, \frac{3}{2}\right)$ です。「売れば $\frac{3}{2}$，売らなければ 0」という結果に，B が通貨を売りに出ると予想すれば，A は自らも投機的攻撃を仕掛けるはずです。

　以上，A の立場から考えましたが，B の立場からも全く同様の結果が得られます（この点は各自確認してください）。B の出方を予想して，A が下す決断と，A の出方を予想して B が下す決断は，ともに「相手が売らないなら，自分も売らない」と「相手が売るなら，自分も売る」というものであり，その結果このゲームは「両者とも売らない（＝固定相場制度維持）」か「両者とも売る（＝投機的攻撃による通貨危機）」かのどちらかに落ち着くはずです。つまり，このゲームには 2 つのナッシュ均衡（Nash equilibrium）と呼ばれる均衡が存在します。

　問題はこれらの複数の均衡のどちらが実現するかですが，それは各投機家が相手の出方をどう読むかという，何とも微妙で把握し難い心理的要素に依存します。このため，当初固定相場維持の均衡が達成されていても，市場の心理・雰囲気が変化するだけで突然もう一方の均衡へと移ってしまい，投機的攻撃が発生するかもしれません。

10.5　通貨危機のメカニズム Ⅲ：伝染

◯ 東アジアの通貨危機

　1997 年の後半から 1998 年にかけては，それまで経済発展・成長の成功モデルとみなされていた東アジアの国々が次々と通貨危機を体験しました。1997 年 6 月にタイの通貨バーツが急落した当初，それはタイ経済に限った問題であるかのように思われました。しかし，投機的な攻撃は瞬く間に周辺諸国に飛び火し，フィリピン，インドネシア，マレーシア，韓国など，東アジアの多くの国が通貨危機に陥りました。これらの国はマレーシアを除いて IMF に援助を求め，IMF は金利の引き上げによる為替の防衛や財政規律，そして構造改革の推進などを条件に援助貸付等を提供し，危機の封じ込めに奔走しました。しかし，投機的攻撃はすぐには止まず，中でも IMF の政策提案を受け入れ，変動相場制度に移行したタイのバーツ，インドネシアのルピア，韓国のウォンは急落を続けました（これに対して IMF の援助を断り，1998 年に資本移動を規制するキャピタル・コントロールを導入したマレーシアでは危機による混乱は比較的早期に収拾したとさ

れます）。

　図 10.2 はタイ，インドネシア，韓国，及びマレーシアの名目為替レートと
短期利子率のグラフです。グラフからは危機による通貨の暴落がいかに凄まじ
かったかが読み取れます。特にインドネシアの通貨ルピアは，米ドルに対して危
機の直前の水準に比べて最大で約 400％も減価しました。つまり，ルピアにとっ
て米ドルの価格は 4 倍も跳ね上がったわけです。韓国の通貨ウォンとタイのバー
ツもそれぞれ 80％を超える減価率を記録しました。

　また，利子率は為替防衛のために通常は考えられないような高い水準にまで引
き上げられ，インドネシアでは 70％に，韓国やタイでも 20％に達しました。そ
の結果，図 10.3 が示すように 1998 年にはこれらの国は揃って大幅なマイナス

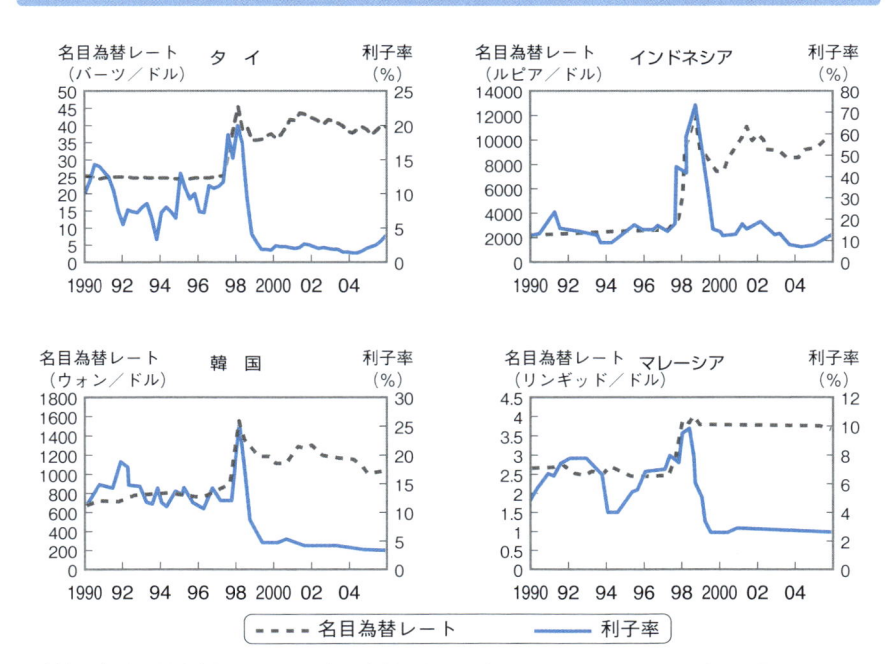

（注）　各国の利子率については，以下を用いた。タイ：Money Market Rate　インドネシア：Call
　　　　Money Rate　韓国：Money Market Rate　マレーシア：Interbank Overnight Money
（データ出所）　International Financial Statistics

図 10.2　東アジアの通貨危機──名目為替レートと利子率

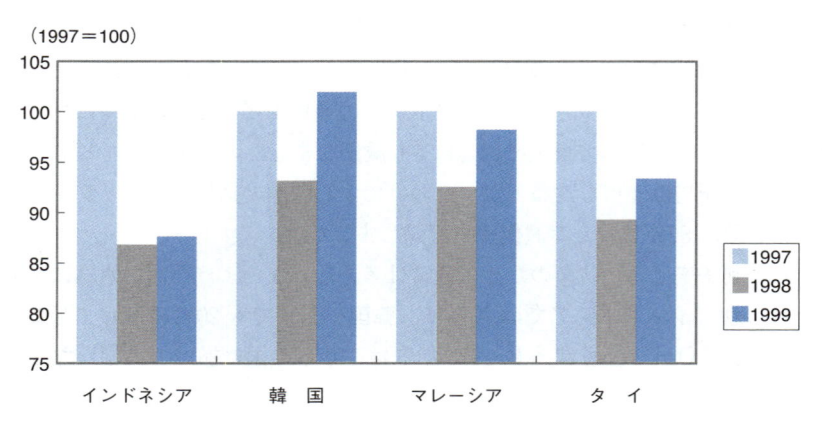

（1997＝100）

（データ出所）　International Monetary Fund, *International Financial Statistics*

図 10.3　東アジアの通貨危機——実質 GDP の推移

の実質経済成長を余儀なくされました。

　1997〜98 年には上述の国々に加えて，台湾，香港，シンガポールなどもそれ
ぞれ通貨への激しい投機的圧力を経験し，東アジアでは各国の通貨当局が為替防
衛の対策に追われました。このように一国の通貨を皮切りに次々と他の国の通貨
が危機に陥ったことを受けて，東アジアの通貨危機は，それぞれ危機に陥るよう
な事情を抱えた複数の国が偶然同時期に危機に陥ったのではなく，一国の通貨危
機が国境を越えて他国へ伝播していったのではないかという指摘がされるように
なりました。このような国際的波及は危機の伝染（伝播）（crisis contagion）と
呼ばれています。

◯ 危 機 の 伝 染

　東アジアの通貨危機のどこまでが実際に伝染によるものであったかは必ずしも
明らかではありませんが，それが伝染的な傾向を有するものであったことは否定
できません[次頁13]。このように通貨危機が，あたかも伝染病のように複数国にド
ミノ的に広がる理由にはいくつかの異なる可能性が考えられます。

　第一に考えられるのは，連続する複数の危機が全て同じ原因によって引き起こ

されている可能性です。例えば世界経済に強い影響力を持つ国（アメリカなど）の取る政策などが，発展途上にある複数の小国経済を同時に攪乱するというような場合です。この場合は危機が実際に一国から他国へと伝染していくのではなく，複数国が若干の時差を伴って同じショックの影響に晒され，同様に反応することを意味します。例えばアメリカにおける予想外な金利上昇やその他の政策転換を受けて，投資家が一斉に好条件を求めて資金を東アジアからアメリカにシフトさせてしまうことで地域の通貨が次々と減価圧力を受けるというような可能性です。

　第二に考えられるのは，1つの国がファンダメンタルズの悪化によって通貨危機に陥ることで，他の国のファンダメンタルズまでが悪化し，結果的に危機が広がって行くという可能性です。例えば一国においてファンダメンタルズに基づく理由で危機が発生して通貨が暴落すると，その国の実質為替レートは大幅に減価するため，輸出競争力を強めることになります。しかし，それはその国と同じような財を輸出している別の国の輸出競争力を相対的に大きく下げることになるため，輸出競争力が低下した国の通貨までが攻撃を受けるという可能性です。例えば最初に起こったタイ・バーツの暴落が，タイと同様の輸出産業を持つ他の東アジアの諸国のファンダメンタルズを悪化させ，それらの国の通貨の暴落を引き起こすというような可能性です。

　第三の可能性は，一通貨の危機が市場心理を大きく揺さぶり，それによって複数均衡間のジャンプが引き起こされるという可能性です。この場合，危機はファンダメンタルズに基づくものではなく，市場心理の変化などによって発生する自己実現的性格を帯びたものになります。第4節で解説した第2世代モデルにおいて，ある国・通貨に起こった危機が別の国・通貨に対する市場の心理をシフトさせてしまうケースと考えてください。例えばタイが通貨危機に見舞われたことで，投資家がそれまで楽観視していた東アジア経済の将来を突然悲観するようになったというような場合です。仮に最初にタイで起こった危機がファンダメンタルズに基づくものであっても，1つの危機が発生することで市場がファンダメンタルズとは無関係に「隣国のインドネシアやマレーシアもタイと同じではないか」という見方をするようになると，危機は実際に周辺諸国に広がるかもしれません[次頁14]。

13）　東アジアの危機が起こる以前から，欧州やラテンアメリカでも見られたように複数の通貨危機が連続して発生する傾向があることは指摘されていました。例えばバリー・アイケングリーン（Barry Eichengreen），アンドリュー・ローズ（Andrew Rose），チャールズ・ウィプロス（Charles Wyplos）は，世界のどこかで通貨危機が発生しているだけで他の国が危機に陥る可能性が8％上昇するという分析結果を報告しています。詳しくは Eichengreen, Rose and Wyplos（1996）を参照してください。

これらの異なる可能性はそれぞれに通貨危機が時間的に，場合によっては地理的にも集中して発生する可能性を示唆します。中でも特に厄介なのは第三番目に挙げた，危機が自己実現的に飛び火する可能性です。ある国の通貨が危機に陥ることで，それまで何の問題もなかった別の国の通貨までが同じように投機的攻撃に晒されてしまうかもしれないというところに伝染性危機の怖さがあると言えます。

10.6　通貨危機のメカニズムⅣ：通貨ミスマッチと金融セクターの脆弱性

○ 通貨危機の第3世代モデル

　疑心暗鬼という市場心理を考えれば，通貨危機に自己実現的な側面や伝播の可能性があることは否定できません。しかし，既存のモデルや説明は他の重要な要因を見落としたまま，市場心理に脚光を浴びせ過ぎではないかという見方もありました。そのような観点から一部の研究者が注目したのが，通貨危機の発生過程において新興国の金融セクターが果たす役割です。一般に新興国や途上国は先進国に比べて金融機関の預金に厚みがありません。このため，海外の投資機関等から外貨で借り入れて，国内の企業や家計に自国通貨で貸し付けるという慣行が見られました。その結果，これらの金融機関のバランスシート（貸借対照表）は自国通貨建て資産と外貨建て債務という，通貨ミスマッチ（currency mismatch）を抱えることが珍しくありません。

　通貨ミスマッチを抱えた金融機関の収入は，主に貸付先の国内企業が生産する財（その多くは非貿易財）の価格に依存しますが，それらは自国通貨単位です。このため自国通貨が外貨に対して減価すると，外貨単位に換算した金融機関の収入や資産は減少します。一方で債務は外貨建てなので，名目為替レートが変化しても減少することはありません。同じことを自国通貨単位で考えるなら，自国通貨の名目減価が生じると収入や資産はそのままで，債務だけが膨らむわけです。このため通貨ミスマッチを抱えた金融機関は，借入外貨に対する自国通貨の減価

---

14)　本文中で紹介した3つの伝染の可能性のうち，三番目の複数均衡間のジャンプだけを指して狭義に伝染を定義する見方もあります。例えば Masson（1998）を参照してください。

に脆弱です。

　また，海外から流入するのが主に短期的な借入資金であるのに対して，国内の貸付は長期的なものが多いという時間軸的不調和も重なり，通貨ミスマッチを抱えた金融機関が外貨建て債務の返済に臨機応変に対応することは容易ではありません。新興国や途上国の経済発展の観点からすれば，貸付は企業や市場の育成，生産設備の構築等，長期的なコミットメントを要するものです。一方で海外の投資家，特に民間投資家は短期的な収益を重視しがちで，その時々の状況次第で見切りをつけて一気に資金を引き揚げることも厭わないのが実情です。

　このような状況下での債務国通貨の減価や平価切り下げは，それほど大幅なものでなくとも多くの金融機関のバランス・シートを悪化させ，本格的な通貨危機へと発展しかねません。このように通貨ミスマッチを抱えた金融セクターから派生する危機の仕組みは，一般に通貨危機の第3世代モデルと呼ばれています[15]。この第三世代モデルにおいてもモラル・ハザードが大きな問題となります。金融市場が十分に発達していない国では，明示的或いは暗示的な政府保証を伴う融資が珍しくありません。そのような保証の存在は，本来必要なリスク精査を蔑ろにした安易な貸借を助長します。ノーベル経済学賞を受賞したポール・クルーグマンが「コインの表が出れば私の勝ち，裏が出れば納税者の負け」と表現したように，上手くいけば高いリターンが得られ，そうでなければ公的資金で救済されるというような動機の金融取引が蔓延れば，やがて深刻な危機に見舞われるのは当然の事です[16]。

◯　国際金融の原罪

　資本貸借の相手を国内に限定しないことは，資源配分の効率性の観点からは理に適ったことです。しかし，いざ実際に国際金融取引を行おうとすると，貸し手と借り手の通貨が同一でない限り，どの通貨単位で貸借資本の価値を測るのかという問題に直面します。そして，両者の通貨間の名目為替レートが変動する度に，一方の通貨で測った貸借額は変わってしまいます。固定相場なら問題ないと思うかもしれませんが，第9章で学んだように実際の固定相場の多くは多少の柔軟性，即ちある程度の相場変動を許容するものであり，平価の変更や固定相場の放棄に

---

15)　通貨危機の第3世代モデルの詳細や具体例については，Chang and Velasco（2001）や Caballero and Krishnamurthy（2001）を参照してください。

16)　Krugman（1996）を参照してください。

至る可能性もあります。このため為替変動による資本価値の減少を避けたい投資家は，途上国や新興国への貸付は現地通貨ではなく米ドルやユーロなどの主要通貨建てで行おうとします。結果的に途上国や新興国の多くは，海外から自国通貨建てで借り入れることが困難な状況にあり，この問題は国際金融の原罪（original sin）と呼ばれています[17]。通貨の違いから貸し手と借り手の間に生じる非対称性は，国際金融が抱える根源的課題の一つです。
　1990 年以降，多くの新興国や途上国が国際金融の恩恵を享受しようと，国際資本取引の自由化を推進しました。国内貯蓄の不足を海外からの一時的な借り入れや投資で補うことで生産資本の蓄積が進み，景気循環や一次産品価格変動の影響を和らげて消費の平準化が促進されるという期待を抱いての事です。しかし，現実の国際資本移動はしばしばその規模とスピードにおいて当事国を圧倒するもので，一時的に好況に沸いても少し雲行きが怪しくなると突如として資本流入が途絶える，或いは逆回転して一気に資本流出するなど，自由化を進めた国々を翻弄してきました。国際的な資本移動（国際金融）は財の移動（国際貿易）とはスピードが異なり，調整も急進的です。また，一口に資本と言っても，雇用を生み出す直接投資のような長期的なものもあれば，短期的に巨額の移動を繰り返す投機的な資本もあります。通貨の信用性や為替相場制度の安定性の問題とも相まって，国際金融取引の拙速な自由化がもたらしたのは，期待とは裏腹に深刻な経済混乱を招きかねないという教訓でした。

10.7　国際金融をめぐる論争：市場の失敗と政府の失敗

◯ 国際通貨基金

　世界の各地で債務危機や通貨危機が起こる度に，その事態の収拾に奔走してきたのが国際通貨基金（International Monetary Fund: IMF）です。第二次世界大戦後，新たな国際通貨制度としてブレトン・ウッズ体制（第9章のコラムを参照）が発足しましたが，IMFはこの体制を支える通貨・金融に関する国際協力機構

---

17)　国際金融における原罪については Eichengreen and Hausmann（2005）が詳しく解説しています。

として 1945 年に設立されました[18]。IMF の設立当初の目的は，一時的な国際収支の赤字を補う資金を加盟国が互いに融通し合うことで平価の切り下げ競争を抑止し，固定相場制度を維持することにありました。しかし，1970 年代に入ってブレトン・ウッズ体制が崩壊してからは IMF の任務も変遷し，1980 年代の債務危機や 1990 年代の通貨危機においては事態の収拾に主導的役割を果たしてきました。

IMF は債務・通貨危機などに見舞われて経済的に困窮している国に対して，融資や債務返済の繰り延べ交渉を行ったりしますが，その際に IMF コンディショナリティ（IMF conditionality）と呼ばれる条件を挙げて，その条件と引き換えに援助を行ってきました。例えば東アジアの通貨危機においては上述のとおり，金利の引き上げによる為替の防衛，国際収支改善のための財政規律，自由な変動相場制度を重視した為替相場制度改革，或いは金融システムの強化や構造改革の推進などが挙げられました。このようにコンディショナリティには様々なものがありますが，これらは IMF が救済相手国に対して与える，言わば経済の政策的処方箋のようなものです。

IMF がこのようにして世界経済の運営に深く関わり，様々な場面で主導的な役割を果たしてきたことは紛れもない事実です。しかし IMF が提唱する経済政策・国際金融のあり方や，コンディショナリティの中身をめぐっては，必ずしも肯定的な見方ばかりではありません。特に東アジアの通貨危機において IMF に従わずにキャピタル・コントロールで事態の収拾にあたったマレーシアとは対照的に，IMF に忠実な対応策を選んだタイ，インドネシア，韓国において経済混乱が深刻化・長期化したことを受け，IMF の政策を疑問視する声が相次ぎました。やがて IMF と国際金融システムのあり方をめぐって，著名な経済学者の間で激しい論争が起こりました。

◯ スティグリッツ＝ロゴフ論争：市場の失敗か，政府の失敗か

IMF を中心とするそれまでの国際金融システムのあり方に警鐘を鳴らし，IMF の施策に対して厳しい批判を浴びせた代表的な経済学者は，2001 年にノーベル経済学賞を受賞したジョゼフ・スティグリッツ（Joseph Stiglitz）です。彼は傑

18）　IMF と同時に，各国経済の戦災からの復興や長期的な経済開発を任務とする国際復興開発銀行（International Bank for Reconstruction and Development: IBRD），通称世界銀行（World Bank）も設立されました。

出した経済学者であるだけでなく，世界銀行の主席エコノミストとして発展途上国の経済問題にも関わってきました。

　スティグリッツは経済学理論では特殊なケースとして扱われる情報の非対称性（asymmetric information）が，現実の世界では例外ではなくむしろ原則になっており，その結果一般に考えられているよりも遥かに広範に市場の失敗が生じていると指摘します。そして，そのような市場の失敗を十分に考慮せず，市場の能力を過大評価して国際金融やマクロ経済に関する政策提言や指導を行ってきたとして，IMF を厳しく批難しました[19]。

　これに対してやはり傑出した経済学者であり，国際金融論の第一人者であるケネス・ロゴフ（Kenneth Rogoff）は，IMF の相談役及び調査部ディレクターとして問題の現場に深く関わってきた立場から，スティグリッツに向けた公開書簡等で真っ向から反駁しています[20]。ロゴフは IMF が歴史や経験から謙虚に学び，先端的経済研究の成果も取り入れながら，常に当事国の経済厚生を最優先して，通貨危機や経済混乱という大難題に真摯に立ち向かっていると反論します。ロゴフの主張で特に重要なのは，発展途上国における政府の失敗（government failure）は，スティグリッツの言う市場の失敗よりも遥かに大きな問題であり，市場メカニズムよりも政府の介入を優先すれば，これらの国の国民はより多大な経済的困難を強いられるであろうという指摘です。本書の第1章第1節で触れたように，市場は万能ではなく，市場の失敗が少なからず存在することは事実です。しかし，ロゴフの主張は「それならば，より良い代替案は何か」という問いかけであり，資源配分の決定を市場から政府に移すことでは問題は解決しないばかりでなく，より深刻化するであろうという警告です。

　スティグリッツとロゴフの論争は，2 人の偉大な経済学者が同じ現実を観察しながら，そこに正反対の因果関係を主張し合っているという点でも非常に興味深いものです。少々荒っぽい例えではありますが，IMF を医者，通貨危機を病気に例えて，両者の主張の違いを対比させてみましょう。IMF が国際金融システム構築の主導権を握ってきたこと，そして IMF 色の強い経済政策を推し進める国々で危機が続発・深刻化したことを重く見るスティグリッツは，医者が各地を往診して誤った治療や処方を繰り返してきたために，体調を崩して病気になる者が続出したと考えます。これに対してロゴフの見解は全く反対で，疫病が発生している国々に医者が献身的に駆けつけ，完全ではないにしても懸命に原因調査と

19）　詳しくは Stiglitz（2002）を参照してください。
20）　Rogoff（2002, 2003）を参照してください。

治療を行っているのが現実だというものです。スティグリッツの見解では，この医者が同じ治療や処方を続けるほど事態は悪化していきます。ロゴフの見解では，医者が駆けつけて治療を施さなければ，患者たちはより重篤な状態に陥ることになるでしょう。

○ 国際金融の自由化と潜在的リスク

　このような世界を代表する経済学者同士の激しい論争に象徴されるように，国際金融を支える体制，特に投機的攻撃を受けやすい発展途上国や新興経済国における国際金融の自由化のあり方をめぐっては，経済学者や政策関係者の間で意見の違いが目立ちます。経済学者の多くは国境で分断された国家毎ではなく，世界・地球規模でより効率的な資源・予算配分を考え，行動することが望ましいという大原則については合意しています。その意味においては原則的に国際金融の自由化も国際貿易の自由化もともに望ましいことと考えられます。本書においても第1章第2〜3節で金融取引の効果について触れ，資源・予算の効率的配分や最適化の観点からして，国際的な金融取引は基本的には合理的で望ましいという立場で議論を行ってきました。しかし，国際金融の自由化をめぐっては国際貿易の自由化の場合には見られない大きな問題や強い意見の対立が生じているということは，資本（カネ）の流れと財（モノ）の流れには重要な違いが存在するということを示唆しています。

　一口に資本といっても，そこには異なるタイプがあるということを思い出してください。全ての資本が経済の長期的な生産能力の向上を目的として投じられるのではなく，中には短期的に頻繁に国境を跨いで移動する投機的な資本も存在します。そして，投機的な資本が非常に巨額になると，それらが市場心理や市場全体の動向を左右するほどの力を持ち得ます。

　また，資本の移動は財の移動とは異なり，圧倒的なスピードを誇ります。巨額の資本でも国境を越えて瞬時に移動しますので，例えば東アジア通貨危機に見舞われた際のマレーシアのようにキャピタル・コントロールによって自らを国際金融市場から隔離するような政策を採らない限りは，資本の移動を効果的に管理することは困難と言えます（或いはこれらの政策をもってしても完全なコントロールは困難と言うべきかもしれません）。

　このような観点からすると，自由な国際金融取引には利点ばかりではなく，潜在的なリスクも存在することが分かります。対外的な金融取引を自由化するとい

うことは，国際的な市場を有効に活用する自由だけでなく，そこで発生する攪乱や投機的攻撃に身を晒すことも意味します。当然ながらマクロ経済政策や国内の金融システムなどファンダメンタルズを良好に保つことが防御の基本となりますが，自己実現的な危機や伝染の存在を考えればそれだけではどの経済も安全とは言えないことも事実です。

10.8 世界金融危機

○ 金融発展の落とし穴

　2008年9月15日，世界有数の投資銀行であったリーマン・ブラザーズ（Lehman Brothers）が破綻したという衝撃的なニュースが世界中を駆けめぐりました。いわゆるリーマン・ショック（Lehman shock）として後世に語り継がれる出来事です。このリーマン・ショックに前後して，金融大国アメリカの象徴とも言えるウォール街（Wall Street）を代表する金融関連企業が相次いで巨額の損失を計上し，経営危機や破綻の瀬戸際に立たされました。新たな商品・サービスを開発しては金融取引を高度化させ，市場の発展を牽引してきたはずの金融界の主役たちが一転して存命の危機に立たされ，アメリカや欧州の金融市場は流動性が枯渇して緊迫した事態に陥りました。金融市場の発展や金融取引の高度・複雑化の背後には危険な落とし穴が潜在するという事を，世界有数の投資銀行が自らの致命的転落を持って世界に示したというのは何とも皮肉な話です。

　以下本節では，リーマン・ショックに象徴される2008年からの世界金融危機とその発端となったアメリカのサブプライム住宅ローン問題について解説します。これらは既に学んだ債務危機や通貨危機には該当しない類の事象ですが，国内外の金融市場を大混乱に陥れて世界経済に多大な影響を及ぼしました。なぜそのような金融危機が発生したのか，そしてその本質はどこにあるのか，以下で考えてみましょう。

○ 事の発端：サブプライム・ローンとアメリカの住宅バブル

　住宅購入のための資金を貸借する住宅ローンは，多くの家計が利用する代表的

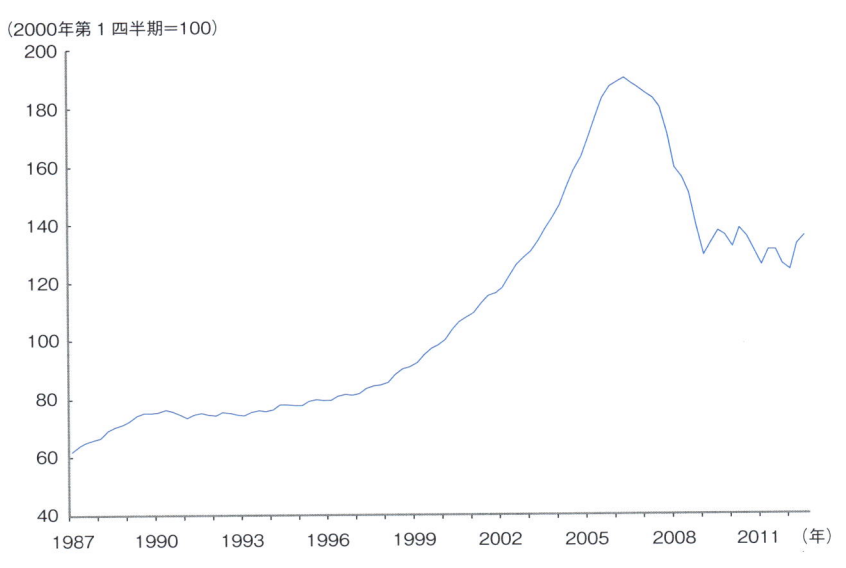

(2000年第 1 四半期＝100)

（データ出所）　S&P Dow Jones Indices（http://jp.spindices.com/indices/real-estate/sp-case-shiller-us-national-home-price-index）

図 10.4　アメリカの住宅価格の推移（S&P/ ケース・シラー住宅価格指数）

な金融取引の一つです。例えばアメリカでは景気の先行きなどを占う際にも，重要な判断材料の一つとして住宅市場の景況が注視されます。そのアメリカでは図10.4 が示すように，1990 年代から 2006 年頃まで住宅価格の上昇が続いていました。このような住宅価格高騰の少なからぬ部分はバブル（bubble）であったと考えられますが，バブルとは実体的な裏付けがないにもかかわらず，投資家の値上がり期待だけに支えられて資産価格が上昇を続けることを指します[21]。

　住宅価格が上昇を続けると，その購入者は潤沢な資金を持つ富裕層だけに限られるようになると思われるかもしれません。しかし住宅は資産の一種（不動産）でもあるため，株式などと同様に投資の対象にもなることに留意が必要です。特

---

21)　このような資産価格の上昇を引き起こすのは，多くの人が今後も価格が上昇し続けると信じる行為そのものであって，価格の上昇が続くことを裏付ける客観的材料を必要としません。このため，ある時点で市場参加者の心理が懐疑的なものに変化すると，突如として大幅な価格下落に転ずるということが起こります。この様な事態を「バブルが弾ける」，「バブル崩壊」などと表現します。

に中古住宅市場が発達したアメリカでは，値上がり後に売却することを主な目的として住宅を購入する，つまり投資収益を期待した住宅購入が珍しくありません。

　住宅価格の上昇は2002年頃から加速しましたが，それ以前にアメリカの家計全体の65パーセントが既に主たる住まいを所有していたことが分かっています[22]。つまり，多くの人が自ら居住するためではなく，投資目的で競うように住宅を購入したということです。また，購入する住宅を担保としてその資産価値に応じた借入が可能なために，住宅価格が上昇すればそれに見合う追加的借入を行って当座の資金を補うことができます。このため十分な頭金や収入のない層にまで，レバレッジを効かせたローンによる過度に積極的な住宅購入・投資の動きが広がりました[23]。所得が低く過去に重債務や延滞，或いは自己破産などを経験して信用力が低いとされる人に対しても，優良顧客への貸付（prime lending）よりも高い金利を課するサブプライム・ローン（sub-prime lending）と呼ばれる住宅ローンの貸付が盛んに行われました。このような信用力の低い家計向け住宅ローンが拡大した要因の一つとして，住宅ローンの証券化（securitization）が挙げられます。従来はローンを貸し付ける銀行が保有していた債権（貸付金の元利を受け取る権利）を不動産担保証券（mortgage-backed security: MBS）と呼ばれる証券にして販売することで，アメリカ国内は勿論，海外の投資銀行や金融機関などにも大量に保有されたのです。また，ファニー・メイやフレディ・マックの通称で知られる政府系住宅金融会社が不動産担保証券の発行や販売に携わったことも，その普及拡大に繋がったと考えられます[24]。証券化によってサブプライム住宅ローンは金融商品として市場で売買され，国内外から多額の資金を集めることが可能になったのです。

　高金利を謳ったサブプライム・ローン証券は，一見したところでは投資家にとって収益率の高い魅力的な債券という印象を与えるかもしれません。しかし，そもそもなぜ金利が高いかというと，借り手の信用力が低い，つまり返済不能になる可能性が高いと見なされているからです。言い換えれば，債務者の信用リスクに対する埋め合わせとしてリスク・プレミアムが上乗せされて金利が高くなっているわけです。（債務者の信用力と金利の関係については，本章のコラムを参

22）　詳細はMian and Sufi（2011）を参照してください。

23）　レバレッジ（leverage）とは梃子，つまり弱い力で重いものを動かす仕掛けです。この場合は，僅かな担保で巨額の借り入れをすることを意味します。

24）　ファニー・メイ（Fannie Mae）とフレディ・マック（Freddie Mac）の通称で知られる連邦住宅抵当公庫（Federal National Mortgage Association）と連邦住宅金融抵当公庫（Federal Home Loan Mortgage Corporation）は，いずれも住宅ローンとその証券購入に充てられた巨額の負債を抱えて，2008年9月7日にアメリカ政府の管理下に置かれました。

考にしてください。）しかもそのような高リスクの不動産担保証券は，様々な条件付取引を複雑に組み合わせた派生取引（デリバティブ）商品に組み込まれて販売され，アメリカ国内だけでなく海外（特に欧州）の投資銀行や金融機関にも大量に保有されました。複雑な金融派生商品はそれに付随するリスクが必ずしも自明ではなく，結果的に多くの投資家がサブプライム住宅ローンの焦げ付きに脆弱な立場を取ってしまいました。

○ 世界金融危機（2007〜2009 年）

住宅価格の上昇が続いている間は，将来の売却益が見込まれることや追加的借り入れが可能なこともあって，当初の返済額を低く設定したサブプライム住宅ローンを利用した住宅購入が急拡大しました。しかし，その後金利が上昇し住宅価格が下落に転ずると，ローン利用者が次々に返済不能に陥って抵当権を行使され，住宅を手放さざるを得なくなりました[25]。多数の住宅が一斉に売りに出されることで価格が更に下落し，家計の保有する（住宅）資産の価値が削られてローンの借り換えや返済が更に難しくなるという悪循環が生まれて住宅価格は急落しました。値上がり期待によって過熱を続けた住宅バブルの崩壊です。

サブプライム住宅ローン証券を大量に保有するなどして積極的にリスクを取る事で高収益を追及していた投資銀行などは，ローンが回収不能になるや一転して苦境に立たされます[26]。特に 2007 年 8 月にユーロ圏最大手の投資銀行 BNP パリバが，自身の運営する 3 つのヘッジ・ファンドからの資金引き出し停止を宣言したことで，事態は本格的な国際金融危機へと発展しつつあることが明らかになりました[27]。翌 2008 年 9 月には世界有数の投資銀行であったリーマン・ブラザーズが破綻（いわゆるリーマン・ショック），続いてサブプライム住宅ローン証券が損失を出した場合に支払いを行うクレジット・デフォルト・スワップ（credit default swap: CDS）と呼ばれる保険商品を販売していた保険最大手のアメリカ

25）アティフ・ミアンとアミール・スフィ（Mian and Sufi（2009, 2011））は，住宅バブル瓦解直前の 2002〜2005 年に居住者の所得増大が見られないのに住宅ローンの信用評価が大幅に向上している地域を特定し，後日返済不能に陥った家計は当該地域に集中していたことを明らかにしました。返済見込みが良好でない家計に対して恣意的に信用評価を釣り上げた，向こう見ずな住宅ローン融資が行われていたことを示す分析結果です。

26）メリル・リンチ，シティグループ，バンクオブアメリカ，モルガン・スタンレー，ドイツ銀行，クレディ・スイスなど，世界の名だたる投資銀行が住宅ローン証券への投資で何十億ドルもの損失を出したとされます。

27）これらのヘッジ・ファンドはアメリカのサブプライム抵当証券に多額の投資をしていたとされます。

ン・インターナショナル・グループ（AIG）も経営危機に陥るなど，世界の金融市場を震撼させる出来事が続きました。これら一連の出来事は世界金融危機（global financial crisis）と呼ばれるようになりました。

　世界金融危機の震源地はアメリカですが，サブプライム・ローンを組み入れた不動産担保証券を大量に保有していた欧州の金融機関も次々と経営危機に陥ったことなどから，アメリカと欧州の両方で金融市場は混乱を極め，連邦準備制度理事会（FRB）や欧州中央銀行（ECB）は市場の沈静化に奔走しました[28]。一方で日本を含めたアジアの国々では，不動産担保証券などの市場に積極的に参加していなかった事が幸いし，金融機関への直接的な影響は限定的でした。しかし，金融危機の渦中にあるアメリカや欧州が深刻な不況に陥ると，これらの国々に向けた輸出の低迷によってアジアの国々も危機の余波に晒される事になります。特に欧米からの資本の一時的逃避先として円が買われて急激な円高が進行し，日本の輸出不振と株式市場の低迷は際立ちました。結果的にアメリカの住宅金融市場の一部に端を発した問題は，大規模な国際金融危機とそれに続く深刻な不況を世界中にもたらすことになりました[29]。

◉　金融危機の教訓 I：モラル・ハザード，不確実性とリスク

　住宅ローンの証券化は，より柔軟な金融取引を可能にする手段として開発されたものです。いくつもの住宅ローンを組み合わせて証券として販売すれば，海外の居住者も含めて多数の金融機関や投資家が様々な金額の債権者（貸し手）になることが可能です。国内外から広く資金を集めることで多くのローンを提供できる上に，貸し手は状況に応じてその債権を市場で売買できるという利点も生まれます。このように考えると，本来は金融取引の可能性を拡大し，その潜在力を活かすことでより多くの恩恵を生み出すために開発されたはずのものが，なぜ世界的な金融危機の発生に一役買うというような皮肉な結果に至ったのでしょうか。

　この問題を考える際にも，リスクにまつわるモラル・ハザードが一つの鍵となります。通常の住宅ローンでは，貸し手は借り手の返済能力を慎重に見極めなけ

---

28)　国内住宅ローン市場の問題が大規模な世界金融危機に発展する過程や，それを受けての連邦準備制度委員会の政策対応の詳細については，例えば2006〜2008年に連邦準備制度理事を務めたフレデリック・ミシュキンによる解説である Mishkin（2011）を参照してください。

29)　世界金融危機に続く2007〜2009年の不況は，1930年代の大恐慌（Great Depression）に擬えて大不況（Great Recession）とも呼ばれています。この時期はアメリカ，欧州，日本を含めた多くの国で実質経済成長率が低迷し，マイナス成長を記録することも珍しくありませんでした。

ればなりません。不用意な貸付は不良債権化し，自らの収益を圧迫することになる可能性が高いからです。しかし，住宅ローンを証券化して第三者に売却するのであれば，その後，借り手が実際にローンを返却できるかどうかを心配する必要はなくなります。つまり，契約に際して借り手のリスクに対して寛容になり，自らが責任を負う際には貸し付けないような相手にも積極的にローンを提供するというモラル・ハザードが生じます。

　また，信用力の低い顧客のローンであっても，証券化されて更に複雑な派生取引に組み込まれてしまうと，その潜在的リスクを正確に把握することは必ずしも容易ではありません。しかし忘れてはならないのは，どれだけ金融市場が発展して高度で複雑な金融取引が普及しても，金融取引は常に不確実性によるリスクを伴うという根本原則が変わるわけではないという点です。なぜなら金融取引は異時点間の取引であって，将来のある時点までに何が起こってどのような事態に至るかを100％の確率で前もって知る術はないからです。将来は常に不確実です。一見すると「確実」で「安全」と思われるものの中にもリスクは潜んでいます。例えば本章で学んだ債務危機や世界金融危機の例が示すように，国債の元利を保証した国・政府が財政破綻して債務不履行に陥る，不測の事態に備える保険を提供する保険会社がその不測の事態に経営破綻するというようなことが起こることもあるのです。

　本書では基本的に確実な債務履行を前提として金融取引について考えてきました。それは金融取引の原理や本質について理解する上で有効なアプローチなのですが，現実はもう少し複雑です。本章で学んだ様々な事例が示唆するのは，現実の金融取引においては，「確実」は「不確実性が低い」を，「安全」は「危険性が低い」を意味するという認識の必要性です。

◯　金融危機の教訓Ⅱ：資産価格とアニマル・スピリット

　金融市場で取引される資産は，実際に消費に供することで効用を得る実物商品とは異なり，将来の価格についての人々の予想や期待が現在の価格を大きく左右するという特徴を持ちます。例えば第5章で学んだカバーなし利子平価が示唆するように，外国為替市場においてある通貨の価値が今後下がるという予想を市場参加者の多くが共有すれば，それだけで実際にその通貨は即座に減価します。このような自己実現的な資産価格の動きが極端な形で現れるのが，本章で学んだ通貨危機です。ある通貨が暴落するのではないかという予想が，例えそれがいわれ

のない予想であったとしても，実際にその通貨の暴落を誘発します。また，これに類する価格の動きは資産バブルの発生過程にも見られます。アメリカの住宅市場が経験したように，今後も値上がりが続くという人々の期待が，実際に住宅価格の持続的上昇を支えるのです。安く買って高く売ることで利益を上げる対象として見れば，投資家にとっては住宅も外貨や債券も大差はないかもしれません。しかし実物としての住宅の性能や大きさには何ら変化がないにもかかわらず，その価格だけが永久に上昇を続けることはあり得ません。ある時点で市場に，「いくら何でもこの価格は高すぎるのではないか。」という疑念が芽生えると，今度は一転して価格が下がる前に売り抜けようという動きが殺到し，それが現実に住宅価格の大幅な下落を生み出します。

　このように金融・資産取引においては，合理性だけでは把握しきれない投資家の心理や衝動的行動，ジョン・メイナード・ケインズがその有名な著作の中で「アニマル・スピリット」（animal spirits）と表現したものに突き動かされる部分も少なくありません。ケインズは，往々にして楽観的ともいえる衝動に駆り立てられて行動するという人間の特性が，経済に不安定さを生み出すと指摘しています。そして，人間を行動に駆り立てるそのような衝動のことをアニマル・スピリットと表現し，数学的に計算された期待ではなくアニマル・スピリットによって下された意思決定がどのような結果を招くことになるか予測はできないとしています[30]。本書の解説はここまでに留めますが，関心のある読者は不確実性とリスク，或いは投資家の心理と行動などについて学ぶことで，国際金融のみならず経済学の諸問題への理解を深めてください。

コラム　国債金利に見る信用力の違い

　図1はユーロ加盟国の政府が発行する国債の金利を比較したものです。これらの債券はいずれもユーロ建ての政府債で，10年後に償還されるという条件では同じです。そのような債券が市場で自由に売買されるとき，その価格に違いは生じるでしょうか。額面が100ユーロの債券を想定して考えてみましょう。この債券を保有していると償還（満期）時に100ユーロの支払いを受け取ることができます。仮に今この債券を80ユーロで購入して10年後に100ユーロを受け取るので

30）『雇用，利子及び貨幣の一般理論』（Keynes（1936））を参照してください。近年では2001年のノーベル経済学賞受賞者であるジョージ・アカロフと2013年に同賞を受賞したロバート・シラーが「アニマル・スピリット」と題する著述（Akerlof and Shiller（2009））で，資産価格の不安定性，不動産市場の景気循環，世界金融危機など様々な問題を取り上げ，それらに果たすアニマル・スピリットの役割の重要性を説いています。

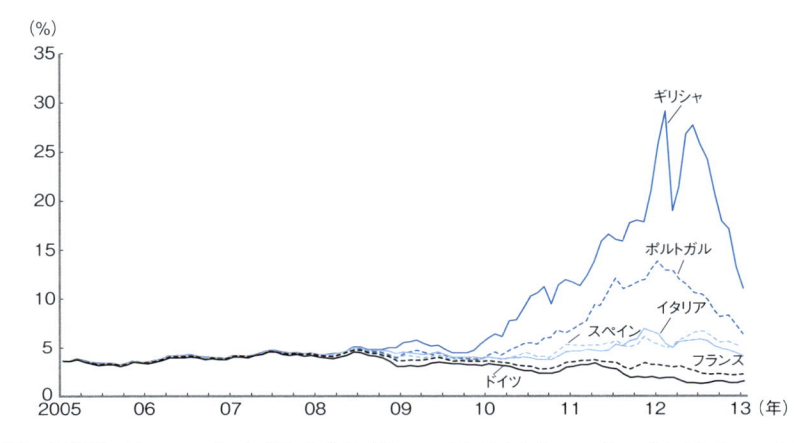

（データ出所）　European Central Bank（http://www.ecb.int/stats/money/long/html/index.en.html）

図1　ユーロ加盟国の国債金利

あれば，その金利は 10 年間で $\frac{(100-80)}{80}=25\%$，1 年あたりに換算すると（年利）2.5％ということになります。このように計算すると，債券の価格が上がる（下がる）程，その金利は低く（高く）なることが分かります。

　図1を見ると，当初ほぼゼロであった国債の金利差は 2008 年頃から拡大し始め，欧州債務危機が顕在化した 2010 年以降は国によって凄まじいほどの開きを記録したことが分かります。これは同じ通貨建ての同じ額面の国債が（同じ時期に）全く異なる価格で取引されるようになったことを示しています。その理由は債務者，つまりこれらの国債を発行している各国の政府の信用力の差にあります。本章で学んだとおり，一国の政府が発行する債券であっても，償還時までにその政府が債務不履行に陥れば，投資家にとっては紙屑同然の価値しかなくなります。このため確実に債務を履行すると見込まれる，つまり信用力が高いと市場が評価する国の債券は高い価格で，逆に信用力が低いと見られる国の債券は安い価格で取引されます。つまりグラフが示す国債の金利差は，財政状況や政策実行能力などに基づく各国政府の信用力の市場評価の違いを示しています。

　グラフを読む際に，(1)債務危機の震源となったギリシャやポルトガル，(2)震源国ほどではないが債務水準の高さから危機が飛び火する可能性が憂慮されたイタリアとスペイン，(3)ユーロ圏経済の屋台骨とも言えるドイツとフランス，という3つのグループに分けて金利の動きを比較すれば，政府の信用力と国債の金利・価格の関係を理解しやすいでしょう。

　市場で一度失った信用を回復するのは容易なことではありません。債務危機の発生以来，ギリシャは事実上国際金融市場から締め出され，EU の支援を受けな

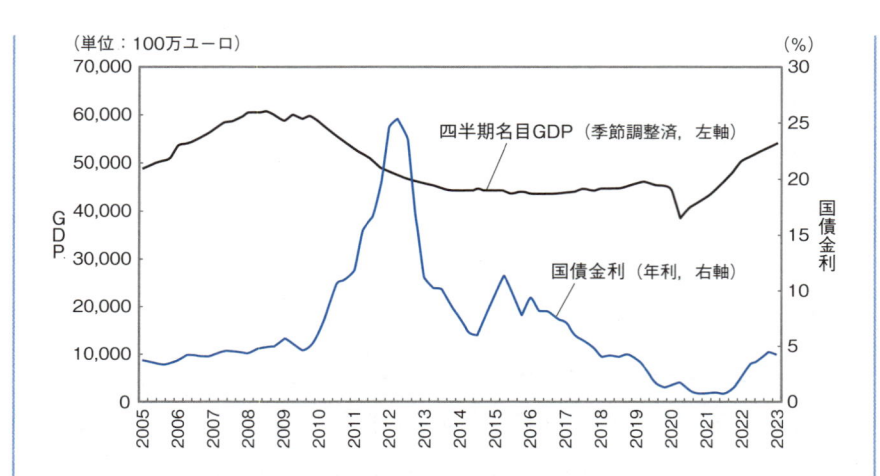

（単位：100万ユーロ）

（出所） International Monetary Fund, *International Financial Statistics*（https://www.imf.org/en/Data）

図2　ギリシャの GDP と国債金利

から経済再建の道を模索しました。支援の条件として取り組んだ緊縮財政の影響もあって，図2のとおり同国の GDP は 2008 年から 2013 年の 5 年間で約 25％も縮小しました。また，ギリシャ国債は長らく投資不適格，つまり事実上のジャンク債（junk bond）として高金利ではあるが破綻リスクが非常に高く，一般的な投資には適さないという投機的な格付けを受けていました。

　ようやく経済に明るい兆しが見られ始めたのは，2019 年から始まった新型コロナウイルス感染症パンデミックが収束した後のことです。コロナ禍による旅行自粛の反動も手伝って観光業が活気を取り戻し，海外からの直接投資も回復するなどした結果，2023 年の IMF の予測によるとギリシャの GDP は 2025 年には 2008 年の水準を上回るとされます。2023 年 10〜12 月には，民間の信用格付け機関である S&P グローバルとフィッチ・レーティングスが，13 年ぶりにギリシャ国債を投資適格と判断しました。このように回復の兆しは見られますが，そこに至る道のりは長く，年金削減を始めとする緊縮政策によって生活困窮者が増加する等，国民が強いられた痛みは少なくありません。やはり危機は未然に防ぐことが大切です。

10.1 累積債務問題におけるモラル・ハザードとは何か。具体的に説明しなさい。

10.2 通貨危機の第1世代モデルと第2世代モデルでは通貨危機が発生する原因はどのように異なるか。

10.3 通貨危機の伝染（伝播）とはどのようなものか。なぜそのような事態が発生すると考えられるか説明しなさい。

10.4 通貨危機の第3世代モデルの特徴について，通貨ミスマッチの概念に触れながら解説しなさい。

第 **11** 章

国際金融を取り巻く難問Ⅱ：
グローバル化の歪み

　本章では金融・経済のグローバル化に伴い社会に蓄積される歪み
について議論します。特に近年顕在化しつつある課題から，格差の
拡大を通じて醸成されるグローバル化の反動，そして国家間の競合
と対立が引き起こす市場の分断を取り上げます。

　鎖国の経済がどのようなものか想像すれば，国際金融や貿易が恩
恵をもたらすことに異議を唱える人は少ないはずです。しかし，総
体として見れば多大な恩恵があっても，その分配が大きな偏りを持
つなど，グローバル化のプロセスは往々にして同じ国民の間にも勝
者と敗者のコントラストを描き出します。また，長期的に生じる経
済力のバランス・シフトは，国家間の競合と対立を煽ることで市場
を分断する力に発展することもあります。国内外で勃興する反国際
化のうねりと市場分断の圧力は，国際金融が効率的資源配分に有効
に機能する環境を毀損し得るもので，蔑ろに済ますことのできない
問題です。

○ *KEY WORDS* ○
機会・結果の平等，ポジティヴ経済学，
規範経済学，所得格差，社会移動性，
最恵国待遇，デカップリング

11.1　格差の拡大と国際金融

○　機会の平等と結果の平等

　一般的に経済学は効率性に関する分析を得意とし，その一環として分配に関わる様々な考察を行うものの，分配の公平性や平等の追求にまで踏み込むことには慎重になりがちです。本書も多分に漏れず，効率的な資源配分という観点から国際金融について論じてきましたが，その恩恵の享受に係る公平性についての直接的な議論は避けてきました。その主な理由は，公平性の概念や平等の基準が曖昧で主観的なものにならざるを得ない点にあります。

　考察の目的と分析の役割で大別すると，経済学は客観的に経済事象を解明するポジティヴ経済学（positive economics）と，どのような社会課題をどう解決すべきかを考える規範経済学（normative economics）に集約されます[1]。客観性に基づくポジティヴ経済学に対して，判断の拠り所に各自の価値観が関与する規範経済学は議論の収束が難しい学問です。例えば，社会が生み出した付加価値の総計（国民総所得）を1つのパイとして，それを誰にどう切り分ければ公平或いは平等と言えるかという問題を考えてみましょう。各人の生産性に応じて分配すれば相当な所得格差（income inequality）が生じます。それは不平等と言うのであれば，能力，勤勉さ，熱意，創造性等の個人差は一切考慮せず，全員一律に同額を分配すればどうでしょう。真に公平と言えるでしょうか。現実はこれら2つの極論の間のどこかに位置するわけですが，具体的にどこに位置すれば何を根拠に平等や公平と言えるのか，その判断は主観的なものにならざるを得ません。

　とはいえ，市場の潜在力を活かした効率的資源配分の観点からも，競争における公平性の担保は重要です。その根本にある考え方は機会の平等（equality of opportunity）と呼ばれ，例えば親の所得水準や社会的地位，本人の性別などに関係なく，全ての人が教育を受ける機会を享受し，自らの能力を社会で発揮すべくスタート地点に立てることを重んじます。倫理的観点だけでなく，経済学的観点からも機会の平等の重要性を理解するために，ミクロ経済学で学んだ完全競争

---

　1)　Positive economics の訳語として「実証経済学」や「肯定（的な）経済学」という言葉も使われているようですが，いずれも本来の意味が伝わり難い上に語感から寧ろ誤解を招きかねないため，本書では「ポジティヴ経済学」という表現を用います。

市場と独占・寡占市場の違いを思い出してください。誰でもいつでも市場参加や退出が自由で，全ての人に開かれた完全競争市場は社会的に効率的な資源配分を達成します。反対に少数が支配して他者の参入を妨げる市場は，独占・寡占者の利益を最大化するだけで，社会的には非効率な資源配分しか達成しません。このような観点からも，機会の平等が重要であることは理解できるでしょう。

　一方で人によって個性，つまり生まれ持った才能や潜在能力は異なり，それが様々な要因と絡み合って社会で結実する度合いには自ずと個人差が生じます。結果的に生じるある程度の所得格差は許容されるべきものであり，過度の介入によって画一的に矯正するようなことは避けるべきというのが経済学の基本姿勢です。所得格差は機会の差だけでなく，能力，熱意，勤勉さの違い等，様々な要因によっても生じます。結果の平等（equality of outcome）を求める一律的な規制は，働く人の熱意や創造性，優れた仕事をしようという動機までも喪失させてしまいます。このため，結果として観察される不平等への介入には一定の慎重さが求められます。

　しかし，それは所得格差が拡大するのを無策のまま放置するのが望ましいという意味ではありません。様々な研究を通じて，所得格差拡大の放置は効率的で健全な経済運営の妨げになることが分かっています。つまり，不平等や格差の拡大は規範経済学のみならず，ポジティヴ経済学の重要課題でもあるということです[2]。具体的な問題として，以下では次の2つを取り上げます。一つ目は，実際には機会の平等が存在しない，或いはかつて機会の平等が存在した国や社会からそれが失われつつあるという問題です。これは観察される結果の不平等の少なからぬ部分が，機会の不平等に起因している可能性を示唆するものです。二つ目は，様々な要因が絡み合って生じた結果としての不平等や格差であっても，その拡大が続けば金融危機や経済成長の鈍化という形で社会全体に多大な経済的損失をもたらしかねないという問題です。

◯　失われつつある機会の平等

　世界最大の経済を誇るアメリカ合衆国は，アメリカン・ドリームに引き寄せられる移民を原動力として繁栄してきました[3]。独立戦争（1775-83 年）を戦って

　2）　経済学者による格差の考察については，分野の第一人者と目される Atkinson（2015）及びアトキンソン（2015）や，著名経済学者の錚々たる顔ぶれが多様な角度から問題を論じた Blanchard and Rodrik（2021），ブランシャールとロドリック（2022）等を参照してください。

　3）　アメリカ経済と移民についての詳細は Abramitzky and Boustan（2017）を参照してください。

宗主国イギリスの植民地支配を脱し，複数州からなる共和制国家となった同国の社会と経済は，移民によって形作られてきたといって過言ではありません。貧困や抑圧から逃れるようにして辿り着いた移民も，新天地で諦めることなく懸命に働けばやがて豊かな暮らしを手にすることができる，成功のチャンスは出自に関係なく誰にもあるというのがアメリカン・ドリームの本質です。貧しい移民やその子孫が不屈の努力の末に大きな成功を収めたといった話は枚挙にいとまがなく，ビジネス，スポーツ，芸術，学術等，様々な分野において多くのロールモデルを輩出しています。出自よりも能力を評価する社会慣習が世界中から有能な人材を引き寄せ，それによってアメリカ経済の進歩性や強靭さが保たれてきたことは疑いようがありません[4]。そして，その根底には機会の平等という基本的な価値観があります。

　しかし，その機会の平等が近年アメリカ社会から失われつつあるという懸念が強まっています。一つの社会経済階層から別の階層へ移動する性向を社会移動性（social mobility）と呼びますが，ハーバード大学のラジ・チェティ教授らの研究は，アメリカでは相対的な社会移動性の深刻な低下が生じていると警鐘を鳴らしています[5]。具体的には，所得分布の下位20％に生まれた子供が上位20％に到達する確率は僅か10％しかないのに対して，上位20％に生まれた子供が上位20％に留まる確率は3倍以上も高いとされます。また，絶対的な社会移動性の低下も深刻で，親よりも所得の多い子供の割合は1940年代には90％であったのが，1985年までに50％まで低下したと指摘しています[6]。

　このような研究結果は，近年のアメリカでは豊かな家庭に生まれない限り豊かになれる確率は非常に低く，懸命に働いても親の世代よりも貧しい暮らししか手に入らない可能性を示唆します。その一方で，一生かかっても使いきれないほどの巨額の富を手にした実業家や投資家の話でメディアは溢れています。これらの事実が映し出すのは，勤勉に働くことで多くの人がほどほどに豊かな暮らしを実現できた時代が過ぎ去り，社会から中間層が縮み消えつつある近年のアメリカの実像です。

　日本の場合，バブル経済瓦解の影響が労働市場で顕著に見られるようになった就職氷河期（1993〜2005年頃）あたりから，格差や社会経済階層の問題が耳目を集めて盛んに議論されるようになりました次頁[7]。社会経済階層の固定・流動化

---

4)　例えばGlennon（2024）によると，企業の高技能移民労働者に対する需要が国の移民政策を左右し，高技能移民労働者の存在は企業の行動や業績，特に技術革新に貢献します。

5)　Chetty, Hendren, Kline, Saez, and Turner（2014）を参照してください。

6)　Chetty, Grusky, Hell, Hendren, Manduca, and Narang（2017）を参照してください。

は日本においても社会の姿を左右する重要なファクターであり，継続的に注視する必要があります。貧困（裕福）な家庭に生まれた者には貧困（裕福）な一生が運命づけられるとすれば，倫理的には勿論，経済学的にも大きな問題です。生まれながらにして特定の経済的階層への帰属を強いられるのは，前時代的な身分制度に基づく社会であって，自由意思に基づき人それぞれの個性や能力と市場の資源配分機能を活かして繁栄するような社会ではありません。そこでは非効率な資源配分が生み出した付加価値を特定の階層に生まれた人々が独占するばかりで，社会全体が豊かさを享受することはありません。

○ データが語る経済格差の拡大

経済格差拡大（結果の不平等）の実態について，世界格差データベース（World Inequality Database）のデータを通して見てみましょう[8]。図11.1は最上位1%の家計の課税前所得が国民総所得に占める割合をグラフ化したものです。この値が大きいほど，その国の所得は僅か1%の最高所得層に偏在します。世界全体で見た場合，1980年には17%弱であった最上位1%層の所得は徐々に増加して1998年に20%に達し，2005〜2007年の間は21%を記録しています。2008年の世界金融危機を境にやや低下したものの，2022年は19%強でした。つまり，世界の総所得の約20%は僅か1%の超高所得者の所得です。

日本では最上位層の所得シェアは1980年代のバブル経済で急上昇し，1990年には約15%に達しました。バブルが崩壊すると一気に10%まで下落したものの，その後再び上昇し，ここ数年は13%弱で落ち着いています。アメリカの最上位層の所得シェアは長期的に上昇を続け，2022年には21%と世界全体の19%を上回っています[9]。最上位1%の所得シェア拡大ペースでアメリカに引けを取らないのが中国です。1980年には7%を切っていた最上位層の所得シェアは上昇を続

---

7) 就職氷河期に非正規雇用が急増し，2008年のリーマンショックでは「派遣切り」が拡がって正規雇用との格差が問題化しました。これに関して，例えば石田・三輪（2009）は社会階層間の相対移動率は概ね安定しているとして，格差拡大論に懐疑的な見方をしています。戦後の急激な変化を経て先進国となった日本は，絶対的社会移動性においては欧米と異なるものの，階層間の相対的移動に関しては特に異質性は認められないという指摘もあります。詳しくはIshida, Goldthorpe, and Erikson（1991），Ishida（2001）等を参照してください。

8) World Inequality Database（https://wid.world/）の課税前所得に基づくデータを使用。

9) 法の支配や民主主義が確立されていない国では権力構造が独占的になって腐敗を招き，機会の平等や自由な市場競争の妨げとなって富の偏在を助長します。該当するのは主に強権国家や途上国ですが，それらを含む世界全体をも上回るアメリカの所得の偏在は格別と言えます。尚，入手可能なデータの制限上，本文の議論は課税前の所得に基づきます。

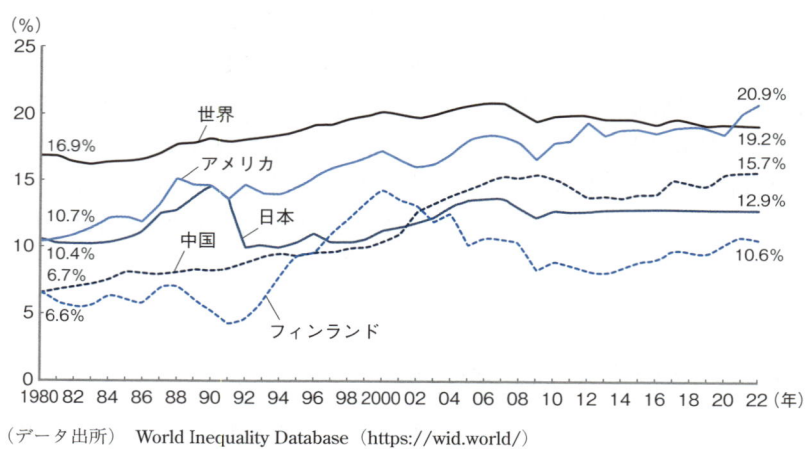

（データ出所）　World Inequality Database（https://wid.world/）

図 11.1　上位 1%層の所得が国民総所得に占める割合

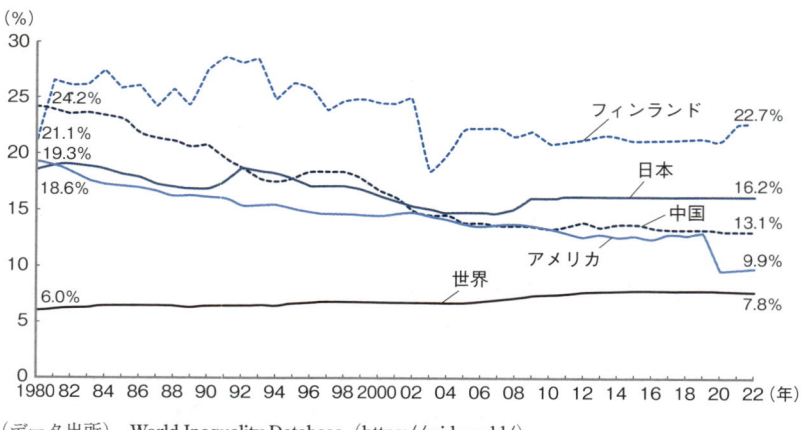

（データ出所）　World Inequality Database（https://wid.world/）

図 11.2　下位 50%層の所得が国民総所得に占める割合

け，2002 年に日本を逆転した後，2022 年には約 16％と，1980 年当時の 2 倍を超えています。比較のために所得格差が相対的に小さいことで知られる北欧のフィンランドを見ると，1980 年には当時の中国と同水準で 1992〜2000 年に急上昇したものの，その後は下落して 2022 年は 10％強となっています。同国における所

得の偏在は米中は勿論，日本よりも低い水準にあります。高税率高福祉で知られる北欧では所得の再分配が積極的に行われるため，課税後の所得格差は更に低い水準に留まると考えられます。

次に図 11.2 で下位 50％層の所得シェアを見ましょう。こちらは世界全体で見れば 1980 年の 6％から 2022 年の 7.8％へと，過去 40 年間で微増にとどまっています。世界中の家計の半数の所得を合わせても，世界全体の所得の 8％にも届きません。日本の下位 50％層のシェアはバブル崩壊の影響が強く見られた 1990 年代は低下が続きましたが，2010 年頃から 16％程度でほぼ横ばいが続いています。アメリカでは同シェアは 1980 年以降一貫して低下を続けていましたが，2019 年に発生した新型コロナウイルス感染症の流行が追い打ちをかけたことで，2020 年には 10％を割り込み，2022 年も 9.9％に留まっています。アメリカ同様に中国でも下位 50％層のシェアは長期的に低下を続けており，1980 年には 24％を超えていたのが，2022 年には 13％程度となっています。一方，フィンランドは 2003 年から 2004 年にかけて一時的に 20％を割り込んだものの，それ以外は安定的に 20％を超えており，2022 年は 23％弱でした。このように国によってかなりの違いはあるものの，下位半数の人々が手にしている所得は，全体から見れば非常に限られたものと言わざるを得ません。

ここまでは所得のデータを用いましたが，観察対象を家計の保有資産に広げると，富の偏在はより顕著になります。こちらは入手可能なデータが 1995 年以降に限られますが，図 11.3 が示すように 2022 年現在世界全体の個人資産の 38％が上位 1％の最富裕層によって保有されています。アメリカでは 35％，中国でも 33％の資産が僅か 1％の最富裕層に帰属し，日本は 25％です。これに対して，フィンランドの場合は 20％未満で安定しており，2022 年は 18％弱でした。

ここで，第 3 章の資産に関する議論を思い出してください。資産とは富を保持する様々な形態を指し，その多くは現預金や債券，株式，投資信託等の金融資産です。他にも不動産などがありますが，一部の富裕層に偏在するのが金融資産，特に国際的な金融資産であるなら，国際金融の恩恵は特定層に集中的にもたらされていることになります。

一方で，下位 50％の層が保有する個人資産は，図 11.4 にあるように世界全体で 2％にも届きません。アメリカに関してはそれを更に下回る僅か 1.5％です。これらは衝撃的な数値です[10]。下位の半数の人々が所持する富は，世界全体で見

---

10) アメリカの格差の分析については，Picketty and Saez（2003）等を参照してください。

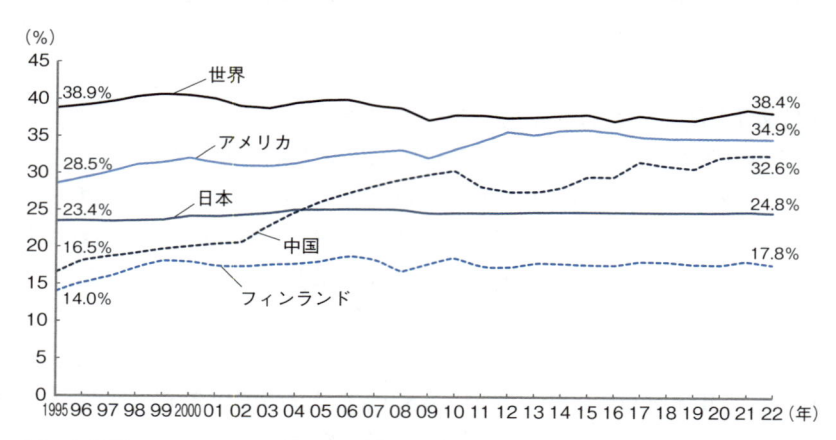

（データ出所）　World Inequality Database（https://wid.world/）

図 11.3　上位 1％層の個人資産が総個人資産に占める割合

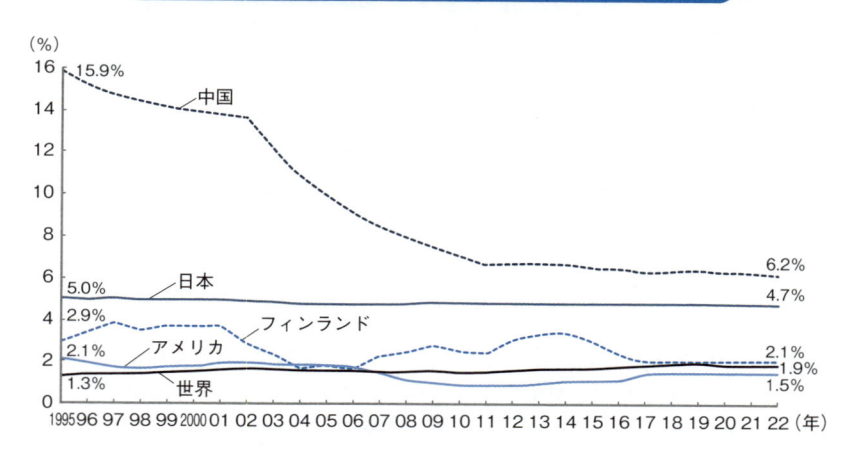

（データ出所）　World Inequality Database（https://wid.world/）

図 11.4　下位 50％層の個人資産が総個人資産に占める割合

ても，世界最大の経済大国に限って見ても，僅か 2％にも届かないのです。日本の下位 50％の保有資産は，この四半世紀の間ほぼ安定して全体の 5％弱で推移しています。対照的なのは中国で 1995 年の 16％から低下を続け，2022 年には約6％まで下がりました。所得，資産のどちらで見ても，中国で生じている格差拡

大のペースは驚異的です。共産主義経済から市場メカニズムを取り入れた社会資本主義経済へと転換を図るにつれ，中国は厳しい格差社会へと変容しつつあります。世界の二大経済大国アメリカと中国は，政治・社会体制や経済運営の仕組みにおいては大きく異なりますが，深刻な格差社会という点では相通ずるものがあります。

◯ 国際金融は格差を助長するか

　仮に国境を越えた金融取引が富裕層だけをより豊かにするのであれば，国際金融は資産や所得の格差を拡大する効果を持つことになります。特に世界金融危機のような大きな市場攪乱が生じた際に，高額報酬で知られる投資銀行等の救済に公的資金（税金）が投入される事態も生じてきました。また，世界の有力政治家や大富豪など一部の富裕層はタックス・ヘイブン（tax haven）と呼ばれる租税回避地に資産を移すことで課税を逃れているという指摘もされます[11]。このため，国際金融には恰も富裕層の濫用特権であるかのようなイメージが付きまとうのかもしれません。しかし，真の問題は富裕層による国際金融の利用よりも，富裕層以外が国際金融を含む金融取引の恩恵を十分に享受できていないことにあります。

　第1章で学んだ異時点間の最適化のツールとしての金融取引は本来，当座の予算制約が厳しい経済主体にこそ，その効力を発揮して恩恵をもたらし得るものです。しかし現実には，経済的に困窮した家計ほど信用評価が低く，好条件での借り入れや信用を受けることが困難で，金融に関する知識も不足しがちです。反対に信用評価の高い富裕層は好条件で金融取引ができ，取引等を通じて金融の知識を豊富に身に付けます。つまり，他の条件を一定とすると，返済能力の低い困窮した家計ほどより厳しい（返済が難しい）条件での取引を求められます[12]。その典型例が第10章8節で取り上げたサブプライム住宅ローンです。より身近には，信用審査を要する銀行のローンの金利と，本人確認だけで直ぐに利用できる消費者金融の返済金利を比較すれば明白です。

　11）　タックス・ヘイブンとは域外の個人や企業に対して税制優遇措置を提供する国・地域のことです。個人情報保護を理由に各国の税務当局の問い合わせに応じないことから，一部の富裕層が租税回避を目的に利用するとされ，バハマ，ケイマン諸島，パナマ，シンガポール，香港，スイス，ルクセンブルク等が知られています。2016年「パナマ文書」と呼ばれる機密文書の漏洩をきっかけに，著名な政治家や資産家の租税回避行為が公に晒されました。詳細はオーバー・マイヤーとオーバー・マイヤー（2016），Obermayer and Obermaier（2017）を参照してください。

　12）　第10章6節の「国際金融における原罪」が物語るように，家計を国家に置き換えても同様のことが言えます。

異時点間の取引である金融には絶えず契約不履行のリスクが付きまとうため，貸し手は契約が履行される確率を何らかの方法で評価した上で融資の判断をせざるを得ません。その際，現在の経済状況や過去の実績に基づいて信用評価を行うのは合理的なことです。合理的であればこそ，格差の拡大に資することのないように金融が機能する仕組みを設けるのは容易ではありません[13]。また，金融取引を効果的に活用するには，正しい知識と適正な規制下にある金融機関や金融サービスへのアクセスが欠かせません。こうした条件が富裕層にのみ満たされるなら，国際金融は格差を助長する効果を持つことになります。従って金融に関する正しい知識（金融リテラシー）と適正な金融サービスに誰もがアクセスできる環境を整備し，提供することが社会的に極めて重要です[14]。その意味において，金融教育は単に個人の資産形成目的に留まらない，社会的に重要な役割を担っています[15]。

◯ 格差拡大が提起する問題

前出の所得・資産データが示すとおり，国によっては相当な経済格差やその拡大傾向が見られるわけですが，それは結果として生じた不平等として放置すべきでしょうか。放置するのは容易かもしれませんが，そうすることには少なくとも次の2つの問題が提起されます。一つはポジティヴ経済学的問題で，不平等や格差の拡大が金融危機の原因や経済成長の阻害要因となる可能性です。この点については次のセクションで詳しく議論します。もう一つは，資産や所得の増加がもたらす限界的な恩恵が富裕層にとっては皆無である一方，貧困層にとっては命を

---

13) この課題解決を先導するのは，2006年にノーベル平和賞を受賞したバングラデシュのグラミン銀行のマイクロ・ファイナンスに代表される途上国の取り組みかもしれません。ケニアやナイジェリア等のアフリカ諸国ではブロックチェーン（分散型台帳）技術による自動化プラットフォームを利用した新たな金融・保険サービスの起業が盛んで，農業や貿易業の従事者を対象に銀行を通さない敏速で透明性の高い与信が広がりつつあります。詳細については，International Finance Corporation（2017a, b）等を参照してください。

14) 金融リテラシーとは金融全般に関わる正しい知識と理解を指し，株式投資のノウハウというような狭く限定されたものではありません。例えば，年金制度に関する正しい知識が加入を促進すれば無年金の家計が減る上，富裕層でなくとも年金積立管理運用独立行政法人等による国際的な資産運用を介して，間接的に国際金融の恩恵を受けることができます。

15) 金融リテラシーの不足は日本に限らず，米英を含む多くの国で課題となっています。日本では金融庁が金融・経済教育に取り組んでおり，2022年からは高校での金融教育が義務化されました。また，https://www.fsa.go.jp/teach/kyouiku.html において金融リテラシー調査の結果を公開しています。金融教育の効果については，Hastings, Madrian, and Skimmyhorn（2013），Lusardi and Mitchell（2014），Kaiser and Menkhoff（2017）の分析を参照してください。

左右するほど大きいという点に依拠する規範経済学的問題です。

　既に巨額の資産や所得を手にしている人が，仮に追加的に 10 万円を手に入れたとしても経済厚生上の効果は事実上皆無です。それで特に生活が楽になるというようなこともなく，そもそも自身の富が 10 万円だけ増えたことに気付きすらしないかもしれません。一方で世界銀行の 2023 年の統計によると，世界の人口の 9％弱にあたる 6 億 9 千万人以上が貧困ライン（1 日あたり 2.15 ドル）以下の生活を送っています[16]。日本の貧困率は 0.7％強ですが，ドイツの 0％，フランスの 0.1％，韓国の 0.2％，アメリカやカナダの 0.25％，オーストラリアの 0.5％など，他の先進国と比べてかなり高い水準にあります。小さな数字に見えるかもしれませんが，同年の日本の人口は 1 億 2 千万人を超えており，その 0.7％でも85 万人近くになります。

　富裕層にとっては限界効果が無に等しい 10 万円は，貧困ライン以下で暮らす人々にとっては年間所得にも比肩するものであり，その有無は生死を分けると言って過言でないほどの限界的価値を有します。有限資源の最適配分という経済学本来の使命に照らして，この 10 万円の限界所得は誰にどう（再）配分すべきでしょうか。これは正しく規範経済学的な問いであり，そのような問いと向き合うことも経済学の責務です。

　経済学は私利私欲の際限なき追求というような偏狭な目的を持つ学問ではありません。そして，国際金融は本来，超富裕層専用の富の増幅機でも濫用特権でもありません。社会，国，世界的な視点から有限資源の最適な配分を考え，知恵を絞ることで，より多くの人が人間らしい豊かな暮らしを実現できるよう貢献することこそが，経済学とその一端を担う国際金融論の意義であり責務です。言うまでもなく，社会，国，世界には一握りの富裕層だけでなく，全ての人々が含まれます。このように考えると，例えそれが結果の不平等であったとしても，不平等や格差の拡大に無関心であることは，経済学の本来の使命や目的にそぐわないと言うべきでしょう。

◯ 格差拡大放置の付け：金融危機と低成長

　有力な経済学者の中には，不平等や格差の拡大こそが 2007 ～ 2009 年の世界金融危機（第 10 章第 8 節を参照）の主な原因であると指摘する人もいます。イン

　16）　The World Bank, Poverty and Inequality Platform（https://pip.worldbank.org/country-profiles）のデータに基づいています。

ドの中央銀行総裁も務めたシカゴ大学のラグラム・ラジャンは，1980年代以降アメリカでは大卒労働者と非大卒労働者の賃金格差が拡大し，後者の賃金の伸び悩みを補うべく，歴代の大統領や議会が低所得者向け住宅ローンの大幅拡充政策を続けたことがサブプライム・ローン問題，そして世界金融危機へと発展したと指摘しています[17]。前章で解説したとおり，連邦政府系住宅金融機関であったファニー・メイとフレディ・マックが，サブプライム住宅ローンの拡大と住宅バブルの誘発に果たした役割は非常に大きいと考えられています。その意味において，アメリカ政府が賃金や所得の格差是正に真正面から取り組まず，低所得家計向け住宅ローンを拡充することで有権者の不満を逸らしてきたことの責任をラジャンは重く見ます。住宅ローンの過度な拡充が，早晩返済不能に陥る安易な借り入れを助長したことを考えれば，アメリカ政府は世界金融危機を招いた共犯者に等しいと断罪しています。

資本と労働を投入する生産活動で生み出された価値は，それぞれの投入物の提供者に分配されます。その際，株主配当や内部保留などとして資本所有者へ分配される割合は資本分配率，賃金などとして労働者へ分配される割合は労働分配率と呼ばれます。フランスの経済学者トマ・ピケティは，長期的には資本の収益率が経済成長率を上回っており，その傾向が近年特に顕著になっていることを明らかにしました[18]。つまり，資本分配率の上昇と労働分配率の低下が進んでいるわけですが，それが労働者の消費行動に影響を及ぼすことで金融危機が発生しやすい状況を招くと指摘する研究もあります[19]。分配が資本側に偏ると労働者の賃金は伸び悩み，両者の所得格差が拡大します。賃金の停滞が続く中，消費の増大を望む労働者は借り入れに頼るようになります。例えば，手持ちの可処分所得では買えない商品をクレジットカード払いで購入すると考えてください。そして翌月の支払い期限に完済できずに返済を繰り越して，また次の消費を重ねるとします[20]。未返済額には高金利の延滞金が課されるため，返済を繰り越すほど完済のハードルは上がっていきます。このような借入消費が続くことで家計の間に債務不履行（自己破産）が広がると，やがてマクロ規模の金融危機へと発展しかねません[21]。そのような場合も，本を正せば資本家と労働者との間で拡大する所得格

17) ラジャン（2011），Rajan（2011）を参照してください。
18) ピケティ（2014），Picketty（2014）を参照してください。
19) Kumhof and Rancière（2015）を参照してください。
20) クレジットカードのリボルビング払いもこれに該当します。
21) 支払い期限に利用全額の引き落としができれば，それは信用（クレジット）による消費ですが，払いきれずに持ち越した場合は借入（デット，債務）による消費を行っていることになります。両者は似て非なるものです。

差の放置に起因しているわけです。

　マクロ経済において金融が果たす役割を考えれば，格差の拡大が生み出す負の影響は金融市場の混乱だけでは終わらないことも想像に難くないでしょう。例えば，不平等や格差の拡大は，その国の経済が安定的に成長する期間を短くするとIMFの研究者らが指摘しています[22]。経済に景気循環はつきものですが，厚生上重要なのは適度な拡張を長く保ち，後退を短く終わらせることです。拡張的財政政策に頼るなどすれば，ある年に限って景気を刺激して生産量を一時的に増やすことはできても，そこから安定的な拡張を長く維持することは容易ではありません。せっかく始まったかに見えた経済成長が短命に終わってしまう原因には，格差の拡大も含まれることを上述の研究は指摘しています。持続的な経済成長のためには，成長だけでなく分配の視点も欠かせないという重要な示唆です。

11.2　グローバル化の反動

○　中国の躍進とデカップリング

　世界の経済環境は刻々と変化しており，その変化が蓄積した長期においては各国の経済力のバランスに変化が生じます。第二次世界大戦による荒廃から日本が目覚ましい復興と経済成長を遂げて先進経済国の仲間入りを果たしたのが良い例ですが，過去半世紀の中国経済もそれに劣らぬ衝撃的な変化と躍進を遂げました。

　1949年の建国以来，共産党による一党体制にある中華人民共和国（中国）は，1978年に鄧小平氏の指導体制の下で改革開放と呼ばれる共産主義経済から社会資本主義経済への転換を始めました。その後1989年の天安門事件で一時停滞しかけたものの，1992年以降は改革開放を積極的に推進して急速な経済成長を実現します。豊富で安価な労働力を武器に「世界の工場」とまで呼ばれるようになった中国は，2001年には世界貿易機構（World Trade Organization: WTO）への加盟を果たしました。特定の相手国に与える最も有利な貿易条件を最恵国待遇（most favored nation treatment）と呼びますが，WTOはこの最恵国待遇は全加盟国に平等に適用されると規定しています[次頁23]。つまり，貿易条件において他

---

22)　Ostry, Berg, and Tsangarides（2014）と Berg, Ostry, Tsangarides, and Yakhshilikov（2018）を参照してください。

の特定の加盟国だけを優遇・差別することは禁じられており，WTO への加盟は中国が他の加盟国と同じ貿易条件下に置かれるようになったことを意味します。

　市場経済への転換を進め WTO 加盟も果たした中国は，製造業の国際的サプライチェーン（供給網）に欠かせない存在となった上，西側諸国から見れば巨大な未開拓市場としての魅力にも溢れていました。ドイツを始めとする欧州諸国は中国との経済関係の強化を図り，アメリカも当初は市場経済のシステムに中国を招き入れることを優先しました。そのような状況の下，中国は 20 年以上に亘って平均年率 10％近い驚異的な実質成長を続け，2010 年には GDP で日本を抜いてアメリカに次ぐ世界第 2 位の経済大国に躍進します。

　経済が大変革を遂げる一方で政治的には中国共産党の一党支配体制は変わらず，習近平氏が 2012 年に総書記，翌年に国家主席に就くと，鄧小平時代以来受け継がれてきた指導者の任期制や集団指導体制を廃止して独裁・強権色を強め，少数派民族ウイグル族の人権問題，香港の言論・社会統制，台湾との関係等をめぐって西側諸国，特にアメリカとの対立が鮮明化します。科学技術の発展も目覚ましく軍事的にも強大になった中国を米欧は脅威とみなすようになり，人権問題を理由にした経済制裁や戦略的観点からの輸出規制を発動しました。

　これに対して習近平政権は，一帯一路（One belt, One road Initiative）と呼ばれる中国から中央アジア，中東，ヨーロッパ，アフリカにかけての広域経済圏構想を提唱し，低所得国に対して融資を行うなど，独自の戦略的経済外交を展開して対抗姿勢を堅持しました。その一方で国内不動産市場の深刻な低迷もあって，新型コロナウイルス感染症の流行（2019 年発生〜 2023 年 5 月 WHO 緊急事態宣言終了）収束後の中国経済は停滞色が強く，2023 年の 1 人あたり国民総所得（米ドル単位の名目値）は 29 年ぶりの減少を記録しました。また，当局によるスパイ摘発強化の懸念やアメリカによる経済制裁の影響もあって，同年の中国への直接投資が前年比で約 8 割減少し 30 年ぶりの低水準に留まるなど，外国資本の中国離れが進みつつあるようにも見えます。

　競合と対立が進んだ結果，米欧では国際的サプライチェーンから中国を除外することで中国経済への依存を解消する動きが強まり，世界経済は米中の二大陣営が分離したデカップリング（decoupling）と形容される状況に至りました。デカップリングの背後には人権や言論の自由をめぐる民主国家と強権国家の基本的価値観の違いに加え，中国の華々しい躍進の裏で価格競争に敗れて辛酸を嘗めさ

23）　但し，途上国支援を目的とした特恵関税，自由貿易協定，関税同盟等，一部の例外が認められています。

せられた米欧企業や労働者の強い不満があります。そして，そのような不満の源となったのが，この間の中国の為替政策と通貨人民元の為替レートです。

○ 人民元為替レート：制度変遷とレートの推移

中国の通貨人民元の対米ドル名目為替レートの動きを，図11.5 で辿ってみましょう。毛沢東時代の政策を転換した改革開放が 1978 年に始まると，続く 1980 年から 1994 年まで人民元はほぼ一貫して米ドルに対して減価（米ドルは増価）しています。また，事実上の固定相場にあった期間も点在し，1986 年 7 月～1989 年 11 月は 1 ドル＝約 3.7 人民元，1995 年 5 月～2005 年 6 月は 1 ドル＝約 8.3 人民元，2008 年 7 月～2010 年 10 月は 1 ドル＝約 6.8 人民元で米ドルに対してペッグしていたことが読み取れます。平価の変更も観察され，特に 1993 年 12 月から 1994 年 1 月にかけては一気に 50％もの切り下げが行われています。これらから人民元が長年に亘って人為的で時に極端な為替相場管理政策の下にあったことは明白です。

2001 年の WTO 加盟もあって国際的な圧力が強まると，中国人民銀行は 2005 年 6 月に人民元の切り上げに踏み切ります[24]。以後 10 年近くは人民元の米ドルに対する増価が観察されます。但し，図11.5 で 2015 年半ばを境にその前後で為替レートの動きが明らかに異なることから，2005 年 6 月から 2015 年半ばまでの増価も人為的にコントロールされたものであったことが分かります。2015 年半ばまでのレートの動きは非常に滑らかで，しかも一貫してドルに対する人民元の増価という不自然なものです。2015 年半ば以降の頻繁な上下変動と見比べれば，その違いは一目瞭然です。

人民元為替レートを積極的に操作・管理して貿易黒字と急速な経済成長を達成した中国。その中国との価格競争に晒された米欧日の製造業の衰退と雇用の喪失。この間の世界経済の変化は正しくグローバル化の光と影を物語っています。関連事項として，第 7 章の経常収支の分析やコラムで議論した弾力性アプローチの視点についても改めて確認してください。

---

[24] 為替管理は全ての固定相場国が行うものであり，それ自体を問題視すべきではありません。問題となるのは大幅な過小評価となる水準に人民元の名目為替レートを操作することで中国の輸出価格競争力を強化し，海外市場を席巻して他国の競合産業を衰退させるような場合です。当時人民元が実際にどの程度過小評価されていたのかをめぐっては，研究者や政策関係者の間で非常に活発な議論を呼びました。例として Cheung, Chinn, and Fujii（2007）の分析を参照してください。

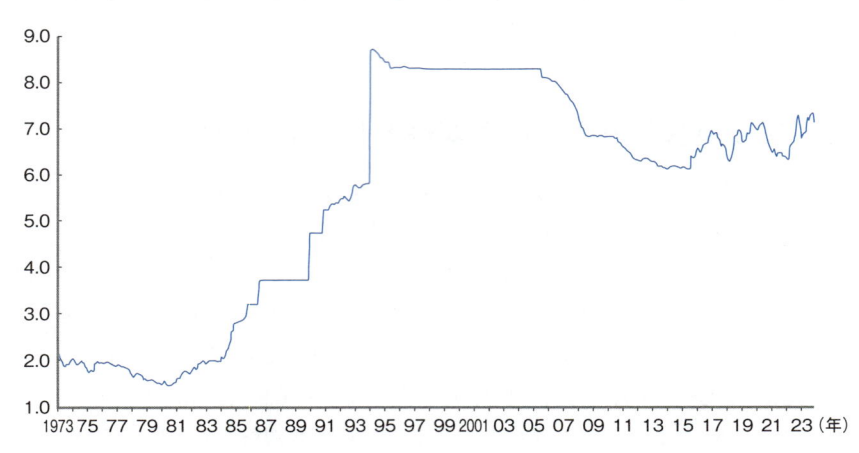

（データ出所）　International Monetary Fund, *International Financial Statistics*（https://www.imf.org/en/Data）

図11.5　人民元／ドル

⚫ グローバリゼーション揺り戻し：内向き志向の高まり

　国境で隔てられた国々が個別の予算制約に縛られるよりも，国境を跨いだ国際的な視点でより効率的な資源配分を追求するのが国際金融論の基本的視点でした。しかし，実際に国際金融取引の自由化や市場統合を進めても，その恩恵が特定層のみに集中して他の多くの人の手に届かなければ，社会には強い不満が渦巻くようになります。前節で議論したように経済的繁栄の安定的持続には，効率性の追求だけでなく分配の在り方への配慮，そして著しい不平等を解消する政策も望まれます。そのような視点を欠いたまま強引に国際化を推進すると，その反動で外国への反感や内向き志向が強まり，場合によっては国際協調の枠組みからの離脱や移民排斥に見られる排外主義の高揚にも発展しかねません。

　2016年はそのことを象徴するような出来事が続いた年でした。欧州では長い年月をかけてEUの経済統合が進められてきたわけですが，その恩恵に与るには加盟国がEUの共通ルールを順守することが大前提です。しかし，EUの規則に縛られて独自の決定権の譲歩を余儀なくされるため，イギリスでは国民の間に反EU感情が燻っていました。特にEU域内の移動と居住・労働の自由によって多

くの移民が流入する事への不満が強まり，EU 離脱を訴えるイギリス独立党が国民の間で支持を伸ばすようになります。この事態に保守党のデビッド・キャメロン首相（当時）は国民投票での決着を約束，2016 年 6 月に EU 加盟継続の是非を問う国民投票を実施した結果，離脱支持票が過半数を占めました。その結果，イギリスは 2020 年 1 月に正式に EU から離脱することになります。この件は Britain（イギリス）と exit（離脱）を掛け合わせ Brexit（ブレグジット）と呼ばれています。

　ブレグジットは市場の国際統合や経済のグローバル化が諸刃の剣であることを物語っています。イギリスは EU の一員として，他の加盟国との間で関税なしの自由貿易を行う恩恵を享受してきました。また，独自の通貨ポンドを維持し，ユーロは導入しないことも自ら選択しています。その上，域内から流入した移民労働者は，多くのイギリス人が望まない仕事を比較的安い賃金で引き受けるなどして，イギリス経済を支えてきました。これらの労働者がいなければ，イギリスの消費者は同じ財・サービスを購入するのにより高い価格を支払うことになったでしょう。移民労働者の増加によって職を失う人も出てきますが，重要なのはそのような人々がより良い就業機会を得られるよう支援する仕組みを，イギリスが自らの政策として実施することです。EU からの離脱によって移民労働者は減りますが，他の EU 加盟国との自由貿易を始めイギリスが失ったものは少なくありません[25]。

　イギリスの国民投票から 5 か月が過ぎた 2016 年 11 月，アメリカでは大統領選挙が実施され，大方の予想を覆して実業家のドナルド・トランプ氏が勝利しました。トランプ氏はそれまでにも共和党の候補者を決める予備選に参加したことはあったものの，政治に関しては全くの素人で，真剣な候補者と目されたことはありませんでした。しかし 2016 年の大統領選挙では，政治経験が豊富な有力候補者を次々と辛辣な言葉で扱き下ろす姿が，政治と経済の現状に強烈な不満を抱えた層の支持を集めて共和党の大統領候補となり，本選においても民主党のヒラリー・クリントン候補を破って 2017 年 1 月に第 45 代アメリカ合衆国大統領に就任しました。

　反グローバルを標榜し，「アメリカ・ファースト」をスローガンに自国第一主義を唱えたトランプ氏を熱烈に支持したのは，主にグローバル化経済の恩恵から

25）欧州本土との関係もさることながら，イギリスは北アイルランドにおいて EU 加盟国のアイルランド共和国と陸続きで国境を接しています。アイルランド共和国とイギリス北アイルランドの間で財や人が行き来するのは日常的な光景ですが，ブレグジットは税関や出入国管理の復活を意味し，煩雑な手続きを要するものとなりました。

取り残されてきた白人のブルー・カラー労働者層（主に非大卒の工場労働者等）です[26]。中国が世界の工場として台頭するなど，経済のグローバル化が進むにつれアメリカ国内の製造業から職が奪われてきたこと，不法移民や難民申請者の流入増加，そしてこれらの問題と自分たちの不遇を放置し続けたエリート政治家や既存政治に対する有権者の強烈な不満がマグマのように噴出した大統領選挙でした。トランプ氏はその支持に応えるように，大統領に就任すると直ちに環太平洋パートナーシップ（TPP）からの離脱を実行します。アジア太平洋地域における自由貿易推進の枠組みとして期待されたTPPですが，アメリカが離脱したことで日本や他の参加国にとっても機運が低下した感は否めません。

　トランプ政権はTPPだけでなく，北米自由貿易協定（NAFTA）についてもアメリカに貿易赤字をもたらした最悪の協定であると非難して再交渉を要求し，2018年に米国・メキシコ・カナダ協定（USMCA）の同意に至っています。これを受けて，NAFTAは2020年に正式に失効しました。また，世界貿易機構（WTO）に対しても不服を唱え，一部協定からの離脱を検討するなどとして制度改革を要求しました。この他にも世界保健機構（World Health Organization: WHO），気候変動に関するパリ協定（COP21），イラン核合意，国連人権理事会，国際連合教育科学文化機関（UNESCO）等，トランプ政権が離脱を表明した国際協力の枠組みは多数に上ります。その他にもイスラム教国からの入国を制限する大統領令署名，隣国メキシコとの国境の壁建設等，排外的政策志向と移民排斥的言動で物議を醸しました。

　その後2020年の選挙で大統領が民主党のジョゼフ・バイデン氏に替わりましたが，それでアメリカの政策が根本的に転換したわけではありません。例えば，バイデン氏もTPPへの復帰は選ばず，新たにインド太平洋経済枠組み（Indo-Pacific Economic Framework: IPEF）を立ち上げました。その中身はサプライチェーンの強靭化など，中国に対抗するための戦略的色彩が強く，開かれた自由貿易協定とは一線を画しています。また，メキシコとの国境へ押し寄せる大勢の不法移民や難民申請者への対応に苦慮し，トランプ氏が提唱した国境の壁の建設を継続しました[27]。本書が公刊される2024年は大統領選挙の年であり，経済大国アメ

---

26)　かつては民主党の代表的な支持層を成したブルー・カラー労働者が，共和党の富豪経営者トランプ氏を熱烈に支持するのは意外かもしれませんが，政策の詳細吟味よりも現状への強い不満と既存エリート政治家への憤りに駆られた結果と考えれば理解できます。

27)　アメリカへの入国を求めてメキシコとの国境に押し寄せるのは，メキシコに繋がる中米のグアテマラ，エルサルバドル，ホンジュラスは勿論，南米のベネズエラ，中国，インド，ロシア，トルコ等様々な国や地域の出身者で，メキシコ人とは限りません。流入する不法移民や難民申請者への対応をめぐるアメリカ国内の世論は二分されており，政権は難しい舵取りを迫られています。

リカがより一層の孤立主義へと向かうのか，それとも国際協調を重視する路線に回帰するのか，世界が注視しています。

◯ 紛争と国際金融

　国際金融・貿易を活用した国境に縛られない資源配分は，当然ながら複数の国家が相互に経済取引を行うに足るだけの環境にあることを前提とします。しかし，現実には紛争や戦争の勃発によって，その前提が崩れ去ることもあります。武力紛争がもたらす悲惨な現実を前にすると，国際金融など戯言に過ぎないようにも思えるかもしれません。しかし，武力紛争や戦争という破壊活動も予算制約の下で有限資源に依存して行われることに変わりありません。このため事態の収束を図る上で，経済学的視点に立って当事国の予算・資源制約に働きかける解決策も模索されます。

　2022年2月24日ロシアがウクライナに軍事侵攻しました。これを受けて先進主要7ヵ国（G7）はロシアへの制裁を協議し，プーチン政権関係者やオリガルヒと呼ばれる政治的影響力を持つ新興財閥，そしてそれらとの関係の深いロシアの金融機関に対して，G7の金融機関との取引停止，保有資産の凍結，入国禁止措置等の制裁を課しました。中でも国際金融に関連して注目を集めたのが，ロシアの銀行を国際銀行間通信協会（Society for Worldwide Interbank Financial Tele-communication: SWIFT）から排除すること，そしてロシア中央銀行が保有する外貨準備を凍結するという措置です。国際的な取引を行う金融機関の殆どはSWIFTの世界的な決済ネットワークシステムによって繋がっています。例えば，国際貿易に関わる送金等の多くはこのシステムを用いて行われるため，SWIFTからの締め出しはロシアの貿易にとって大きな障害となり得ます。

　また，第2章や第9章で議論したように，中央銀行の外貨準備は重要な公的資産です。金（ゴールド）を除く外貨準備の大半は，各国の中央銀行の金庫に現金で積み上げられるのではなく，欧米やアジアなど海外の銀行口座を使って保有されています。そこでG7は協力して各国の銀行口座にあるロシア中央銀行の準備資産を凍結し，利用不能にするという措置に踏み切りました[次頁28]。外貨準備としてロシア国内に蓄えた金は凍結を免れましたが，その金を売ってドルやユーロに替えようにも取引に応じる西側の金融機関は不在です。結果的にロシア中央銀行が通貨ルーブルを買い支える原資は厳しく制限され，侵攻から2023年9月までルーブルの減価が続きました。

　それでも原油や天然ガス等の資源が豊富で規模も大きなロシア経済が，西側の制裁によって直ちに破綻するわけではありません。特に地理的に近い欧州各国は原油や天然ガス等のエネルギー資源をロシアからの輸入に頼っており，即座に完全停止するわけには行きません。日本も同様の事情を抱えます。産油国のアメリカとは異なり，欧州や日本は一方で経済制裁を科しながら，もう一方ではロシアに輸入代金を支払って原油や天然ガスを確保せざるを得ない状況にありました。エネルギー資源の輸入先をロシア以外の国に代替して経済制裁を継続すると，ロシアも原油の主な輸出先をインド等に切り替えるなど，BRICS 諸国（ロシア以外はブラジル，インド，中国，南アフリカ，更に 2024 年 1 月にアラブ首長国連邦，イラン，エジプト，エチオピアが加盟し，サウジアラビアが加盟を検討中）との貿易を大幅に拡大することで対抗しています。参加国が限定的で傍観者の多い経済制裁に抜け道が存在することに驚きはありませんが，特にロシアのようなエネルギー資源国にとっては制裁の迂回は容易いことが露呈したわけです。

　以上のような事情もあって，G7 による経済制裁を他所にロシアの 2023 年の GDP 成長率は 3.6％を記録し，国営企業による原油の輸出などで政府歳入も寧ろ増大しています。更に IMF の予測では 2024 年の経済成長率も 2.6％程度と，G7 の平均約 1.0％を大きく上回ると見込まれます[29]。ロシア中央銀行も外貨準備に占める中国人民元の割合を増やすなどして米ドルの影響を低減させており，経済制裁の影響の抑制に努めている様子です[30]。西側による経済制裁とそれに対するロシアや中国の対応を見る限り，今後も当分の間は世界経済のデカップリングが続くと予期せざるを得ません。

　28）　戦争が長引くにつれ，凍結した資産の扱いが問題化しています。例えば，拿捕したオリガルヒ所有の豪華船を港に係留し続けるだけでも多大なコストが発生します。凍結資産を没収してウクライナの復興に活用すべきという案も聞かれますが，ロシアの公的資産と私有資産の区別が明確でないことから容易ではありません。戦争責任はロシアの政権にあるのに私有資産まで没収すれば，ロシアも同様の論理で自国内の欧米企業の私有資産を没収する可能性が危惧されます。このため凍結資産そのものではなく，それが生みだす利子収入を基金化してウクライナ支援に充てる案が欧州委員会で議論され，2024年 5 月に同委員会で，6 月には G7 でも大筋合意に至りました。

　29）　International Monetary Fund, *World Economic Outlook*（https://www.imf.org/en/Publications/WEO）.

　30）　ロシアの外国為替市場であるモスクワ取引所では，制裁以前は 80％を超えるシェアを誇った米ドル／ルーブル取引が減少の一途をたどる一方，人民元／ルーブル取引が増加を続け，2023 年に両者のシェアが逆転しました。また，ロシアと友好関係にある中国でも，中央銀行の中国人民銀行が金を大量に保有することで外貨準備の脱米ドル化を図っています。

世界経済のバランス・シフト

　ウクライナとロシアの戦争が長期化するにつれて明らかになったのは，世界経済における G7 の存在感の低下，そして国際政治の場における米欧，特にアメリカの影響力の低下です。侵攻当初こそアメリカはウクライナ支援の姿勢を明確にしていましたが，トランプ氏の影響力の強い共和党が多数派を占める下院議会でウクライナ支援に慎重な意見が強まるなど，西側・自由資本主義の盟主国としての役割を果たすことに消極的な姿勢が目立つようになります。更に 2023 年 10 月に始まったもう一つの紛争，イスラム組織ハマスとイスラエル軍との戦闘でパレスチナのガザ地区に生じた深刻な人道危機をめぐっては，即時停戦を求める国連の安保理決議に反対票を投じる，或いは採決を棄権するなど，かつてのアメリカからは想像もつかないほど国際社会で孤立する姿が目立ちました。

　紛争地に隣接する EU もウクライナ支援をめぐる加盟国間の意見相違を抱える上，北アフリカ，中東，南アジア等から押し寄せる難民への対応においても足並みの乱れが目立ちます。移民排斥的な極右政党が，以前からその存在が知られたフランスやイタリアだけでなく，ドイツやオランダなどの議会や欧州議会でも議席を伸ばすなど，アメリカだけでなく欧州でも国際協調に抗う排外的な主張が国民の間で支持を増やす兆候が見られます。多元主義，反差別，寛容の社会を理念に定める EU にとって正念場のように見えます。

　世界で対立や分断が顕在化する中，その間隙を突くように米欧と中ロの両睨みで存在感を増したのが，インド，ブラジル，南アフリカ，インドネシア，サウジアラビア，トルコなどのグローバル・サウス（Global South）と形容される新興国の一群です[31]。図 11.6 にあるように G20（Group of Twenty）には先進 7 ヵ国と EU から成る G7，頭文字をとって BRICS と呼ばれる経済規模の大きな新興国，同じく頭文字から MIKTA と呼ばれる中堅国などが含まれており，グローバル・サウスという言葉は主に G7 以外の G20 国を指して使われることが多いようです。立場や利害は様々で一括りにはできませんが，これらの国々は基本的に G7 との関係を維持しつつもロシアへの経済制裁には加わらず，中国との関係も重視しています。つまり，政治的立場を明確にするよりも，経済的実利を優先す

　31）　国際経済の文脈で使われるノース（north）とサウス（south）という言葉は，概ね先進国と途上国（新興国を含む）の含意で用いられます。グローバル・サウスに厳格な定義はありませんが，目覚ましい経済成長と大規模な人口や豊富な天然資源等を背景に，従来途上国が強いられてきた従属的地位に甘んじることなく，政治・経済の国際舞台で存在感を示すようになった新興・途上国の一群というような意味合いで多く用いられています。

図 11.6　G20 の内訳

るしたたかさを備えています[32]。更に気候変動や環境問題等の地球規模の課題解決には新興国や途上国の協力が欠かせないことから，国連気候変動枠組条約締約国会議（COP28）や G20 などで自身の利益を主張することにも積極的です。G20 の議長国は 2022 年インドネシア，2023 年インド，2024 年ブラジル，2025 年南アフリカとグローバル・サウスが続きますが，G7 とロシア・中国との対立やウクライナ・中東の紛争をめぐる立場の違いから会議は空転しがちで，共同声明の採択に至らず国際協調の機能不全を露呈する事態も散見されます。

図 11.7 は実質 GDP のデータに基づき，G7，G7 以外の G20，G20 以外の国々が世界経済全体に占める割合をグラフに描いたものです[33]。このグラフから明らかなのは，世界経済に占める G7 の相対的な低下と G7 以外の G20 国の対照的な上昇です。後者はロシア，中国，グローバル・サウスのことであり，これらの国々と G7 とで経済力が拮抗するほど，例えばロシアに対する G7 の経済制裁の効力も弱まると考えられます。勿論，総生産量の相対的規模だけで世界経済の力のバランスが決まるわけではありません。金融・貿易において世界に君臨してきた米ドルは未だ他通貨の追随を許さず，基軸通貨としての地位に揺らぎは見られ

32）　例えばインドは制裁に踏み切った西側諸国がエネルギー価格の高騰に喘ぐのを他所に，安価になったロシア産原油を大量に輸入することで多大な経済的利得を手にしました。

33）　G7 に EU 全体を含む。G7 以外の G20 は図 11.6 のとおりです。ロシアのデータが入手可能な1990 年以降にサンプル期間を限って比較しています。

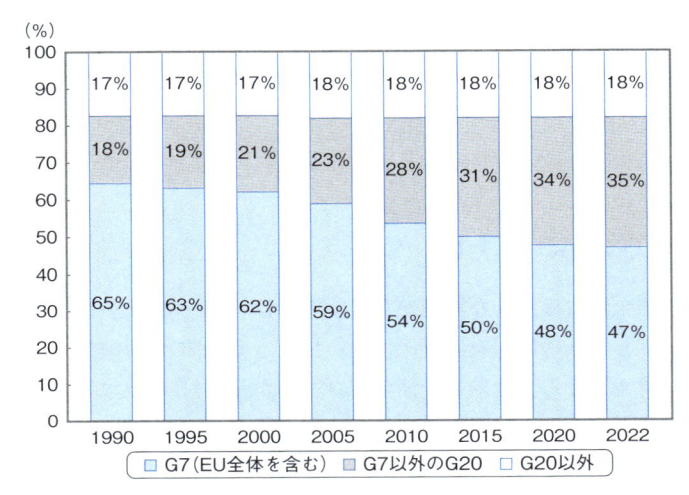

（注）　2015 年を基準年とする実質 GDP に基づくシェア。G7 に EU を含む。
（データ出所）　World Bank（https://databank.worldbank.org/source/
world-development-indicators）

図 11.7　世界経済に占める割合

ません[34]。第 4 章（表 4.1 及び図 4.4）で確認したように，米ドル（約 45％）
とユーロ（約 15％）で世界の為替取引の 60％，これに日本円，英ポンド，カ
ナダドルを加えれば G7 の通貨だけで世界の為替取引の殆どをカバーします。この
点も考慮すれば，総合的な影響力の低下はそれほど深刻ではないかもしれません。
それでも，米欧がこれまで以上に内向き志向を強め，経済制裁を掻い潜るロシア
と人民元の国際化を図る中国が結束してグローバル・サウスへの働きかけを強め
れば，将来的には状況が異なる可能性は否定できません。

　いずれにせよ，世界経済は絶えず変化の過程にあり，その変化が積み重なる長
期において重要なバランス・シフトが生じるのは自然なことです。グローバル・
サウスに数えられる国々は総じて人口が多く，経済成長も目覚ましいことから，
将来的に世界経済の重要な担い手になると期待されます。その一方で，強権的な
統治制度を採る国も含まれることから，民主制や自由資本主義を重んじる国々と

---

34)　金融・貿易における米ドルの支配的地位の考察は Gopinath and Stein（2021）を参照してくださ
い。

の間で今後も緊張関係が続くと考えられます。経済力に限らず政治力や軍事力でも国家は競合し，社会体制や基本的価値観をめぐる反目や対立も絶えません。今後反グローバル化の機運が更に高まり，孤立主義と市場分断が進むようであれば，国際金融を活用して有限資源の効率的配分に繋げる機会も制限されるかもしれません。

◯ 歪みの解消に向けて

現実の国際金融には様々な課題が存在するとはいえ，その潜在力を活かす道を自ら閉ざしてしまうのは，有限資源に頼って生きる人間とその社会にとって賢明な選択とは言えません。金融や経済のグローバル化に対する強い不満や反発は，一部の層が勝者となって恩恵を総取りせんばかりの状況が生じ，放置されることに起因します。金融や経済のグローバル化がもたらす影響は，そのままでは大きな偏りを持ちます[35]。公平性が定義の難しい概念であるとはいえ，極端な偏りの放置が深刻な経済・社会問題を引き起こす以上，経済学はポジティヴ経済学の領域だけに留まらず，再分配をめぐる規範経済学の領域でも大きな役割を担うことが求められます。国際金融が効率的資源配分に有効なことが明らかになっても，誰にとっての何のための効率的資源配分かという問題が疎かにされたままでは，知見の真価は定まりません。

金融や貿易を介したグローバル化に加えて，今後は人工知能（artificial intelligence; AI）の急速な向上と普及も，その経済的恩恵に浴する人々と負の影響を強いられる人々との対比を生み出すと考えられます。社会に堆積して行く歪みを解消するには，市場の潜在力を活かす事と政策による適度な再分配を行う事の間でいかにバランスを取るかがカギとなります。択一ではなく，両者の最適なバランスを求めて見直しや調整を重ねることが必要です。そのためには金融だけでなく，財政政策の在り方を問うことも欠かせません。

今後も続く技術革新や様々な変革に際しては，それらを拒んで経済を内向きに閉じるのではなく，それらがもたらす負の影響下に置かれた主体がより良い環境へと移動するための手段を社会的・政策的に整備し，（往々にして偶然の産物である）立ち位置によって晴天と雨天の二極化が進み過ぎる前に，経済的な日照環境を整える知恵と工夫を凝らすことが重要です。

35）　Goldberg（2023）はグローバル化の急進を "hyper globalization" と形容し，それがもたらした利害がいかに不均等で立場次第で相反するものか，詳細な検証を行っています。

言うは易く行うは難しかもしれませんが，整合的な方向性を持った具体的な変化—例えば，転職など雇用流動性の向上による人材ミスマッチの解消，リスキリング（re-skilling）と学び直しの普及，同一労働同一賃金を念頭に置いた非正規雇用者の処遇改善，金融リテラシー向上に向けた金融教育の推進等—が日本社会で起きているのは良い兆候と言えるでしょう。

復 習 問 題

　11.1　ポジティヴ経済学，規範経済学とはそれぞれどのようなものか説明しなさい。

　11.2　「所得や資産における経済格差は効率性を追求した結果生じるものなので，格差の拡大はそのまま放置するのが最適・最善である。」このような見解の妥当性について，経済学的見地から議論しなさい。

　11.3　次の語彙について説明しなさい。

(1)　ブレグジット（Brexit）

(2)　デカップリング（decoupling）

第 12 章

為替レートの理論と現実：実証分析と為替レートをめぐるパズル

　為替レートを議論の中心に据えながら国際金融の役割や効果，そして国際金融をめぐる問題や政策の在り方についてここまで考察を続けてきたわけですが，各章を通じて積み上げてきた経済理論に基づく理解は複雑な現実の本質を捉えるのに有効な視点と枠組みを提供すべきものです。

　しかし，それと同時に現実のデータを観察することで為替レートの動きを実際に検証してみると，その結果とこれまで解説してきた理論によって示唆されるものとの間に相違が見られることもあります。これは経済学がこれまで積み上げ，体系化してきた国際金融や為替レートに関する理解が必ずしも完全なものではなく，未だ発展途上にあることを意味します。

　この最終章では，国際金融の研究者が為替レートの動きに関する理論的予見と実証分析結果を照合する中で浮かび上がってきた代表的な「パズル・不可思議」(puzzle) ついて紹介したいと思います。これらに触れることで，読者に国際金融や為替レートへの関心をより高めていただくことが本章の目的です。

○ *KEY WORDS* ○

フォワード・バイアス・アノマリー，
PPP パズル，ランダム・ウォーク・モデル，
変動と持続性，ディスコネクト（分離）・パズル

12.1　実証研究の役割と必要性

　国際金融論を含め，全ての経済学が分析の対象とし，理解しようと試みているのは，究極的には人間の行動であり（ミクロ経済分析），それが織り成す極めて複雑に入り組んだ社会の成り立ちです（マクロ経済分析）。それらを正確に捉えることができれば，限られた資源をどのように配分し利用すれば，より豊かで安定的な社会を実現できるかについての理解も深まるはずです。しかし，現実の世の中は非常に複雑です。そこにはいくつもの国が存在し，無数の家計や企業が絶え間なく経済活動を繰り広げています。文字通り無数の要因が重なり，様々な事態が展開します。従って現実の社会を詳細に亘るまで寸分違わず完全に理論化・体系化しようとするのは，事実上不可能と言ってよいでしょう。

　そこで経済学においては，(1)実際の社会を構成する上で特に重要な役割を果たしていると考えられるいくつかの要素（変数）を識別する，(2)それらがお互いにどのように関わり合っているかを理論化・モデル化する，(3)理論化されたものを現実のデータとつき合わせることでその整合性を検証する，という3つの作業を通じて複雑な社会の本質について理解を積み上げていこうとします。(1)と(2)の作業で構築されたものは(3)の作業で精査され，(3)の結果は(1)と(2)の作業にフィードバックされます（図 12.1 を参照してください）。

　モデルとはいくつかの重要な経済変数に焦点を合わせ，それらの関係を体系化することによって，複雑極まりない現実社会の本質を凝縮しようとするものです。但し，経済学がモデルに託しているのは，現実を寸分違わず完全に再生することではありません。複雑な現実を大胆に単純化しつつも，その本質をしっかりと掴み取って体系化し，そこから重要な示唆を導き出すことこそが目的です。そしてその積み重ねによって，複雑な人間の行動と社会の成り立ちについて理解を深めようというわけです。

　例えば，名目為替レート，生産量，物価水準，金利，貨幣供給量などはいずれもマクロ経済を考える上で特に重要な要素（いわゆるファンダメンタルズ）であると考えられます。そして，それらが互いにどのように関連し合っているのかを考え，現実のデータに照らし合わせて検証することによって，非常に複雑な現実の経済の本質を理解しようというのが（国際金融論を含めた）経済学のアプローチです。その意味においてはデータを収集・精査して，経済学理論の予見するも

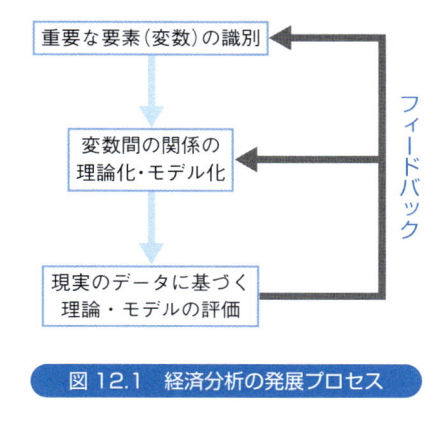

図12.1　経済分析の発展プロセス

のと現実との整合性を評価する作業は非常に重要です。このような検証は実証分析と呼ばれますが，それは上記の(3)の作業を担うことで経済理論の更なる発展に貢献するものです。

　考察対象となっている経済変数の間に，理論やモデルが示唆するような関係が存在するか否かを確かめるためには，信頼性の高いデータを多く集め，それらをできる限り効率的な統計・計量分析手法によって解析することが必要です。このため実証分析においては，どのような統計・計量分析手法を用いるかということ自体がしばしば大きな問題となります。本書においてはこのような分析手法の詳細についての議論や解説は省略しますが，計量経済学や統計学の教科書を参照して分析手法の問題についても触れるようにしてください。

12.2　利子平価に関するパズル：フォワード・ディスカウント・バイアス・アノマリー

　第5章で解説したカバーなし，カバー付の2つの利子平価を思い出しましょう。以下は（5.8）式と（5.13）式について直物レートと先渡レートを実証分析で用いる自然対数形で表記したものです。

$$R_{t,t+k} = R^*_{t,t+k} + (s^e_{t,t+k} - s_t) \tag{5.8}$$

$$R_{t,t+k} = R^*_{t,t+k} + (f_{t,t+k} - s_t) \tag{5.13}$$

上の両式が示すように，2つの利子平価条件は予想直物レート $s^e_{t,t+k}$ を用いるか，それとも先渡レート $f_{t,t+k}$ を用いるかという点においてのみ異なります。このため，もし両平価条件がともに成立するのであれば，$f_{t,t+k} = s^e_{t,t+k}$ となって，先渡レートは将来の予想直物レートに等しいはずです。しかし，実際に両者が等しいかどうか検証しようとする場合，先渡レートについては先渡市場における取引レートを見ればその値を知ることができますが，将来の予想為替レートは実際に観察することができないため，直接的なデータが存在しません[1]。このようなデータの制約の下で，先渡レートが将来の予想為替レートと等しいかどうかを検証するにはどうすればよいでしょうか。

経済主体は将来を確実に予見できるわけではありませんので，第 t 期に予想した第 $t+k$ 期の直物レート $s^e_{t,t+k}$ の値が実際に第 $t+k$ 期になって判明する直物レートの値 s_{t+k} と一致するとは限りません。両者の間には予測エラー分だけの差が生じますので，以下の関係が成立します。

$$s_{t+k} = s^e_{t,t+k} + \eta_{t+k} \tag{12.1}$$

ここで η_{t+k} は予測エラーです。実際に $f_{t,t+k} = s^e_{t,t+k}$ が成立するかどうか，つまり2つの利子平価がともに成立し，先渡レートが市場の予想直物レートを表すのかどうかを検証するには，直接 $s^e_{t,t+k}$ を観察できなくとも（12.1）式に基づいて $f_{t,t+k} + \eta_{t+k} = s_{t+k}$ なのかどうかを調べるという方法が考えられます。より具体的には

$$s_{t+k} - s_t = \alpha + \beta(f_{t,t+k} - s_t) + \eta_{t+k} \tag{12.2}$$

という式に現実に観察される s_{t+k}，s_t，$f_{t,t+k}$ の（自然対数値の）データを当てはめて，$\alpha = 0$ 且つ $\beta = 1$ という推計結果が得られるか，そして予測エラー η_{t+k} はどのような性格を持っているかを調べるという方法です[2]。

もし，カバーなしとカバー付の両利子平価が同時に成立しているのであれば，データからは $\alpha = 0$ 且つ $\beta = 1$ という結果が得られるはずです。また，経済主体が第 t 期において入手可能なあらゆる情報（他の経済変数の値など）を用いて第 $t+k$ 期の予測を立てているのであれば，予測エラー η_{t+k} は第 t 期におけるどのよ

---

1) 例外として，ケネス・フルートとジェフリー・フランケルは将来の予想直物レートに関する市場関係者へのアンケート調査結果を $s^e_{t,t+k}$ の観察データとして用いてフォワード・ディスカウント・バイアスの分析を行っています。詳しくは Froot and Frankel（1989）を参照してください。

2) （12.2）式において両辺から s_t を差し引かず $s_{t+k} = \alpha + \beta f_{t,t+k} + \eta_{t+k}$ とする方がより簡潔にはなりますが，この式にデータをそのまま当てはめようとすると，統計学上の問題が生じることが知られています。これは直物レートや先渡レートなど，名目為替レートのデータが非定常性と呼ばれる性質を持つために，そのままでは標準的な統計・計量分析の手法が有効でなくなることによります。このため（12.2）式のように自然対数の階差（つまり変化率）の形を用いることが一般的です。

うな経済変数とも全く関連性を持たないはずです。このように，その時点で入手可能な有効な情報を余すことなく利用して形成される将来の予測は，合理的期待による予測（rational expectations forecast）と呼ばれます。

　これまで数多くの研究者が様々な国や標本期間のデータを用いて，実際に（12.2）式の推定を試みました。しかし，実はその殆んどが $\beta = 1$ という仮説を棄却しています。それどころか，米ドルベースでの為替レートのデータを用いた検証結果では，β の推定値は 1 よりも -1 に近いというのが一般的な結果となっています[3]。この $\beta < 0$ という結果は，第 t 期における自国通貨のフォーワード・ディスカウント率（$f_{t,t+k} = s_t$）が，その後に実際に生じる直物レートの変化率（$s_{t+k} - s_t$）を誤って逆方向に予測していると解釈されることで，フォワード・ディスカウント・バイアス（forward discount bias）と呼ばれています。この結果が示唆するのは，先渡市場で自国通貨がディスカウントされるほど（外国通貨にプレミアムがつくほど），実際には自国通貨は増価するか，或いは減価の割合が小さくなるということです。ただ単に β が 1 に等しくないというだけでなく，負の値が推定されるという点，また限られた一部の研究に例外的に見られるのではなく，様々なデータに基づいて繰り返し行った検証からいわばコンセンサスとしてこの結果が浮かび上がってきた点は正しく不可思議であることから，この問題はフォワード・ディスカウント・バイアス・アノマリー（forward discount bias anomaly）と呼ばれています。

　また，予測エラー η_{t+k} の第 t 期に観察される経済変数との独立性についても，否定的な実証結果が多く報告されています。これは予測が形成される第 t 期において経済主体が知ることのできる情報と，第 $t+k$ 期の為替予測をする際に経済主体が犯す予測エラーの間に関連性が存在することを意味します。つまり，入手可能な情報をより有効に活用すれば予測エラーを小さくすることができるにもかかわらず，経済主体はそのような情報を余すことなく利用することを怠っているということになります。このような結果は，経済主体が完全に合理的期待に基づいて行動するという仮定に疑問を残すものです。ただし，これらの結果はその殆ど全てが先進国通貨のデータから得られたものであり，先渡取引が発達していなかった新興国などの通貨は対象外でした。最近になって発表された新興国通貨を使った研究では，上述のアノマリーは完全には解消されないものの，これまでの先進国通貨に比べてバイアスの度合いは低いという結果も報告されています[4]。

3）　詳しくは Froot and Thaler（1990）を参照してください。

4）　詳しくは Frankel and Poonawala（2010）や Gilmore and Hayashi（2011）を参照してください。

12.3　実質為替レートに関するパズル：PPPパズル

○　実質為替レートの激しい変動

第6章第2節で解説した購買力平価については，輸送費用や関税の存在，あるいは消費バスケットの違いなどの様々な問題から，実際には絶対購買力平価としては成立しにくいという議論は既に行いました。しかし，取引コストを超える価格差について生産物市場の裁定取引が機能すれば，相対購買力平価については成立すべきものと考えられます。具体的には以下の（6.11）式を思い出してください。

$$s_t + p_t^* - p_t = \kappa \tag{6.11}$$

実質為替レートは $z_t = s_t + p_t^* - p_t$ と定義されますので，相対購買力平価が成立すれば理論的には実質為替レートは一定のはずです。もちろん現実の経済においては様々なショックが発生しますので，実質為替レートも常に同じ水準にあるというよりも，その時々で発生するショックによって多少上下すると考えるのが妥当でしょう。この考えに従うと現実的には，実質為替レートは次の（12.3）式のように表されると考えられます。

$$z_t = s_t + p_t^* - p_t = \kappa + \nu_t \tag{12.3}$$

ここで ν_t は相対購買力平価からの乖離を示す実質為替レートの攪乱項（ショック）です。

円ドル間の名目・実質為替レートを描いた第9章の図9.1を再度参照してください。第9章第1節で解説したとおり，ブレトン・ウッズ体制が崩壊すると先進主要各国は変動相場制度へと移行しました。変動相場制度に移行すると当然ながら名目為替レートは外国為替市場の需給状況に応じて自由に変動するようになります。グラフからもブレトン・ウッズ体制の終焉以降は名目為替レートが頻繁に，そして時として大きく変動するようになったことが見て取れます。しかし，相対購買力平価が概ね成立していれば，実質為替レートは名目為替レートと異なり安定しているはずです。固定相場制度であれ変動相場制度であれ，同一通貨単位での生産物の価格差が大きくなれば裁定取引が生じます。このため変動相場制度へ移行することで，名目為替レートが変動しはじめても，実質為替レートの動

きは特に変化しないと理論的には予想されます。

しかし，現実には<u>図9.1</u>のグラフが示すように，変動相場制度への移行によって名目為替レートだけが激しく動くようになったのではなく，実質為替レートまでもが同じように大きく変動するようになりました。この事実は（12.3）式における ν_t の性質が変わってしまったことを示唆します[5]。このような実質為替レートの頻繁で激しい変動は，固定相場制度下では見られなかったものですので，その原因となっているのは名目為替レートへのショックであると考えるのが妥当です。

○ 購買力平価からの乖離の持続性

裁定取引が機能すれば，相対購買力平価からの乖離 ν_t が発生しても，時間の経過とともにその影響が解消され，いずれ平価は回復すると考えられます。しかも，上述のようにショックの大半が伸縮的に調整する名目為替レートに起因するのであれば，ショックに対する調整と平価条件の回復も速やかに完了すると考えられます。このため相対購買力平価からの乖離が長期に亘って持続するとは考えられません。

時間の経過に伴う相対購買力平価からの乖離の調整を簡単なモデルにすると，

$$\nu_t = \beta\nu_{t-1} + \varepsilon_t \quad 且つ \quad 0 \leq \beta < 1 \tag{12.4}$$

と表すことができます。（12.4）式の β の値が0に近いほど，相対購買力平価からの乖離は速やかに解消され，反対にその値が1に近づくほど乖離は長く残存します。例えば $\beta = 0.5$ ならば，今期生じた平価からの乖離は来期までには半減することを（12.4）式は意味します。一方で，もし $\beta = 1$ であれば一旦生じたショックの影響は永遠に消えることが無く，相対購買力平価からの乖離も永続します。言い換えれば時間の経過をもってしても（つまり長期においても），相対購買力平価を成立させるような調整は全く起こらないということです。

（12.4）式において $\beta = 1$ のとき，両辺に κ を加えて（12.3）式を用いることで，実質為替レートの動きを以下のように表すことができます。

$$z_t = z_{t-1} + \varepsilon_t \tag{12.5}$$

この場合，実質為替レートの動きはランダムウォーク（random walk）に従うと言われます。（12.5）式はランダムに生じるショック ε_t だけが実質為替レートの

5）　第9章第1節でも触れましたが，この点を最初に指摘したのはマイケル・ムッサです。詳しくはMussa（1986）を参照してください。

動きを決定し，時間の経過を待っても実質為替レートはランダムに動くばかりで，例えば相対購買力平価が示唆するような一定の水準への収束傾向を持たないということを意味します。

これまで非常に多くの研究者が，ブレトン・ウッズ体制崩壊後の変動相場制度におけるデータを用いて実質為替レートの動きを検証してきましたが，（$\beta < 1$に対して）$\beta = 1$を統計的に棄却（否定）することは思いのほか困難なことでした。1990年代に入るまでは$\beta = 1$，つまり相対購買力平価からの乖離は恒久的なもので，時間の経過を待っても平価条件は成立しないという仮説は棄却できないというのが実証結果の大勢でした。このような結果をそのまま解釈すれば，財の国際的な価格差がどれだけ大きくなってもそれを裁定する動きが生じることはなく，各国の物価差は際限なく広がるという，経済学理論とは全く相容れない結論にたどり着きます。

しかし，1990年代に入ってからは実証分析における計量・統計分析手法の改良や発展，また変動相場制度下のデータの標本期間の延長などにより，$\beta = 1$を統計的に棄却し，相対購買力平価からの乖離は一時的なものであるとする実証結果が報告されるようになりました。但し，その場合でもβは1よりも小さいが，1に非常に近いという結論が多くの研究結果に共通しています。つまり実質為替レートのショックは時間とともに解消されるものの，その解消速度は極めて遅いということが繰り返し指摘されたのです。具体的にはショックによる相対購買力平価からの乖離が半減するのに要する時間は3〜5年というのが，多くの研究結果から浮かび上がったコンセンサスです。何らかの経済的撹乱によって相対購買力平価からの乖離が生じた場合に，生産物市場における裁定取引がそれを解消すること（つまり$\beta < 1$）が判明したのは大きな前進です。しかしながら，乖離を半分解消するだけでも3〜5年もかかるというのは少々時間がかかりすぎていると言わざるを得ません。それ程長い時間がかかるのであれば，その乖離を引き起こしたのは名目為替レートや金利など，即座に調整可能な変数に対して生じた撹乱ではないと考えられます。しかし，この結論は上述の実質為替レートの激しい変動についての議論から得られた結論と相容れません。

◯ PPPパズル

以上からブレトン・ウッズ体制崩壊後の変動相場制度下における実質為替レートの動きの特徴は，(1)頻繁に生じるショックによる非常に激しい変動（volatility），と(2)ショックの影響の持続性（persistence）の2つにあると言えます。しかし(1)と(2)が示唆するのは相反する事柄です。(1)は実質為替レートを激しく動かしているのは名目為替レート，あるいはそれに関連した名目的な変数へのショックであることを示唆します。名目為替レート等は即座に調整されますので，頻繁にショックが生じてもその影響はすぐに解消されると考えられます。ところが(2)は実質為替レートへのショックの影響が解消される速度は非常に遅く，そのことからもショックは名目為替レートなど即座に調整可能な変数に対して起こっているものではないということを示唆しています。ケネス・ロゴフはこの相反を指摘し，PPP パズル（purchasing power parity puzzle）と命名しています[6]。

コラム **相対購買力平価からの乖離はどのくらい続くか：
円ドル実質為替レートの例**

　日米間では相対購買力平価からの乖離はどの程度持続すると考えられるでしょうか。この点について，実際にデータを用いて検証してみましょう。まず，考察の対象を変動相場制度の期間に限定して IMF のデータサイト（https://www.imf.org/en/Data）から 1974～2023 年の円ドル名目為替レートと日米の消費者物価指数のデータを入手します。月次，四半期，年次と異なる観察頻度の3種類データが入手可能なので，その全てを使用します。

　名目為替レートと消費者物価指数のデータから，実質為替レートの自然対数値の系列を $z_t = s_t + p_t^* - p_t$（各変数とも自然対数値）として作成します。第6章で議論したように，円ドル実質為替レートは長期的にある一定の水準に留まるのではなく，トレンドを持ちます。そして図 6.1 と図 6.2 が示すように，そのトレンドは 1995 年あたりを境にその前後で異なるように見えます。このため，予め実質為替レートから線形トレンドを除去した上で次の式を推定します（より客観的にトレンド変化のタイミングを判断するには，構造変化テストと呼ばれる統計手法を用いることもできます*）。

$$z_t = \alpha + \beta z_{t-1} + \varepsilon_t$$

　得られた β の推定値を用いて，相対購買力平価からの乖離がどれくらい持続するのかを考えてみましょう。実質為替レートの動きが（12.4）式に従えば，今期に $\varepsilon = 1$ のショックが生じて相対購買力平価からの乖離が発生すると，そのうち1

6）　PPP パズルの詳細については Rogoff（1996）を参照してください。ショックの影響の持続性を決定する重要な要因の一つとして市場構造が考えられます。例えば，Cheung, Chinn, and Fujii（2001）は産業別データを用いて実質為替レートをセクター別に分解した分析を行い，供給側が価格設定力を持つ不完全競争の市場構造を持つセクターほどショックの影響は長く続くと指摘しています。

×β だけが来期まで持続することになります。従って，当初生じた乖離の大きさが半分になるまでに x 期間を要するならば，$\beta^x = 0.5$ という関係が成立します。この x 期間を時間の単位，つまり何年何ヵ月という単位に変換したものは半減期（half life）と呼ばれ，相対購買力平価からの乖離の持続性を測定する指標としてしばしば用いられます。

　自然対数を用いることで $\beta^x = 0.5$ は $x = \dfrac{ln0.5}{ln\beta}$ と変換できますので，推定した β の値を代入すれば x の推定値も算出できます。その際，x の推定値は各データの観察頻度を単位としますので，例えば月次の 34.31 とは 34.31 ヵ月，つまり約 2 年 10 ヵ月を意味します。

　表 1 は敢えて全期間に共通のトレンド，つまり 1995 年の前後で実質為替レートの動きに違いはないという制約を課した推定結果です。この場合，いずれの観察頻度のデータを用いてもショックの半減期は著しく長く，ショックの影響が半分消えるのに約 6〜9 年を要するという，どう考えても妥当性を欠く結果となります。これに対して表 2 と表 3 は，1995 年までとそれ以後とでは実質為替レートの動きは異なるという仮定の下に，サンプル期間を 2 つに分けて各期間独自の

表 1　1974-2022 年

データの観察頻度	β の推定値	x の推定値	ショックの半減期
月次	0.993	98.67	約 8 年 3 ヵ月
四半期	0.981	36.13	約 9 年
年次	0.890	5.95	約 5 年 11 ヵ月

表 2　1974-1995 年

データの観察頻度	β の推定値	x の推定値	ショックの半減期
月次	0.980	34.31	約 2 年 10 ヵ月
四半期	0.931	9.69	約 2 年 5 ヵ月
年次	0.708	2.00	約 2 年

表 3　1996-2022 年

データの観察頻度	β の推定値	x の推定値	ショックの半減期
月次	0.981	36.13	約 3 年
四半期	0.947	12.72	約 3 年 2 ヵ月
年次	0.626	1.47	約 1 年 6 ヵ月

トレンドを許容した推定結果です。この場合，半減期は一気に1年半から3年程度に短縮します。

　これらの結果は，やはり1995年頃までとそれ以降とで円ドル実質為替レートのダイナミックスが異なっていることを示唆しています。1970年代から1980年代にかけての躍進とは対照的に，1990年代初頭にバブルが崩壊するとそこから日本経済は長期停滞に陥り，生産性の低迷が深刻化します。これによってもはや日米間には第6章で学んだバラッサ・サミュエルソン効果が見られなくなったという解釈が成り立つでしょう。この効果の消滅はバラッサ・サミュエルソン理論の反証ではなく，理論と整合的な実証的証拠であることに注意してください。

　より根本的な疑問として，表にある0.98や0.95というβの推定値はそのまま1よりも小さな数値として解釈してよいのか，それとも統計学的には事実上1に等しいと判断されるものかという問題があります。0.98や0.95という具体の値はあくまで標本に基づく推定値に過ぎず，そこには必ず統計的誤差が含まれます。β＝1の仮説検定は単位根検定（unit root test）と呼ばれますが，この検定によって統計学的にβ＝1という仮説を棄却できなければ，相対購買力平価からの乖離が永続することが示唆されます。つまり，実質為替レートに生じたショックの影響は永久に消えることがないということです。このように一度生じたショックの影響が永続する変数は非定常的変数（non-stationary variables）と呼ばれます。

　因みにディッキー・フラー検定（the augmented Dickey-Fuller test）と呼ばれる単位根検定と，ディッキー・フラーGLS検定（the ADF-GLS test）と呼ばれるテスト・パワーの高い，効率的な単位根検定の2種類を用いて筆者が実際に検定を行ったところ，1996-2022年の四半期と年次データについてディッキー・フラーGLS検定によって統計学的にβ＝1という仮説を棄却できました**。従ってこの期間の円ドル実質為替レートは定常的（stationary）であり，ショックによる乖離が一時的に発生しても時間の経過とともに解消されるという意味において，（トレンドを許容した）相対購買力平価が成立していると言えます。1974-1995年についてはいずれの検定，データ観察頻度を用いても帰無仮説の棄却はできませんでした。

＊　構造変化テストについてはAndrews（1993），Bai（1997），Bai and Perron（1998）を参照してください。

＊＊　効率的な単位根検定についてはElliot, Rothenberg, and Stock（1996）を参照してください。

12.4　名目為替レートに関するパズル：ディスコネクト（分離）パズル

　各章の議論を通じて，名目為替レートが理論的には他のいくつかの重要な経済変数，つまりファンダメンタルズと密接に関わっていることが分かりました。例えば利子平価では金利との関係が，購買力平価では物価との関係が強調されました。また，金利や物価にはマネーサプライや生産量が関わっていることも既に解説したとおりです。これらの関係を用いれば，例えば第6章第3節で解説したマネタリー・モデルに代表されるファンダメンタルズに基づいた為替レート決定のモデルを構築することができます。ファンダメンタルズに基づいたモデルには様々なバリエーションがありますが，いずれも金利，生産量，物価やマネーサプライといった経済の基礎的条件との関係によって名目為替レートの動きを説明するものです。

　そのような名目為替レートの構造モデルを評価するために，リチャード・メーシー（Richard Meese）とケネス・ロゴフは1983年に公刊された有名な研究論文の中で以下の式を推定しています。

$$s_t = a + \beta_1(m_t - m_t^*) + \beta_2(y_t - y_t^*) + \beta_3(r_t - r_t^*)$$
$$+ \beta_4(\pi_t^e - \pi_t^{e*}) + \beta_5 TB_t + \beta_6 TB_t^* + u_t \qquad (12.6)$$

π^eとπ^{e*}はそれぞれ自国と外国の予想インフレーション率，TBとTB^*はそれぞれ自国と外国の貿易収支を指します。係数β_1，β_2，$\cdots$，β_6に異なる仮定をおくことで（12.6）式はいくつかの異なる為替レートの構造モデルに等しくなります。例えば$\beta_1 = 1$，$\beta_2 < 0$，$\beta_3 > 0$且つ$\beta_4 = \beta_5 = \beta_6 = 0$であれば（12.6）式は第6章第3節で解説した伸縮価格のマネタリー・モデルに等しくなります。また，$\beta_1 = 1$，$\beta_2 < 0$，$\beta_3 < 0$，$\beta_4 > 0$且つ$\beta_5 = \beta_6 = 0$であれば硬直価格のマネタリー・モデルに等しくなります。

　これに対して，経済のファンダメンタルズを全く考慮しないモデルとして，前節で取り上げたランダム・ウォーク・モデルで名目為替レートを表すと以下のようになります。

$$s_t = s_{t-1} + u_t \qquad (12.7)$$

ここでu_tは第t期に発生するショック（攪乱）を指します。（12.7）式のランダム・ウォーク・モデルによると，来期の名目為替レートの最良の予測は今期の名

目為替レートであり，両者に違いが生じるとすればそれは全てショックだということになります。このモデルは来期のレートは今期のレートに，今期のレートは先期のレートに依存するというだけで，何が名目為替レートを決定するのかについては何も示唆しません。従ってそこには解釈可能な経済学の理論的な意味合いも全くありません。このモデルはいわば経済学理論を全く解せぬ者が来期の名目為替レートを予測するモデルのようなもので，しばしばナイーヴ（naïve）なモデルとも形容されます。

　メーシーとロゴフの論文は，1〜12ヵ月程度の短期的な将来における名目為替レートの値を予想する場合，ナイーヴなランダム・ウォーク・モデルのパフォーマンスが，ファンダメンタルズに基づいた様々な理論モデルのそれを上回るという非常にショッキングな実証結果をもって多くの国際経済・金融学者を驚かせました[7]。つまり，短期の為替予測については経済のファンダメンタルズに基づいた理論モデルは殆んど役に立っていないばかりか，むしろ経済理論を全く理解せずにただナイーヴな予測をするランダム・ウォーク・モデルの方がましだという，経済学者にとっては屈辱的とも言える結果が突きつけられたわけです。

　その後も多くの研究者がこの問題を取り上げましたが，短期的な為替予測に関しては経済学理論に基づくモデルがナイーヴなランダム・ウォーク・モデルを打ち負かすのは，思いのほか困難であることが繰り返し報告されてきました[8]。また，これに加えて（12.6）式に代表される名目為替レートの理論モデルに現実のデータを当てはめると，各係数（β_1，β_2，…，β_6）の符号が理論の予想に反したり，全体としてモデルと現実のデータの当てはまり悪かったりすることもしばしば指摘されています。

　これらの実証結果を総合すると，短期的には名目為替レートは，まるで他の重要な経済変数とは何の関わりも持たず，独自に変動しているように見えるという問題が浮かび上がってきます。このような問題は名目為替レートとファンダメンタルズのディスコネクト（分離）パズル（exchange rate disconnect puzzle）と呼ばれています[9]。

　但し，分離パズルの存在は中長期的な為替の動きを説明する上での経済のファ

7）　Meese and Rogoff（1983）を参照してください。

8）　例えば，Flood and Rose（1995），Faust, Rogers, and Wright（2002），Rapach and Wohar（2002），Cheung, Chinn, and Pascual（2005）を参照してください。

9）　ファンダメンタルズに基づく名目為替レートの予想が困難であることをもって，両者が分離していると結論付けることに疑問を呈する研究者もいます。Engel and West（2005）は資産の現在価値モデルを用いて，現在の名目為替レートは将来のファンダメンタルズに関する情報を反映しており，その意味において両者は分離しているわけではないと指摘しています。

ンダメンタルズの役割や，それに基づく為替レートの決定モデルの妥当性を否定するものではありません。1年を超える中長期的な動きについては，経済のファンダメンタルズに基づく理論モデルは，為替レートの動きを説明・理解するのに有効な枠組みであり，それに基づく予測のパフォーマンスも相対的に向上します[10]。従って残る疑問は，短期における名目為替レートの激しい動きは何に起因するのかというものです。この問題については引き続き多くの研究が行われており，例えば通貨売買の注文の出し方や流れ方に着目した外国為替市場のミクロ構造の解明や，取引時間中に届く経済指標の発表や経済ニュースへの市場参加者の反応を詳細に分析する研究などが行われています[11]。

12.5　国際金融の理論と現実：最後に

　本章では国際金融に関する実証研究の中で浮かび上がった，代表的なパズルをいくつか紹介してきました[12]。これらはいずれも経済学理論が示唆するものと，実証分析結果が描き出す現実の間に，容易には説明できない相違や乖離が存在することを示しています。そこから学び取るべきものは何でしょうか。

　まず，本章の第1節で触れたように，経済学理論は既に完成されたものではなく，実証分析結果からのフィードバックも踏まえながら，絶えず改良を施していくべきものであるという点を思い起こしましょう。経済学理論を持って私たちが理解しようと努めているのは，極めて複雑な現実の世界です。それを理論化するのは非常に困難な作業であり，弛まざる努力によって少しずつ理解を積み上げていくしかありません。このため，現存する経済理論が現実世界を完全に捉え切れていないのはむしろ当然であり，いかに現存の理論モデルを改良していくかを考えることが大切です。

---

10)　例えば Chinn and Meese（1995），Mark（1995），Mark and Sul（2001），Flood and Taylor（1996），Groen（2000）及び Kilian and Taylor（2003）を参照してください。

11)　外国為替市場のミクロ構造（microstructure）研究の成果については，例えば Lyons（2001）を，経済指標の発表や経済ニュースへの市場参加者のリアルタイムの反応の分析については，Anderson, Bollerslve, Diebold, and Vega（2003）を参照してください。

12)　ここで紹介したもの以外にも，国際金融論や開放マクロ経済学における重要なパズルとされるものがいくつか存在します。これらについては Obstfeld and Rogoff（2000）を参照してください。また，伊藤（2005）及び Ito（2005）は為替レートのパズルに触れながら，円の為替相場に関する研究を展望しています。

次に，理論的予測と実証結果が異なることだけを持って，経済理論や理論モデルを誤った無価値なものと短絡的に結論付けることは大変危険であるという認識が必要です。経済理論が完璧でないのと同様に，実証分析において用いる様々な手法に関する私たちの理解も決して完全ではありません。ちょうど上述の PPP パズルにおいて，1990 年代以降に新しい分析手法が開発されたり，より多くのデータが入手できるようになると，実証分析結果やそこから引き出される結論が大きく変わったように，実証分析自体も常に発展途上にあることを認識しておかなければなりません。

　また，第 1 節で述べたように，理論モデルの役割は必ずしも現実を寸分違わず完全に再生することではありません。現実世界の本質をある側面から効果的に捉えるためには，別の側面については大胆に簡略化することも場合によっては必要です。だからと言って，そこから重要な示唆を一切導き出すことができないわけではありません。理論モデルの長所と短所をよく考えた上で，何をどのように分析したいのか，そしてその目的にはどのようなモデルがより適しているかという視点を持つことが必要です。

　そして何よりも重要なのは国際金融論，或いはより広く経済学全般が，未だ発展途上にある未完の学問であるという事実です。本書では長い年月に亘って積み上げられてきた国際金融に関する理解や視点，そして基本的な分析の枠組みを抜粋して紹介してきました。それらによって必ずしも国際金融の全てが解き明かされてはいないことは，本章で紹介したパズルからも明らかです。しかし，それと同時に本書の議論や解説は，国際金融や開放経済についての読者の理解を深め，更なる考察や分析の土台を提供するものであると信じます。

　いずれにせよ，国際金融や開放経済に関する全ての事柄がすでに解明されてしまっていたなら，国際金融論や経済学は最早発展性の無い魅力に欠ける学問となってしまいます。本章で紹介したようなパズルをきっかけとして，皆さんが少しでも国際金融論に興味を抱き，その学問的探求に参加してくださることを期待して本書の結びとします。

復 習 問 題

12.1　経済分析における実証研究の役割について説明しなさい。

12.2　ブレトン・ウッズ体制崩壊後の先進諸国の実質為替レートの動きの特徴について説明しなさい。ロゴフはなぜそのような動きを「パズル」であると言うのか。

12.3　「メーシーとロゴフの研究結果に基づくと，名目為替レートの動きについて

考えるにあたって経済理論は全く何の役にも立たない。むしろ経済理論を全て捨てて
ナイーヴなランダム・ウォーク・モデルを信じた方が名目為替レートについて正しい
理解が得られる」この主張の妥当性について議論しなさい。

文 献 案 内

■国際金融論（及び国際マクロ経済学）全般について

　国際金融論（及び国際マクロ経済学）について更に詳しく学びたい方には参考文献として以下の [1] を推奨します。欧米の大学で使われる標準的な教科書であり，旧版の日本語翻訳本が出版されています。新書版の [2] はコンパクトながら歴史や制度も含めた解説が充実しており，補完的な副読本として本書と併用すると効果的でしょう。大学院レベル（*付）で本格的に国際金融論を学びたい方には [3] が最適です。同じく大学院レベルの [4] は実証分析の手法についての解説が充実しています。

[1]　　Paul R. Krugman, Maurice Obstfeld, and Marc J. Melitz. 2022. *International Economics: Theory and Policy* 12th edition.（Pearson）.

　　　P. R. クルーグマン，M. オブズフェルド，M. J. メリッツ著　山形浩生・守岡桜訳（2017）『クルーグマンの国際経済学　理論と政策　原著第10版　下　金融編』丸善出版（第10版の翻訳で国際経済学のうち国際金融・マクロ経済学該当部分だけを収録）

[2]　　岩田規久男（2009）『国際金融入門 新版』岩波新書

[3]*　　Maurice Obstfeld and Kenneth S. Rogoff. 1996. *Foundations of International Macroeconomics*.（MIT Press）.

[4]*　　Nelson C. Mark. 2001. *International Macroeconomics and Finance: Theory and Econometric Methods*.（Blackwell Publishers）.

■為替レートの分析

　少し焦点を絞って為替レートの分析について詳しく学びたい方には以下を推奨します。[5] は日本語訳本が出版されています。[6] ～ [9] は大学院レベルの教科書及び参考書です。

[5]　　Peter Isard. 1995. *Exchange Rate Economics*（Cambridge Surveys of Economic Literature）.（Cambridge University Press）.

　　　ピーター・アイザルド著　須齋正幸，高屋定美，秋山優訳（2001）『為替レートの経済学』東洋経済新報社

[6]*　　Lucio Sarno and Mark P. Taylor. 2002. *The Economics of Exchange Rates*.（Cambridge University Press）.

[7]* Gene Grossman and Kenneth Rogoff（eds.）1995. *Handbook of International Economics* Volume 3, Chapters 32 and 33（North-Holland）.

[8]* Gita Gopinath, Elhanan Helpman, and Kenneth Rogoff（eds.）2014. *Handbooks of International Economics* Volume 4, Chapters 7〜12（North-Holland）.

[9]* Jessica James, Ian W. Marsh, and Lucio Sarno（eds.）2012. *Handbook of Exchange Rates*（Wiley）.

以下はその他のテーマ別参考文献です。

■貨　幣

[10] Ferguson, Niall. 2008. *The Ascent of Money: A Financial History of the World.*（Penguin Books）.

　　ニーアル・ファーガソン著　仙名紀訳（2009）『マネーの進化史』早川書房

■国際収支

[11] 日本銀行国際収支統計研究会（2000）『入門 国際収支——統計の見方・使い方と実践的活用法』東洋経済新報社

■中央銀行・日本銀行

[12] 日本銀行金融研究所編（2011）『日本銀行の機能と業務』有斐閣

■外国為替市場

[13] 国際通貨研究所編（2018）『外国為替の知識　第4版』日経BPマーケティング（日本経済新聞出版）

■金融危機，バブル，投資家心理等

[14] Akerlof, George A. and Robert J. Shiller. 2009. *Animal Spirits: How Human Psychology Drives the Economy, and Why it Matters for Global Capitalism.* Princeton, New Jersey: Princeton University Press.

　　ジョージ・A・アカロフ，ロバート・シラー著　山形浩生訳（2009）『アニマルスピリット：人間の心理がマクロ経済を動かす』東洋経済新報社

[15] Galbraith, John Kenneth. 1994. *A Short History of Financial Euphoria.*（Penguin business）.

　　ジョン・K・ガルブレイス著　鈴木哲太郎訳（2008）『バブルの物語　人々はなぜ「熱狂」を繰り返すのか』ダイヤモンド社

[16]　Kindleberger, Charles P. and Rober Z. Aliber. 2015. *Manias, Panics and Crashes: A History of Financial Crises*, 7th edition. Palgrave Macmillan.

　　C. P. キンドルバーガー，R. Z. アリバー著　高遠裕子訳（2014）『熱狂，恐慌，崩壊──金融恐慌の歴史』日本経済新聞出版社

[17]　Mian, Atif and Amir Sufi. 2014. *Houe of Debt: How They (and You) Caused the Great Recession, and How We Can Prevent It from Happening Again.*（The University of Chicago Press）.

[18]　Rajan, Raghuram G. 2011. *Fault Lines: How Hidden Fractures Still Threaten the World Economy.*（Princeton University Press）.

　　ラグラム・ラジャン著　伏見威蕃・月沢李歌子訳（2011）『フォールト・ラインズ──「大断層」が金融危機を再び招く』新潮社

[19]　Reinhart, Carmen M. and Kenneth S. Rogoff. 2009. *This Time is Different: Eight Centuries of Financial Folly.* Princeton, New Jersey: Princeton University Press.

　　カーメン・M・ラインハート，ケネス・S・ロゴフ著　村井章子訳（2011）『国家は破綻する──金融危機の 800 年』日経 BP 社

■為替レートをめぐるパズル

[20]　伊藤隆敏（2005）「為替レート変動の分析──パズルの解決にむけて」岩本康志，橘木俊詔，二神孝一，松井彰彦編『現代経済学の潮流 2005』東洋経済新報社

[21]*　Obstfeld, Maurice and Kenneth Rogoff. 2000. "Six Major Puzzles in International Macroeconomics: Is There a Common Cause?" *NBER Macroeconomics Annual 2000.*（MIT Press）.

■格　差

[22]　Atkinson, Anthony B. 2015. *Inequality: What Can Be Done?*（Harvard University Press）.

　　アンソニー・B・アトキンソン著　山形浩生・森本正史訳（2015）『21 世紀の不平等』東洋経済新報社

[23]　Blanchard, Olivier and Dani Rodrik（eds.）2021. *Combating Inequality: Rethinking Government's Role.*（MIT Press）.

　　オリヴィエ・ブランシャール，ダニ・ロドリック編　月谷真紀訳，吉原直毅解説（2022）『格差と闘え──政府の役割を再検討する』慶應義塾大学出版会

参 考 文 献

アンソニー・B・アトキンソン著　山形浩生・森本正史訳（2015）『21世紀の不平等』
　　東洋経済新報社。

石田浩，三輪哲（2009）「階層移動から見た日本社会——長期的趨勢と国際比較」社
　　会学評論　59巻：648-662.

伊藤隆敏（2005）「為替レート変動の分析——パズルの解決にむけて」　岩本康志・橘
　　木俊詔・二神孝一・松井彰彦　編『現代経済学の潮流2005』東洋経済新報社。

オリヴィエ・ブランシャール，ダニ・ロドリック編　月谷真紀訳，吉原直毅解説
　　（2022）『格差と闘え——政府の役割を再検討する』慶應義塾大学出版会。

カーメン・Mラインハート，ケネス・S・ロゴフ著　村井章子訳（2011）『国家は破
　　綻する——金融危機の800年』日経BP社。

ジョージ・A・アカロフ，ロバート・シラー著　山形浩生訳（2009）『アニマルスピ
　　リット——人間の心理がマクロ経済を動かす』東洋経済新報社。

ジョン・メイナード・ケインズ著　間宮陽介訳（2008）『雇用，利子および貨幣の一
　　般理論』岩波文庫（東洋経済新報社，講談社学術文庫，日経BPクラシックスに
　　も他訳あり）。

デヴィッド・グレーバー著　酒井隆史監訳，高祖岩三郎・佐々木夏子訳（2016）『負
　　債論——貨幣と暴力の5000年』以文社。

トマ・ピケティ著　山形浩生・守岡桜・森本正史訳（2014）『21世紀の資本論』みす
　　ず書房。

ニーアル・ファーガソン著　仙名紀訳（2009）『マネーの進化史』早川書房。

バスティアン・オーバーマイヤー，フレデリック・オーバーマイヤー著　姫田多佳子
　　訳（2016）『パナマ文書』KADOKAWA。

バリー・アイケングリーン，アスマー・エル＝ガナイニー，ルイ・エステベス，クリ
　　ス・ジェイムズ・ミッチェナー著　岡崎哲二監訳，月谷真紀訳（2023）『国家の
　　債務を擁護する——公的債務の歴史』日本経済新聞出版。

フリードリッヒ・ハイエク著　村井章子訳（2020）『貨幣発行自由化論　改訂版——
　　競争通貨の理論と実行に関する分析』日経BPクラシックス。

ラグラム・ラジャン著　伏見威蕃・月沢李歌子訳（2011）『フォールト・ラインズ
　　——「大断層」が金融危機を再び招く』新潮社。

レイ・ダリオ著　伴百江訳（2022）『巨大債務危機を理解する』日本経済新聞出版。

Abramitzky, Ran and Leah Boustan. 2017. Immigration in American Economic History. *Journal of Economic Literature* 55: 1311–45.

Akerlof, George A. and Robert J. Shiller. 2009. *Animal Spirits: How Human Psychology Drives the Economy, and Why it Matters for Global Capitalism*. Princeton, New Jersey: Princeton University Press.

Anderson, Torben G., Tim Bollerslev, Francis X. Diebold, and Clara Vega. 2003. Micro Effects of Macro Announcements: Real-Time Price Discovery in Foreign Exchange. *American Economic Review* 93: 38–62.

Andrews, Donald W. K. 1993. Tests for Parameter Instability and Structural Change with Unknown Change Point. *Econometrica* 61: 821–856.

Atkinson, Anthony B. 2015. *Inequality: What Can Be Done?* (Harvard University Press).

Bai, Jushan. 1997. Estimation of a Change Point in Multiple Regression Models. *Review of Economics and Statistics* 79: 551–563.

Bai, Jushan and Pierre Perron. 1998. Estimating and Testing Linear Models with Multiple Structural Changes. *Econometrica* 66: 47–78.

Balassa, Bela. 1964. The Purchasing Power Parity Doctrine: A Reappraisal. *Journal of Political Economy* 72: 584–596.

Berg, Andrew, Jonathan D. Ostry, Charalambos G. Tsangarides, and Yorbol Yakhshilikov. 2018. Redistribution, inequality, and growth: new evidence. *Journal of Economic Growth* 23: 259–305.

Bernanke, Ben S. 2005. The Global Saving Glut and the U.S. Current Account Deficit. Homer Jones Lecture, St. Louis, Missouri. http://www.federalreserve.gov/boarddocs/speeches/2005/200503102/default.htm

Blanchard, Olivier and Dani Rodrik (eds.) 2021. *Combating Inequality: Rethinking Government's Role*. (MIT Press).

Caballero, Ricardo J. and Arvind Krishnamurthy. 2001. International and Domestic Collateral Constraints in a Model of Emerging Market Crises. *Journal of Monetary Economics* 48: 513–48.

Chang, Roberto and Andres Velasco. 2001. A Model of Financial Crises in Emerging Markets. *Quarterly Journal of Economics* 116: 489–517.

Chetty, Raj, Nathaniel Hendren, Patrick Kline, Emmanuel Saez, and Nicholas Turner. 2014. Is the United States Still a Land of Opportunity? Recent Trends in Intergenerational Mobility. *American Economic Review* 104: 141–47.

Chetty, Raj, Daivd Grusky, Maximilian Hell, Nathaniel Hendren, Robert Manduca, and Jimmy Narang. 2017. The Fading American Dream: Trends in Absolute Income Mobility since 1940. *Science* 356（6336）: 398-406.

Cheung, Yin-Wong, Menzie Chinn, and Eiji Fujii. 2001. Market Structure and the Persistence of Sectoral Real Exchange Rates. *International Journal of Finance & Economics* 6: 95-114.

Cheung, Yin-Wong, Menzie Chinn, and Eiji Fujii. 2007. The Overvaluation of Renminbi Undervaluation. *Journal of International Money and Finance* 26: 762-785.

Cheung, Yin-Wong, Menzie Chinn, and Antonio Garcia Pascual. 2005. Empirical Exchange Rate Model of the 1990's: Are Any Fit to Survive? *Journal of International Money and Finance* 24: 1150-1175.

Chinn, Menzie D. 2012. Macro Approaches to Foreign Exchange Determination. In Jessica James, Ian W. Marsh, and Lucio Sarno（eds.）*Handbook of Exchange Rates*, 45-71.（John Wiley & Sons）.

Chinn, Menzie and Richard Meese. 1995. Banking on Currency Forecasts: How Predictable is Change in Money? *Journal of International Economics* 38: 161-78.

Dario, Ray. 2022. *Principles for Navigating Big Debt Crises.*（Simon & Schuster Ltd）.

Dornbusch, Rudiger. 1976. Expectations and Exchange Rate Dynamics. *Journal of Political Economy* 84: 1161-1176.

Eichengreen, Barry and Michael Bordo. 2002. Crises Now and Then: What Lessons from the Last Era of Financial Globalization? *NBER Working Paper Series* 8716, National Bureau of Economic Research.

Eichengreen, Barry, Andrew Rose, and Charles Wyplosz. 1996. Contagious Currency Crises: First Tests. *Scandinavian Journal of Economics* 98: 463-484.

Eichengreen, Barry, Asmaa El-ganainy, Rui Esteves, and Kris James Mitchener. 2021. *In Defense of Public Debt.*（Oxford University Press）.

Eichengreen, Barry and Ricardo Hausmann. 2005. *Other People's Money: Debt Denomination and Financial Instability in Emerging Market Economies.*（The University of Chicago Press）.

Elliot, Graham, Thomas J. Rothenberg, and James H. Stock. 1996. Efficient Tests for an Autoregressive Unit Root. *Econometrica* 64:813-836.

Faust, Jon, John H. Rogers, and Jonathan H. Wright. 2003. Exchange Rate Forecasting: the Errors We've Really Made. *Journal of International Economics* 60: 35-59.

Ferguson, Niall. 2008. *The Ascent of Money: A Financial History of the World.*（Penguin Books）.

Fleming, J. Marcus. 1962. Domestic Financial Policies under Fixed and Floating Exchange Rates. *IMF Staff Papers* 3: 369-379.

Flood, Robert P. and Andrew K. Rose. 1995. Fixing exchamge rates: A virtual quest for fundamentals. *Journal of Monetary Economics* 36: 3–37.

Flood, Robert P. and Peter M. Garber. 1984. Collapsing Exchange-Rate Regimes: Some Linear Examples. *Journal of International Economics* 17: 1–13.

Flood, Robert P. and Mark P. Taylor. 1996. Exchange Rate Economics: What's Wrong with the Conventional Macro Approach? In Jeffery A. Frnakel, Giampaolo Galli, and Alberto Giovannini（eds.）*The Microstructure of Foreign Exchange Markets*.（Chicago, IL: The University of Chicago Press）.

Frankel, Jeffrey A. 1979. On the Mark: A Theory of Floating Exchange Rates Based on Real Interest Differentials, *American Economic Review* 69: 610–622.

Frankel, Jeffrey A. 1999. No Single Currency Regime is Right for All Countries or at All Times. *National Bureau of Economic Research Working Papers* 7338.

Frankel, Jeffrey A. 2012. Choosing an Exchange Rate Regime. In Jessica James, Ian W. Marsh, and Lucio Sarno（eds.）*Handbook of Exchange Rates*, 765–782.（John Wiley & Sons）.

Frankel, Jeffrey A. and Kenneth A. Froot. 1987. Using Survey Data to Test Standard Propositions Regarding Exchange Rate Expectations. *American Economic Review* 77: 133–53.

Frankel, Jeffrey A. and Jumana Poonawala. 2010. The forward market in emerging currencies: Less biased than in major currencies. *Journal of International Money and Finance* 29: 585–598.

Frankel, Jeffrey A. and Andrew K. Rose. 1998. The Endogeneity of the Optimum Currency Area Criteria. *The Economic Journal* 108: 1009–1025.

Friedman, Milton. 1957. *A Theory of the Consumption Function*（Princeton, N.J.: Princeton University Press）.

Froot, Kenneth A. and Jefferey A. Frankel. 1989. Forward Discount Bias: Is It an Exchange Rate Risk Premium? *Quarterly Journal of Economics* 104: 139–161.

Froot, Kenneth A. and Richard H. Thaler. 1990. Foreign Exchange. *Journal of Economic Perspectives* 4: 179–192.

Fujii, Eiji. 2019. What Does Trade Openness Measure? *Oxford Bulletin of Economics and Statistics* 81: 868–888.

Gilmore, Stephen and Fumio Hayashi. 2011. Emerging Market Currency Excess Returns. *American Economic Journal – Macroeconomics* 3: 85–111.

Glennon, Britta. 2024. Skilled Immigrants, Firms, and the Global Geography of Innovation. *Journal of Economic Perspectives* 38: 3–26.

Goetzmann, William N. 2016. *Money Changes Everything: How Finance Made Civilization Possible.* (Princeton University Press).

Goldberg, Pinelopi Koujianou with Greg Larson. 2023. *The Unequal Effects of Globalization* (Ohlin Lectures). (The MIT Press).

Goodhart, A. E. Charles. 1998. The Two Concepts of Money: Implications for the Analysis of the Optimal Currency Area. *European Journal of Political Economy* 14: 407–432.

Gopinath, Gita and Jerremy C. Stein. 2021. Banking, trade, and the making of a dominant currency. *Quarterly Journal of Economics* 136: 783–830.

Graeber, David. 2011. *Debt: The First 5,000 Years.* (Melville House).

Groen, Jan J. J. 2000. The Monetary Exchange Rate Model as a Long-Run Phenomenon. *Journal of International Economics* 52: 299–319.

Hastings, Justine S., Brigitte C. Madrian, and William L. Skimmyhorn. 2013. *Annual Review of Economics* 5: 347–73.

International Finance Corporation (World Bank Group). 2017a. Blockchain in Financial Services in Emerging Markets Part Ⅰ: Current Trends. *EMCompass*, note 43.

International Finance Corporation (World Bank Group). 2017b. Blockchain in Financial Services in Emerging Markets Part Ⅱ: Selected Regional Developments. *EMCompass*, note 44.

International Monetary Fund. 2004. *Classification of exchange rate arrangements and monetary policy framework* (http://www.imf.org/external/np/mfd/er/2004/eng/0604.htm).

Ishida, Hiroshi. 2001. Industrialization, class structure, and social mobility in postwar Japan. *British Journal of Sociology* 52: 579–604.

Ishida, Hiroshi, John H. Goldthorpe, and Robert Erikson. 1991. Intergenerational Class Mobility in Postwar Japan. *American Journal of Sociology* 96: 954–992.

Ito, Takatoshi. 2005. The Exchange Rate in the Japanese Economy: The Past, Puzzles, and Prospects. *Japanese Economic Review* 56: 1–38.

James, Jessica, Ian W. Marsh, and Lucio Sarno (eds.) 2012. *Handbook of Exchange Rates.* (John Wiley & Sons).

Kaiser, Tim and Lukas Menkhoff. 2017. Does Financial Education Impact Financial Literacy and Financial Behavior, and If So, When? *The World Bank Economic Review* 31: 611–630.

Kennen, Peter. 1969. The Theory of Optimum Currency Areas: An Eclectic View. In Robert A. Mundell and Alexander K. Swoboda, eds. *Monetary Problems in Interna-*

tional Economy, Chicago: University of Chicago Press.

Keynes, John Maynard. 1936. *The General Theory of Employment, Interest and Money*, New York: Macmillan.

Kilian, Lutz and Mark P. Taylor. 2003. Why Is It So Difficult to Beat the Random Walk Forecast of Exchange Rates? *Journal of International Economics* 60: 85–107.

Krugman, Paul R. 1979. A Model of Balance-of-Payments Crises. *Journal of Money, Credit and Banking* 11: 311–325.

Krugman, Paul. 1996. Are Currency Crises Self-Fulfilling? In Ben S. Bernanke and Julio J. Rotemberg（eds.）*NBER Macroeconomics Annual*, Volume 11, 345–407.（MIT Press）.

Kumhof, Michael, Romain Rancière, and Pablo Winant. 2015. Inequality, Leverage, and Crises. *American Economic Review* 105: 1217–45.

Lane, Philip R. 2012. The European Sovereign Debt Crisis. *Journal of Economic Perspectives* 26: 49–68.

Lusardi, Annamaria and Olivia S. Mitchell. 2014. The Economic Importance of Financial Literacy: Theory and Evidence. *Journal of Economic Literature* 52: 5–44.

Lyons, Richard. 2001. The Microstructure Approach to Exchange Rates.（Cambridge, M.A.: MIT Press）.

Mark, Nelson C. 1995. Exchange Rates and Fundamentals: Evidence on Long-Horizon Predictability. *American Economic Review* 85: 201–218.

Mark, Nelson C. and Donggyu Sul. 2001. Nominal Exchange Rates and Monetary Fundamentals: Evidence from a Small Post-Bretton Woods Panel. *Journal of International Economics* 53: 29–52.

Masson, Paul. 1998. Contagion: Monsoonal Effects, Spillovers, and Jumps Between Multiple Equilibria. *IMF Working Paper* 98–142, International Monetary Fund.

McKinnon, Ronald. 1963. Optimum Currency Areas. *American Economic Review* 51: 509–517.

Meese, Richard and Kenneth Rogoff. 1983. Empirical Exchange Rate Models of the Seventies: Do They Fit out of Sample? *Journal of International Economics* 14: 3–24.

Mian, Atif and Amir Sufi. 2009. The Consequences of Mortgage Credit Expansion: Evidence from the U.S. Mortgage Default Crisis. *Quarterly Journal of Economics* 124: 1449–1496.

Mian, Atif and Amir Sufi. 2010. House Leverage and the Recession of 2007–09. *IMF Economic Review* 58: 74–117.

Mian, Atif and Amir Sufi. 2011. House Prices, Home Equity-based Borrowing, and the

US Household Leverage Crisis. *American Economic Review* 101: 2132–2156.

Mian, Atif and Amir Sufi. 2014. *Houe of Debt: How They (and You) Caused the Great Recession, and How We Can Prevent It from Happening Again.* (The University of Chicago Press).

Mishkin, Frederic S. 2011. Over the Cliff: From the Subprime to the Global Financial Crisis. *Journal of Economic Perspectives* 25: 49–70.

Modigliani, Franco and Richard Brumberg. 1954. Utility Analysis and the Consumption Function: An Interpretation of Cross-Section Data. In Kenneth K. Kurihara, ed. *Post-Keynesian Economics*, 388–436. New Brunswick, N.J.: Rutgers University Press.

Mundell, Robert A. 1961. A Theory of Optimum Currency Areas. *American Economic Review* 51: 657–665.

Mundell, Robert A. 1962. The Appropriate Use of Monetary and Fiscal Policy for Internal and External Balance, *IMF Staff Papers* 9: 70–9.

Mundell, Robert A. 1963. Capital Mobility and Stabilization Policy under Fixed and Flexible Exchange Rates. *Canadian Journal of Economics and Political Science*, 475–85.

Mussa, Michael. 1986. Nominal Exchange Rate Regimes and the Behavior of Real Exchange Rates: Evidence and Implications, *Carnegie-Rochester Conference Series on Public Policy* 25:117–214.

Obermayer, Bastian and Frederik Obermaier. 2017. *The Panama Papers: Breaking the Story of How the Rich and Powerful Hide Their Money.* (Oneworld Publications).

Obstfeld, Maurice. 1994. The Logic of Currency Crises. Cashiers *Economiques et Monetaries*, Bank of France 43: 189–213.

Obstfeld, Maurice. 1996. Models of Currency Crises with Self-Fulfilling Features. *European Economic Review* 40: 1037–47.

Obstfeld, Maurice and Kenneth Rogoff. 2000. "Six Major Puzzles in International Macroeconomics: Is There a Common Cause?", *NBER Macroeconomic Annual.*

Ostry, Jonathan D., Andrew Berg, and Charalambos G. Tsangarides. 2014. Redistribution, Inequality, and Growth. *IMF Staff Discussion Note* SD/14/02.

Picketty, Thomas. 2014. *Capital in the Twenty-First Century.* (Belknap Press).

Picketty, Thomas and Emmanual Saez. 2003. Income Inequality in the United States, 1913–1998. *Quarterly Journal of Economics* 118: 1–41.

Rajan, Raghuram G. 2011. *Fault Lines: How Hidden Fractures Still Threaten the World Economy.* (Princeton University Press).

Rapach, David E. and Mark E. Wohar. 2002. Testing the Monetary Model of Exchange Rate Determination: New Evidence from a Century of Data. *Journal of International*

Economics 58: 359–385.

Reinhart, Carmen M., Vincent R. Reinhart, and Kenneth S. Rogoff. 2012. Public Debt Overhangs: Advanced-economy Episodes since 1800. *Journal of Economic Perspectives* 26: 69–86.

Reinhart, Carmen M. and Kenneth S. Rogoff. 2004. The Modern History of Exchange Rate Arrangements: A Reinterpretation. *Quarterly Journal of Economics* 119: 1–48.

Reinhart, Carmen M. and Kenneth S. Rogoff. 2009. *This Time is Different: Eight Centuries of Financial Folly.* Princeton, New Jersey: Princeton University Press.

Rogoff, Kenneth. 1996. The Purchasing Power Parity Puzzle, *Journal of Economic Literature* 34: 647–68.

Rogoff, Kenneth. 2002. "An Open Letter to Joe Stiglitz." International Monetary Fund Website（http://www.imf.org/external/np/vc/ 2002/070202.htm）.

Rogoff, Kenneth. 2003. "The IMF Strikes Back". *Foreign Policy* 134: 38–46.

Samuelson, Paul A. 1964. Theoretical Notes on Trade Problems. *Review of Economics and Statistics* 46: 145–54.

Stiglitz, Joseph E. 2002. *Globalization and Its Discontents.* （New York, N.Y.: W. W. Norton & Company）.

参
考
文
献

復習問題略解

第Ⅰ部　基本的視点

第1章　基本的視点の設定

1.1　最適化とは達成可能な最大限の結果を生むような予算・資源の配分方法を追求することを意味する。異時点間の最適化とは，時間を軸として連なる各期間に対して，通期で最大の結果が達成されるような予算配分を追求すること。同時点における最適化とは，ある一時点において，その時点における目的が最大化されるように予算を配分すること。

1.2　金融取引は異時点間における最適化において効果的なツールと成り得る。具体的には期間毎に生じる予算制約を緩めて，期間を跨いだ予算配分を可能にすることで最適化に貢献する。

1.3　(1)　7万円÷7＝1万円で恒常所得は1万円。一時所得は7万円－1万円＝6万円。

　　(2)　家計は明日以降の6日間は追加的に所得が発生しないことを認識し，今日受け取った7万円のうち1万円だけが恒常所得で，残りの6万円は一時所得であると考える。一般的に家計は消費水準が激しく変動することを嫌い，消費の平準化を好むため，たとえ7万円を手にしてもその全額を本日の予算として直ちに消費に充てることはしないであろう。消費を完全に平準化する場合には，（利子率や主観的割引率を考慮しなければ）恒常所得分の1万円を即日の消費に充てると考えられる。

1.4　問題から以下の条件が得られる。

$$C_1 + \frac{1}{1+r} C_2 \leqq Y_1 + \frac{1}{1+r} Y_2$$

$$C_1 = Y_1 - S_1$$

$$C_2 = (1+r) S_1 + Y_2$$

これに基づき最大化するのは

$$U = u(C_1) + \frac{1}{1+\rho} u(C_2) = u(Y_1 - S_1) + \frac{1}{1+\rho} u((1+r) S_1 + Y_2)$$

U が最大になるように S_1 を決定することで，

$$u'(C_1) = \left(\frac{1+r}{1+\rho}\right) u'(C_2), \quad 即ち \frac{1}{C_1} = \left(\frac{1+r}{1+\rho}\right) \frac{1}{C_2}$$

という条件が導き出される。もし利子率 r と主観的割引率 ρ が等しければ，$C_1 = C_2$ で消費を一定に保つことが効用の最大化をもたらす。しかし，もし利子率 r が主観的割引率 ρ を上回れば，$C_1 < C_2$ で第2期の消費は第1期の消費を上回る。逆に主観的割引率 ρ が利子率 r を上回ると，$C_1 > C_2$ となる。

第2章　マクロ的視点の導入：国民経済計算と国際収支会計

2.1　(2.4) 式，(2.5) 式は以下のように書き換えることができる。

$$I = S + (T - G) + (M - X) \qquad (2.4)'$$

$$I = S + (T - G) \qquad (2.5)'$$

(2.5)′ 式によると閉鎖経済の場合，企業の設備投資は必ず国内の民間部門あるいは政府による貯蓄で賄われなければならない。これに対して開放経済の場合は (2.5)′ 式が示すように，国内の民間・政府貯蓄以外にも外国からの借入によって投資を増やすことが可能。本文で既に解説したように資本を需要する側，供給する側の双方にとってその機会が国内に限定される（つまり (2.5)′ 式である）ということはより厳しい制約条件を課せられていることに他ならない。投資を制約する条件に純輸出を組み込むことによって，開放経済の場合は国内の（民間及び政府）貯蓄で賄いきれない投資や，国内の貯蓄を外国の投資に役立てることが可能となる。

2.2　両者は，実質 GDP $\equiv \dfrac{\text{名目GDP}}{\text{GDDデフレーター}}$ という関係にあり，実質経済成長率 ＝（名目経済成長率）－（物価上昇率）となる。このため名目的には 10% の経済成長があっても，物価の上昇率が 10% を超えていれば，実質的には経済は縮小していることになる。

2.3　$Y = C + I + G + X - M$ と $S^p = (Y - T) - C$ から，$S^p = I + (G - T) + (X - M)$ が得られ，更に $S^g = T - G$ と $S = S^p + S^g$ を使えば $S - I = X - M$ が導出される。つまり自国と海外との間の資金（カネ）の流れと財（モノ）の流れは，同じコインの表裏のような関係にある。もし自国が輸出（輸入）する以上に輸入（輸出）しているならば，それは海外から借入（海外への貸付）をしていることに他ならない。

2.4　(1)　穀物の輸入を経常勘定の貿易・サービス収支の借方に（5千万円）と，米ドルの支払いを金融勘定のその他投資の貸方に（5千万円）と記録。

(2)　対外債券の減少を金融勘定の証券投資の貸方に（1億円）と，米ドル預金の増加をその他投資の借方に（1億円）と記録。

(3)　利息の受け取りを経常勘定の第一次所得収支の貸方に（10万円）と，豪ドル預金の増加を金融勘定のその他投資の借方に（10万円）と記録。

第Ⅱ部　貨幣と為替レート

第3章　貨幣とマクロ経済

3.1　(1)　第1節の交換手段，計算単位，価値保存手段としての役割を参照。

(2)　貨幣は流動性が最も高いという長所を持つ反面，利息を生まないという短所も併せ持つ資産である。

3.2　(名目) 総貨幣需要は利子率，生産量，物価に依存する。他の条件を一定とすると，利子率の上昇は貨幣保有の機会費用を上昇させることで，総貨幣需要を減少させる。生産量の増大は貨幣を介して交換される財・サービスの増加を意味するため，総貨幣需要を増大させる。物価の上昇は取引において財・サービス1単位あたりに必要な貨幣の量を増加させるため，総貨幣需要を増加させる。

3.3　(1)　本文図 3.4 において実質総貨幣需要曲線が L_2 から L_1 へシフトした場合に該当。均衡利子率が低下する。

(2)　本文図 3.5 において実質総貨幣供給曲線が $\dfrac{M_2^S}{P_1}$ から $\dfrac{M_1^S}{P_1}$ へとシフトしたケースに該当。均衡利子率は上昇する。

3.4　貨幣数量説によると $M \cdot V = P \cdot Y$ という関係が成立すると考えられ，貨幣の流通速度 V が安定的であれば，物価が伸縮的に調整する長期においては貨幣供給量と物価は比例的な関係にあると考えられる。従ってマネー・サプライを増大させる拡張的金融政策は，長期的には物価の比例的な上昇を生み，結果的に実質総貨幣供給量 $\dfrac{M^S}{P}$ は元の水準に戻る。これにより長期的には物価の比例的上昇を生むだけで，利子率や生産量への実質的な影響はない。

第4章　為替レートと外国為替市場

4.1　名目為替レートとは自国通貨と外国通貨の貨幣同士が交換される割合を示す。これに対して実質為替レートは自国通貨単位に換算した外国の物価水準と自国の物価水準の比率を指し，両国の財バスケット，つまり実物同士が交換される比率（財バスケットの相対価格）を示す。

4.2　直物取引は契約後直ちに通貨の受け渡しを行う取引であるのに対して，先渡取引では交換レートと取引額を決定して通貨売買の契約を交わしておいて，例えば1ヵ月後や3ヵ月後など，将来の指定された期日に実際の通貨の受け渡しを行う。

4.3　(1)誤　(2)誤（両者が偶然一致する可能性はある）(3)正　(4)誤（先渡取引では契約時に先渡レートが確定する）

4.4　本来の通貨取引から派生した商品で，通貨そのものよりも通貨を売買する権利や売買契約を対象とした取引を指す。具体的には通貨オプションや通貨先

物などがこれに該当する（通貨オプションと通貨先物の内容については本文を参照）。

第5章　金利と為替レート：資産市場における裁定と均衡為替レートの考察

5.1　(1)　カバー付 $R_{t,t+k} = R^*_{t,t+k} + \dfrac{F_{t,t+k} - S_t}{S_t}$，カバーなし $R_{t,t+k} = R^*_{t,t+k} + \dfrac{S^e_{t,t+k} - S_t}{S_t}$

　　　(2)　カバー付利子平価の成立は資本の完全可動性，カバーなし利子平価の成立は資本の完全可動性に加えて内外の資本（債券）が完全代替的であることを意味する。

　　　(3)　カバー付利子平価は投資家のリスクに対する態度に依存することなく常に成立すべき条件。一方，カバーなし利子平価の成立は投資家がリスクに対して中立的であることを要する。

5.2　リスク・プレミアムとは，リスクがより高いと考えられる通貨建て資産を保有するに際して投資家が要求する追加的な収益を意味する。具体的には以下のとおり定義される。

$$RP = -\frac{S^e_{t,t+k} - F_{t,t+k}}{S_t} = \frac{F_{t,t+k} - S_t}{S_t} - \frac{S^e_{t,t+k} - S_t}{S_t}$$

リスク・プレミアムは投資家がリスク回避的な場合に発生するものであり，もし投資家がリスク中立的であればゼロに等しい。

5.3　(1)　図5.3においてマネー・サプライが逆に M_2^S から M_1^S へ減少したと考えれば，均衡利子率が上昇し，自国通貨が増価することが分かる。

　　　(2)　図5.5において生産量が逆に Y_2 から Y_1 へと低下したと考えれば，均衡利子率の下落により自国通貨の減価が生じることが分かる。

5.4　為替レートのオーバー・シューティングとは，名目為替レートがショックに反応する際，一旦長期均衡の水準を通り越した大幅な調整によって短期均衡を達成してから，時間の経過とともに徐々に当初の変化と反対方向の調整をしながら長期均衡へと移行するプロセスを指す。つまり，長期的均衡を基準に考えれば短期的な変動は「行き過ぎ（overshooting）」と形容できるものである。オーバー・シューティングは短期において物価が硬直的であることによって生じる現象である。

第6章　物価と為替レート：生産物市場における裁定と均衡為替レートの考察

6.1　(1)　名目為替レートは $10{,}000$ 円 $\div 200$ ドル $= 50$（$\frac{円}{ドル}$）。実質為替レートは $200 \times 50 \div 10000 = 1$。

　　　(2)　絶対購買力平価は実質為替レートが常に1になるという条件，相対購買力平価は実質為替レートが必ずしも1ではないが一定であるという条件を

指す。前者の成立は後者の成立を意味するが，後者の成立は必ずしも前者の成立を意味しない。どちらの条件においても，名目為替レートの変化率は二国間のインフレ率の差に等しくなる。

(3) 相対購買力平価が将来的にも成立するという予想により

$$\Delta p_{t,t+k}^e - \Delta p_{t,t+k}^{*e} = \Delta s_{t,t+k}^e$$

これにカバーなし利子平価

$$R_{t,t+k} = R_{t,t+k}^* + \Delta s_{t,t+k}^e$$

（いずれも利子率以外は自然対数値）を代入して得られる

$$R_{t,t+k} - \Delta p_{t,t+k}^e = R_{t,t+k}^* - \Delta p_{t,t+k}^{*e}$$

が実質利子平価条件。フィッシャー効果とは実質利子平価条件が示す長期における利子率と予想インフレ率の関係を指す。自国と外国で利子率に差があれば，それは両国の予想インフレ率の差を示す。このため例えば（他の条件が一定の下で）自国の予想インフレ率が上昇すれば，長期的には同じ割合で自国の利子率が上昇すると示唆される。

6.2 本文第3節にある「伸縮価格のマネタリー・モデル」，特に (6.7)′ 式から (6.16)′ 式までを参照。

6.3 伸縮価格のマネタリー・モデルの予想を理解するには，このモデルでは物価が伸縮的に調整する長期を想定している点を思い起こす必要がある。伸縮価格のマネタリー・モデルにおいては，二国の通貨間の為替レートは（購買力平価により）各国の物価の比に等しいと定義されたが，これらの物価はそれぞれの貨幣市場における需給によって決定される。利子率の上昇は実質総貨幣需要を減らすため，貨幣市場における均衡が維持されるためには実質総貨幣供給も減少する必要がある。その際，名目総貨幣供給量に変化がないのであれば，物価の上昇が必然となる。つまり，短期におけるカバーなし利子平価による分析のように，「物価が一定の下で自国利子率が上昇した」というケースを想定しているのではなく，「（名目総貨幣供給，実質総貨幣需要関数が一定の下で）物価の上昇によって自国利子率が上昇した」ケースと考えるべきものである。

6.4 貿易財部門と非貿易財部門の存在を考慮し，貿易財部門については購買力平価が成立すると仮定すると，実質為替レートは

$$z_t = -\alpha \left[(p_t^N - p_t^T) - (p_t^{N*} - p_t^{T*}) \right]$$

と表すことができる。このため急速に経済成長する自国の実質増価は，非貿易財の貿易財に対する相対価格が外国に比較して高くなっていくことによって生じる。バラッサ・サミュエルソン理論によると，急速な経済成長の背景には貿易財部門における急速な労働生産性の向上があると考えられる。労働

353

は貿易財・非貿易財部門を移動できるため，貿易財部門における生産性の向上は両部門の賃金上昇を招く。結果的に非貿易財の価格 $p_t{}^N$ は上昇するが，貿易財の価格 $p_t{}^T$ については一物一価の法則を通じて外国の貿易財の価格と連動しており，外国における労働生産性向上のペースが自国のそれに劣るため，$p_t{}^N$ ほど急速に上昇しない。このため，自国が貿易財部門において急速な労働生産性の向上を達成するにつれて，自国における非貿易財の貿易財に対する相対価格 $(p_t{}^N - p_t{}^T)$ が外国の $(p_t{}^{N^*} - p_t{}^{T^*})$ よりも速いペースで上昇し，実質増価を招く。

第Ⅲ部　開放マクロ経済と政策：金融・財政政策と為替政策
第7章　為替レートと実体経済

7.1　(2.4) 式は GDP 恒等式であり，国内総生産は事後的には必ず消費，投資，政府支出，及び純輸出の和に等しくなることを示している（つまり用途別に見ればこれらの構成要素に分類できるということ）。(7.9) 式は左辺の総需要が構成要素ごとの需要の和に等しいことを示している。(7.10) 式は左辺の総生産量が右辺の総需要に等しいという均衡条件を示している。

7.2　本文中の条件に従い，$P = 1$，従って $Z = S \cdot P^*$ とすると，

$$\frac{\Delta NX}{\Delta S} = \frac{\Delta Q^X}{\Delta S} - \frac{\Delta Q^M}{\Delta S} \cdot Z - Q^M \cdot \frac{\Delta Z}{\Delta S}$$

$$\frac{\Delta NX}{\Delta S} \cdot \frac{S}{Q^X} = \frac{\Delta Q^X}{\Delta S} \cdot \frac{S}{Q^X} - \frac{\Delta Q^M \cdot Z}{\Delta S} \cdot \frac{S}{Q^X} - \frac{Q^M \cdot S}{Q^X} \cdot \frac{\Delta Z}{\Delta S}$$

当初貿易収支がバランスしていたとして $Q^X = S \cdot P^* \cdot Q^M$，$Z = S \cdot P^*$ を代入すると，

$$\frac{\Delta NX}{\Delta S} \cdot \frac{S}{Q^X} = \frac{\Delta Q^X}{\Delta S} \cdot \frac{S}{Q^X} - \frac{\Delta Q^M \cdot S \cdot P^*}{\Delta S} \cdot \frac{S}{S \cdot P^* \cdot Q^M} - \frac{Q^M \cdot S}{S \cdot P^* \cdot Q^M} \cdot P^*$$

$$= \frac{\Delta Q^X}{\Delta S} \cdot \frac{S}{Q^X} - \frac{\Delta Q^M}{\Delta S} \cdot \frac{S}{Q^M} - 1$$

$$= \varepsilon + \varepsilon^* - 1$$

但し，ここで $\dfrac{S}{Q^X} > 0$，$\varepsilon \equiv \dfrac{\frac{\Delta Q^X}{Q^X}}{\frac{\Delta S}{S}}$，$\varepsilon^* \equiv \dfrac{\frac{\Delta Q^M}{Q^M}}{\frac{\Delta S}{S}}$

7.3　(1)　弾力性アプローチはマーシャル・ラーナー条件に基づき，実質為替レート（内外相対価格）の変化が輸出入需要に影響を及ぼすことで経常収支を変化させると考える。

(2)　貯蓄投資バランス・アプローチは $CA \approx NX = X - M = S - I$ に基づき，経常収支は国内の貯蓄と投資の差に等しく，その不均衡は国内の貯蓄行動或

いは投資行動に起因すると考える。

(3) アブソープション・アプローチは $CA \approx NX = Y - (C + I + G)$ に基づき，内需が経常収支の主たる決定要因であると考える。つまり，国内の消費，投資，政府支出によって経常収支の均衡・不均衡が左右されると考える。

(4) 異時点間アプローチでは経常収支の不均衡は各国の経済主体による異時点間の最適化行動の結果の表れであると解釈。従って，通常は不均衡を特に問題視しない。

第8章　為替レートと開放マクロ経済政策

8.1　閉鎖経済と開放経済の IS 曲線はそれぞれ以下のとおり。

$$Y = C(Y - T) + I(R) + G \tag{8.1}$$

$$Y = C(Y - T) + I(R) + G + NX(Z(S(R)), Y - T) \tag{8.3}$$

閉鎖経済の場合，利子率の変化は投資の変化のみを通じて生産量に影響を与えたが，開放経済の場合は投資に加えて純輸出を通じて生産量に影響を及ぼす。このため他の条件を一定とすれば，同じ利子率の変化に対する生産量の変化は開放経済の方が大きくなる。従って開放経済の IS 曲線の方が閉鎖経済のそれよりも傾きが緩やかになる。

8.2　自国は財政政策よりも金融政策を用いるべきである。理由については第3節，特に図8.10及び図8.11を参照。

8.3　一時的な金融拡張の場合は将来の予想為替レートを変化させない。これに対して恒久的なマネー・サプライの増大は，将来的に名目為替レートを含む全ての価格を比例的に上昇させるために，将来の予想為替レートも上昇させる。これによって生じる現在の名目減価の度合いも大きくなり，短期的な政策効果は一時的な場合に比べて大きくなる。詳しくは図8.15及び図8.16を参照。

8.4　恒久的なマネー・サプライの増大は，将来的に物価を比例的に上昇させる。このため，当初 M^s の増大は実質総貨幣供給 $\dfrac{M^s}{P}$ の増大をもたらすが，長期的には物価が比例的に上昇することで実質総貨幣供給は元の水準まで戻ってしまう。このため短期的に下落した利子率も元の水準まで戻ってしまう。結果的にマネー・サプライの増大は長期的には物価の上昇と自国通貨の減価をもたらすだけで，均衡生産量に影響を及ぼさない。詳しくは図8.19を参照。

第9章　為替政策：為替介入と為替相場制度

9.1　固定相場制度下では財政政策が効果的で，金融政策は無効になる。これは変動相場制度下のケースと全く反対の結果である。詳細については図9.4と図

8.10, 図 9.5 と図 8.11 を比較せよ。

9.2 (1)　通貨当局が名目為替レートの動向に影響を与えたり，場合によってはそれを誘導・操作することを目的として外国為替市場で取引を行うこと。

(2)　通貨当局が為替介入を行うと同時に，介入によって引き起こされるマネー・サプライの変化を完全に打ち消すように為替介入と反対方向の公開市場操作を同時に行うこと。

(3)　可能性として，シグナリング効果やポートフォリオ・バランス効果が考えられる。シグナリング効果は，為替介入によって通貨当局が市場参加者に対して，将来の為替予想を左右する重要な情報を発信する場合に生じる。ポートフォリオ・バランス効果は投資家が自国通貨建て資産と外貨建て資産を不完全代替物と考える（つまりリスク・プレミアムが存在する）場合に，不胎化介入によって（マネー・サプライは不変でも）投資家の持つポートフォリオ・バランスを変化させることで名目為替レートに影響を与える場合を指す。

9.3 図 9.3 において外国の通貨当局が金融引き締めを行って利子率を R_0^* から R_1^* へと引き上げると，固定相場 $S = S_0$ を維持するためには自国も緊縮的金融政策によって利子率を R_2 間で引き上げざるを得ない。つまり，自国の通貨当局は外国の通貨当局の金融政策に追随せざるを得なくなる。

9.4 単一通貨導入には便益だけでなく費用も伴う。単一通貨を導入する国家間で経済・社会的統合が進んでいるほどその便益は大きいと考えられる。反対に十分な統合が達成されていない国家同士が単一通貨を採用した場合は，そのコストが便益を上回ると考えられる。欧州に比較するとアジアでは未だ国際的な経済・社会統合が進んでおらず，従って現時点では単一通貨の導入は時期尚早に過ぎると考えられる。詳しくは本文の最適通貨圏の理論を参照。

第 IV 部　発展的トピック
第 10 章　国際金融を取り巻く難問 I：市場の動揺

10.1　返済が困難になった場合には救済されるという保証があれば，借りる側は自らの予算制約を遵守せず，容易に借入を増やすようになる。貸す側も高収益を求めて自らがリスクを負う場合には手を出さなかったような危険性の高い事業に積極的に投資するようになる。このように政府や国際機関から有形無形の保証・協力が取り付けられることで，債務者や債権者が事業のリスクに対して慎重さを欠くようになるなど，行動の誘因を変化させてしまうことを指す。

10.2　第 1 世代モデルにおける通貨危機の原因は，通貨当局が，(1)固定相場制度

の維持と，(2)規律を欠いた政府の財政政策を従属的な立場で支える，という互いに矛盾する2つの政策目的を追求しようとする点にある。このため経済のファンダメンタルズ（基礎的条件）の悪化によって，投機的攻撃は必然的に生じることになる。これに対して第2世代モデルでは，(1)均衡が複数存在し，(2)市場参加者の心理や予想の変化が突如として一つの均衡から別の均衡への移行を引き起こすことで通貨危機が発生する。基礎的条件には何の問題がない場合であっても，市場参加者が投機的攻撃の発生や固定相場の陥落を予想すれば実際に固定相場が維持できなくなるという自己実現的な性格を持つ。

10.3 1997〜98年に東アジアで起こったように，一国の通貨危機を皮切りに次々と他国へと通貨危機が広がる現象を指す。そのような事態が発生する可能性としては，(1)連続する複数の危機が全て同じ原因によって引き起こされている可能性，(2)一つの国がファンダメンタルズの悪化によって通貨危機に陥ることで，他の国のファンダメンタルズまでが悪化し，結果的に危機が広がって行くという可能性，(3)一通貨の危機が市場心理を大きく動揺させ，それによって複数均衡間のジャンプが引き起こされるという可能性などが考えられる。

10.4 第3世代モデルは，特に新興国や途上国で生じる通貨危機において金融セクターが果たす役割に着目したモデルである。国内の貯蓄に厚みを欠く新興国や途上国では，海外から外貨で借り入れて，国内の企業や家計に自国通貨で貸し付ける金融機関が少なくない。しかし，貸借対照表上の資産は自国通貨建て，負債は外貨建てという通貨ミスマッチと呼ばれる問題を抱えており，自国通貨の減価や平価切下げに脆弱で債務不履行状態に陥る可能性から通貨危機が発生する。

第11章 国際金融を取り巻く難問 II：グローバル化の歪み

11.1 ポジティヴ経済学は客観的に経済事象を解明することを目的とし，規範経済学はどのような社会課題をどう解決すべきかを考察することを目的とする。

11.2 経済格差は結果の不平等として観察されるが，少なくとも部分的には機会の不平等にも起因する。また，格差が拡大し続けるのを放置することには少なくとも次のような問題が提起される。一つはポジティヴ経済学的問題で，格差の拡大が金融危機の原因や経済成長の阻害要因となる可能性。もう一つは，資産・所得の増加がもたらす限界的恩恵が富裕層にとっては皆無である一方，貧困層にとっては命を左右するほど大きい状況下で更なる

格差拡大を是とすべきかという規範経済学的問題。

11.3　(1)　イギリスが 2016 年 6 月に欧州連合（EU）加盟継続の是非を問う国民
　　　　投票を実施した結果，離脱支持票が過半数を占めたことにより，2020 年
　　　　1 月に正式に EU から離脱した事実を指す。

　　　(2)　デカップリングとは一般的には複数の経済や市場が切り離されて連動
　　　　しない状態を指す。競合と対立が進んだ結果，米欧では国際的サプライ
　　　　チェーンから中国を除外することで中国経済への依存を解消する動きが
　　　　強まった。米中という世界経済の二大陣営が分離して連動しないような
　　　　状況を指して，デカップリングという言葉が用いられる。

第 12 章　為替レートの理論と現実：実証分析と為替レートをめぐるパズル

12.1　経済学は(1)実際の社会を構成する上で特に重要な役割を果たしている要素
　　　（変数）の識別，(2)変数間の関係の理論化・モデル化，(3)現実のデータに基
　　　づく理論・モデルの評価という作業を通じて発展する。このうち実証研究
　　　は(3)の役割を担っており，(1)と(2)の作業で構築されたものを現実のデータ
　　　につき合わせながら精査し，その結果をフィードバックするという責務を
　　　負っている。

12.2　ブレトン・ウッズ体制崩壊以来の変動相場制度下における実質為替レート
　　　の動きは，(1)頻繁に生じるショックによる非常に激しい変動（volatility）と，
　　　(2)ショックの影響の持続性（persistence）の 2 つの特徴を持つ。(1)は実質
　　　為替レートを激しく動かしているのは名目為替レート，あるいはそれに関
　　　連した名目的な変数へのショックであることを示唆する。従って，頻繁に
　　　ショックが生じてもその影響は速やかに解消されると考えられる。しかし，
　　　(2)は実質為替レートへのショックの影響が解消される速度は非常に遅く，
　　　ショックは名目為替レートなど即座に調整可能な変数に対して起こってい
　　　るものではないということを示唆する。この相反をロゴフはパズルである
　　　と指摘した。

12.3　ランダム・ウォーク・モデルの優位性が示されたのは為替の短期的予測に
　　　関してであって，中長期的に理論モデルの貢献が否定されるわけではない。
　　　また，ランダム・ウォーク・モデルは名目為替レートはショックの積み重
　　　ねであるとするだけで，為替変動の要因について何ら教示するものを持た
　　　ず，従ってこのモデル自体によって為替レートの動きについての理解を深
　　　めることはできない。

索　引

さ　行

索
引

著者紹介

藤井　英次（ふじい　えいじ）

カリフォルニア大学サンタ・クルーズ校大学院経済学研究科博士課程修了。
カリフォルニア大学サンタ・クルーズ校講師，小樽商科大学商学部経済学科助教授，カナダ銀行客員研究員，筑波大学社会工学系助教授，オーストラリア国立大学客員フェロー，筑波大学大学院システム情報工学研究科教授，ミュンヘン大学経済研究所客員フェローなどを経て，

現在　関西学院大学経済学部教授，Center for Economic Studies and Ifo Institute（CESifo）Research Network Fellow。カリフォルニア大学サンタ・クルーズ校 Ph.D.（国際経済学）

主要論文

"Currency Concentration in Sovereign Debt, Exchange Rate Cyclicality, and Volatility in Consumption." *Review of World Economics*, v.160, n.1, February 2024.（単著）

"What Does Trade Openness Measure?" *Oxford Bulletin of Economics and Statistics*, v.81, n.4, August 2019.（単著）

"China's Current Account and Exchange Rate." In *China's Growing Role in World Trade* edited by Robert Feenstra and Shiang-Jin Wei. University of Chicago Press for NBER, April 2010.（共著）

"The Overvaluation of Renminbi Undervaluation." *Journal of International Money and Finance*, v.26, n.5, September 2007.（共著）

"Intra and Inter-Regional Causal Linkages of Emerging Stock Markets: Evidence from Asia and Latin America in and out of Crises." *Journal of International Financial Markets, Institutions & Money*, v.15, n.4, October 2005.（単著）

"Market Structure and the Persistence of Sectoral Real Exchange Rates." *International Journal of Finance & Economics*, v.6, n.2, April 2001.（共著）

ライブラリ経済学コア・テキスト＆最先端＝12

コア・テキスト国際金融論　第3版

2006 年 10 月 10 日©️	初　版　　発　行	
2013 年 12 月 10 日©️	第 2 版　発　行	
2024 年 9 月 10 日©️	第 3 版　発　行	

著　者　藤井英次　　　　　　発行者　森平敏孝
　　　　　　　　　　　　　　印刷者　加藤文男
　　　　　　　　　　　　　　製本者　小西惠介

【発行】　　　　　　　　株式会社　新世社
〒151-0051　東京都渋谷区千駄ヶ谷 1 丁目 3 番 25 号
☎(03)5474-8818(代)　　　　サイエンスビル

【発売】　　　　　　　株式会社　サイエンス社
〒151-0051　東京都渋谷区千駄ヶ谷 1 丁目 3 番 25 号
営業 ☎(03)5474-8500(代)　　　振替 00170-7-2387
FAX ☎(03)5474-8900

印刷　㈱加藤文明社　　　　製本　㈱ブックアート
《検印省略》

サイエンス社・新世社のホームページのご案内
https://www.saiensu.co.jp
ご意見・ご要望は
shin@saiensu.co.jp まで.

ISBN 978-4-88384-387-9
PRINTED IN JAPAN

ライブラリ経済学コア・テキスト&最先端 11

コア・テキスト
国際経済学
第2版

大川昌幸 著
A5判／320頁／本体2,650円（税抜き）

はじめて国際経済学に触れる読者を対象とした好評テキストの改訂版。各章のデータの更新や新しいトピックスの追加を行いつつ，基本となる概念やモデルの解説についても，よりわかりやすいものとした。初学者でも無理なく読み通せるよう工夫された丁寧な説明で，より高度な学習に進むための基礎を身につけることができる。2色刷。

【主要目次】

第I部 国際貿易とその理論　世界の通商システムと日本／貿易の基本モデル（1）：部分均衡分析／貿易の基本モデル（2）：2財の貿易モデル／リカード・モデル／ヘクシャー=オリーン・モデル／不完全競争と国際貿易／完全競争と貿易政策／不完全競争と貿易政策／生産要素の国際移動／地域経済統合とその理論

第II部 外国為替と国際マクロ経済　海外取引と国際収支／外国為替市場と外国為替レート／外国為替相場の決定理論／外国貿易と国民所得水準の決定／開放経済のマクロ経済政策

発行　新世社　　　　発売　サイエンス社